COMENTARIO BIBLICO MUNDO HISPANO

TOMO 1

GENESIS

COMENTARIO BIBLICO MUNDO HISPANO

TOMO 1

GENESIS

Editores Generales

Daniel Carro
José Tomás Poe
Rubén O. Zorzoli

Editores Especiales

Antiguo Testamento: Dionisio Ortiz
Nuevo Testamento: Antonio Estrada
Ayudas Prácticas: James Giles
Artículos Generales: Jorge E. Díaz
Diagramación: Exequiel San Martín A.

EDITORIAL MUNDO HISPANO

EDITORIAL MUNDO HISPANO
P. O. Box 4256 El Paso, Texas 79914, EE. UU. de A.

www.editorialmh.org

Diseño de la portada:
Carlos Santiesteban

Ediciones: 1994, 2001, 2004
Cuarta edición: 2005

Clasificación Decimal Dewey: 220.7

Tema 1. Biblia–Comentarios

ISBN: 0-311-03125-0
E.M.H. Art. No. 03125

1 M 11 05

Impreso en Colombia
Printed in Colombia

PREFACIO GENERAL

Desde hace muchos años, la Editorial Mundo Hispano ha tenido el deseo de publicar un comentario original en castellano sobre toda la Biblia. Varios intentos y planes se han hecho y, por fin, en la providencia divina, se ve ese deseo ahora hecho realidad.

El propósito del Comentario es guiar al lector en su estudio del texto bíblico de tal manera que pueda usarlo para el mejoramiento de su propia vida como también para el ministerio de proclamar y enseñar la palabra de Dios en el contexto de una congregación cristiana local, y con miras a su aplicación práctica.

El *Comentario Bíblico Mundo Hispano* consta de veinticuatro tomos y abarca los sesenta y seis libros de la Santa Biblia.

Aproximadamente ciento cincuenta autores han participado en la redacción del comentario. Entre ellos se encuentran profesores, pastores y otros líderes y estudiosos de la Palabra, todos profundamente comprometidos con la Biblia misma y con la obra evangélica en el mundo hispano. Provienen de diversos países y agrupaciones evangélicas; y han sido seleccionados por su dedicación a la verdad bíblica y su voluntad de participar en un esfuerzo mancomunado para el bien de todo el pueblo de Dios. La carátula de cada tomo lleva una lista de los editores, y la contratapa de cada volumen identifica a los autores de los materiales incluidos en ese tomo particular.

El trasfondo general del Comentario incluye toda la experiencia de nuestra editorial en la publicación de materiales para estudio bíblico desde el año 1890, año cuando se fundó la revista *El Expositor Bíblico.* Incluye también los intereses expresados en el seno de la Junta Directiva, los anhelos del equipo editorial de la Editorial Mundo Hispano y las ideas recopiladas a través de un cuestionario con respuestas de unas doscientas personas de variados trasfondos y países latinoamericanos. Específicamente el proyecto nació de un Taller Consultivo convocado por Editorial Mundo Hispano en septiembre de 1986.

Proyectamos el *Comentario Bíblico Mundo Hispano* convencidos de la inspiración divina de la Biblia y de su autoridad normativa para todo asunto de fe y práctica. Reconocemos la necesidad de un comentario bíblico que surja del ambiente hispanoamericano y que hable al hombre de hoy.

El Comentario pretende ser:

* crítico, exegético y claro;
* una herramienta sencilla para profundizar en el estudio de la Biblia;
* apto para uso privado y en el ministerio público;
* una exposición del auténtico significado de la Biblia;
* útil para aplicación en la iglesia;
* contextualizado al mundo hispanoamericano;
* un instrumento que lleve a una nueva lectura del texto bíblico y a una

más dinámica comprensión de ella;

* un comentario que glorifique a Dios y edifique a su pueblo;
* un comentario práctico sobre toda la Biblia.

El *Comentario Bíblico Mundo Hispano* se dirige principalmente a personas que tienen la responsabilidad de ministrar la Palabra de Dios en una congregación cristiana local. Esto incluye a los pastores, predicadores y maestros de clases bíblicas.

Ciertas características del comentario y algunas explicaciones de su metodología son pertinentes en este punto.

El **texto bíblico** que se publica (con sus propias notas —señaladas en el texto con un asterisco, *,— y títulos de sección) es el de *La Santa Biblia: Versión Reina-Valera Actualizada.* Las razones para esta selección son múltiples: Desde su publicación parcial (*El Evangelio de Juan,* 1982; el *Nuevo Testamento,* 1986), y luego la publicación completa de la Biblia en 1989, ha ganado elogios críticos para estudios bíblicos serios. El Dr. Cecilio Arrastía la ha llamado "un buen instrumento de trabajo". El Lic. Alberto F. Roldán la cataloga como "una valiosísima herramienta para la labor pastoral en el mundo de habla hispana". Dice: "Conservando la belleza proverbial de la Reina-Valera clásica, esta nueva revisión actualiza magníficamente el texto, aclara —por medio de notas— los principales problemas de transmisión. . . Constituye una valiosísima herramienta para la labor pastoral en el mundo de habla hispana." Aun algunos que han sido reticentes para animar su uso en los cultos públicos (por no ser la traducción de uso más generalizado) han reconocido su gran valor como "una Biblia de estudio". Su uso en el Comentario sirve como otro ángulo para arrojar nueva luz sobre el Texto Sagrado. Si usted ya posee y utiliza esta Biblia, su uso en el Comentario seguramente le complacerá; será como encontrar un ya conocido amigo en la tarea hermenéutica. Y si usted hasta ahora la llega a conocer y usar, es su oportunidad de trabajar con un nuevo amigo en la labor que nos une: comprender y comunicar las verdades divinas. En todo caso, creemos que esta característica del Comentario será una novedad que guste, ayude y abra nuevos caminos de entendimiento bíblico. La RVA aguanta el análisis como una fiel y honesta presentación de la Palabra de Dios. Recomendamos una nueva lectura de la Introducción a la Biblia RVA que es donde se aclaran su historia, su meta, su metodología y algunos de sus usos particulares (por ejemplo, el de letra cursiva para señalar citas directas tomadas de Escrituras más antiguas).

Los demás elementos del Comentario están organizados en un formato que creemos dinámico y moderno para atraer la lectura y facilitar la comprensión. En cada tomo hay un **artículo general**. Tiene cierta afinidad con el volumen en que aparece, sin dejar de tener un valor general para toda la obra. Una lista de ellos aparece luego de este Prefacio.

Para cada libro hay una **introducción** y un **bosquejo**, preparados por el redactor de la exposición, que sirven como puentes de primera referencia para llegar al texto bíblico mismo y a la exposición de él. La **exposición** y **exégesis** forma el elemento más extenso en cada tomo. Se desarrollan conforme al bosquejo y fluyen de página a página, en relación con los trozos del texto bíblico que se van publicando fraccionadamente.

Las **ayudas prácticas**, que incluyen ilustraciones, anécdotas, semilleros homiléticos, verdades prácticas, versículos sobresalientes, fotos, mapas y materiales semejantes acompañan a la exposición pero siempre encerrados en recuadros que se han de leer como unidades.

Las **abreviaturas** son las que se encuentran y se usan en *La Biblia Reina-Valera Actualizada.* Recomendamos que se consulte la página de Contenido y la Tabla de Abreviaturas y Siglas que aparece en casi todas las Biblias RVA.

Por varias razones hemos optado por no usar letras griegas y hebreas en las palabras citadas de los idiomas originales (griego para el Nuevo Testamento, y hebreo y arameo para el Antiguo Testamento). El lector las encontrará "transliteradas," es decir, puestas en sus equivalencias aproximadas usando letras latinas. El resultado es algo que todos los lectores, hayan cursado estudios en los idiomas originales o no, pueden pronunciar "en castellano". Las equivalencias usadas para las palabras griegas (Nuevo Testamento) siguen las establecidas por el doctor Jorge Parker, en su obra *Léxico-Concordancia del Nuevo Testamento en Griego y Español,* publicado por Editorial Mundo Hispano. Las usadas para las palabras hebreas (Antiguo Testamento) siguen básicamente las equivalencias de letras establecidas por el profesor Moisés Chávez en su obra *Hebreo Bíblico,* también publicada por Editorial Mundo Hispano. Al lado de cada palabra transliterada, el lector encontrará un número, a veces en tipo romano normal, a veces en tipo bastardilla (letra cursiva). Son **números del sistema "Strong"**, desarrollado por el doctor James Strong (1822-94), erudito estadounidense que compiló una de las concordancias bíblicas más completas de su tiempo y considerada la obra definitiva sobre el tema. Los números en tipo romano normal señalan que son palabras del Antiguo Testamento. Generalmente uno puede usar el mismo número y encontrar la palabra (en su orden numérico) en el *Diccionario de Hebreo Bíblico* por Moisés Chávez, o en otras obras de consulta que usan este sistema numérico para identificar el vocabulario hebreo del Antiguo Testamento. Si el número está en bastardilla (letra cursiva), significa que pertenece al vocabulario griego del Nuevo Testamento. En estos casos uno puede encontrar más información acerca de la palabra en el referido *Léxico-Concordancia...* del doctor Parker, como también en la *Nueva Concordancia Greco-Española del Nuevo Testamento*, compilada por Hugo M. Petter, el *Nuevo Léxico Griego-Español del Nuevo Testamento* por McKibben, Stockwell y Rivas, u otras obras que usan este sistema numérico para identificar el vocabulario griego del Nuevo Testamento. Creemos sinceramente que el lector que se tome el tiempo para utilizar estos números enriquecerá su estudio de palabras bíblicas y quedará sorprendido de los resultados.

Estamos seguros que todos estos elementos y su feliz combinación en páginas hábilmente diseñadas con diferentes tipos de letra y también con ilustraciones, fotos y mapas harán que el *Comentario Bíblico Mundo Hispano* rápida y fácilmente llegue a ser una de sus herramientas predilectas para ayudarle a cumplir bien con la tarea de predicar o enseñar la Palabra eterna de nuestro

Dios vez tras vez.

Este es el deseo y la oración de todos los que hemos tenido alguna parte en la elaboración y publicación del Comentario. Ha sido una labor de equipo, fruto de esfuerzos mancomunados, respuesta a sentidas necesidades de parte del pueblo de Dios en nuestro mundo hispano. Que sea un vehículo que el Señor en su infinita misericordia, sabiduría y gracia pueda bendecir en las manos y ante los ojos de usted, y muchos otros también.

Los Editores
Editorial Mundo Hispano

Lista de Artículos Generales

Tomo 1: *Principios de interpretación de la Biblia*
Tomo 2: *Autoridad e inspiración de la Biblia*
Tomo 3: *La ley (Torah)*
Tomo 4: *La arqueología y la Biblia*
Tomo 5: *La geografía de la Biblia*
Tomo 6: *El texto de la Biblia*
Tomo 7: *Los idiomas de la Biblia*
Tomo 8: *La adoración y la música en la Biblia*
Tomo 9: *Géneros literarios del Antiguo Testamento*
Tomo 10: *Teología del Antiguo Testamento*
Tomo 11: *Instituciones del Antiguo Testamento*
Tomo 12: *La historia general de Israel*
Tomo 13: *El mensaje del Antiguo Testamento para la iglesia de hoy*
Tomo 14: *El período intertestamentario*
Tomo 15: *El mundo grecorromano del primer siglo*
Tomo 16: *La vida y las enseñanzas de Jesús*
Tomo 17: *Teología del Nuevo Testamento*
Tomo 18: *La iglesia en el Nuevo Testamento*
Tomo 19: *La vida y las enseñanzas de Pablo*
Tomo 20: *El desarrollo de la ética en la Biblia*
Tomo 21: *La literatura del Nuevo Testamento*
Tomo 22: *El ministerio en el Nuevo Testamento*
Tomo 23: *El cumplimiento del Antiguo Testamento en el Nuevo Testamento*
Tomo 24: *La literatura apocalíptica*

PRINCIPIOS DE INTERPRETACION DE LA BIBLIA

Daniel Carro

Un comentario bíblico como el presente es un compendio de interpretaciones bíblicas. En él se encuentran explicaciones magistrales de asuntos relacionados con los textos bíblicos no sencillos de entender para un lector desprevenido. Visto desde afuera, pareciera que estas interpretaciones han llovido del cielo con la misma fuerza que la normatividad bíblica. Sin embargo, quienes han escrito estos pocos miles de páginas son seres humanos, mujeres y varones cristianos que, con la ayuda del Espíritu Santo, han aplicado su leal saber y entender al propósito de clarificar el texto bíblico para los menos instruidos de entre nosotros.

Ellos, como Felipes modernos, nos preguntan a los etíopes de hoy: *¿Acaso entiendes lo que lees?* Y nosotros, como sinceros buscadores de la verdad entre las páginas bíblicas, les respondemos: *¿Pues cómo podré yo, a menos que alguien me guíe?* (Hech. 8:30, 31). Los pocos párrafos que siguen se han escrito con el propósito de guiar al lector de la Escritura a comprender los principios de interpretación que ella misma sugiere, de modo de acceder a la riqueza del texto lo más abundantemente posible.

LA CAUTIVIDAD IDEOLOGICA DEL INTERPRETE

A primera vista pareciera que el sentido de un texto es evidente de por sí. Al menos eso es lo que nos parece a cada uno de los intérpretes. Cada quien piensa que su interpretación es la única y verdadera, o al menos, la mejor, pero eso es sólo una ilusión. Lo que de veras sucede es que el acto de interpretar es inconsciente. La interpretación acontece de un modo natural y espontáneo a cualquier persona. Para interpretar una pintura sólo hace falta poder ver. Para interpretar una pieza musical sólo hace falta escuchar. Para interpretar un texto sólo hace falta saber leer. Quien lee, interpreta. Un texto se interpreta espontáneamente, sin que el lector se dé cuenta qué está haciendo. Las interpretaciones conseguidas vienen de adentro del intérprete de un modo orgánico, natural, no ficticio. Esto es más evidente en los niños, pero también lo es en los adultos, muy especialmente en aquellos menos instruidos.

Pero cuidado, lo que cada quien interpreta no necesariamente es lo que está en el texto. Hay en cada intérprete una desviación inconsciente que es como un velo que empaña el sentido del texto. Precisamente porque el acto de la interpretación está tan dentro nuestro nos queda como invisible, haciendo que ninguno de nosotros queramos admitir que siempre leemos todo texto (y el texto bíblico no es la excepción) con la particularidad y la subjetividad innata de nuestra propia existencia vital. Como decía el versito anónimo que aprendimos en la infancia: "En este mundo traidor / nada es verdad ni es mentira / todo es según el color / del cristal con que se mira."

Tanto como nos cueste reconocerlo, todos leemos un texto a partir de un acto hermenéutico inconsciente, sesgado, interesado, subjetivo, parcial, finito, arbitrario, individual y personal. Esto es lo que se ha dado en llamar la "cautividad hermenéutica" o ideológica, el reconocimiento de que todo intérprete está "cautivo" de sí mismo.

Querrámoslo o no, consciente o inconscientemente, todos pensamos, vivimos, actuamos, soñamos, lloramos y reímos conforme a ciertos esquemas de vida que funcionan dentro nuestro como fundamento de las estructuras formales y visibles de nuestro pensamiento y nuestra acción. En virtud de estos principios se ordenan los actos, se arreglan las ideas y se controla todo lo que puede conocerse y manejarse dentro de un determinado sistema de vida. Esto no es algo que podamos desear o evitar. Es así, y es necesario reconocerlo. A esto se le ha llamado "precomprensión".

EL "CIRCULO HERMENEUTICO"

Cuando nos preguntamos por el significado de un texto, así como cuando nos preguntamos por la esencia del mundo, de la naturaleza, de nosotros mismos, o de lo que sea, nos estamos preguntando, de una manera circular e inconsciente, por nosotros mismos y por nuestra capacidad de comprensión, es decir, por nuestra "precomprensión". Esa precomprensión, en la que estamos todos inmersos, tiene al menos tres elementos constitutivos, a saber:

Comprendemos todas las cosas dentro de nuestro mundo de comprensión. Todo lo que podemos comprender cae necesariamente dentro de "nuestro" mundo, o permanece incomprendido. Si alguien me escribe una carta en idioma coreano no puedo entenderla. ¿Por qué? ¿Acaso la carta está mal escrita? No, simplemente no puedo entenderla porque el idioma coreano no cae dentro de mi "mundo" de comprensión. Ahora bien, si yo me dedicara a estudiar el coreano, poco a poco, a medida que las estructuras de ese idioma entrasen en mi mundo de comprensión, aquella carta comenzaría a tener sentido para mí.

Además, comprendemos todas las cosas dentro de una determinada perspectiva. Aún dentro de nuestro "mundo" de comprensión sufrimos de una nueva relatividad porque sólo podemos ver las cosas desde un sólo punto de vista a la vez. Podemos elegir el punto de mira desde donde interpretar la realidad, pero lo que no podemos elegir es tener todos los puntos de mira a la vez, o no tener ningún punto de mira. Puedo mirar un monumento que está en una bocacalle, desde una calle o desde la otra, puedo elegir ubicarme hacia el sur, o hacia el norte. Puedo elegir mi puesto de mira, pero lo que no puedo hacer es mirarlo desde las dos calles a la vez, o pretender verlo sin estar mirándolo desde alguna de ellas.

Por último, comprendemos todas las cosas dentro de nuestras categorías de pensamiento. Todos tenemos cierta conceptualización de las cosas que hemos hecho a lo largo de múltiples experiencias de la vida que no pueden ser desandadas. Hemos aprendido a pensar así. Es imposible abandonar nuestro modo de pensar, al cual estamos irremediablemente cautivos. Si hemos creído hasta ahora que el tiempo transcurre en forma lineal hacia el futuro, será muy difícil entender aquellos textos que han sido escritos con otra categorización del tiempo, como por ejemplo, la circular, que era predominante en el modo griego de pensar el tiempo, y que es muy evidente en el libro bíblico del Eclesiastés.

De modo que cada uno de nosotros interpretamos las cosas, y los textos que leemos también, a partir de nuestro propio "mundo", de nuestra propia perspectiva y de nuestra propia manera de comprender las cosas. Esto es lo que se ha dado en llamar "círculo hermenéutico". Comprendemos las cosas a partir de nuestra precomprensión. Lo comprendido enriquece nuestra precomprensión, de modo que ahora podemos comprender más y mejor, lo cual a su vez enriquece aún más nuestra precomprensión, y así... en un círculo virtuoso y ascendente sin final que, justamente por eso, ha sido llamado por algunos "espiral hermenéutico."

Hoy como nunca está bien claro que todos los mortales, sabios e incultos, extranjeros y nacionales, blancos y negros, mujeres y varones, judíos y griegos, inevitablemente, todos estamos metidos sin quererlo ni pedirlo en ese círculo hermenéutico desde el cual y dentro del cual se ilumina y se recorta todo lo que podemos entender o expresar. Desde nuestro "mundo", desde nuestra perspectiva y desde nuestros conceptos interpretamos el mundo, la vida, la historia, el destino, y también, a qué negarlo, la Palabra de Dios.

La Palabra de Dios está inmersa, junto con todo lo demás que deba ser interpretado por cada ser humano, en este círculo hermenéutico. Este hecho no debe ser calificado como negativo o positivo, deseable o indeseable, bueno o malo. Es un hecho actual y real, un dato de la realidad que es conveniente incorporar en nuestro acervo cultural. Por eso no es necesario ni hay que intentar substraerse a la realidad de nuestra precomprensión subjetiva. Muy por el contrario, hay que meterse bien dentro del "círculo hermenéutico" y hacerlo girar. Cuanto más se mueva, más y mejor comprenderemos.

¿QUE ES HERMENEUTICA?

Ahora bien, ¿qué es "hermenéutica"? Ya bastante hemos mencionado la palabra en este artículo como para al fin detenernos un poquito en ella.

Un gran biblista español, don Ernesto Trenchard, ha dicho que "la palabra 'hermenéutica' extraña un poco, pero es una etiqueta conveniente (derivada de la voz griega *hermeneuo:* explicar un texto) para resumir las distintas consideraciones, principios y normas que nos ayudan a llegar a una interpretación adecuada de las Sagradas Escrituras". Parece que dijo mucho, pero en realidad no ha dicho nada. Don Ernesto, como todo hombre sabio, esquiva realmente tener que dar una definición de antemano. Ello nos obliga a leer su libro entero antes de saber su definición de hermenéutica.

Utilizando la investigación filológica podemos aventurar una primera caracterización de la hermenéutica que nos sea útil. "Hermenéutica" deriva del verbo griego *hermeneuen,* que significa afirmar, proclamar, interpretar, esclarecer, traducir. Además, podemos notar que *hermeneuen* está relacionado con la capacidad especial que tenía uno de los dioses del Olimpo griego: Hermes.

Hermes, patrono del comercio y de las comunicaciones, era el mensajero de los dioses. Su oficio era volar ida y vuelta hasta el Olimpo y poner en contacto a los hombres con los dioses y a los dioses con los hombres. De los dioses, con los cuales compartía la deidad, Hermes traía regalos de bien para compartirlos con los hombres. Por el otro lado, Hermes acompañaba a los muertos hasta su morada eterna.

De esta primera caracterización filológica, podemos darnos cuenta que el trabajo de la hermenéutica siempre ha estado asociado con esta tarea de relacionar a la divinidad con la humanidad. Para nosotros, quienes deseamos de veras interpretar correctamente la Palabra de Dios para nuestra época (2 Tim. 2:15), la hermenéutica nos llama a ser los verdaderos "Hermes" para nuestros congéneres. Un auténtico pecado para un intérprete bíblico es adulterar, pervertir la Palabra de Dios, introduciéndole cosas que no vienen de Dios, sino de los hombres (2 Cor. 2:17).

El teólogo evangélico Bernard Ramm ha definido la hermenéutica como aquel "grupo de reglas que se emplean en todos los materiales que necesitan interpretación". Y agrega: "Existe una brecha entre el intérprete y los materiales que necesitan interpretación, y por eso deben fijarse reglas que conecten esa brecha. Puede ser que el intérprete esté separado de sus materiales en el tiempo, y entonces hay una brecha histórica. También es posible tener una cultura diferente, entonces hay una brecha cultural. Quizá el texto está escrito en otro idioma, entonces hay una brecha lingüística. Cuando el documento se ha originado en otro país hay una brecha geográfica. Y cuando el texto tiene una actitud hacia la vida y el universo totalmente diferente a la del intérprete, podemos decir que hay una brecha filosófica."

Un poco más adelante, Ramm agrega que "la interpretación bíblica es el estudio de esos principios que pertenecen a la interpretación de las Sagradas Escrituras. En ese estudio se descubre que las mismas brechas que separan a los demás textos de sus intérpretes, también separan a la Biblia de sus intérpretes. Además, la Biblia tiene algunos problemas peculiares a sí misma, y en ellos son necesarios otros principios de interpretación particulares y pertinentes a la Palabra de Dios".

Un poco más ampliamente, Paul Ricoeur, un maestro francés de la hermenéutica contemporánea, define la hermenéutica como "una teoría general del sentido en relación con una teoría general del texto". Su concepto de la interpretación tiene repercusiones en los más variados campos del saber humano, como las ciencias, el arte, la filosofía. Nosotros aplicamos su definición a la interpretación bíblica. Analicemos la definición de Ricoeur:

¿Qué es una teoría del sentido? Una teoría del sentido es una explicación que una persona hace de la relación que guardan entre sí los elementos de algo que debe hacer sentido, en nuestro caso el texto bíblico. Por ejemplo, estamos tan acostumbrados en Hispanoamérica a comunicarnos en el idioma castellano, que nos parece muy normal pensar que todo el mundo lo habla. Incluso hemos llegado a pensar que la Biblia fue escrita originalmente en español. Basta que vayamos algún día a otro país, por ejemplo a la China, para que no entendamos nada. Entonces pensamos: "Qué difíciles son los chinos". En realidad no es que los chinos sean difíciles, porque alguien que nació en China y habló chino muy naturalmente desde niño piensa que los difíciles somos los hispano parlantes, que hablamos ese idioma de locos que nadie entiende. También los chinos suelen pensar que la Biblia fue escrita originalmente en chino. Cada quien tiene su propia teoría del sentido, cada quien encuentra o define el sentido de las cosas según como él mismo las interpreta. Es obvio que quien no tenga alguna teoría del sentido no podrá interpretar nada, tampoco un texto.

El segundo aspecto en la definición de Ricoeur nos interesa un poco más a los intérpretes de la Biblia. Además de tener una teoría del sentido, cada intérprete tiene una teoría del texto, es decir, cada persona piensa sobre el texto y arma el texto de la manera en que su propia mente está capacitada para hacerlo. De que podamos entender cómo es la teoría del texto que tenemos en nosotros mismos dependerá que podamos acceder a una explicación del texto. De otra manera, pensaremos que el texto está diciendo cosas que en realidad sólo están dentro de nosotros mismos, nada más en nuestra propia precomprensión, y no en el texto. Esto sí es un prejuicio, y debe ser evitado.

¿QUE ES UN TEXTO?

La palabra "texto" deriva de la raíz indoeuropea *tej* o *tec*, (según si se lo pronuncia nasal o guturalmente) que está presente en palabras castellanas como "técnica", "tejido", "texto" y otras. La *tej*, hablando ampliamente, es como un entrecruzamiento o un entrelazamiento, una interrelación de cosas anteriormente desconectadas.

Así es, por ejemplo, la técnica. La técnica actual une el dominio del plástico con el dominio de las siliconas y de la electrónica y produce una radio a transistores. Si le faltara algunos de esos dominios no existirían las radios a transistores. La técnica es justamente la interrelación de los dominios. Un tejido es lo mismo. Una tejedora indígena toma un hilo de color rojo, y otro hilo de color verde, y otro de color azul y teje un hermoso tapiz tricolor. Todo a partir de tres hilos. ¿Cómo? A través de la *tej*, a través de tejer, con mucha paciencia e inteligencia.

Lo mismo sucede con un texto. En el texto se "tejen" cosas aparentemente desconectadas, eventos que no tenían una relación previa, necesaria o inmediata para el lector. El autor entrelaza cosas aparentemente inconexas mezclándolas a su antojo, une dominios que antes estaban desconectados, realiza operaciones con frases y palabras que antes no estaban armadas. Esa armazón, esa estructura, es justamente el texto.

Ahora bien, si tuviéramos solamente una teoría del texto, pero no una teoría del sentido, todavía no podríamos interpretar. Solamente saber lo que es un texto no nos ayuda a interpretar ese texto. Quizá podemos definir muy bien lo que es un texto, podemos clasificar los textos según sus formas, estilos, autores, épocas; podemos saber mucha teoría sobre un texto, pero si nos traen un texto determinado no lo podemos interpretar. ¿Por qué? Porque la interpretación de un texto depende de los elementos que el mismo texto nos da, pero además y fundamentalmente, depende de cada uno de nosotros como sus intérpretes, y de la teoría que tengamos sobre el sentido de ese texto. Eso es lo que sucede con muchas personas que han aprendido un idioma extranjero en alguna academia. Conocen muy bien las estructuras gramaticales de la lengua extranjera (es decir, tienen la teoría del texto), pero no pueden hablarla (no tienen la teoría del sentido). Otra persona que ha vivido en el exterior y ha aprendido aquel idioma extranjero en la calle, sabe muy bien hablarlo (es decir, tiene la teoría del sentido), pero no comprende las estructuras formales de la lengua (no tiene la teoría del texto). Ambas cosas, la teoría del texto y la teoría del sentido son indispensables para lograr una correcta interpretación.

Ahora bien, ¿no es que de tal manera un texto se convierte en algo tan subjetivo y relativo a la persona del intérprete que cualquiera puede decir lo que quiera sobre ese texto que todo estará bien? Si es que el texto depende del intérprete para su significado, ¿dónde queda la integridad del texto mismo?

Para contestar estas buenas preguntas hace falta entender el carácter de la hermenéutica mucho más íntimamente que lo que podemos explicar en este breve artículo. Sin embargo, baste decir que para no caer en un totalitarismo subjetivo, todo intérprete debe siempre tener en cuenta que el texto en consideración es más importante y anterior que él mismo. A esto se llama la "pre-eminencia" del texto. El texto es "pre", previo, anterior, y es "eminente", más importante, más relevante que su intérprete. Es decir, sin texto no hay intérprete. Es el texto el que manda. Es el texto lo más importante. Todo intérprete debe respetar y considerar el texto bajo estudio como un "tejido" que, justamente por haber sido realizado por otra persona, le pertenece a ella y debe ser respetado en su integridad de la misma manera que respetaríamos su integridad física, emocional o intelectual. Si esto es así con todo texto humano, cuánto más ese respeto y atención deben darse a la Palabra de Dios, siendo Dios mismo su autor y referente último.

TRES PRINCIPIOS DE HERMENEUTICA GENERAL

La interpretación bíblica es tanto una ciencia como un arte. Es una ciencia porque parte de ciertos postulados científicos, utiliza procedimientos científicos y produce resultados confiables científicamente; pero a la vez es un arte porque muchos de los elementos de la interpretación tienen que ver con la capacidad del intérprete de reelaborar el texto al nivel que lo hizo su autor. Del mismo modo que el autor del texto elaboró primeramente las relaciones interiores de un texto, así también el intérprete debe reelaborarlas, para poder comprender correctamente las pautas que le han sido dadas por el mismo. ¡Esto es un arte! Algunas tejedoras tejen mejor que otras. Así también con los intérpretes, algunos sacan más jugo de aquellos mismos textos que otros no pueden sacar nada. Ellos tienen más ciencia quizá, pero también más arte.

Hay tres elementos en el texto que pueden ser tratados científicamente: Su lenguaje, su contexto y su cultura. Ningún intérprete puede pasarlos por alto. Algunos toman más en cuenta que otros las claves que le derivan de estos tres elementos y las tratan con mayor arte, por eso son mejores intérpretes. Veamos estos tres elementos un poco más detenidamente:

El lenguaje del texto: Todo texto tiene una lengua. No hay texto sin lengua. Está escrito en castellano, o en griego, o en chino. Las lenguas son modos escritos o hablados de proferir pensamiento, y se insertan en un determinado lenguaje. No hay lengua sin lenguaje. La lengua castellana realiza su modo de ser de una manera, y la lengua griega de otra.

Toda lengua tiene una gramática y una sintaxis. Las palabras no se encuentran solas, sino que están relacionadas dentro de frases u oraciones. Para poder entender un texto es necesario poder reconocer cuáles son los elementos sintácticos que están relacionando las palabras, las frases, las oraciones. Saber cuál es el sujeto de la oración, su objeto, sus complementos, no son tareas demasiado académicas para el intérprete bíblico. Si el intérprete no sabe relacionar la lengua en que está escrito el texto no podrá interpretar nada. Esto es lo que pasa a los aprendices de una lengua extranjera: Entienden todas las palabras en una frase, pero no entienden lo que dice, porque no entienden las relaciones sintácticas entre ellas.

El contexto del texto: Todo texto tiene un contexto. No hay texto sin contexto. El pensamiento se desarrolla a través de ciertas ideas lógicas que guardan relación las unas con las otras. A veces se hace difícil descubrir la relación, pero si nos esforzamos, siempre la podremos encontrar.

La causa más común de las malas interpretaciones de la Biblia es la falta de inteligencia respecto del contexto. No se entiende el contexto, entonces no se entiende el texto. El contexto es importante porque el significado de una determinada declaración depende fundamentalmente del entorno en el cual fue dicha. Toda palabra, toda frase, todo discurso tiene un trasfondo, un contexto dentro del cual deben ser entendidos.

Los textos, y muy especialmente los textos bíblicos, tienen tres variedades de contexto, cada una de ellas con su contra parte. De modo que podría también pensarse en seis tipos de contexto. Veámoslos:

El **primer tipo** de contexto que hay que reconocer es el **contexto inmediato**. El contexto inmediato es todo aquello que antecede y que sigue al texto en cuestión. Cuando tomamos un versículo de la Biblia debemos darnos cuenta que está dicho dentro del curso de una frase. Todas las frases que le anteceden y todas las frases que le siguen tienen que ver con la interpretación de ese texto en particular. Todo autor sigue un hilo de pensamiento, entonces el intérprete debe ver dónde comienza ese hilo de pensamiento y dónde termina.

Ahora bien, es muy obvio, por ejemplo en el libro de Proverbios, que no hay una relación de hilo de pensamiento muy evidente entre un proverbio y otro. Cuando sucede esto estamos frente a textos **de contexto ausente**. Este es el primer contratipo. El texto de contexto ausente no tiene contexto inmediato, está "ausente" de contexto, no tiene hilo de pensamiento, no tiene cláusula conectiva con su frase anterior. Hay que tener mucho cuidado en la interpretación de este tipo de textos. Podemos hacerles decir cualquier cosa.

El **segundo tipo** de contexto que hay que reconocer es el **contexto de los pasajes paralelos**. Hay dos tipos de paralelos: de contenido y de forma. Por ejemplo, todos los sonetos son paralelos al resto de los sonetos por la forma. Pero un soneto puede hablar del amor y otro puede hablar de la guerra.

Entonces no guardan paralelo en contenido. Los paralelos en contenido hablan de lo mismo, se refieren a las mismas cosas, tienen los mismos sujetos, los mismos objetos, a veces hasta están dichos por la misma persona. En la Biblia encontramos los dos tipos de paralelismo, y ambos deben ser analizados.

Hay también ciertos textos que no tienen paralelismos. No se comparan a nada en toda la Biblia, ni en cuanto a su forma ni en cuanto a su contenido. Es el contratipo de contexto que llamamos un **pasaje particular**. Hay en la Biblia algunos pasajes muy particulares de los cuales uno debe cuidarse para no sacar o fundar doctrinas importantes en ellos. Las doctrinas básicas de la teología bíblica tienen que estar fundadas en pasajes con abundantes paralelos, cuanto más paralelismos mejor. Pero estos pasajes extraños, muy particulares, que no tienen paralelos, que no tienen referencias en otros pasajes bíblicos, a éstos hay que tratarlos con mucha atención y consideración especial.

El **tercer tipo** de contexto es el frecuentemente llamado **contexto bíblico**. El contexto bíblico consiste en la suma de todos los posibles paralelos dentro de la Biblia. Ahora bien, como la Biblia es un libro muy grande y tiene muchas referencias cruzadas, porque se está autorrefiriendo continuamente, entonces es muy difícil poder tener todo el cuadro completo. El contexto bíblico verdadero es algo que el intérprete va ganando con la experiencia, con el tiempo y la familiaridad con todos los escritos que integran la gran Biblia.

El contratipo del contexto bíblico es el **contexto extrabíblico**. Este se refiere a escritos que aunque no son bíblicos, sin embargo arrojan luz sobre la interpretación de las Escrituras. Ejemplos de contextos extrabíblicos son los escritos históricos o las crónicas de la misma época que avalan lo que la Biblia dice, pero que no pertenecen al canon bíblico. Los famosos deuterocanónicos, los dichos secretos de Jesús, los escritos de Qumrám, los libros de Josefo, todos estos son considerados literatura extrabíblica que nos ayuda en la interpretación de los textos bíblicos.

Todos estos tipos de contexto deben ser considerados en la interpretación de un texto. Cada uno de ellos da al texto un marco de referencia propio que hay que tomar en cuenta para no hacerle decir lo que no pretendió decir.

La cultura del texto: Todo texto tiene una cultura; no hay texto sin cultura. El texto nació en una cultura determinada, fue escrito por una persona con un marco cultural determinado, se gestó como texto a partir de una cultura que, al menos, practicaba la escritura como modo de conservar su memoria de pueblo.

El contexto y el lenguaje de un texto están inmersos en una cultura determinada. El método que estudia el pasado cultural de los pueblos se conoce como "método histórico crítico". Cuando uno estudia críticamente la historia descubre la cultura en la cual ese texto fue producido. Si uno no conoce el contexto cultural en el cual se produjo un determinado texto puede cometer muchos errores de interpretación.

La cultura humana es el "cultivo" de todo lo que es humano, por así decirlo. Cultura son los modos de vida, los métodos, las herramientas, las instituciones, las producciones, la literatura, la música, en fin, todo lo que un pueblo produce. Cuando decimos que un texto está inmerso en una cultura, no estamos diciendo que tiene un determinado "nivel cultural", sino que está metido dentro de una sociedad y que es el producto de una cultura determinada.

Todo texto está restringido por los parámetros culturales que le rodean. Cuando antes hablamos acerca de un texto dijimos que la palabra "texto" derivaba de la raíz *tec* o *tej* que significaba trama, tejido. También podemos hablar en este sentido del "tejido cultural". El tejido cultural está compuesto por todas las líneas o "hilos" culturales que podemos estudiar. El "tejido" o "trama" cultural es como una tela, compuesta por pequeños hilos muy finitos. La cultura aparentemente impacta como algo establecido y compacto, pero está compuesta por pequeñas líneas culturales, hilos que van formando el tejido cultural. Lo religioso, lo político, las instituciones, la vida diaria, las herramientas, y cualquier otro aspecto de la cultura que se nos ocurra, caen dentro del estudio cultural y deben ser seriamente considerados por todo intérprete.

EL *SITZ IM LEBEN* O 'EL HABITAT DEL TEXTO'

Cuando leemos un texto también estamos leyendo su lenguaje, su contexto, su cultura. Todo texto es como una trama lingüística, contextual, cultural. Ahora bien, ningún texto, por más amplio y abarcativo que sea, cubre todo el espectro posible de la trama cultural de su época. Un texto toca aspectos determinados de la cultura, aspectos muy particulares que fueron privilegiados por el escritor. Para seguir con la comparación, esto sería como si tuviésemos una "mancha" en la tela. Esta "mancha" sólo toca los "hilos" que quedaron manchados, mientras el resto de la tela queda "limpia".

Así es con un texto. Hay aspectos culturales que quedan involucrados, hay otros que no fueron tocados. Entonces, cuando estudiamos un texto no estudiamos necesariamente toda la trama cultural posible de su época, sino sólo aquellos aspectos de la cultura que fueron tocados o referidos por el autor. Esto es lo que se llama en alemán el *Sitz im Lebem,* la "trama lingüística-contextual-cultural" involucrada en el texto. *Lebem* en alemán significa "vida", y *Sitz* "asiento". El *Sitz im Leben* de un texto, entonces, es su "asiento vital", la situación vital que el texto roza.

El propósito final del estudio del lenguaje, del contexto y de la cultura de un texto es poder determinar y reconstruir su *Sitz im Leben,* su "asiento en la vida", la situación vital en la cual el texto bajo estudio fue producido y a la cual se refiere. Ahora bien, reconstruir el aspecto cultural de un texto es una tarea sumamente delicada, y está reservada a los eruditos. Por eso un intérprete no instruido en esos aspectos debe ser consciente de ellos, restringirse a los que dicen los estudios, y tratar de interpretar el texto dentro de ellos. El intérprete bíblico debe ser muy cuidadoso con las conclusiones que saca de su estudio y debe más bien tratar siempre como hipótesis todas las reconstrucciones histórico-culturales, porque en general son teorías, más o menos probadas, pero teorías al fin.

Otro cuidado que hay que tener es intentar leer o ver nuestra propia cultura en las cultural antiguas. Es cierto que en muchos aspectos se parecen, y que el ser humano fue siempre humano. Pero hay que ser consciente de los grandes cambios en la humanidad en relación con los elementos técnicos, la educación, los utensilios y elementos de la cultura. Todo texto está involucrado en la cultura en que se gestó y no puede ir más allá de lo que su cultura fue. Un texto es un exponente de su cultura, es un elemento cultural más, es uno de los elementos de la cultura. El texto habla la cultura dentro de la cual fue producido. De modo que para poder interpretarlo correctamente hay que conocer la cultura en la cual fue producido.

Descubrir el *Sitz im Leben* de un texto, por lo tanto, nos acerca más a la intención del escritor, al sentido del texto, al propósito que el autor tuvo al producir el texto bajo consideración. La comprensión de ese propósito es fundamental para la correcta interpretación de los textos, particularmente de los textos bíblicos, dada la gran diversidad cultural en que fueron gestados.

UNIDAD Y DIVERSIDAD DE LA BIBLIA

Al aplicar particularmente los principios antes mencionados a la Biblia debemos notar que la naturaleza del libro frente al que nos encontramos es muy especial. La palabra griega *biblia* significa "libros", en plural. De modo que, aunque el libro es uno solo, está compuesto de muchos. Aunque son muchos, es uno, y aunque es uno, son muchos. Esto no es un juego de palabras sino una somera demostración del carácter del libro ante el cual nos encontramos, que por algo ha sido llamado el "Libro de los libros".

La **unidad** de la Biblia puede ser encontrada principalmente en que estos muchos libros han sido agrupados en un *canon,* palabra de origen semita que significa "caña" o "regla", y que les ha dado el carácter de bíblicos que tienen. Sin embargo, ese carácter canónico de los libros, que le ha sido reconocido por la iglesia cristiana desde época temprana, muestra algunas unidades más íntimas que sólo la reglamentaria. La Biblia es una porque Jesucristo es el centro de revelación al que apuntan tanto el AT como el NT. En Cristo Jesús se ha manifestado la plenitud de la revelación de Dios, y toda la Biblia, antes y después de Cristo, señala a la manifestación plena y exaltación de ese hecho histórico. Además, la Biblia tiene una estructura de promesa y cumplimiento que se enraíza en la naturaleza misma del libro. Todas las promesas del AT pueden ser vistas cumplidas no sólo en otras partes del mismo AT, sino principalmente en el NT y en la persona de Cristo. Por último, la Biblia nos muestra una estructura de revelación progresiva que no termina con el AT, sino que pasa de un testamento a otro y encuentra su clímax revelatorio en la persona de Cristo Jesús. La Biblia muestra cómo las grandes verdades que Dios tenía reservadas a la humanidad en la persona de su Hijo unigénito comenzaron a ser reveladas gradualmente desde muy antiguo en las distintas etapas de la religión judaica veterotestamentaria.

La **diversidad** de la Biblia se manifiesta rápidamente sólo al pensar en las distintas eras y culturas en que sus libros fueron compuestos, que llena un período de tiempo de más de 1300 años; en los distintos idiomas en que fue escrita: Hebreo el AT y Griego el NT; en los distintos géneros de literatura que la Biblia tiene: legal (Exodo, Levítico), histórico (Reyes, Crónicas, Evangelios, Hechos), poético (Salmos, Proverbios), profético (Isaías, Jeremías), doctrinal (epístolas), apocalíptico (Daniel, Apocalipsis); en los diversos autores que ha tenido y que le han dado su impronta particular; y en las múltiples situaciones y problemas particulares que dieron origen a los variados contextos en que se originaron los textos.

Este breve resumen del carácter bíblico nos muestra que la Biblia es un libro muy complejo de interpretar y que no debe ser tomada a la ligera. Los Reformadores, en su afán por contrarrestar el conceptó católico de que los laicos no debían leer las Escrituras porque no la entendían, llevaron el concepto a su otro extremo diciendo que cualquier persona puede interpretar correctamente la Palabra de Dios. Ninguna de las dos posiciones es buena. Hay partes de la Biblia que son directas y simples de entender, hay otras que son muy sutiles y oscuras, escondidas detrás de siglos de historia y de las barreras de diferentes lenguajes y culturas. Don Ernesto Trenchard manifiesta una posición intermedia cuando dice que "el creyente diligente y espiritual puede llegar a comprender las Escrituras, pero debe ser consciente de las dificultades y estar dispuesto a hacer todo lo posible por tratar de superarlas". La interpretación bíblica no es sólo cosa de estudiosos o de profesores de seminarios. Todo creyente puede interpretarla, pero tiene que ser diligente y espiritual, ambas cosas, y además, tener muchos deseos de superar las dificultades que se le presenten en la interpretación y de hacer todos los esfuerzos que estén a su alcance para encontrar la mejor explicación para el texto que está considerando.

PRESUPUESTOS TEOLOGICOS PARA LA INTERPRETACION BIBLICA

Al acercarse a la Biblia con el propósito de hacer teología, de preparar un sermón o estudio bíblico, de encontrar guía y ánimo para la vida diaria, de hacer decisiones éticas, o lo que fuera, el estudiante de la Biblia viene a ella con ciertos presupuestos teológicos que, si no fueran ciertos, no valdría la pena leerla o estudiarla, ni la harían ser el precioso libro que es.

La Biblia es la **Palabra de Dios**. El gran teólogo alemán Karl Barth nos ha ayudado a comprender distintos niveles de este concepto de palabra de Dios. Sólo Cristo Jesús es la palabra **revelada** de Dios. La Biblia es la palabra **escrita** de Dios. El sermón dominical es la palabra **predicada** de Dios. Los tres niveles son descendentes y cada uno se debe al anterior. La Biblia, como palabra escrita de Dios, es dependiente de Jesucristo como palabra revelada de Dios y es la fuente de toda palabra predicada de Dios. Por eso dicen nuestras confesiones de fe que la norma de interpretación, la regla en base a la cual hay que interpretar la Biblia, es Cristo Jesús.

La Biblia es la **revelación** de Dios. Volviendo al esquema anterior, la Biblia no está en la misma posición que Jesucristo, si no seríamos bibliólatras. Sin embargo, la Biblia trae la religión revelada de Dios para todos los seres humanos. La Biblia es la autorrevelación de Dios al hombre. Dios eligió darse a conocer, y al hacerlo, mandó a sus santos hombres a escribir Su libro. La Biblia es revelación histórica de Dios, no sólo en que revela los hechos históricos de Dios, sino que ha sido producida históricamente. La Biblia no es como el libro de Mormón que, según dicen, bajó del cielo en planchas de oro y después de ser copiado volvió al cielo. La Biblia se gestó en la trama de las historias humanas de seres humanos comprometidos con Dios y de un pueblo en relación con él.

La Biblia ha sido **inspirada** por Dios. No es este el lugar para discutir todas las teorías de inspiración bíblica que han sostenido los cristianos a lo largo de los tiempos. Pero de un modo o de otro, todos los cristianos creemos que la Biblia ha sido inspirada por Dios. *In-spirada,* del latín, significa literalmente "soplada dentro" por el Espíritu de Dios. La palabra "inspirada", que aparece en 2 Timoteo 3:16 en relación con las escrituras del Antiguo Testamento: *Toda la Escritura es inspirada por Dios...* implica que el Espíritu de Dios insufla, sopla adentro de las Escrituras con el poder que da vida. Como dijo Jesús: *Las palabras que yo os he hablado son espíritu y son vida* (Juan 6:63).

La Biblia tiene **autoridad** dada por Dios. Dios reveló su divina presencia en tiempos y lugares que él eligió en su sola potestad para revelarse. La Biblia es el registro de tal revelación histórica de Dios, por eso la Biblia tiene autoridad divina. Sus palabras son la Palabra de Dios, aquella *verba* que Dios mismo utilizó en su comunicación con nosotros, los humanos. La autoridad bíblica no descansa en las verdades que proclaman los mismos libros que la integran, sino en Dios, quien le da su autoridad final, porque ella es Su Palabra. Por eso la Biblia es autoritativa y normativa para todo lo que tenga que ver con la fe y la práctica de los cristianos, porque su autoridad descansa en la autoridad de Dios.

Quizá algunas otras declaraciones teológicas sobre la naturaleza y el carácter de la Biblia pudieran ser útiles al estudiante de las Escrituras, pero éstas cuatro, arriba enlistadas, no pueden dejar de mencionarse. Si la Biblia no fuera la Palabra de Dios, y si ella no fuera la guía última de nuestras acciones, no valdría la pena estudiarla. Si la Biblia no fuera inspirada por Dios, si no hubiera sido gestada en los entresijos de la historia humana, si no fuera autoritativa, no valdría la pena detenerse especialmente en su estudio, sería igual a cualquier otra literatura humana, y así habría que considerarla. Estas creencias de fe en relación con la Biblia dan al Libro ese carácter tan especial que tiene para el creyente, lo hacen ser tan amado para quien ha comprobado por fe estas verdades teológicas que sostienen su naturaleza y su carácter.

Este mismo fundamento teológico da a la Biblia su función en la vida del creyente y de la iglesia. La Biblia se usa para la devoción privada y pública, para la adoración, para la educación cristiana, para la guía moral personal y social, para la predicación, para la nutrición espiritual, y para mil usos más. La Biblia además ha sido usada para sostener muy diversas causas humanas. Las lecturas políticas de la Biblia, las lecturas sociológicas, las lecturas psicoanalíticas, las lecturas materialistas, aún las lecturas cientificistas de la Biblia son posibles. Pero si no se hace de la Biblia el libro del pueblo de Dios, todas estas lecturas quedan fuera de los propósitos divinos establecidos para su palabra. Los conceptos de Palabra de Dios, revelación, inspiración y autoridad dan a la Escritura su sentido último. Cada intérprete debiera tenerlos siempre en cuenta al abrir la Biblia.

LA PRACTICA DE LA EXEGESIS BIBLICA

La hermenéutica es a la exégesis como la ética a la moral. La hermenéutica estudia los principios de interpretación sobre los cuales ha de fundarse la práctica de la exégesis bíblica. Teoría sin práctica es inútil. La interpretación bíblica es tanto una ciencia cuanto un arte, una teoría y una práctica. La hermenéutica es su parte científica, teórica; la exégesis, su parte artística, práctica.

Ahora bien, en la delimitación del trabajo exegético corremos el peligro de ser demasiado legalistas o demasiado antilegalistas. Los legalistas piensan que todo en la exégesis se resume en poder aplicar unas determinadas reglas exegéticas con cierta capacidad. Los antilegalistas no se atienen a ningunas reglas. Ni lo uno ni lo otro son lo más conveniente. Las "reglas" que queremos proponer ahora como camino para la exégesis son más bien guías, pasos, un método o camino todavía por recorrer en relación con la práctica de la exégesis bíblica. Así también es con el arte, no se deja guiar por reglas, pero tiene su camino metódico.

Primer paso: En actitud de oración y dependencia del Espíritu Santo, mantenerse sumiso al sentido que el texto imponga

Hay diversos motivos por los cuales una persona busca hacer exégesis bíblica: hacer un trabajo de estudio metódico para encontrar un camino de interpretación sobre un libro completo de la Biblia, resolver los problemas que aparecen en la interpretación de un texto difícil, preparar el sermón del próximo domingo, o el estudio bíblico, o cualquier otra preocupación pastoral. En todos ellos la presencia del Espíritu Santo es indispensable. Es cierto que la exégesis se hace con la mente, pero también y principalmente con el espíritu. Cualquier persona que se involucre en estudio bíblico ha de estar primeramente dispuesto a dejarse guiar por el Espíritu Santo a toda verdad bíblica. Esta debe ser nuestra primera oración antes de cualquier estudio bíblico serio, y también durante todo el trabajo exegético.

En este espíritu de oración y dependencia de Dios, antes de comenzar con el segundo paso, es conveniente realizar al menos una lectura de corrido del pasaje completo. Si uno va a analizar una parte de algo es necesario que primero tenga una visión de la cosa completa. Lo mismo con un libro. Aún si ya lo hemos leído de corrido en alguna otra ocasión, conviene refrescar la memoria con la lectura de corrido del libro completo donde se encuentra nuestro pasaje. Si no fuera posible leer el libro completo, al menos una buena porción del mismo antes y después del pasaje estudiado es imprescindible. Sería muy interesante ir haciendo anotaciones en una hoja de papelaparte durante la lectura.

Segundo paso: Determinar el texto

La primera preocupación de un estudiante de textos antiguos es la determinación del texto. ¿Dónde comienza y termina la porción de texto que debo considerar? ¿Qué palabras integraban el texto original? ¿En qué orden? ¿Qué traducción es la que mejor recupera en nuestro idioma el sentido original de los textos en consideración? A responder todo este tipo de cuestiones se ha dedicado la llamada "crítica textual".

Sin embargo, el estudiante de la Biblia no puede dejar en manos de otros, por más eruditos que sean, la tarea de determinar el texto. El problema es que aún entre los estudiosos hay una gran variedad de lecturas textuales, lo cual es manifiesto al lector español por la diversidad de versiones que existen. Esto no debe desanimarnos, sino que debe llevarnos al deseo de trabajar nosotros sobre el texto, determinándolo lo mejor que podamos. Este trabajo se puede hacer a dos niveles: castellano e idiomas originales. Para cada uno de ellos daremos indicaciones explícitas:

1. En castellano, analizar comparativamente al menos seis versiones. Para la determinación de la extensión de texto a considerar, hace falta utilizar una versión que tenga el texto dividido en párrafos, y no versículo por versículo. La división en párrafos nos ayuda a darnos cuenta dónde comienza y donde termina el hilo de pensamiento del autor. Para los propósitos generales de determinar la extensión de un texto recomendamos no tomar nunca menos que un párrafo completo. Esto puede variar según el libro de la Biblia que estemos investigando, pero en general la regla es válida. Tomar menos que un párrafo completo puede llevar a mutilaciones del texto que son peligrosas para su entendimiento. La comparación de versiones ayuda grandemente a la determinación de las perícopas completas.

En cuanto a la determinación del correcto "palabreo" (como "deletreo": correcto orden de las letras, "palabreo": correcto orden de las palabras), el lector de la Biblia en castellano que no está familiarizado con los idiomas originales se encuentra en una tremenda disyuntiva cada vez que tiene una variante textual, para poder determinar cuál de ambas es la mejor. Para poder resolver este problema más o menos adecuadamente, es conveniente comparar versiones, cuánto más, mejor. Recomendamos al menos hacer la comparación de seis versiones distintas. En la comparación hay que buscar similitudes y diferencias. Es obvio que a mayor cantidad de similitudes en una determinada lectura, más seguridad tenemos de que la traducción a la que estamos accediendo es la correcta. Supongamos que cinco de las seis versiones de un texto en consideración concuerdan, estamos bien, esa es la traducción mejor.

Ahora, supongamos que tenemos tres versiones a favor de una lectura, y otras tres a favor de otra lectura, y que, consultadas más versiones, las diferencias persisten. ¿Qué hacer? Es aquí donde conviene pesar la evidencia de las versiones consultadas. Todas las versiones de la Biblia no son iguales, algunas son mejores que otras. En términos generales, una versión es mejor cuando: (1) Es una versión colectiva. Las versiones en que han participado muchas personas son mejores que aquellas hechas por una sola persona. (2) Es una versión interconfesional. Las versiones en que han participado traductores de distintas denominaciones son mejores que las versiones denominacionales. (3) Es una versión basada en el texto crítico y no en el texto recibido. El "texto recibido" se llama así justamente porque fue recibido de antes, nos fue legado por generaciones muy anteriores. Pero las investigaciones textuales que comenzaron el siglo pasado y que han dado excelentes resultados en este presente siglo han hecho una gran revolución en los estudios bíblicos. Estos resultados están disponibles a los lectores bíblicos en versiones que generalmente han visto la luz después de la década de 1960. De modo que, en términos generales, las versiones recientes son mejores que las anteriores. Si un estudiante de la Biblia tiene problemas en determinar el texto bíblico, estas ayudas pueden despejarlos.

2. En los idiomas originales, usar los métodos de la crítica textual. Ahora bien, ¿qué hace un conocedor de los idiomas originales? Utiliza los métodos de la crítica textual para determinar su texto y hacer su traducción provisional. Por ser este un artículo introductorio, no es necesario detenernos en detalle en el trabajo que un conocedor de los idiomas originales debiera hacer. Baste decir que hay trabajos introductorios a la crítica textual disponibles en el idioma inglés por autores como Harold Greenlee, Gordon Fee y Bruce Metzger.

3. Propósito final de la determinación del texto. El propósito final en la determinación del texto es poder realizar una traducción provisional sobre la cual hemos de trabajar para el resto de la exégesis. Quizá después de haber realizado toda la exégesis uno debiera volver a este paso y refinar su texto determinado, pero eso será otra historia. Por el momento un texto determinado de la manera que hemos propuesto es suficiente para continuar con confianza todo el trabajo exegético.

Tercer paso: Analizar el lenguaje del texto

Una vez que hemos fijado el texto sobre el cual hemos de trabajar, comenzamos con su análisis. Es más conveniente comenzar analizando su lenguaje, para luego pasar a su contexto, y luego a su cultura.

En la consideración de la lengua de un texto podemos fijar distintos niveles de análisis.

1. Análisis morfológico: Considerar la forma de las palabras. Si son palabras compuestas, determinar de qué otras palabras derivan. Analizar la relación de los verbos con los sustantivos en cuanto a su forma, es decir, si hay formas verbales y sustantivales de la misma palabra. No debemos olvidar que toda lengua, antes de ser escrita, es hablada. Las formas de las palabras determinan en mucho su sentido.

2. Análisis lexicológico: Considerar el significado de las palabras. Analizar las palabras principales de la oración tratando de ver aquello que no es tan obvio como parece. Investigar la etimología y el uso de las palabras, especialmente tratando de determinar el significado de las mismas en la época en que el escrito fue compuesto.

3. Análisis gramatical: Considerar la gramática del escrito. Analizar los verbos que están determinando las acciones que el escrito propone. Estudiar los sustantivos que muestran los sujetos y objetos de aquellas acciones. Ver los adjetivos y adverbios que colorean y dan marco a los verbos y sustantivos utilizados en el texto.

4. Análisis sintáctico: Considerar la sintaxis del discurso. Analizar las estructuras de las oraciones y las relaciones sintácticas de las palabras dentro de cada una de las oraciones. La mejor manera de hacer este trabajo sintáctico es reescribir las oraciones en una página en blanco en forma estructurada, poniendo los verbos en el medio, los sujetos a la derecha de los verbos y los objetos a la izquierda. Adjetivos, adverbios, y estructuras adjetivales y adverbiales debieran estar directamente relacionadas con los sujetos y objetos. El propósito de este diagrama de las oraciones es poder visualizar el pasaje completo y poder reconocer las distintas estructuras que lo componen. De un análisis sintáctico bien realizado un predicador puede sacar los puntos principales de su sermón.

El propósito general del análisis del lenguaje es poder determinar un bosquejo tentativo del argumento que está siguiendo el autor. Este argumento tentativo es indispensable en el análisis del contexto.

Cuarto paso: Analizar el contexto

Bien se ha dicho que un texto fuera de contexto es un pretexto. No se puede minimizar el valor del contexto en el entendimiento de un texto. Como ya hemos dicho antes, hay distintos tipos de contexto que deben ser considerados:

1. El contexto inmediato: Todo estudiante de la Biblia debiera aprender a pensar en párrafos. Aunque el texto bajo consideración sean unos pocos versículos, uno debiera siempre estar en condiciones de dar todo el argumento de la sección completa al cual esos versículos pertenecen. Enfocar cuál es el punto principal del párrafo, el porqué el autor está diciendo lo que dice o siguiendo el hilo de pensamiento que sigue. Descubrir desde dónde y hasta dónde se extiende el contexto inmediato.

Si el contexto inmediato nos es esquivo, o si nos encontramos frente a una declaración paradigmática, una sentencia de sabiduría, o un proverbio, entonces es mejor tratar al pasaje como **de contexto ausente**. Entendámoslo bien, no es que dejaremos por completo de tomar en cuenta el contexto inmediato de la declaración, sino que su contexto inmediato dejará de jugar dentro del análisis de la misma el mismo papel que jugaría en un contexto de decurso normal.

2. El contexto de los pasajes paralelos: Con la ayuda de una concordancia bíblica o de alguna Biblia que analice paralelos, descubrir cuáles son los paralelos más importantes del pasaje en cuestión. Los pasajes paralelos tienen un grado de importancia, a saber: (1) Los primeros en importancia son los paralelos dentro de un mismo libro de la Biblia. (2) Luego, los paralelos del mismo autor, aunque estén en otro libro. (3) Tercero, los paralelos de la misma época, aunque sean de otro autor y estén en otro libro. (4) Cuarto, los paralelos del mismo tipo de literatura, aunque sean de otra época, de otro autor y estén en otro libro. (5) Por último, todo otro tipo de paralelos dentro de la literatura bíblica. Respetar este orden en el análisis de los paralelos nos guarda de cometer el error que muchos predicadores y exégetas hacen de mezclar todo tipo de literatura, considerando todos los paralelismos al mismo nivel y despreciando otros textos del mismo autor, o de la misma época que, bien considerados, mostrarían otro tipo de resultados exegéticos.

Si la búsqueda de pasajes paralelos para nuestro texto se hace excesivamente difícil y no encontramos, por más que lo intentemos, pasajes que podamos considerar paralelos a nuestro texto, debemos considerar si quizá nos estamos enfrentando a un **pasaje particular**. Si es así es mejor que abandonemos la búsqueda de paralelos, y tratemos nuestro pasaje como lo que es: una particularidad única dentro de la literatura bíblica. De éstos, lo repetimos una vez más, no es bueno sacar doctrinas fundamentales.

3. El contexto bíblico: Como ya hemos dicho, el contexto bíblico se consigue después de muchos años de estudio y familiaridad con el texto de las Escrituras. Poder poner un texto dentro de su contexto bíblico significa que podamos trazar las relaciones que ese texto tiene dentro del desarrollo de la revelación progresiva que se manifiesta en la Biblia, que podamos relacionarlo con el pensamiento de otros autores bíblicos, que podamos incluirlo dentro de una época coherente dentro del desarrollo histórico de la producción de los textos. Haciendo esto honramos la diversidad en la Biblia.

4. Extrabíblico: Este tipo de contexto está determinado por la época, los recursos disponibles, y la viabilidad de los mismos dentro del texto en cuestión. Muchas otras cosas que no son la Biblia fueron escritas durante los tiempos bíblicos, pero no muchas de ellas vienen al caso. En el análisis de las citas extrabíblicas uno debe usar de su sano juicio para determinar en qué casos ellas son apropiadas. Nadie debe citar sólo por citar, y menos material extrabíblico.

Quinto paso: Analizar histórico-culturalmente el texto y los sucesos que le dieron origen. Factores geográficos, políticos, económicos, sociales, religiosos, etc.

Para la realización a conciencia de este paso necesitamos en general de buenos comentarios bíblicos o de libros que expliquen las condiciones de vida en los tiempos bíblicos. En la evaluación de comentarios o de libros que describan la vida en los tiempos bíblicos necesitamos también tener ciertos parámetros. En términos generales, y para los propósitos de la exégesis: (1) Un comentario exegético es mejor que un comentario homilético. (2) Un comentario crítico es mejor que un comentario devocional. (3) Un comentario fundado en los textos originales es mejor que un comentario sobre un texto en castellano. (4) Un comentario que hace lugar a todos los significados posibles de un texto es mejor que aquel que sólo hace lugar a los significados que sirven a un modo particular de entender el cristianismo. (5) Un comentario que explica las cuestiones histórico-culturales es mejor que un comentario que las utiliza dándolas por sentado. Algunos comentarios son verdaderas minas de información histórico-cultural. Estos son las mejores herramientas para la exégesis. Como advertencia, nomás, sirva quizá decir que no se comienza el estudio bíblico con el comentario. Como es obvio en este breve esquema de trabajo exegético, el uso de los comentarios recién se propone el paso quinto. Se va a un comentario para buscar material histórico-cultural que explique el texto, o para buscar otras opiniones con las cuales comparar las personales. Un comentario es siempre enriquecedor con tal que el intérprete no entregue su mente por completo al comentarista.

En este quinto paso de la exégesis lo que necesitamos descubrir son aquellos aspectos histórico-culturales del pasaje que no son tan obvios a una primera lectura, y que hacen una genuina diferencia en el entendimiento del pasaje. Algunos puntos principales aquí serían: (1) Analizar el significado de las personas, los lugares, los eventos, u otras cosas determinadas que se mencionan en el pasaje. (2) Estudiar los factores geográficos que puedan estar involucrados en el texto y cómo lo influyen. (3) Analizar el medio ambiente social y cultural de los sucesos que dieron origen al texto en cuestión. (4) Estudiar las costumbres y las prácticas de la época en relación a los sucesos relatados en el texto. (5) Analizar el pensamiento social, político, religioso, de la época, tratando de mostrar su relación con el texto.

La realización de este paso a conciencia nos llevará, como conclusión, a la determinación del *Sitz im Leben* o situación vital del texto. Determinar esta situación vital no es poca cosa. Si podemos decir de un texto en qué ocasión se usó, qué propósito tuvo al ser usado, quién o quienes lo leyeron y porqué, estamos en condición de decir la intención del escritor y, con ella, clarificar el sentido del texto en su forma original. El análisis de la situación vital, por ser muy detallado, involucra un nuevo paso exegético.

Sexto paso: Analizar el *Sitz im Leben* del texto.

Una vez que hemos establecido la situación vital en la que se desarrolló nuestro texto, es conveniente que la analicemos particularmente en relación con los siguientes aspectos:

1. Autor y primeros oyentes o lectores: En general todo texto provee información acerca de su autor y de sus pretendidos oyentes o lectores. Aquí hay que analizar particularmente qué dice el texto explícita o implícitamente sobre su autor o lectores. Esta es la generalmente llamada "evidencia interna". También hay evidencia sobre los libros que nos viene de otros libros de la Biblia o de material extrabíblico. Esta es la llamada "evidencia externa", a la que hay que considerar cuidadosamente también. De que podamos establecer a conciencia la situación de nuestro autor y la de sus primeros oyentes o lectores dependerá en gran parte la interpretación que daremos a sus palabras.

2. Género y forma literaria del escrito: Además de elegir un contenido para expresar, el autor eligió expresarse dentro de una forma y un género literario determinados. En la Biblia algunos escribieron crónicas, otros profecías, unos terceros poesías, otros epístolas, otros apocalipsis. Todos ellos buscaron glorificar a Dios y edificar la comunidad de fe a través de sus escritos. Cuando un escritor decidió expresarse de una manera particular hizo una decisión hermenéutica que nosotros, como intérpretes, no podemos pasar por alto. El género y la forma literaria, además, nos informan bastante bien del *Sitz im Leben* en que tales palabras se usaron. Las epístolas, sabemos, se leyeron en la comunidad de fe, los salmos se cantaron generalmente en el templo o en las procesiones (cánticos "graduales"), la Ley (Torá, Pentateuco) y las profecías se leyeron como apoyo de la fe, los apocalipsis eran más bien de lectura e interpretación privada; en fin, cada género y forma literaria tuvo su situación vital a la que correspondió. Entender, en cada caso, el género, es más que sólo una tarea de índole literario, da sentido a lo leído.

3. Ocasión y propósito del escrito: La determinación del autor y del género literario en que escribió nos informará sobre qué propósitos tenía el escrito en su primer momento. En las epístolas, por ejemplo, convendría determinar si hay algún comportamiento que necesitaba corrección, si hay un problema teológico, o algún malentendido, o si lleva el propósito de dar aliento, o exhortar, o remediar algún problema específico que viene de adentro o de fuera de la comunidad de fe. Del mismo modo que las epístolas, los textos proféticos tienen sus propósitos, los textos poéticos llevan otros, los apocalípticos los suyos. Cada texto de la Biblia tuvo su ocasión y propósito. Este es el momento de determinarlo. En la determinación de estos propósitos de los escritos bíblicos nos queda mejor aclarada su situación vital.

Séptimo paso: Analizar mi (nuestro) propio *Sitz im Leben*

Ya parece que estamos en condiciones de dar un sentido aproximado a nuestro texto, pero hace falta primero un paso que, aunque metódico, no por eso es menos importante. Paul Ricoeur habla de dos "caras" del texto, su "detrás", entendiendo por ello todo el trabajo que hemos estado proponiendo en los pasos 2 al 6 de este proyecto de trabajo exegético, y su "delante", entendiendo por ello todo aquello que el propio intérprete pone de sí mismo para que el texto haga sentido en su mente, como lo hemos llamado en este artículo, la "precomprensión".

Hasta ahora hemos analizado mucho al texto, su "detrás", pero ahora hace falta que nos autoanalicemos un poco, su "delante". Del mismo modo que hemos dicho que el *Sitz im Leben* del texto tocaba sólo aquellos aspectos de la cultura involucrados en el texto, mientras que el resto de los aspectos culturales quedaban fuera de la consideración, así también es con la consideración de nuestro propio *Sitz im Leben*, nuestra precomprensión. Como es obvio, sería imposible que nadie analizara todos los aspectos de su cultura que quedan involucrados en la interpretación de un texto. Pero al menos podemos, sí, analizar aquellos aspectos de nuestra situación vital que han quedado rozados por el texto.

1. Analizar factores histórico-culturales de mi (nuestra) sociedad que estén afectados por el texto: Así como en el análisis del *Sitz im leben* de un texto proponíamos estudiar el significado de las personas, lugares, eventos, u otras cosas mencionadas en el pasaje, del mismo modo necesitamos hacer con lo que en nuestra sociedad queda tocado por el texto. Si el texto habla de la guerra, por ejemplo, necesitamos analizar al menos un poco qué significa la guerra en nuestro tiempo. Un somero análisis de lo nuestro nos mostrará a las claras las diferencias en la concepción del texto y nuestra propia concepción de las cosas. Esto es necesario hacer para poder darnos cuenta dónde el texto estará afectando nuestra propia cultura.

2. Analizar autocríticamente mi (nuestra) propia precomprensión: El estudio de nuestra cultura nos llevará sin quererlo al estudio de nuestras propias personas. Aunque no en todo, sí parcialmente todos estamos de acuerdo con la cultura en la que nos hemos formado y vivimos. Pero en algunas cosas no estamos de acuerdo con nuestra cultura. Esto es lo que necesitamos aclarar especialmente los cristianos, que vivimos en lo que el teólogo británico John R. W. Stott definió como una "contracultura cristiana". Nuevamente, al analizar los aspectos culturales de nuestra propia precomprensión, debemos darnos cuenta que serán sólo aquellos aspectos que queden rozados por el texto. Sólo luego de analizar reflexivamente nuestra precomprensión estamos en condiciones de poder hablar desprejuiciadamente del sentido del texto.

Octavo paso: Determinar aproximativamente el sentido del texto

Este es el momento en el que la exégesis debe rendir sus frutos. Hasta ahora hemos estado haciendo acopio de materiales, ahora vamos a construir la casa. El material que viene desde el "detrás" del texto debe compararse con el que está provisto por el "delante" del texto para que la exégesis haga sentido. Hasta ahora hemos estado analizando todo, éste es el momento de la síntesis de aquello que hemos analizado.

1. Sintetizar los resultados de los pasos 2 al 6: En el trabajo que hemos hecho en los pasos 2 al 6 hemos recogido juntos la paja y el trigo. Es hora de separarlos. La síntesis de los resultados de estos pasos metodológicos nos dará algo con qué comparar nuestro propio entendimiento del texto a partir de nuestra propia situación vital. Esta síntesis debe ser simple, pero completa, abarcativa. Ningún aspecto que pueda modificar sustantivamente el sentido del texto puede quedar afuera.

2. Sintetizar los resultados de mi (nuestro) *Sitz im Leben*: Luego de la síntesis anterior, ahora nos abocamos a sintetizar los aspectos de nuestra cultura y de nuestra propia precomprensión que quedan tocados por el texto. Nuevamente, la síntesis debe ser completa y abarcativa. De que sea así depende que podamos compararla para extraer los resultados exegéticos.

3. Enfrentar ambos resultados comparativamente: Un último momento de la determinación aproximativa del sentido del texto es esta comparación de los resultados de las síntesis anteriores.

Este punto del desarrollo metódico del estudio es la verdadera exégesis. Si hemos hecho todos los pasos anteriores a conciencia, ahora el texto bíblico debe estar hablando a nuestra situación de una manera clara y definitiva. El sentido del texto ha quedado abierto y a disposición para el intérprete contemporáneo. Ahora estamos en condiciones de preparar el sermón, el estudio bíblico, la ayuda ética para las decisiones de la vida. Ahora estamos en condiciones de decir cuál es el punto principal del pasaje que hemos estudiado y cómo ese punto crucial es una palabra viviente de Dios para el momento actual. Ahora podemos decir cuál es el punto o los puntos exegéticos principales que hemos de proclamar en el sermón o de usar en el estudio bíblico. Ahora estamos en condiciones de decir cuál será el propósito de nuestro sermón basado en ese texto, y la respuesta que esperamos que alcance. Es decir, los resultados exegéticos ahora están a disposición y a la mano de una manera que antes no estaban.

Como dijimos, la interpretación bíblica es una ciencia y un arte. Si hemos seguido con método artístico la parte científica de la exégesis, podemos afirmar con justeza y confianza que el sentido del texto al que hemos arribado es el más cercano y puro que nosotros, como intérpretes, pudimos conseguir.

Noveno paso: Repasar nuevamente todos los puntos para pulir y ajustar el análisis y la síntesis del sentido del texto

Parece que la exégesis ya estuviera terminada, sin embargo, es necesario todavía que repasemos y pulamos todos los puntos del trabajo exegético para estar seguros que lo que hemos hecho está bien hecho, para ajustar los resultados de los análisis efectuados, para aclarar un poco mejor las síntesis del sentido del texto que hayamos hecho. Como una obra de arte, una exégesis nunca está definitivamente terminada. Sin embargo, todo artista llega en algún momento a decidir que su obra de arte está finalizada. Esta misma decisión debe ser hecha conscientemente por el exégeta. Sólo debemos abandonar el pasaje con confianza una vez que hemos repasado y reajustado todo lo que hayamos podido de nuestro trabajo. No olvidemos que la Palabra es de Dios, pero las interpretaciones son nuestras. Ninguno de nosotros queremos invalidar con nuestras interpretaciones los propósitos de Dios. Si así fuera, caería sobre nosotros la maldición de Jesús a los fariseos de su tiempo (Marcos 7:9-13). Evitemos el castigo del Señor, trabajemos a conciencia.

Décimo paso: Dar gracias a Dios por lo hecho y no conformarse con el sentido obtenido

Una última recomendación es necesaria. Así como el apóstol Santiago dijo que *toda buena dádiva y todo don perfecto proviene de lo alto y desciende del Padre de las luces* (Stg. 1:17), al terminar nuestro trabajo exegético debemos dar gracias a Dios porque hemos podido amarle con toda nuestra mente (Mat. 22:37) en la investigación y descubrimiento exegético de su preciosa Palabra. Pero cuidado con conformarnos con esto. No hay nada más apestoso que el pescado de ayer.

Los pasos anteriores, hechos a conciencia, nos garantizan haber logrado la cercanía máxima al sentido del texto. Luego, el texto necesita ser creído en la dimensión de fe que abre, y practicado en la dimensión ética que abre. Una vez creído y practicado en ambas dimensiones, necesitamos volver al texto con el deseo de examinarlo en estos mismos pasos. Así el texto se enriquece y nos enriquece. La exégesis bíblica es un trabajo de todos los días y de cada día. Así como estamos creciendo en la vida y en el entendimiento de las cosas que nos pasan, así también crecemos cada día en el entendimiento de la Palabra de Dios. No nos permitamos anquilosarnos en nuestras interpretaciones. No pensemos jamás que ya sabemos cuál es la última y final interpretación de un texto determinado. Trabajemos cada día en oración para lograr nuevas y mejores interpretaciones de su Palabra.

LA VIDA DEL INTERPRETE: SU UNICA INTERPRETACION

Ya nos referimos anteriormente a la preeminencia de la Palabra sobre el intérprete. La verdadera interpretación de la Palabra no se hace en palabras, sino en acción. *Así como nos debemos al estudio de la Palabra, nos debemos también a la práctica diaria de la Palabra.*

No hace falta sólo estudiar a conciencia la Palabra, sino también vivirla a conciencia. *Sólo quien tiene el propósito y la voluntad de cumplir con lo que la Palabra manda, tiene la habilidad y el don de poder comprenderla.* La Palabra hace sentido en la mente y en la acción del intérprete. La vida del intérprete no es la mejor interpretación: es la única. No hemos interpretado lo que aún no hemos vivido. No hemos entendido lo que aún no hemos cumplido. No hemos todavía accedido al entendimiento de la Palabra de Dios si no hemos obedecido a la voz de Dios que nos habla desde y a través de este maravilloso regalo divino que es texto bíblico.

Cada uno de nosotros, nuestra vida entera, el mundo y los que en él habitan dependen de la Palabra de Dios. *El cielo y la tierra pasarán, pero mis palabras no pasarán,* dijo el Señor (Mat. 24:35). Por eso, más que manejarla o interpretarla nosotros a ella, somos nosotros, sus humanos intérpretes, quienes quedamos interpretados, sometidos y juzgados por la divina Palabra (Heb. 4:12, 13). Más que ponernos a nosotros mismos como los intérpretes de la Palabra de Dios, debemos dejar que ella nos interprete a nosotros. Más que hablar nosotros la Palabra, debemos dejar que ella se hable a sí misma a través de nosotros.

Es la Palabra de Dios la que tiene la prioridad, nosotros somos sólo sus humildes y humanos intérpretes. Del mismo modo que un instrumentista fiel puede hacernos escuchar una obra de algún gran músico si es que se ocupa de no interrumpirla, dejándola surgir del instrumento con toda la fuerza espiritual con que la pieza fuera escrita, así el intérprete de la Palabra de Dios ha de aprender a afinar la cuerda de su sensibilidad al Espíritu de la Palabra, para dejarla sonar del modo que ella quiere en los corazones de los hombres.

Las reglas son necesarias, pero no son todo. Antes que las reglas correctas de interpretación, hace falta primeramente una conversión en el punto de mira del intérprete. *Las reglas primordiales de interpretación de la Biblia son la fe, la humildad, la dependencia de Dios, la voluntad de obediencia al Señor y a su mandato.* Esto en la Biblia se llama arrepentimiento, conversión. Sólo quien se ha arrepentido y convertido puede interpretar correctamente la Palabra de Dios porque ha aprendido a interpretar *lo espiritual por medios espirituales* (1 Cor. 2:13). Las leyes más importantes que necesita atender el intérprete de la Palabra de Dios, aún más que las de la ciencias histórico-críticas, muy útiles para alumbrar la conciencia y la razón; son las del Espíritu de Dios derramado en el corazón del intérprete por la sangre redentora y misericordiosa de Cristo Jesús.

La fe en Dios y el arrepentimiento en el corazón son la primera precomprensión necesaria e indispensable para el conocimiento de Dios a través de su Palabra. El punto de mira espiritual es la experiencia fundamental a partir de la cual se puede interpretar la Palabra de Dios, y sin la cual la tarea de la interpretación sería una ridícula excusa para recitar de memoria el propio pensamiento no analizado.

GENESIS

Exposición

Dionisio Ortiz

Ayudas Prácticas

Jorge Enrique Díaz

INTRODUCCION

TITULO

El libro de Génesis es el primer libro de la Biblia y forma parte del Pentateuco o Libro de la ley de Moisés. El título en castellano significa "origen", que traduce la palabra hebrea *toledot* 8435 que significa "generaciones", "orígenes", "descendientes" o "historia". Esta palabra aparece once veces en el libro de Génesis (2:4, 5:1, 10:1, 11:10, etc.) señalando una unidad histórica o narrativa. Este título fue dado al libro en la Septuaginta (LXX; traducción griega de los escritos hebreos) que al pasar a la Vulgata (traducción latina de la LXX) se tradujo por el término latino *Génesis*. En las Escrituras hebreas Génesis es el primer libro de la Tora o Ley y su título es simplemente la primera palabra compuesta del libro: *bereshit* 7225, que significa "en el principio".

AUTOR Y FUENTES LITERARIAS

No se menciona en el libro a su autor ni las fuentes literarias. Sería imposible afirmar un único autor histórico ya que el contenido del libro de Génesis abarca un periodo de historia muy extensa. Sin embargo, la designación de una persona como la paternidad literaria autoritativa ha sido preocupación de la comunidad académica cristiana. La consideración de la paternidad literaria de Génesis se la ha ligado a la del Pentateuco, ya que se lo ha integrado a esta unidad de revelación. De ahí que la determinación del autor de Génesis ha dependido de la determinación de la paternidad literaria del Pentateuco. Se describen a continuación algunas consideraciones respecto a la paternidad literaria de Génesis, independientemente de la autoridad literaria de todo el Pentateuco. Es decir, se considerará a Génesis como una unidad literaria en sí misma y tal cual como los cánones hebreo y cristiano lo han aceptado.

La designación de la paternidad literaria de Génesis se puede resumir en dos posiciones principales: la afirmación tradicional y la postura de la crítica histórico-literaria con su desarrollo posterior y sus variantes. Se mencionan estas posiciones con fines informativos y para presentar argumentos posteriores que intentan resolver el problema de la paternidad literaria desde un enfoque histórico y teológico.

La afirmación tradicional

Esta postura afirma que el libro de Génesis, como todo el Pentateuco, fue escrito por Moisés como parte de la revelación de Dios a su pueblo. Se reconoce que los acontecimientos en Génesis ocurrieron mucho antes del tiempo de Moisés, pero las historias fueron transmitidas por los descendientes de Abraham y conservadas por la comunidad en desarrollo constante y bajo la dirección de Dios. Moisés tomó estas historias e inspirado por Dios las integró al documento autoritativo que se iba desarrollando conforme a la revelación divina (lo que más tarde fue la Tora o Ley).

Esta postura se basa en: (1) La aceptación del criterio de una autoridad profética para la validez canónica de un documento religioso. La revelación de Dios ha sido siempre a través de un profeta escogido por Dios y encargado de comunicar el mensaje. De ahí la autoridad básica de Génesis y su autenticidad normativa. (2) Las muchas citas del Pentateuco donde se menciona que Dios habla directamente a Moisés y le ordena escribir o transmitir esas revelaciones como normativas para el pueblo (Exo. 17:14; 24:4-8; Núm. 33:1; Deut. 31:9, etc.). Si Génesis es parte de la unidad del Pentateuco, Moisés es también el autor. (3) La afirmación judía tradicional que ha atribuido a Moisés la paternidad literaria y autoridad normativa de la Ley. (4) La declaración de Jesús quien menciona a Moisés como la autoridad de la Ley (Luc. 24:44). (5) La posición de la comunidad cristiana que en su formación y decisión canónica aceptó sin cuestionamiento la autoría de Moisés.

Muchos escritores de la línea teológicamente conservadora asumen hoy día esta postura. Se reconoce que en el proceso de transmisión ciertas frases o datos en el Génesis fueron insertados en tiempos posteriores a Moisés. Pero estas inserciones o glosas, que son mínimas, tuvieron fines explicativos o para reforzar un propósito específico (26:1; 35:20; 36:31, etc.). En esta postura, muchos identifican la paternidad literaria con la autoridad divina. Es decir, si se cuestiona la autoría de Moisés, se cuestiona la autoridad inspirada del Pentateuco.

La postura de la crítica histórica-literaria

Desde el surgimiento de esta crítica se ha cuestionado la autoría tradicional de Moisés. Por lo general, la crítica actúa con ciertos postulados bien definidos que influyen la dirección de sus conclusiones. Algunos de ellos son: (1) La necesidad de determinar las fuentes originales de un libro bíblico. (2) La presuposición que los libros de la Biblia son básicamente compilaciones de tradiciones o documentos que tuvieron un largo proceso de desarrollo. (3) La canonicidad de un libro o su carácter normativo no depende de la determinación de un autor inspirado.

Se mencionan sólo las posiciones de desarrollo reciente y que influyen en la interpretación bíblica actual.

1. La hipótesis documentaria: Esta teoría, con sus variantes, sostiene que el Pentateuco es una colección de varios documentos de diversos orígenes, tiempos y autores anónimos. Los proponentes afirman que en Génesis hay tres documentos principales. El primero, llamado Yahvista (J) en el cual consistentemente se usa el vocablo hebreo *Jehovah* [3068] como nombre de Dios. Su autor se presume pertenecía al territorio sur del reino y fue el autor más antiguo. Un segundo documento (E), el Elohista, que usa el vocablo hebreo *Elohim* [433] como nombre de Dios y cuyo autor fue influido por las predicaciones éticas de los profetas y de fecha posterior al Yahvista. Y un tercer documento (P) llamado Sacerdotal que presenta las reflexiones teológicas, los temas de interés al culto, las genealogías, etc., todos de interés peculiar a los sacerdotes.

Esta teoría se desarrolla bajo las siguientes consideraciones: (1) El material del Pentateuco presenta tradiciones o perspectivas con intereses diferentes. (2) El uso del nombre de Dios en hebreo que difiere en los materiales (Jehovah; Dios; Jehovah Dios). (3) Hay duplicidad de relato de muchos de los acontecimientos con variaciones que reflejan diferentes fuentes. (4) La aceptación de un desarrollo progresivo de la religiosidad del hombre en su comprensión de la divinidad y de su responsabilidad ética. (5) La separación de la aceptación de autoridad inspirada con la de un autor específico.

2. La crítica de formas: Esta teoría considera al libro como una colección de tradiciones orales y escritas. Busca principalmente la situación específica que da origen a la tradición y las formas literarias en las cuales se transmite dicha tradición. Algunos creen que muchas de esas tradiciones se originaron en lugares geográficos específicos que fueron consagrados a la adoración del Dios revelado. Estos lugares son denominados "santuarios" y asociados con las vidas de los patriarcas. Algunos de ellos son: Hebrón, asociado con Abraham; Beerseba asociado con Isaac y Betel asociado con Jacob y su familia. En estos santuarios periódicamente y en conexión con el culto a Dios, se repetían oralmente las tradiciones de los respectivos patriarcas. Estas tradiciones fueron transmitidas en formas o estilos literarios modelos, desarrollados progresivamente y finalmente integrados a los escritos sagrados del pueblo de Dios en épocas posteriores. Algunos no dan mucho crédito a la historicidad de las tradiciones y les atribuyen sólo un valor litúrgico o cúltico. Su función específica, según ellos, es la de proveer identidad histórica y geográfica a la comunidad de fe en un marco de autoridad teológica.

Las bases para esta perspectiva son: (1) La centralidad de los llamados santuarios y expresiones cúlticas como elementos de integración y continuidad del pueblo de Dios. (2) La clasificación literaria de materiales de acuerdo a su estilo. Esta clasificación es importante porque el estilo literario determina el propósito y la función del material bíblico. (3) La capacidad e intención de transmisión de la comunidad de sus tradiciones. (4) La relativa libertad de reinterpretación del material a la luz de las necesidades histórico-teológicas de cada época. (5) La fijación final de las tradiciones en un canon sagrado dentro de un marco teológico específico.

Como se puede notar, en esta postura no es importante determinar el autor responsable del libro de Génesis. Más bien el material es un producto comunal o folclórico.

3. La crítica de redacción: Esta disciplina es más reciente y se ofrece como una herramienta de interpretación bíblica. Su énfasis está en el proceso de composición y en el producto final del documento bíblico. De ahí que se reconoce que un documento bíblico necesariamente ha pasado por un proceso de composición. En ese proceso, las diferentes circunstancias, necesidades e intereses particulares moldean la presentación de la revelación bíblica original. El documento entonces se vuelve un producto de varios "redactores" que van recogiendo las tradiciones y las van redactando conforme a las necesidades del momento. El propósito principal siempre es el de expresar la voluntad de Dios para su pueblo en cada etapa en la que se encuentra. De ahí que hay un marcado interés teológico por sobre todas las cosas. A la luz de esta disciplina, no se puede hablar de un autor original, sino de redactores que de los materiales previos intentan poner en forma final el documento bíblico. Se considera al documento en su unidad literaria final e integridad teológica. La composición final necesariamente es normativa y tiene una función o propósito teológico dentro del canon cristiano. Las bases fundamentales de esta postura son: (1) La complejidad de los documentos bíblicos que en sus composiciones particulares no presentan una unidad. (2) La transmisión dinámica de las tradiciones del pueblo de Dios, es decir, al narrarse los acontecimientos se convertían en vivencias actuales para los oidores. (3) La necesidad teológica primordial y variable del pueblo de Dios en su desarrollo histórico. (4) La fidelidad en conservar y reflejar las diferentes tradiciones recibidas. (5) La unidad literaria final y función teológica de los documentos bíblicos.

Conclusión. A manera de conclusión se puede proponer que el libro de Génesis, aceptado como parte del canon, necesariamente apunta a la autoridad histórica y teológica de Moisés. Brevemente queremos dar algunas explicaciones de esta proposición.

La autoridad histórica implica que en un momento dado específico, los actos revelatorios de Dios en la arena de la historia humana se documentan y se vuelven suficientemente significantes para la comunidad que los recibe como orientadores y transformadores de su historia (destino). Cuando hablamos de documentación no se limita a algo escrito solamente, sino más bien a una fijación permanente de la autoridad de dichos actos. Si aceptamos el papel histórico de Moisés, como libertador, legislador y modelador del pueblo de Dios, como tal necesitó un documento autoritario y normativo para el pueblo de Israel. Dicho documento necesitaba proveer:

Identidad étnica o comunal a los esclavos. A través de ese documento, el pueblo pudo encontrar y aceptar una identidad étnica que los consolidara en un propósito común. Lo único que tenían en común políticamente en ese momento era la esclavitud. Pero aún así, había intereses diversos entre los israelitas como más tarde se manifestarán. Génesis proveía para ellos la identidad étnica necesaria para formar una unidad étnica. Cuidadosamente en Génesis se declara el desarrollo de este pueblo a través de los patriarcas y sus descendientes. Ellos eran una comunidad con origen e identidad propios, diferentes de otras. Y esta declaración tenía que ser existente, en primer lugar, y autoritativa.

Identidad política. La propuesta de Moisés fue no sólo la de liberación, sino la de formar una unidad política con gobierno y territorio soberanos. Es decir, el propósito no era sólo escapar de Egipto, sino ir a reclamar el territorio que fue asignado para ellos. A través de las promesas de Dios a los patriarcas, y por la ocupación territorial de los mismos patriarcas declarados en Génesis, el pueblo podía identificarse con ese propósito político. Para ello, Génesis debía tener existencia y autoridad histórica suficientes.

Identidad del "Dios de los Padres". El llamado al éxodo de Egipto y a la conquista de Canaán venía de *JEHOVAH, el Dios de vuestros padres, el Dios de Abraham, el Dios de Isaac y el Dios de Jacob* (Exo. 3:15). Ese llamado tuvo autoridad suficiente para la respuesta del pueblo. Y para que el pueblo pueda responder debía tener suficiente identidad de ese Dios. Génesis, como documento autoritario, proveía el testimonio apropiado de que Dios había tenido una relación especial con los patriarcas. Es más, en Génesis la identidad de Dios es indistintamente el Dios de Abraham, Isaac y Jacob, como también Jehovah o Jehovah Dios. Este Dios podía ser identificado por el pueblo porque en ese momento histórico había aceptado un documento revelatorio autorizado suficientemente. Este documento del tiempo de Moisés no pudo haber sido otro que Génesis. Es interesante acotar que por sentido común así como Dios identifica y reconoce a su pueblo (Exo. 2:23-25), era necesario también que el pueblo reconociera e identificara a su Dios.

La autoridad teológica implica que una persona específica, (profeta en términos bíblicos) reciba los actos revelatorios de Dios en la arena de la historia humana y los documente como suficientemente importantes para la comunidad que se identifica como escogida por Dios. A esta persona y al documento los llamamos "inspirados". Si aceptamos un concepto de inspiración donde hay una participación equilibrada y apropiada entre Dios y el profeta, Moisés tiene la ventaja inigualable de ser la persona inspirada para el libro de Génesis por las siguientes razones:

(1) Es quien tuvo más aproximación histórica a los relatos memoriales de los acontecimientos de Génesis. (¡Mucho más que los sacerdotes del tiempo del exilio!). Y además, Moisés, por su posición privilegiada de cultura, fácilmente podía disponer de documentos culturales de distintos pueblos y tradiciones. Es lógico concluir que a su preparación excelente (Hech. 7:22) Dios le conceda la inspiración para compilar el documento de Génesis.

2) La continuación del plan redentor de Dios. Cuando Moisés se presenta ante el faraón de Egipto y ante su pueblo, no esgrime simplemente un proyecto político. Es cierto que tal proyecto de liberación política era de lo más loable, justo y necesario dada la condición esclavizada de los hebreos. Pero desde el principio él presenta un proyecto teológico. Moisés debía convencer que su intento no era una empresa humana loable, sino una obediencia al plan de Dios. Es lógico pensar que Moisés, dado su preparación académica, y su conocimiento de la resistencia del pueblo a su autoridad (Exo. 2:14, 3:13) se aseguró de un documento que fundamentara teológicamente (en nombre de Dios) su actuación. Es Jehovah, el Dios de Israel, quien lo envía en cumplimiento de la promesa de Dios. Génesis era el documento de esa promesa. Allí estaba conjugado el plan redentor de Dios para Israel y para todas las naciones. Más que en ningún momento histórico, y especialmente al principio de la peregrinación por el desierto, el pueblo necesitaba dicho documento autoritativo. Y pensamos que Dios, inspirando a Moisés, proveyó ese documento.

3) La identidad del Dios Salvador con el Dios Creador. En las culturas politeístas contemporáneas e influyentes al pueblo de Israel del tiempo de Moisés, había una marcada y clara diferencia entre la divinidad salvadora y la creadora. Estas divinidades actuaban independiente y competitivamente una de otra. En el plan del éxodo, el pueblo de Israel necesitaba una identificación clara e indudable de la identidad única del Dios Salvador y del Dios Creador. El libro

de Génesis atestigua esa identidad. Pero si no existiera dicho documento autorizado, no serviría al pueblo. De ahí, la conclusión de que Génesis proveía esta identidad que el pueblo pudo aceptar con la autoridad suficiente.

Estos argumentos sirven para proponer que el libro de Génesis, como testimonio de la revelación de Dios, recibe su autoridad histórica y teológica de Moisés. Por ello es integrado al documento más autoritario del pueblo escogido de Dios: la Tora o ley de Moisés. Las glosas (existencia de explicaciones, especificaciones de lugares geográficos posteriores a Moisés, complementos a genealogías, vocablos de uso posterior, etc.) que son mínimas, se deben al proceso normal de querer aclarar y actualizar el impacto de la fuerza revelatoria de Dios a su pueblo. Aún estos intentos de aclaraciones atestiguan la aceptación de la autoridad original de un documento al que se le quiere dar relevancia permanente. En contraste con las glosas se puede notar en Génesis la gran fidelidad en conservar intactas porciones que parecieran contradictorias, relatos del mismo acontecimiento con perspectiva diferente y acciones que serían consideradas denigrantes para ciertas tribus o grupos del pueblo de Dios.

PROPOSITO Y MENSAJE DEL LIBRO DE GENESIS

Por lo general se asigna como propósito al libro de Génesis explicar el origen de todas las cosas, siguiendo el significado del título no hebreo del libro. Esta asignación crea confusión y hasta competencia con las conclusiones de la historia y de las ciencias las que tienen como propósito proveer una explicación del origen y la existencia de todas las cosas. De ahí que proponemos que el propósito principal de Génesis no es precisamente ocuparse de las explicaciones del origen de las cosas o de la historia de la raza humana. El libro de Génesis presenta el testimonio de los actos de Dios en su propósito de tener comunión con el hombre, desde la creación hasta el desarrollo de un pueblo escogido desde sus antepasados. Estos actos de Dios son presentados en estrecha relación con las respuestas tanto de la creación como de la humanidad a Dios. Básicamente Génesis testifica que Dios creó el mundo y la humanidad para establecer una relación especial con ambos. Esta relación está basada en la gracia y soberanía de Dios y en la respuesta libre del hombre. Pero el tema central permanece siendo Dios: El Dios que crea al mundo y lo sustenta, el Dios que crea y llama al hombre a una vida de comunión, el Dios que fiel a su propósito trae juicio y redime. De ahí que Génesis como revelación de Dios tiene un mensaje que proclamar: Dios llama a la creación y al hombre a una relación de comunión. La respuesta a ese llamado depende de una decisión libre y de compromiso a las demandas que la relación implica.

Este mensaje se desarrolla en Génesis a través de la presentación de los actos de Dios como Creador y Redentor en su relación con la respuesta del hombre.

Génesis presenta a Dios como el Creador

Frente y en contraste con todas las explicaciones paganas de la creación del mundo y del hombre, Génesis afirma que el Creador de todo es el Dios que escoge revelarse a su pueblo escogido. La creación es un acto exclusivo de él y expresa su soberanía y su gracia. Los actos creativos de Dios manifiestan las características principales de la naturaleza de Dios. Expresan su poder de crear de lo no existente, su propósito de dar significado y propósito a la existencia de cada criatura, su santidad o trascendencia al quedar siempre diferenciado de su creación y su gracia en conceder sustento a toda criatura. La afirmación de Dios como Creador, necesariamente implica la absoluta autoridad de Dios en escoger las condiciones o términos de relación que desea tener con su criatura.

Génesis presenta a la creación y mayormente al hombre en rebeldía contra Dios

Los testimonios selectos de las respuestas del hombre son para demostrar cómo el hombre desde un principio rechaza esos términos o condiciones e intenta llevar una vida independiente y autónoma de Dios. Estos testimonios corresponden a hombres individuales como también a la humanidad entera. El mensaje de Génesis es precisamente que Dios invita a este hombre alejado a volver a la comunión con él.

Génesis presenta a Dios como el Redentor

Aunque el hombre se aleja de Dios, Dios no renuncia a su propósito original de comunión con su criatura especial. Es en los testimonios de los actos redentores de Dios donde se perciben las características más sobresalientes de la naturaleza de Dios: Su amor y su paciencia; su fidelidad y su misericordia. Nunca es el hombre quien se vuelve a Dios, sino Dios quien sale a buscar al hombre y a proveer el medio para restablecer la comunión perdida. La fidelidad de Dios a su propósito de comunión implica juicios condenatorios y actos de destrucción. Pero aun estos actos son con un propósito redentor y en cada uno de ellos hay redención. Donde más se testifica del plan redentor de Dios es en el llamado a Abraham y sus descendientes a través de quienes ese propósito redentor se hace concreto y disponible.

El mensaje de redención continua a través de todo el AT y culmina en Jesucristo. El mismo mensaje de Génesis sigue siendo el mensaje de la iglesia de Jesucristo. De ahí la importancia fundamental del libro de Génesis para la tarea de proclamación del mensaje cristiano. Nos asegura que la fidelidad de Dios es permanente y de generación en generación. Nos asegura que el plan redentor de Dios no es un producto de la casualidad, o del hoy, sino que desde el principio de la creación Dios ha querido estar en comunión con su criatura. Nos da la explicación correcta del pecado y sus consecuencias en todas las áreas de la vida del hombre. Pero por sobre todo nos demuestra la fidelidad de Dios en proveer salvación.

Se comprende que el testimonio de Génesis, aunque normativo, no es la culminación del plan redentor de Dios, sino el inicio del mismo. Esa culminación está en Jesucristo y la iglesia cristiana es la que da testimonio de esa culminación. En el comentario se acepta que el testimonio de Génesis fue escrito para nosotros (1 Cor. 10:11). Por ello se intenta reflejar la comprensión de ese testimonio desde la perspectiva cristiana sin forzar su interpretación o validez canónica original. Creemos firmemente que así la autoridad normativa de la revelación en Génesis es válida para nosotros hoy día. Nuestras necesidades y conflictos son iguales a los que encontramos en Génesis.

El tema central del comentario es Dios y se irá desarrollando esa relación de Dios con las diferentes unidades principales: La creación, la humanidad y los patriarcas representados por Abraham, Isaac, Jacob y José.

BOSQUEJO DE GENESIS

I. DIOS Y LA CREACION, 1:1—2:4a

1. Dios el Creador, 1: 1, 2
2. Dios crea el universo, 1:3—2:4a
   (1) El primer día, 1:3-5
   (2) El segundo día, 1:6-8
   (3) El tercer día, 1:9-13
   (4) El cuarto día, 1:14-19
   (5) El quinto día, 1:20-23
   (6) El sexto día, 1:24-31
   (7) El séptimo día, 2:1-4a

II. DIOS Y LA HUMANIDAD, 2:4b—11:9

1. Dios establece ambiente, normas y relaciones para el hombre, 2:4b-25
   (1) Dios forma a Adán, 2:4b-7
   (2) Dios planta un jardín en Edén, 2:8-17
   (3) Dios crea a la mujer, 2:18-23
   (4) Institución del matrimonio, 2:24, 25
2. La primera pareja desobedece a Dios, 3:1-24
   (1) La pareja cede a la tentación de la serpiente, 3:1-13
   (2) La desobediencia trae sus consecuencias, 3:14-24
3. La vida en familia y en comunidad, 4:1-24
   (1) La vida familiar de Adán y Eva, 4:1, 2
   (2) La adoración a Dios, 4:3-5
   (3) El primer homicidio y su castigo, 4:6-16
   (4) La descendencia de Caín y su comunidad, 4:17-24
4. El desarrollo de la humanidad a través de Set, 4:25—6:8
   (1) El nacimiento de Set y la religión, 4:25, 26
   (2) La descendencia de Adán a través de Set, 5:1-32
   (3) La corrupción de la humanidad, 6:1-8
5. El juicio de Dios sobre la humanidad, 6:9—7:24
   (1) Noé un hombre justo y cabal, 6:9-12
   (2) Noé se prepara para el juicio del diluvio, 6:13-22
   (3) Noé entra al arca, 7:1-10
   (4) Dios trae el diluvio, 7:11-24
6. La humanidad después del diluvio, 8:1—11:9
   (1) La restauración de la tierra, 8:1-19
   (2) El pacto de Dios con Noé y la creación, 8:20—9:17

(3) La vida familiar de Noé, 9:18-29
(4) El desarrollo de naciones e imperios, 10:1-32
(5) La confusión y dispersión de la humanidad, 11:1-9

III. DIOS Y ABRAHAM, 11:10—25:18

1. Los antepasados de Abram, 11:10-32
2. El llamado de Dios y las pruebas de Abram, 12:1—14:24
   (1) Dios llama a Abram, 12:1-9
   (2) El hambre en Canaán y la ida a Egipto, 12:10-20
   (3) El conflicto y la separación con Lot, 13:1-13
   (4) Dios reafirma su llamado, 13:14-18
   (5) Abram y la guerra en Canaán, 14:1-16
   (6) Abram y los reyes de Salem y Sodoma, 14:17-24
3. El pacto de Dios con Abram y sus pruebas, 15:1—18:15
   (1) Dios sella su llamado con un pacto, 15:1-21
   (2) Agar e Ismael, 16:1-16
   (3) Dios reafirma su pacto con Abram, 17:1-27
   (4) Dios reafirma el nacimiento de Isaac, 18:1-15
4. Abraham y el juicio contra Sodoma y Gomorra, 18:16—19:38
   (1) Abraham intercede por Sodoma y Gomorra, 18:16-33
   (2) Dios libra a Lot por amor a Abraham, 19:1-29
   (3) Lot y sus hijas, 19:30-38
5. Dios libra a Abraham de sus problemas con Abimelec, 20:1-18
6. Dios concede la descendencia prometida a Abraham, 21:1-34
   (1) El nacimiento de Isaac, 21:1-8
   (2) Agar e Ismael son despedidos, 21:9-21
   (3) Abimelec hace alianza con Abraham, 21:22-34
7. El pacto y su continuación, 22:1—25:18
   (1) Dios prueba la fe de Abraham y confirma el pacto, 22:1-19
   (2) Los descendientes de Nacor, hermano de Abraham, 22:20-24
   (3) La muerte y sepultura de Sara, 23:1-20
   (4) Abraham elige esposa para Isaac, 24:1-67
   (5) Los descendientes de Abraham y Quetura, 25:1-6
   (6) Muerte y sepultura de Abraham, 25:7-11
   (7) Los descendientes de Ismael, 25:12-18

IV. DIOS E ISAAC, 25:19—28:9

1. La familia de Isaac, 25:19-34
   (1) Nacimiento de Esaú y Jacob, 25:19-26
   (2) Esaú menosprecia su primogenitura, 25:27-34
2. El pacto de Dios y las pruebas de Isaac, 26:1—28:9
   (1) Dios confirma su pacto a Isaac, 26:1-5
   (2) Isaac teme a Abimelec, 26:6-11

(3) Dios prospera a Isaac, 26:12-22
(4) Isaac hace alianza con Abimelec, 26:23-33
3. La continuación del pacto y sus conflictos, 26:34—28:9
(1) Esaú emparienta con los cananeos, 26:34, 35
(2) Isaac decide bendecir a Esaú, su primogénito, 27:1-5
(3) Rebeca interviene a favor de Jacob, 27:6-17
(4) Isaac concede a Jacob la bendición del pacto, 27:18-29
(5) La bendición de Isaac a Esaú, 27:30-40
(6) Esaú planea matar a Jacob, 27:41-45
(7) Isaac envía a Jacob a Padam-aram, 27:46—28:5
(8) Esaú emparienta con Ismael, 28:6-9

V. DIOS Y JACOB, 28:10—37:2a

1. Dios confirma su pacto a Jacob y le promete su presencia en Harán, 28:10-22
2. Jacob llega a la tierra de Harán y vive con su tío Labán, 29:1—30:43
(1) Encuentro con Raquel, hija de Labán, 29:1-14
(2) Jacob se casa con Lea y Raquel, hijas de Labán, 29:15-30
(3) Dios concede hijos a Jacob, 29:31—30:24
(4) Dios prospera a Jacob, 30:25-43
3. Dios ordena a Jacob a regresar a Canaán, 31:1-55
(1) Jacob y su familia deciden partir a Canaán, 31:1-16
(2) Jacob parte secretamente para Canaán, 31:17-21
(3) Dios protege a Jacob de la persecución de Labán, 31:22-55
4. Jacob continúa hacia Canaán, 32:1—33:20
(1) Jacob teme el encuentro con Esaú, 32:1-23
(2) El encuentro de Jacob con el ángel en Peniel, 32:24-32
(3) Jacob se encuentra con Esaú, 33:1-16
(4) Jacob llega a Canaán y reside en Siquem, 33:17-20
5. Conflictos de Jacob en Siquem, 34:1-31
(1) Siquem viola a Dina, 34:1-4
(2) Los de Siquem proponen emparentar con Jacob, 34:5-24
(3) Los hijos de Jacob destruyen a Siquem, 34:25-31
6. El pacto y su continuación, 35:1—37:2a
(1) Dios ordena a Jacob que resida en Betel, 35:1-15
(2) Dios completa la familia de Jacob, 35:16-20
(3) Los hijos de Israel, 35:21-26
(4) La muerte y sepultura de Isaac, 35:27-29
(5) Identidad política-étnica y territorial de Esaú, 36:1-43
(6) Jacob reside en Canaán, 37:1, 2a

VI. DIOS Y JOSE, 37:2b—50:26

1. José tiene conflictos con sus hermanos, 37:2b-11

2. José es vendido y llevado a Egipto, 37:12-36
3. Judá y su familia, 38:1-30
4. Dios está con José en casa de Potifar, el egipcio, 39:1-18
   (1) Dios prospera a José, 39:1-6a
   (2) La mujer de Potifar calumnia a José, 39:6b-18
5. Dios está con José en la cárcel del faraón, 39:19—40:23
   (1) Dios prospera a José en la cárcel, 39:19-23
   (2) Dios concede a José interpretar sueños, 40:1-23
6. Dios concede a José librar a Egipto del hambre, 41:1-57
   (1) Los sueños del faraón, 41:1-8
   (2) Sacan a José de la cárcel, 41:9-14
   (3) José interpreta los sueños del faraón, 41:15-32
   (4) José urge al faraón tomar acción para enfrentar la situación futura, 41:33-36
   (5) El faraón nombra a José gobernador de Egipto, 41:37-45a
   (6) José planifica para los años de hambre, 41:45b-57
7. José se reencuentra con sus hermanos, 42:1—45:14
   (1) Los hermanos de José van a comprar trigo en Egipto, 42:1-6
   (2) José reconoce y trata con hostilidad a sus hermanos, 42:7-25
   (3) Los hermanos regresan a Canaán con los alimentos, 42:26-38
8. José se da a conocer a sus hermanos, 43:1—45:15
   (1) Los hermanos con Benjamín vuelven a Egipto, 43:1-34
   (2) José hace prisionero a Benjamín, 44:1-17
   (3) Judá intercede por Benjamín, 44:18-34
   (4) José se identifica a sus hermanos, 45:1-15
9. Dios permite a Jacob ir a Egipto, 45:16—47:12
   (1) El faraón sugiere a José que Jacob vaya a Egipto, 45:16-24
   (2) Jacob decide ir a Egipto, 45:25—46:7
   (3) La lista de los que entraron en Egipto, 46:8-27
   (4) José y su padre se reencuentran, 46:28-30
   (5) El faraón asigna el territorio de Gosén para Jacob y su familia, 46:31—47:12
10. Política administrativa de José, 47:13-26
11. La continuación del pacto, 47:27—50:26
   (1) Jacob pide ser sepultado en Canaán, 47:27-31
   (2) Jacob adopta y bendice a los hijos de José, 48:1-22
   (3) Jacob bendice a sus hijos, 49:1-28
   (4) Muerte y sepultura de Jacob, 49:29—50:13
   (5) José asegura la sobrevivencia de la familia de Jacob en Egipto, 50:14-21
   (6) José confirma el cumplimiento del Pacto y pide que sus restos sean llevados a Canaán, 50:22-26

AYUDAS SUPLEMENTARIAS

Brueggemann, Walter. *Genesis.* Atlanta: John Knox Press, 1982.

Buttrick, George Arthur, (ed.). *The Interpreter's Dictionary of the Bible*, 5 tomos. Nashville, Abingdon Press, 1962 y 1976.

Cate, Robert L. *Introducción al Estudio del Antiguo Testamento*, trad. Rubén Zorzoli. El Paso: Casa Bautista de Publicaciones, 1990.

Cate, Robert L. *Teología del Antiguo Testamento,* trad. Roberto Fricke. El Paso, Casa Bautista de Publicaciones, 1980.

Clarke, Adam. "Génesis" en *Comentario de la Santa Biblia.* Kansas City: Casa Nazarena de Publicaciones, 1980, Tomo I.

Faley, Roland J. "El Libro de Génesis, 12-50" en *Conoce la Biblia.* Santander: Editorial "Sal Terrae", 1969, Vol. 4.

Francisco, Clyde. "Genesis", en *The Broadman Bible Commentary*, Clifton J. Allen, editor general. Nashville: Broadman Press, 1973, Vol. I (Revisado).

Gillis, Carroll O. *Historia y Literatura de la Biblia.* El Paso: Casa Bautista de Publicaciones, 1954, Vol. I.

Guthrie, D. y Motyer, J. A. (eds). *Nuevo Comentario Bíblico.* El Paso: Casa Bautista de Publicaciones, 1977.

Heidt, William G. "El Libro del Génesis, 1-11" en *Conoce la Biblia.* Santander: Editorial "Sal Terrae", 1969, Vol. 9.

Kidner, Derek. *Génesis.* Downers Grove, IL, Ediciones Certeza, 1975.

Livingston, George H. "Génesis", en *Comentario Bíblico Bacon.* Kansas City: Casa Nazarena de Publicaciones, Tomo I.

Maly, Eugene H. "Génesis", en *Comentario Bíblico "San Jerónimo".* Madrid: Ediciones Cristiandad, 1971, Tomo I.

Packer, J. I., Tenney, Merril C. y White, William. *El Mundo del Antiguo Testamento*, trad. Elsa de Powell. Miami: Editorial Vida, 1985.

Packer, J. I., Tenney, Merril C. y White, William, (eds.). *The Bible Almanac.* Nashville: Thomas Nelson Publishers, 1980.

Schaeffer, Francis. *Génesis en el Tiempo y en el Espacio.* Barcelona: Ediciones Evangélicas Europeas, 1974.

Thomas, W. H. Griffith. *Génesis*, trad. Samuel Vila. Barcelona: CLIE, 1984.

Von Rad, Gerhard. *El Libro de Génesis*, trad. Santiago Romero. Salamanca: Ediciones Sígueme, 1977.

GENESIS

TEXTO, EXPOSICION Y AYUDAS PRA

Creación de los cielos y de la tierra

1 En el principio creó Dios los cielos y la tierra. 2 Y la tierra estaba sin orden y vacía. Había tinieblas sobre la faz del océano, y el Espíritu* de Dios se movía sobre la faz de las aguas.

*1:2 O: *espíritu*; otra trad., *viento*

I. DIOS Y LA CREACION, 1:1—2:4a

La Biblia, ante la inquietud universal del origen del mundo y del hombre, proclama que todas las cosas creadas tienen su origen en Dios, único y exclusivo Creador. No presenta una crónica informativa ni detallada de la creación, sino la revelación de las verdades que en cualquier generación contestan las cuestiones específicas del hombre en su relación con Dios y con el mundo. La creación no es vista desde su origen hacia su desarrollo posterior (científica); se la mira desde su culminación para encontrar significado a la vida y al universo y rechazar toda otra explicación. Es interesante notar que casi todas las culturas con cierto desarrollo, incluyendo las de Amerindia, tienen un relato que intenta explicar la creación. La similitud que se pudiera encontrar entre estos relatos de creación se debe exclusivamente a que intentan responder a las mismas preguntas que el hombre se ha hecho en cada cultura.

Porciones del libro de Job, algunos salmos como el 8, 104, 139, pasajes de libros proféticos, Juan 1:1-3, Colosenses 1:15-17, Hebreos 1: 1, 2, presentan enseñanzas fundamentales sobre la creación. En el relato de Génesis, la afirmación introductoria y los diferentes actos creativos de Dios, presentan la explicación completa y fundamental de la creación del universo y su relación con Dios.

Los primeros versículos declaran que Dios es el Creador de toda la creación. Los actos creativos específicos siguen una estructura y orden: La palabra de Dios llamando a existencia, una declaración de propósito, el resultado o ejecución de dicha palabra, asignación de nombre, una evaluación y un tiempo específico.

1. Dios el Creador, 1:1, 2

La introducción constituye el fundamento de toda la fe bíblica ya que determina la relación correcta entre Creador y creación. Básicamente encontramos cuatro afirmaciones que son normativas en la relación Creador-creación.

Hubo un principio para la creación, la cual no es eterna ni previa a Dios. Se refuta así el materialismo que intenta afirmar que la materia siempre existió y exis-

> **Verdades prácticas**
>
> El Espíritu de Dios se movía sobre la faz de las aguas (1:2) El verbo en hebreo de esta oración es *merajefet* 7363, "se movía", que indica la acción de volar sobre el nido como lo hacen las águilas (Deut. 32:11). En nuestros días se puede ilustrar como de un helicóptero que puede mantenerse encima de cierto lugar para ver o ayudar. La idea es que Dios estaba atento, cuidando y protegiendo todo el proceso de la creación.

ıtonces dijo Dios: "Sea la luz", y fue la luz.
4 Dios vio que la luz era buena, y separó Dios

tirá. No sólo la creación tuvo principio, sino también tendrá fin para dar lugar a una nueva creación en la culminación del plan redentor de Dios (2 Ped. 3:7-13; Apoc. 21:1).

El Creador único y exclusivo es Dios. El verbo hebreo *bara*[1254] que se traduce creó se usa sólo en referencia a la actividad creadora propia, única y exclusiva de Dios y nunca a la del hombre o nadie más. En el v. 2 nos introduce a la presencia del Espíritu de Dios y en Juan 1:1-3 a la participación creadora del Verbo, aclarando que la Creación es obra del Dios trinitario.

Dios es el Creador de todo lo que existe. La expresión *los cielos y la tierra* indica en lenguaje concreto todo lo que existe en la creación (Apoc. 4:11).

Dios crea de la nada ya que antes de su actividad creadora nada existía (Isa. 46:10; Heb. 11:3). Dios no necesita materia previa para crear. La actividad creadora de Dios debe verse además en contraste con la condición de la tierra previa a los actos creativos de Dios. *Sin orden y vacía* significa concretamente lo opuesto a la existencia. *Tinieblas y aguas* representan el caos o confusión y el desorden que hacen imposible existencia alguna. Al crear de la nada se afirma las dos únicas y diferentes dimensiones de existencia: Creador y criatura. La existencia de la criatura es dependiente del Creador. La no existencia y las condiciones negativas para la existencia de criaturas de ninguna manera impiden la existencia o actividad de Dios en la presencia de su Espíritu (Sal. 139:8, 11, 12; Juan 1.1).

2. Dios crea el universo, 1:3—2:4a

Las afirmaciones bíblicas en cuanto a la creación del universo están en un marco

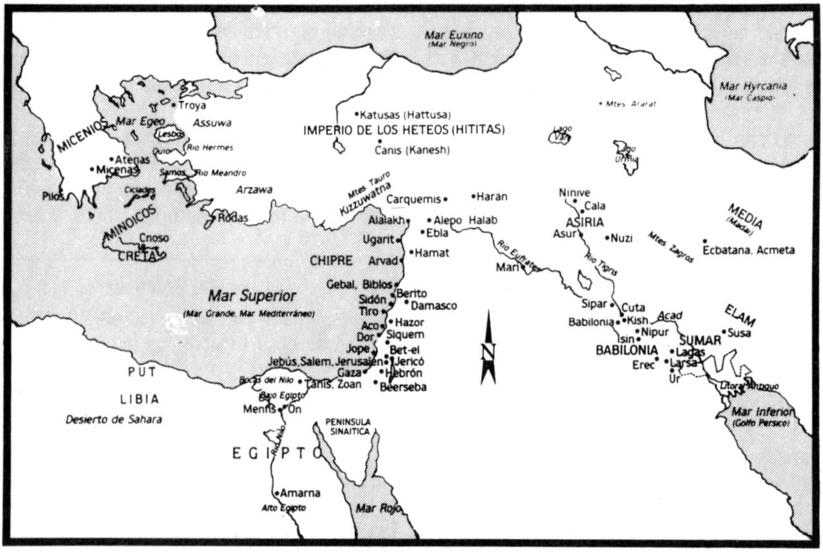

Mapa del Cercano Oriente

la luz de las tinieblas. 5 Dios llamó a la luz
Día, y a las tinieblas llamó Noche. Y fue la
tarde y fue la mañana del primer día.
6 Entonces dijo Dios: "Haya una bóveda en
medio de las aguas, para que separe las aguas
de las aguas." 7 E hizo Dios la bóveda, y separó
las aguas que están debajo de la bóveda, de las
aguas que están sobre la bóveda. Y fue así.
8 Dios llamó a la bóveda Cielos. Y fue la tarde
y fue la mañana del segundo día.

histórico específico y contienen datos comunes y de interés a la historia y a la ciencia. No fueron hechas en un vacío, sino en medio de muchos otros relatos de creación. El lenguaje y el marco de referencia son los de las culturas mesopotámica y egipcia, ambas predominantes e influyentes al pueblo de Dios. Los elementos o hechos presentados son selectos y reflejan intereses religiosos dentro de una cultura específica.

(1) El primer día, 1:3-5. El primer elemento creado es la luz, indispensable para poder reconocer y distinguir cualquier otra cosa. El agente de creación es la palabra de Dios la cual es suficiente y eficiente en hacer realidad la voluntad de Dios. Se niega toda creación por actividad sexual como en las religiones paganas. También se refuta que la creación es una extensión o emanación de Dios como propone el panteísmo. La luz cumple su propósito asignado y como parte de su actividad creadora, Dios la separa de las tinieblas que representa el elemento de caos. Dios da nombre a lo creado manifestando su dominio y señorío. La luz y las tinieblas, y sus expresiones concretas en Día y Noche, significan mucho más que la división de un período de tiempo. Más bien expresan cualidades que caracterizan toda la creación en su orden, su propósito y su relación. El Evangelio de Juan desarrolla este aspecto de la creación en forma más concreta.

La mención de tarde y mañana con su día

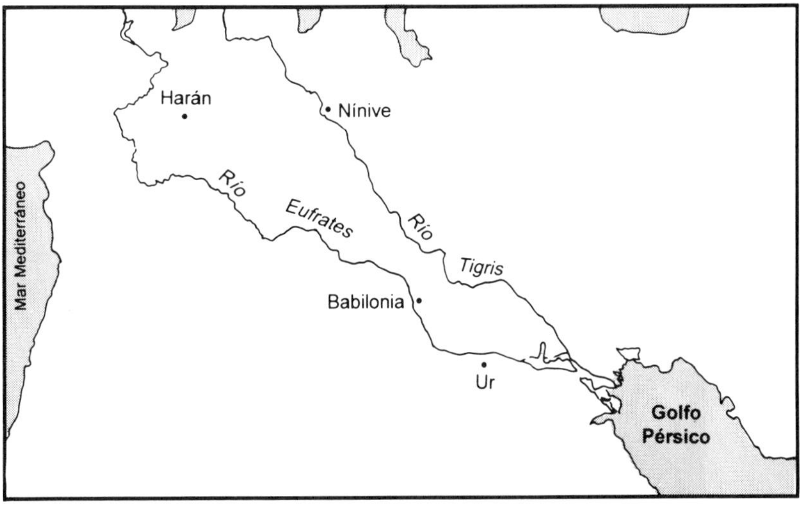

El Valle del Eufrates

9 Entonces dijo Dios: "Reúnanse las aguas
que están debajo del cielo en un solo lugar, de
modo que aparezca la parte seca." Y fue así.
10 Llamó Dios a la parte seca Tierra, y a la
reunión de las aguas llamó Mares; y vio Dios
que esto era bueno. 11 Después dijo Dios:
"Produzca la tierra hierba, plantas que den
semilla y árboles frutales que den fruto, según
su especie, cuya semilla esté en él, sobre la
tierra." Y fue así. 12 La tierra produjo hierba,
plantas que dan semilla según su especie,
árboles frutales cuya semilla está en su fruto,
según su especie. Y vio Dios que esto era
bueno. 13 Y fue la tarde y fue la mañana del
tercer día.

14 Entonces dijo Dios: "Haya lumbreras en la
bóveda del cielo para distinguir el día de la
noche, para servir de señales, para las estaciones* y para los días y los años. 15 Así sirvan de lumbreras para que alumbren la tierra
desde la bóveda del cielo." Y fue así. 16 E hizo
Dios las dos grandes lumbreras: la lumbrera
mayor para dominar en el día, y la lumbrera
menor para dominar en la noche. Hizo también las estrellas. 17 Dios las puso en la bóveda del cielo para alumbrar sobre la tierra,
18 para dominar en el día y en la noche, y para
separar la luz de las tinieblas. Y vio Dios que
esto era bueno. 19 Y fue la tarde y fue la
mañana del cuarto día.

*1:14 Otra trad., *los tiempos de las festividades*

correspondiente indica un orden y un tiempo específico en la creación de cada elemento.

(2) El segundo día, 1:6-8. Dios crea una bóveda o firmamento con el propósito de separar las aguas (elemento de desorden) y poner orden en el universo. Una parte de las aguas al separarse queda debajo de la bóveda y la otra sobre la misma. Esta descripción es consistente con la experiencia de que el agua en forma de lluvia cae de arriba. La bóveda recibe su nombre y se constituye en la parte superior del universo. En la descripción bíblica, el universo tiene tres partes: los cielos (arriba); la superficie donde están la Tierra y los Mares y la parte inferior donde están las aguas debajo de la Tierra.

(3) El tercer día, 1:9-13. Las aguas que quedaron debajo de la bóveda son juntadas en un lugar para permitir que lo seco aparezca. La reunión de las aguas —Mares— y lo seco —Tierra— forman la superficie habitada del universo. La creación del reino vegetal, primero en la escala de vida orgánica, es la segunda actividad

Los seis días de la creación

20 Entonces dijo Dios: "Produzcan las aguas
innumerables seres vivientes, y haya aves que
vuelen sobre la tierra, en la bóveda del cielo."
21 Y creó Dios los grandes animales acuáticos,
todos los seres vivientes que se desplazan y
que las aguas produjeron, según su especie, y
toda ave alada según su especie. Vio Dios que
esto era bueno, **22** y los bendijo Dios diciendo:
"Sed fecundos y multiplicaos. Llenad las
aguas de los mares; y multiplíquense las aves
en la tierra." **23** Y fue la tarde y fue la mañana
del quinto día.

Entonces dijo Dios...

Ocho veces aparece el verbo "decir" para hacer hincapié sobre el hecho de que Dios crea todo por medio de la palabra. Dios construye, edifica, hace y rehace por medio de su hablar. Lo que expresa lleva la fuerza de su poder y se hace realidad. La Palabra escrita que tenemos de parte del Señor también genera vida eterna porque esa Palabra es el verbo que se hizo carne (Juan 1:14).

creadora de Dios en este día. La Tierra es llamada a participar en forma continua en la creación de la plantas proveyendo las condiciones y los elementos necesarios para dicha vida. Se descarta la idea de "Madre Tierra" o "Naturaleza Madre" que concede divinidad o creatividad propia a la Tierra (naturalismo). La vegetación se clasifica en plantas que germinan directamente y plantas que dan fruto con su semilla dentro del fruto. El reino vegetal se diferencia en especies y con capacidad de reproducción continua por sus semillas.

(4) El cuarto día, 1:14-19. La atención creadora de Dios se dirige a la bóveda del cielo creando los cuerpos celestes. En las culturas paganas y en la astrología se consideran a los astros divinidades o con poderes divinos. Se los idolatra y se los atribuyen poder de destino en las vidas. Aun los nombres de los días de la semana reflejan la pagana asignación divina a los cuerpos celestes (Luna, Marte, Mercurio, Júpiter, etc.). Aquí se afirma que Dios creó todos los cuerpos celestes para ocupar el espacio superior del universo. Sus propósitos específicos son: establecer períodos de día y noche; ciclos de años; variaciones climáticas que condicionan el ciclo de vida (estaciones); servir de señales de las manifestaciones especiales de Dios (Mat. 2:2, 24:29, etc.) y alumbrar la Tierra reflejando la luz. Además, por su misterio e inmensidad, otro propósito es mover al ser humano a alabar la grandeza de Dios y confiar en el Creador (Sal. 8, 136:5-9). El Sol y la Luna son mencionados por su cercanía, su influencia en proveer condiciones indispensables para la vida en la Tierra y por la tendencia del hombre a idolatrarlos. En las culturas contemporáneas influyentes a Israel (Egipto, Mesopotamia), el Sol y la Luna eran considerados divinidades principales. La revelación bíblica a Israel es clara y terminante: Estos cuerpos celestes son criaturas de Dios para beneficio del hombre.

(5) El quinto día, 1:20-23. Los primeros seres vivientes del reino animal son los acuáticos y las aves. Las aguas participan en la creación al convertirse en el ambiente de vida para los seres acuáticos. Se clasifican en grandes animales (los más alejados del hombre) y los peces. Las aves son creadas para volar y ocupar el

Joya bíblica
Hizo también las estrellas (1:16).

Con esta breve frase de cuatro palabras el autor bíblico concluye la narración de la creación de todos los astros. Dios es el creador de los astros y él les asignó sus funciones. Estas son: dividir el día de la noche (14a); señalar las estaciones, días y años (14b); alumbrar la tierra (15). Muchas culturas se han desarrollado sobre la creencia que los astros tienen poderes y tareas especiales, entre ellas: trazar el destino de cada persona o determinar lo que cada ser humano será o hará. Estos versículos son un certero golpe mortal a la astrología y una afirmación de la soberanía de Dios.

24 Entonces dijo Dios: "Produzca la tie-rra seres vivientes según su especie: ganado, reptiles y animales de la tierra, según su especie." Y fue así. **25** Hizo Dios los animales de la tie-rra según su especie, el ganado según su espe-cie y los reptiles de la tierra según su es-pecie. Y vio Dios que esto era bueno.

26 Entonces dijo Dios: "Hagamos al hombre a nuestra imagen, conforme a nuestra semejanza, y tenga dominio sobre los peces del mar, las aves del cielo, el ganado, y en toda la tierra, y sobre todo animal que se desplaza sobre la tierra." **27** Creó, pues, Dios al hombre a su imagen; a imagen de Dios lo creó; hombre y mujer* los creó. **28** Dios los bendijo y les dijo: "Sed fecundos y multiplicaos. Llenad la tierra; sojuzgadla y tened dominio sobre los peces del mar, las aves del cielo y todos los animales que se desplazan sobre la tierra." **29** Dios dijo además: "He aquí que os he dado toda planta

*1:27 Lit., *macho y hembra*

espacio sobre la Tierra en la bóveda. Todos son creados según sus especies y la palabra para crear es la que significa actividad única y exclusiva de Dios. Los seres vivientes reciben una bendición de Dios consistente en la capacidad de procreación, multiplicación y ocupación de los espacios o medio asignados.

(6) El sexto día, 1:24-31. Nuevamente la tierra participa en la creación de animales, proveyendo las condiciones y los elementos necesarios para la vida. Se los agrupan en tres categorías: animales domésticos o ganado, animales que se arrastran o reptiles y animales silvestres o de la tierra. Estos grupos representan la totalidad de animales terrestres y son clasificados por especies, aunque no se determina una cantidad específica. Termina la creación de lo no humano. Todo lo creado hasta ahora es en preparación a la creación y sustento del hombre en quien de aquí en adelante la revelación bíblica se ocupará en forma especial.

En este relato, se describe a la creación de la humanidad completa, su identidad específica, lugar y propósito en el universo. En 2:4 y 18-23 se describe en forma más detallada e íntima la creación del hombre y la mujer.

Primero se anuncia la decisión y participación de la divinidad toda (Juan 1.1-3; 6:63) de crear al hombre, consistente con la enseñanza bíblica de un Dios trino. Segundo, su identidad y relación especial con Dios (a imagen y semejanza) que lo distingue de todos los otros seres vivientes. Por último su propósito: para ejercer dominio sobre lo creado en tierra, mar y aire. Se aclara que Dios crea al hombre y a la mujer dando así origen a la humanidad completa. Ambos fueron creados a ima-

Semillero homilético

Así nos hizo el Señor

1:26-28

Introducción: En el relato de 1:26-28 hay cinco palabras hebreas de rico contenido semántico que describen la acción y las cualidades que puso Dios dentro de cada ser humano.

Barah 1254, significa que Dios creo sin tener a mano ninguna materia prima. Dios hizo de la nada.

Selem 6754 y de*mut* 1823, se traduce "imagen y semejanza" son las capacidades esenciales para poder comunicarse con Dios.

Radah 7287 y *kabash* 3533, se traduce "dominio sobre" (v. 26) y "sojuzgadla" (v. 28).

Este conjunto de palabras nos permite elaborar las siguientes verdades acerca de cómo nos hizo el Señor.

I. El ser humano fue creado por Dios. Somos producto de su mano y no resultado de la casualidad u otros factores.

II. El ser humano fue creado por Dios con la capacidad de relacionarse con él; por eso podemos razonar y hablar.

III. El ser humano fue creado por Dios con la capacidad de ser administrador general de todo lo creado. El hombre puede hacer lo que bien le parezca recordando que tendrá que dar cuenta de sus actos.

Conclusión: El haber sido creado por Dios con capacidades especiales, conlleva la responsabilidad de cumplir con la misión que Dios nos ha encomendado.

que da semilla que está sobre la superficie de toda la tierra, y todo árbol cuyo fruto lleva semilla; ellos os servirán de alimento. **30** Y a todo animal de la tierra, a toda ave del cielo, y a todo animal que se desplaza sobre la tierra, en que hay vida, toda planta les servirá de alimento." Y fue así. **31** Dios vio todo lo que había hecho, y he aquí que era muy bueno. Y fue la tarde y fue la mañana del sexto día.

Dios los bendijo
1:28

La palabra hebrea usada es *berek* [1288]. Este verbo tiene dos implicaciones. La primera es dar un privilegio o regalo de algo que viene directamente de la mano de Dios. Así los animales acuáticos reciben el privilegio de reproducirse (v. 22). El hombre y la mujer son bendecidos para reproducirse y tener dominio sobre toda la creación (v. 28). Isaac sembró la tierra y aquel año obtuvo el ciento por uno porque Jehovah lo bendijo (Gén. 26:12).

La segunda implicación es la exigencia de santidad. La bendición es un llamado al compromiso y la dedicación a Dios. Dios bendijo y santificó el séptimo día (Gén. 2:3). Dios bendijo al hombre y a la mujer y llamó el nombre de ellos Hombre (Gén. 5:2).

Hemos dado mucha importancia a la primera implicación de la bendición y con facilidad decimos a otra persona: "Dios te bendiga". No está mal, pero ¿incluimos la implicación de "dedícate y conságrate al Señor"?

gen y semejanza, pero con diferenciación sexual. Tres veces se usa el verbo creó, reservado exclusivamente para la actividad creadora de Dios.

Dios bendice al hombre y a la mujer capacitándoles para la procreación, la ocupación del medio y el ejercicio de dominio sobre los otros seres vivientes. Además, Dios permite que las plantas sirvan de sustento al hombre y a los animales. Dios concede una elevada evaluación a todo lo creado que presenta un cuadro de perfecta armonía y equilibrio entre todos los seres y elementos creados.

(7) El séptimo día, 2:1-4a. Se confirma que el relato de la creación ofrece la explicación correcta del origen del universo con todos su ocupantes y que la creación fue completada. En el día séptimo, día de la culminación de la creación, Dios cesó de su actividad creadora. Ello indica una satisfacción por lo creado y la confirmación de una relación especial y permanente entre Dios y su creación. Al reposar, bendecir y santificar el día, Dios establece una relación de cuidado y sustento con su creación. Este reposo y su relación especial es concedido también a todas las criaturas (Exo. 20:8-11) como un mandamiento. El día de reposo se convirtió en una institución que identificó y distinguió al pueblo de Dios durante toda su historia. El propósito del reposo se cumple ahora en Jesucristo quien es el Señor del reposo y quien alivia al hombre de la carga del pecado (Mar. 2:28; Mat. 11:28-30).

La obra maestra
1:31

Dios vio todo lo que había hecho, y he aquí que era muy bueno (1:31). El autor observa al Señor evaluando lo hecho; ve que Dios tiene un rostro de satisfacción y gozo, como cuando un artista contempla su obra terminada y escucha a los más severos críticos decir: "...es una obra maestra". La obra que Dios ha hecho no solamente es bella, hermosa, impresionante y buena en sí misma, también útil para cumplir el propósito para el cual fue creada. Ese es el sentido de la expresión hebrea *meód* [3966] *tob* [2896], "muy bueno" (como traduce RVA), o "bueno en gran manera" (como traduce RVR-60). TODO lo que Dios hace es esencialmente bueno y muy útil para todos.

II. DIOS Y LA HUMANIDAD, 2:4b—11:9

La segunda sección, algo más amplia que la primera, presenta el desarrollo de la humanidad en su relación al Creador. Desde el punto de vista del hombre, muestra como éste progresa en diferentes áreas

2 Así fueron terminados los cielos y la tierra
y todos sus ocupantes.* 2 El séptimo día
Dios había terminado la obra que hizo, y reposó* en el séptimo día de toda la obra que había
hecho. 3 Por eso Dios bendijo y santificó el
séptimo día, porque en él reposó* de toda su
obra de creación que Dios había hecho. 4 Estos son los orígenes* de los cielos y de la tierra, cuando fueron creados.

*2:1 Otra trad., *huestes*
*2:2, 3 Heb., *shabat*, hace juego de palabras con *sábado*.
*2:4 Otras trads., *las generaciones*; o, *la historia*

Joya bíblica

Dios bendijo y santificó el séptimo día (2:3).

La palabra traducida "santificó" es el verbo *kadosh*[6942], que indica separar para cumplir con un propósito o tarea. Así el día séptimo es apartado por el Señor para reposar o descansar o sencillamente dejar de trabajar. Aunque el Señor no descansó por fatiga física, mental o emocional, él, como Señor del tiempo decide apartar un cierto "día" para su reposo. La implicación para el ser humano es doble: por un lado, apartar un día para la renovación de sus fuerzas, y por otro, imitar el ejemplo del Señor quien tiene razones últimas para hacer lo que hace y ordenar lo que ordena. Los que no siguen este ejemplo enferman y mueren sin llegar a desarrollar todo lo que pudieron ser.

de civilización y como el hombre continuamente se aleja de Dios. Los ejemplos escogidos son suficientes y claros en demostrar la rebeldía y pecaminosidad del hombre en todas las esferas de su vida. Desde el punto de vista de Dios, se da testimonio de la fidelidad y misericordia de Dios que constantemente interviene para mantener su propósito original de comunión con el hombre. Al aumentar el pecado, aumenta también la gracia de Dios (Rom. 5:20).

1. Dios establece ambiente, normas y relaciones para el hombre, 2:4b-25

Este es un relato más íntimo y detallado de la creación del hombre y la mujer y complementa el relato del cap. 1. El énfasis es en las relaciones que el hombre establece con Dios, con el medio, con los animales y con la mujer. El nombre propio de Dios *Jehovah*[3068]— se combina con su nombre título —*Elohim*[433]— dando un toque más personal al diálogo entre Dios y el hombre. El material presenta cuatro secciones: La creación especial del hombre, la preparación del jardín para el desarrollo de la vida, la creación de la mujer y la institución del matrimonio.

(1) Dios forma a Adán, 2:4b-7. Antes de la existencia del hombre no había reino vegetal y la tierra estaba regada o inundada (1:9) por un vapor o manantial subterráneo. El lenguaje que se usa para formar al hombre es propio al de un alfarero que usa el barro para modelar su vasija. Dios forma al hombre, *adam*[120] de la tie-

Semillero homilético

¿Qué podemos hacer en el día de reposo? 2:3

Introducción: A través de la Biblia podemos conocer lo que Dios espera que hagamos en el día de reposo.

I. El día de reposo es para dejar de trabajar (2:1-3; Exo. 20:8-11).
   1. Renovar la energía física.
   2. Renovar la energía mental.
   3. Renovar la energía emocional.

II. El día de reposo es para ocuparse del Señor (Exo. 16:23-30)
   1. Adoración personal, oración
   2. Adoración pública, compañerismo

III. El día de reposo es para ocuparse en ayudar a otros (Mat. 12:8-12).
   1. Alguien con necesidad física
   2. Alguien con necesidad espiritual

Conclusión: ¿Cómo utiliza usted el día del Señor? Un equilibrio entre esas tres actividades producirá una vida sana y agradable a Dios.

El hombre en el jardín de Edén

Cuando Jehovah Dios hizo la tierra y los cielos, **5** aún no había en la tierra ningún arbusto del campo, ni había germinado ninguna planta del campo, porque Jehovah Dios no había hecho llover sobre la tierra, ni había hombre para cultivarla. **6** Pero subía de la tierra un vapor* que regaba toda la superficie de la tierra.
7 Entonces Jehovah Dios formó al hombre del polvo de la tierra. Sopló en su nariz aliento de vida, y el hombre llegó a ser un ser viviente.
8 Y plantó Jehovah Dios un jardín en Edén, en el oriente, y puso allí al hombre que había formado. **9** Jehovah Dios hizo brotar de la tierra toda clase de árboles atractivos a la vista y buenos para comer; también en medio del jardín, el árbol de la vida y el árbol del conocimiento del bien y del mal.

*2:6 Otra trad., *manantial*

rra, *adamáh* 127 la cual provee todos los componentes físicos. Similar a los animales en su composición física, sin embargo, la diferencia es grande. Dios de manera especial concede al hombre el don de vida a través del aliento de vida. La acción de Dios es familiar e íntima. En Juan 20:22 Jesús también sopla el Espíritu Santo a sus discípulos dando vida así a una nueva humanidad. A pesar de tener dos dimensiones, el hombre es una unidad dependiente tanto del medio (físico) como de Dios (espiritual). Con el nombre propio de Adán (2:20) se afirma que el primer hombre fue un ser histórico y no mitológico o legendario.

(2) Dios planta un jardín en Edén, 2: 8-17. Dios prepara un lugar especial y apropiado para el desarrollo de la vida del hombre. La descripción es la de un oasis o jardín fértil, con abundante agua para riego y para originar cuatro ríos. Estos ríos regaban lugares conocidos por sus nombres y por sus productos. Se nota la amplia extensión geográfica y la diversidad de recursos propios a cada región. Edén es un lugar geográfico específico, ubicado en la Mesopotamia del Tigris y del Eufrates, lugar reconocido históricamente como la cuna de nuestra civilización judeocristiana u occidental. La identificación exacta del lugar no es posible ni necesaria ya que pronto el hombre es expulsado de allí (3:24).

La vegetación que Dios hace brotar de la tierra sirve al hombre de alimento y para su bienestar físico y emocional. Dos árboles reciben ubicación y atención especial: Uno es el árbol de la vida, que después de la desobediencia de Adán y Eva Dios lo considera de riesgo continuo para el hombre y lo hace inaccesible (3:22-24). En Apocalipsis 2:7 y 22:2 reaparece el árbol de la vida con abundancia de fruto y dones de sanidad en la nueva Jerusalén. El otro

Cuerpo y alma

Génesis 2:7 y 1 Tesalonicenses 5:23 nos explican que Dios hizo al hombre con ciertos elementos interdependientes que le dan la categorías de "un ser viviente": con un cuerpo físico, material y con un alma o espíritu. Esta es la idea de un *nefesh* 5315 *jayyah* 2416.

La influencia de la filosofía griega ha hecho que algunos vean al hombre como un compuesto de tres elementos: espíritu, alma y cuerpo. Le asignan a cada uno su propia identidad. Se habla del alma como ese soplo o "aliento de vida" que Dios exhaló sobre el hombre para que llegara a "un ser viviente". Se dice que el espíritu es lo que permite al hombre relacionarse con Dios y que el cuerpo es la parte material. Puede ser, sin embargo una lectura sencilla de la Biblia hace pensar que los escritores bíblicos usaron las palabras "alma" y "espíritu" casi como sinónimos y no con el contenido del pensamiento griego; al fin y al cabo los escritores eran hebreos y fueron consistentes con la filosofía y cultura de su pueblo que consideraba a la persona como una totalidad y no imaginaba a una persona en la cual su alma estuviera separada de su cuerpo. Lo trascendental es que sólo el hombre recibe el aliento de vida directamente del Señor, puede ser que esto sea lo que lo diferencia substancialmente de los animales.

10 Un río salía de Edén para regar el jardín, y de allí se dividía en cuatro brazos. **11** El nombre del primero era Pisón. Este rodeaba toda la tierra de Havila, donde hay oro. **12** Y el oro de aquella tierra es bueno. También hay allí ámbar y ónice. **13** El nombre del segundo río era Guijón. Este rodeaba toda la tierra de Etiopía. **14** El nombre del tercer río era Tigris, que corre al oriente de Asiria. Y el cuarto río era el Eufrates.

15 Tomó, pues, Jehovah Dios al hombre y lo puso en el jardín de Edén, para que lo cultivase y lo guardase. **16** Y Jehovah Dios mandó al hombre diciendo: "Puedes comer de todos los árboles del jardín; **17** pero del árbol del conocimiento del bien y del mal no comerás, porque el día que comas de él, ciertamente morirás."

---

es el árbol del conocimiento del bien y del mal, es decir, de discernimiento total, que marca la limitación de la libertad del hombre y su relación responsable para con Dios (v. 17). Aquí sólo se mencionan estos dos árboles que luego juegan un papel muy importante en el desarrollo de la historia humana. En 3:7 aparece la higuera y en Ezequiel 31:8 se mencionan cedros, hayas y castaños como otros árboles de Edén.

La responsabilidad que Dios asigna al hombre es la de cultivar y guardar el jardín. Estas dos ocupaciones (agricultor y pastor) marcan el inicio histórico de la división vocacional del hombre. El trabajo no fue resultado de la maldición, sino una responsabilidad asignada por Dios al hombre desde la creación para su sustento. De entre todos los árboles hay uno del cual Dios prohibe al hombre comer. La prohibición indica dos cosas: Primero, que el hombre debe responder libremente. No es un ser autómata, sino creado con libertad de escoger. Segundo, el hombre es responsable ante Dios por sus acciones. La desobediencia trae consigo una consecuencia clara y grave: La muerte, que marca el límite a la vida recientemente concedida.

Ayudas prácticas

Lo puso en el jardín de Edén, para que lo cultivase y lo guardase (2:15). La creencia popular de que el trabajo lo hizo Dios como castigo es incorrecta. Dios instituyó el trabajo con un doble propósito:

1. Para que el hombre sea colaborador con Dios en el cuidado de la creación. En este sentido el hombre es un siervo de Dios. Es interesante que la voz "cultivar", del hebreo *habad* 5647, se traduce por "servir" en Exodo 3:12 cuando dice: ... serviréis a Dios en este monte (ver también Exo. 4:23). Hay un acto de servicio y adoración a Dios por medio del trabajo. Nuestra palabra "culto" es una forma corta de "cultivar" y es que el trabajo es una forma de cultivar nuestra relación con Dios.

2. Para que el hombre sea mayordomo de lo que Dios ha hecho. El hombre tiene que cuidar y proteger la tierra y sus elementos porque tendrá que entregar cuentas del resultado de su administración.

Joya bíblica

Puedes comer de todos los árboles del jardín; pero del árbol del conocimiento del bien y del mal no comerás, porque el día que comas de él, ciertamente morirás (2:16, 17).

(3) Dios crea a la mujer, 2:18-23. La vida del hombre se desarrolla ahora en el jardín, pero en soledad, sin ayuda idónea. Al nombrar a la totalidad de los animales que viven en y sobre la tierra, el hombre los integra a su vida y ejerce su vocación y dominio sobre ellos. Ningún animal ni Dios puede servir de ayuda idónea, es decir, de una relación social y emocional íntima e importante. Dios decide soberana y libremente proveer esa necesidad de compañerismo al hombre. Esto indica la naturaleza social del hombre. El hombre no vive sólo. Su vida encuentra significado completo en la comunidad con otros seres humanos. La vida en comunidad refleja también la imagen y semejanza a Dios quien se ha manifestado desde el principio no en soledad sino en trinidad.

Creación de la mujer

18 Dijo además Jehovah Dios: "No es bueno
que el hombre esté solo; le haré una ayuda
idónea." **19** Jehovah Dios, pues, formó de la
tierra todos los animales del campo y todas las
aves del cielo, y los trajo al hombre para ver
cómo los llamaría. Lo que el hombre llamó a
los animales, ése es su nombre. **20** El hombre
puso nombres a todo el ganado, a las aves del
cielo y a todos los animales del campo. Pero
para Adán* no halló ayuda que le fuera idónea.
21 Entonces Jehovah Dios hizo que sobre el
hombre cayera un sueño profundo; y mientras
dormía, tomó una de sus costillas y cerró la
carne en su lugar. **22** Y de la costilla que Jehovah Dios tomó del hombre, hizo una
mujer y la trajo al hombre. **23** Entonces dijo
el hombre: "Ahora, ésta es hueso de mis huesos y carne de mi carne. Esta será llamada Mujer,* porque fue tomada del hombre." **24** Por
tanto, el hombre dejará a su padre y a su madre, y se unirá a su mujer, y serán una sola
carne. **25** Estaban ambos desnudos, el hombre y su mujer, y no se avergonzaban.

*2:20 O: *el hombre*
*2:23 Heb., *ishah*, femenino de *ish, hombre*

Para proteger su actividad creadora de Adán y porque Dios decide formar la mujer de una parte del hombre, lo hace dormir profundamente. Una de sus costillas (v. 21) significa una porción del medio y del frente del hombre, y no una costilla individual (v. 23). Dios presenta la nueva criatura al hombre quien expresa la naturaleza de la mujer en tres declaraciones: Primera, reconoce la igualdad del nuevo ser. Ella también es humana y de la misma materia del hombre (hueso de mis huesos y carne de mi carne, v. 23). Segunda, Adán le concede identidad propia (mujer, v. 23), aceptando la sexualidad diferente que completa y complementa la humanidad. Esta cualidad hace posible que la mujer sea compañera al hombre (3:12). Tercera, por ser formada del hombre, la mujer es lo más cercano posible al hombre y su más compatible. Con estas declaraciones el hombre expresa su aceptación y su satisfacción completa.

(4) Institución del matrimonio, 2:24, 25. Dios mismo establece el matrimonio como la relación correcta entre el hombre y su ayuda idónea. Consistente con la naturaleza del hombre y la mujer declarada en el v. 23, la revelación bíblica afirma que la relación matrimonial tiene estas características esenciales: Primera, es exclusiva y de compromiso social (dejará a su padre y su madre, v. 24). Segunda, es monógama, heterosexual y de pacto mutuo (el hombre... se unirá con su mujer, v. 24). Tercera, es de complementación mutua

> Semillero homilético
>
> **Tres principios para un matrimonio feliz**
>
> 2:24
>
> *Introducción:* Por tanto, el hombre dejará a su padre y a su madre, y se unirá a su mujer, y serán una sola carne (2:24). Aquí están los tres principios mínimos para que un matrimonio sea feliz:
>
> I. Dejará a su padre y a su madre. Hay una implicación de madurez física y emocional que permite al hombre y a la mujer tomar sus propias decisiones y asumir sus propias responsabilidades.
>
> II. Se unirá a su mujer. Por medio de las leyes establecidas y aprobadas por la sociedad darán la formalidad y seriedad a su unión.
>
> III. Serán una sola carne. Se amarán mutuamente con tal entrega y dedicación hasta que llegue a confundir sus vidas e intereses en un solo propósito: glorificar a Dios. Tratar de cambiar, aún el orden de estos principios, resulta en una ruptura del plan de Dios y por lo tanto un fracaso para la pareja y para la sociedad.
>
> *Conclusión:* El matrimonio es una relación íntima que excluye a todos los demás. Si no dejan a los padres, habrá problemas. Si no dejan a otras relaciones, traerá ruptura a la intimidad.

Desobediencia de la primera pareja

3 Entonces la serpiente, que era el más astuto de todos los animales del campo que Jehovah Dios había hecho, dijo a la mujer:
—¿De veras Dios os ha dicho: "No comáis de ningún árbol del jardín"?
2 La mujer respondió a la serpiente:
—Podemos comer del fruto de los árboles del jardín.
3 Pero del fruto del árbol que está en medio del jardín ha dicho Dios: "No comáis de él, ni lo toquéis, no sea que muráis."

(serán una sola carne, v. 24). Cuarta, de libre comunicación e intimidad significante (estaban ambos desnudos, v. 25). El Señor Jesucristo, al reafirmar estas características aclara que el propósito original de Dios para el matrimonio es una relación permanente e indisoluble (Mar. 10:1-12). Estas afirmaciones bíblicas condenan las prácticas prevalecientes en las sociedades modernas como el divorcio, las relaciones sexuales casuales y adulterios, los concubinatos y relaciones clandestinas, la homosexualidad y la relación de competencia y opresión dentro del matrimonio. El ideal de Dios se concreta en la íntima, abierta, mutua y total aceptación y un continuo y permanente conocimiento el uno del otro que Adán experimenta con su mujer. Dentro de esta relación ideal es que Dios intenta la procreación de los hijos y el desarrollo de la comunidad. En esta relación no hay lugar para sentimientos negativos ni barreras. La procreación, la vocación y las responsabilidades son compartidas entre el hombre y la mujer y en una dimensión comunitaria.

2. La primera pareja desobedece a Dios, 3:1-24

Este es uno de los capítulos más importantes de la revelación bíblica. Declara que las relaciones distorsionadas del hombre con Dios, con sus semejantes, con el universo y consigo mismo tienen su origen en la desobediencia de la primera pareja y en la imitación a ella que cada ser humano realiza. Establece al mismo tiempo la fidelidad de Dios a su propósito de comunión con el hombre, manifestando el inicio de su obra redentora. Se debe considerar este capítulo en su complementación revelatoria en Romanos 5:12-21; Efesios 5:21-6:9 y en contraste con la perfecta obediencia de Jesucristo (Fil. 2:1-11).

(1) La pareja cede a la tentación de la serpiente, 3:1-13. La serpiente, instrumento externo de tentación, ofrece a la mujer un destino mejor del que Dios había establecido para la pareja. Apela a la satisfacción de las necesidades más básicas del ser humano: sustento, desarrollo ilimitado de sus capacidades y deseo de controlar el destino de sus vidas sin depender de un ser superior (Dios).

La mujer no cede inicialmente a la tentación, sino después de un proceso de evaluación externa e interna que finalmente la lleva a concluir que el árbol es bueno, atractivo y codiciable. La Biblia repetidamente advierte al hombre del peligro de

Adán y Eva arando la tierra

4 Entonces la serpiente dijo a la mujer:
—Ciertamente no moriréis. 5 Es que Dios
sabe que el día que comáis de él, vuestros ojos serán abiertos, y seréis como Dios, conociendo el bien y el mal.
6 Entonces la mujer vio que el árbol era bueno para comer, que era atractivo a la vista y que era árbol codiciable para alcanzar sabiduría. Tomó, pues, de su fruto y comió. Y también dio a su marido que estaba con ella, y él
comió. 7 Y fueron abiertos los ojos de ambos, y se dieron cuenta de que estaban desnudos. Entonces cosieron hojas de higuera, y se hicieron ceñidores.*

8 Cuando oyeron la voz de Jehovah Dios que se paseaba en el jardín en el fresco del día, el hombre y su mujer se escondieron de la presencia de Jehovah Dios entre los árboles del
jardín. 9 Pero Jehovah Dios llamó al hombre y le preguntó:
—¿Dónde estás tú?
10 El respondió:
—Oí tu voz en el jardín y tuve miedo, porque estaba desnudo. Por eso me escondí.
11 Le preguntó Dios:
—¿Quién te dijo que estabas desnudo? ¿Acaso has comido del árbol del que te mandé que no comieses?

*3:7 O: *taparrabos*
*3:8 Otra trad., *a la brisa del día*

este proceso mental y emocional hacia el pecado (Mat. 5:27, 28; Stg. 1:14, 15; 1 Jn. 2:16). La mujer come del árbol dando también a su marido quien aparentemente estaba con ella todo el tiempo. El hombre también escoge desobedecer a Dios admitiendo luego su decisión libre y su acción individual (v. 12). El apóstol Pablo responsabiliza a la desobediencia de Adán la entrada del pecado y la muerte en la raza humana (Rom. 5:12-21; 1 Cor. 15:21,22), admitiendo que la desobediencia de Eva también tiene su consecuencia específica en la mujer (2 Tim. 2:11-15).

El conocimiento que adquieren el hombre y la mujer los hacen sentir con vergüenza uno del otro, contrario a la relación mutua anterior (2:25) y con temor

Adán

Pero para Adán... (2:20). Esta es la primera vez en todo el relato que en la traducción RVA y en la Biblia de las Américas aparece el término "Adán" usado como nombre propio.

La nota de pie de RVA llama la atención a que puede traducirse: "pero para el hombre". RVR-60 usa *Adán*[120] por primera vez en 2:19. La Biblia de Jerusalén lo hace hasta 4:25 como también la versión Dios Habla Hoy.

El nombre "Adán" es una palabra que significa: de la tierra o tomado de la tierra roja. De acuerdo con la genealogía de Lucas 3:38 resulta ser el "hijo de Dios". El hecho sencillo es que el ser humano no es tan individual e independiente de toda la raza. Lo que una persona es y hace afecta a toda la sociedad en mayor o menor grado.

Eva

Le haré ayuda idónea (2:18). Esta es una expresión frecuentemente mal interpretada y mal aplicada. La palabra "ayuda" viene de la voz hebrea *ezer* [5828] que describe la fuerza, energía o impulso que viene de alguien superior al que recibe la ayuda. En este caso, es Dios quien ayuda al hombre por medio de su mujer. La mujer no es el ayudante del hombre como un peón lo es a su capataz. No es una ayuda subordinada, sino superior, pues es la ayuda que Dios da.

La palabra "idónea" es la traducción del vocablo *kenegdo* [5048], que significa "adecuada para..." o "que cumple a cabalidad". La mujer no es igual al hombre, es diferente, es la contraparte, fue hecha de tal manera para cumplir el propósito y el plan del Señor.

El mensaje es claro: el hombre y la mujer no están completos el uno sin el otro. Se necesitan mutuamente.

12 El hombre respondió:
—La mujer que me diste por compañera, ella me dio del árbol, y yo comí.
13 Entonces Jehovah Dios dijo a la mujer:
—¿Por qué has hecho esto?
La mujer dijo:
—La serpiente me engañó, y comí.
14 Entonces Jehovah Dios dijo a la serpiente:
—Porque hiciste esto, serás maldita entre todos los animales domésticos y entre todos los animales del campo. Te arrastrarás sobre tu vientre y comerás polvo todos los días de tu
vida. **15** Y pondré enemistad entre ti y la mujer, y entre tu descendencia y su descendencia; ésta te herirá en la cabeza, y tú le herirás en el talón.
16 A la mujer dijo:
—Aumentaré mucho tu sufrimiento en el embarazo; con dolor darás a luz a los hijos. Tu deseo te llevará a tu marido,* y él se enseñoreará de ti.

*3:16 Otra trad., *tú seducirás a tu marido*; comp. 4:7

ante la presencia de Dios. A las preguntas de Dios, el hombre y la mujer intentan eludir su responsabilidad aunque admiten su acción desobediente.

(2) La desobediencia trae sus consecuencias, 3:14-24. Dios se dirige primero a la serpiente. La maldición que recibe es la de una vida precaria y por engañar a la mujer, una hostilidad permanente entre la serpiente y la humanidad. Aquí se rompe la armonía entre el hombre y los animales. Por la identificación posterior de la serpiente con Satanás (Apoc. 12:9; 20:3), la afirmación de que será aplastada se convierte en una promesa de salvación. Esta promesa se cumple en Jesucristo, nacido de mujer (Gál. 4:4) e hijo de Adán (Luc. 3:38), quien en la culminación del plan redentor de Dios vence totalmente a la serpiente (Apoc. 20:10).

La consecuencia en la mujer está directamente relacionada con su papel de madre y de esposa. El desarrollo y realización de la maternidad será con dolor y sufrimiento. Como mujer tendrá deseo hacia un marido quien ejercerá control sobre ella.

Semillero homilético

La familia nació en el corazón de Dios
2:18-25

Introducción: La familia es producto del diseño y la artesanía de Dios. ¿Cuál era su plan?

I. Su plan era proveer una relación complementaria (1:27)
1. Ambos, hombre y mujer, fueron creados a la imagen de Dios.
2. Ambos, hombre y mujer, fueron creados diferentes.

II. Su plan era proveer una relación íntima y única (2:23).
Adán exclama: *Ahora, ésta es hueso de mis huesos y carne de mi carne.* Lo que el hombre afirma son dos hechos:
1. La individualidad de cada miembro de la pareja. Un macrosistema completo en sí mismo.
2. La relación más íntima que puede darse con otro macrosistema de pensamientos, afectos, intereses y valores.
3. El funcionamiento pleno del hombre y la mujer se encuentra en esa relación. Fuera de esa relación ninguno de los dos sistemas está totalmente completo. ¡Qué maravillosa paradoja: Completos, pero incompletos!

III. Su plan era proveer una relación exclusiva (2:24, 25)
1. La relación entre un hombre y una mujer es tan exclusiva que exige que el hombre deje a su padre y a su madre y se una a su mujer para ser una sola carne (v. 24).
2. La relación es tan exclusiva que el hombre y la mujer no tienen ningún pensamiento, ningún sentimiento, ni ninguna actividad escondidos el uno del otro. Ambos se exponían con libertad, sabiéndose completamente aceptados por su pareja (v. 25).

17 Y al hombre dijo:
—Porque obedeciste la voz de tu mujer y
comiste del árbol del que te mandé diciendo:
"No comas de él", sea maldita la tierra por tu
causa. Con dolor comerás de ella todos los días
de tu vida; **18** espinos y cardos te producirá, y
comerás plantas del campo. **19** Con el sudor
de tu frente comerás el pan hasta que vuelvas
a la tierra, pues de ella fuiste tomado. Porque
polvo eres y al polvo volverás.
20 El hombre llamó el nombre de su mujer
Eva,* porque ella sería la madre de todos los
vivientes.
21 Luego Jehovah Dios hizo vestidos de piel
para Adán* y para su mujer, y los vistió.
22 Y Jehovah Dios dijo:
—He aquí que el hombre ha llegado a ser
como uno de nosotros, conociendo el bien y el
mal. Ahora pues, que no extienda su mano, tome también del árbol de la vida, y coma y viva para siempre.

*3:20 Significa *viviente.*
*3:21 O: *el hombre*

La triple T

Y fueron abiertos los ojos de ambos, y se dieron cuenta de que estaban desnudos. Entonces cosieron hojas de higuera, y se hicieron ceñidores (3:7). La triple "T" de aquel evento se repite en nuestra propia experiencia:

- Tentación, es la invitación a desobedecer al Señor.
- Transgresión, es la violación de la orden del Señor.
- Tragedia, es el resultado de la desobediencia.

Tentación, transgresión y tragedia pintan el cuadro triste de la tentación y la caída en el pecado. El acto fue sencillo, pero la desobediencia fue de graves consecuencias. Toda la humanidad, descendencia de Adán, fue afectada por la muerte. Más tarde Pablo escribe que "en Adán todos morimos".

Aquí se rompe la igualdad y mutualidad intentada por Dios en la creación de la pareja. Las relaciones de pareja no son ya ideales. Esta relación distorsionada se traslada luego a todas las otras esferas de relaciones sociales.

Dios declara al hombre tres consecuencias permanentes: Primera, la tierra, medio de su vida y del desarrollo de su vocación, es maldita. Aquí se pierde la armonía tierra-hombre del jardín. Segunda, la tierra en su hostilidad causa dificultades y penas al hombre en el cumplimiento de su papel como el proveedor de sustento. Aquí se rompe la armonía y satisfacción que el trabajo debería acarrear al hombre. Se debe aclarar que el trabajo en sí mismo no es maldición, sino que se convierte en una fuente de penas y fracasos al proveer el sustento. Tercera, la vida del hombre tiene un límite definitivo ahora. El hombre deberá volver a la tierra en la experiencia de la muerte. Aquí se reconoce que la vida en la tierra, además de presentar dificultades en todas las áreas, tiene definitivamente su límite. La muerte en este sentido no es la alternativa de la vida, sino

Promesa y profecía

Esta te herirá en la cabeza, y tu le herirás en el talón (3:15). Aquí encontramos una promesa y una profecía. De la simiente de la mujer nacería alguien que tendría la capacidad de vengar el engaño hecho a la mujer. Los llamados Padres de la iglesia vieron en este versículo el protoevangelio y la promesa de Jehovah de proveer a Jesucristo para restaurar la comunión rota con él.

Castigo

Con dolor comerás de ella todos los días de tu vida (3:17). La Biblia no nos dice cuánto tiempo Adán vivió en el estado de inocencia y pureza, pero perdió todas las bendiciones cuando escuchó la voz del tentador. Fue arrojado de su posición como administrador del jardín en Edén y condenado a vivir como labrador de la tierra de la cual fue tomado. De aquí en adelante, tendría que ganar su sustento con el sudor de su frente y saborear la frustración de cultivar la tierra con tanto esfuerzo y ver brotar espinos y cardos (3:17-23).

23 Y Jehovah Dios lo arrojó del jardín de Edén, para que labrase la tierra de la que fue tomado. 24 Expulsó, pues, al hombre y puso querubines al oriente del jardín de Edén, y una espada incandescente que se movía en toda dirección, para guardar el camino al árbol de la vida.

Verdad práctica

Seréis como Dios, conociendo el bien y el mal (3:4). La media verdad es mucho más dañina que la mentira. El tentador dijo a la mujer que al comer de la fruta prohibida tendrían la capacidad de conocer el bien y el mal. Una media verdad era que sus ojos serían abiertos y que efectivamente iban a experimentar la diferencia entre el bien y el mal. La otra media verdad era que, al tener esa experiencia, habrían desobedecido la palabra de Dios y por lo tanto no podrían volver a su estado de inocencia. Satanás atrae con "carnadas" que parecen la verdad, pero que resultan ser un una trampa mortal.

la limitación de la vida terrenal. El apóstol Pablo expresa esta realidad cuando afirma que la paga del pecado es muerte (Rom. 6:23a). Aquí también se descubre la mentira de la serpiente a la mujer: *No moriréis* (v. 4). Dios, el Dios de la vida, provee más adelante un Salvador que anula las consecuencias del pecado en el hombre, la sociedad y la naturaleza (Rom. 6:23b; Hech. 3:10-21).

Dios muestra su gran misericordia a través de tres acciones concretas. Primera, permite la continuación de la raza humana. Adán reconoce esto al llamar a su mujer Eva y declarar que ella sería la madre de todos los vivientes (v. 20). Segunda, Dios viste al hombre y a la mujer, restaurando así parcialmente la relación hombre-mujer destruida por la desobediencia. Tercera, Dios saca a Adán y Eva del jardín preparado especialmente para el desarrollo de la vida. El hombre no quiso vivir con responsabilidad y respetar las limitaciones que Dios le había puesto. Por su nueva condición de búsqueda de autonomía e independencia de Dios es expulsado del jardín. Más que un castigo, este acto de Dios está lleno de misericordia. El jardín con el árbol de la vida se convierte en un lugar muy peligroso para el hombre. Dios entonces se asegura que el hombre no tenga acceso a algo que le pudiera perjudicar aún más. Tanto el jardín como el árbol de vida quedan como promesas de concesión a los creyentes en Cristo Jesús (Apoc. 2:7; 22: 1-5).

Semillero homilético

Cómo evitar la separación de Dios

3:1-13

Introducción.: Por medio de la triste experiencia de Adán y Eva podemos aprender cómo evitar la separación de Dios y aceptar vivir con Dios mediante la fe. Eso es cuando:

I. No dudamos la palabra de Dios (vv. 1-5)
1. Dios dio mandamientos claros.
2. La serpiente sembró dudas sobre las palabras de Dios.
3. La duda llevó a la desobediencia de la palabra de Dios.
4. Nunca debemos dudar de la palabra de Dios (Juan 8:51).

II. Rechazamos los deseos de la carne (vv. 5, 6)
1. Adán y Eva mezclaron la necesidad buena (comer) con el deseo carnal (codicia).
2. Los deseos de la carne les hicieron desobedecer el mandato y pecar contra Dios.
3. Debemos rechazar los deseos de la carne (2 Ped. 2:11).

III. Aceptamos la responsabilidad por el pecado y la provisión de Dios en Jesucristo (3:7-13; 1 Jn. 1:8,
1. Adán y Eva no se responsabilizaron de su pecado (vv. 7-13
2. Debemos aceptar la responsabilidad:
(1) Reconociéndolo y confesándolo (1 Jn. 1:8, 9).
(2) Recibiendo a Jesucristo como Salvador y Señor (Apoc. 3:20).

Conclusión.: Podemos evitar la separación de Dios causada por el pecado: confiando en la palabra de Dios, confesando nuestros pecados y aceptando a Cristo como nuestro Salvador y Señor.

Historia de Caín y Abel

4 El hombre conoció a Eva su mujer, la cual concibió y dio a luz a Caín.* Entonces ella dijo: "¡He adquirido un varón de parte de Jehovah!" **2** Después dio a luz a su hermano Abel. Y Abel fue pastor de ovejas, y Caín labrador de la tierra.

*4:1 Suena parecido a la palabra que significa *aaquirir.*

3. La vida en familia y en comunidad, 4:1-24

Esta sección ilustra el desarrollo de la vida del hombre fuera del paraíso. Contesta a la pregunta: ¿Cómo es la vida del hombre en su nuevo medio y bajo las nuevas condiciones? La primera parte nos muestra el desarrollo de una familia y la segunda el de una comunidad. Nos muestra el progreso en la civilización y también nos ilustra el progreso del alejamiento del hombre de Dios. A pesar de que el hombre ya no viva en el jardín, sus responsabilidades ante Dios y ante el prójimo permanecen inalterables. Dios por su parte, no abandona a su criatura: Provee para su sustento, determina las normas de vida y está pronto a responder ante acciones y situaciones que demandan su intervención. La sección presenta el inicio de varias acciones y relaciones humanas y su desarrollo posterior.

(1) La vida familiar de Adán y Eva, 4:1, 2. La vida de la primera familia refleja el cumplimiento del mandamiento de procreación y de vocación. El resultado de la relación matrimonial es el nacimiento de dos hijos. La madre se encarga de poner nombres a los hijos reconociendo a Dios como dador de la vida y la identidad propia de cada hijo. Como parte de la vocación humana, Abel escoge la vida más bien nómada de domesticar animales y sustentarse de ellos. Caín escoge la agricultura que requiere una vida más sedentaria y más dependiente de la fertilidad de la tierra. Ambas ocupaciones constituyen las más importantes y primarias en el desarrollo de toda civilización (la caza, la pesca y la agricultura).

Ayudas prácticas

He adquirido un varón de parte de Jehovah (4:1). Con estas palabras Eva reconoce que el Señor ha sido un participante activo en el nacimiento de su hijo. Era su primera experiencia frente al evento de la maternidad, recién cobraban sentido exacto las palabras del Señor: *Aumentaré mucho tu sufrimiento en el embarazo; con dolor darás a luz a los hijos* (3:16). Sin embargo, se entiende que Eva después de los dolores de parto reconoce que Dios la ha ayudado a procrear una nueva vida. Dios ha desempeñado, una vez más, un papel importante en la procreación.

Hay otra interpretación a la expresión de parte de Jehovah que dice que Eva expresa con arrogancia que ella ha sido capaz de hacer lo mismo, generar un hijo, igual que el Señor. Si esto fuera así ella está haciendo un eco de las palabras del tentador: seréis como Dios. Esta interpretación coloca a Eva en una actitud de rebeldía y desafío delante de Dios; la posibilidad es tremenda y hace mucho sentido pues es la actitud que adopta el ser humano cuando se aleja de la comunión con el Señor.

En estos días hablamos mucho de planificación familiar para determinar cuándo y cuántos hijos una pareja de esposos desea tener. También se habla mucho del aborto y de la responsabilidad de la mujer para tomar esa decisión. Esto lleva a la pregunta crucial: ¿Quién decide si un niño debe o no nacer? ¿La mujer o Dios? Me temo de que muchos de los sufrimientos y el derrumbamiento de la familia es el resultado de nuestra abierta rebelión contra Dios y el pensar que podemos imitar la obra procreadora de Dios cuando bien nos parezca.

3 Aconteció después de un tiempo que Caín trajo, del fruto de la tierra, una ofrenda a Jehovah. 4 Abel también trajo una ofrenda de los primerizos de sus ovejas, lo mejor* de ellas. Y Jehovah miró con agrado a Abel y su ofrenda, 5 pero no miró con agrado a Caín ni su ofrenda. Por eso Caín se enfureció mucho, y decayó su semblante. 6 Entonces Jehovah dijo a Cain:

*4:4 Otra trad., *el sebo*

(2) La adoración a Dios, 4:3-5. Aún fuera del jardín, el hombre tiene la responsabilidad de expresar su lealtad, gratitud y dependencia de Dios en la adoración. La ofrenda sirve como instrumento y ocasión para exteriorizar la adoración. Caín y Abel personal y voluntariamente adoran con el producto propio de su trabajo y cultura que es diferente pero válido. Tanto la ofrenda animal como la vegetal son apropiadas y aceptables ante Dios (Exo. 29:38-43). Se resalta el hecho de que Abel procura lo mejor para Dios, demostrando el lugar prioritario de Dios en su vida. Como la adoración consiste en la ofrenda más la actitud del corazón, Dios se agrada de la ofrenda de Abel, pero no de la de Caín y lo expresa visiblemente. Hebreos 11:4 y 1 Juan 3:12 nos explican que la ofrenda de Abel era expresión de su fe, su deseo de excelencia para con Dios y sus obras justas. Por el contrario, la ofrenda de Caín era expresión de sus malas obras. Al responder a la adoración Dios tiene en cuenta la actitud y la vida completa de quien adora (Isa. 1:11-17). Caín usa su ofrenda para competir con su hermano y para manipular a Dios y ante el rechazo se enoja grandemente y lo expresa visiblemente. Aquí aparece el enojo, otro sentimiento negativo en el hombre. Del manejo del enojo con todas sus expre-

Crónica de una muerte premeditada

El significado del nombre "Caín" es bastante incierto. Se ha sugerido adquirido, o fabricado por la expresión de Eva al nacer el niño (4:1). Otra posibilidad es herrero o el que trabaja con metales (usando como base 4:22). En 2 Samuel 21:16 la misma palabra ha sido traducida como espada. Caín fue el hijo mayor de Adán y Eva. Fue el primer hombre que nació naturalmente de una mujer. Fue el fundador de los Queneos (una expresión que se deriva del hebreo *kaín* 7014; cap. 4; Núm. 24:22; Heb. 11:4; 1 Jn 3:12; Jud. 11).

1. Caín creció y se hizo agricultor (4:2).
2. Caín trajo su ofrenda a Dios (4:3).
3. Caín reaccionó violentamente al darse cuenta que Dios ni siquiera había mirado la ofrenda que él le había presentado. Sus sentimientos se echan de ver, pues se enfureció mucho y decayó su semblante (4:5).
4. Con toda premeditación, ventaja y violencia, Caín dio muerte a su hermano Abel.
5. Caín intenta escaparse de su responsabilidad, (4:9).
6. Caín recibe la sentencia de dos castigos: (1) La sangre de tu hermano clama a mí. Dios está diciendo que él no puede pasar inadvertida la falta y que en respuesta al clamor de Abel hará justicia. (2) Maldito seas tú. La ira de Dios expresa la única maldición que Dios ha expresado directamente contra un ser humano. Habrá varias consecuencias como resultado del castigo (4:11, 12).
7. Caín no sabe arrepentirse ni pedir perdón, pero le preocupa que alguien desee matarlo. Como una expresión de misericordia el Señor puso una señal sobre Caín para que no lo matase cualquiera que quisiera vengar la muerte de Abel (4:14, 15).
8. Caín partió de delante de Jehovah (4:16). La gran tragedia de su vida fue tener que vivir separado de la presencia del Señor. Se va a la tierra de Nod (que significa "errante") es decir que Caín se va a "la tierra de nadie" para vivir alejado de la comunión y relación del Creador.

—¿Por qué te has enfurecido? ¿Por qué ha
decaído tu semblante? **7** Si haces lo bueno,
¿no serás enaltecido? Pero si no haces lo
bueno, el pecado está a la puerta y te
seducirá;* pero tú debes enseñorearte* de él.
8 Caín habló con su hermano Abel.* Y sucedió que estando juntos en el campo, Caín se
levantó contra su hermano Abel y lo mató. **9** Entonces Jehovah preguntó a Caín:
—¿Dónde está tu hermano Abel?
Y respondió:
—No sé. ¿Soy yo acaso el guarda de mi hermano?
10 Le preguntó:
—¿Qué has hecho? La voz de la sangre de tu
hermano clama a mí desde la tierra. **11** Ahora
pues, maldito seas tú, lejos de la tierra que
abrió su boca para recibir de tu mano la sangre de tu hermano. **12** Cuando trabajes la
tierra, ella no te volverá a dar su fuerza. Y
serás errante y fugitivo en la tierra.
13 Caín dijo a Jehovah:

*4:7 *Lit., su deseo será para ti;* comp. 3:16
*4:7 Otra trad., *y tú te enseñorearás*
*4:8 Pent. Sam. y vers. antiguas tienen *Caín dijo a su hermano Abel: "Vayamos al campo."*

---

siones progresivas depende la calidad de las relaciones entre los seres humanos.

(3) El primer homicidio y su castigo, 4:6-16. Dios nota la reacción de Caín y le ofrece ayuda de tres maneras: Primera, le hace reconocer su sentimiento negativo. Reconocer los sentimientos es el primer paso hacia una resolución correcta. Segunda, le indica que la razón de no mirar con agrado a su ofrenda está en él mismo y no en Abel. No se debe eludir la responsabilidad y echar la culpa a otro, sino corregirse y mejorar. Tercera, le advierte del pecado al que su sentimiento lo puede llevar. No obstante, Caín es responsable y capaz de dominar la situación y resolverla correctamente. Jesús elabora sobre este tema en Mateo 5:21-26 declarando que la reconciliación con el hermano (prójimo) es la solución correcta al enojo.

Caín, sin hacer caso a Dios, descarga su resentimiento matando a Abel su hermano. Este es el primer crimen registrado en la Biblia. Fue una acción calculada fríamente y con engaño. No se especifica el diálogo que mantuvieron los hermanos ni la forma en que Caín mató a Abel, pero sí que hubo derramamiento de sangre.

Dios confronta nuevamente a Caín quien intenta eludir toda responsabilidad. Aunque Abel está muerto, su vida no está extinguida. Su sangre, expresión de vida en el pensar bíblico, clama a Dios, Señor

Semillero homilético

¿Por qué mató Caín a Abel?

4:1-8

Introducción: Una de las historias más tristes de toda la Biblia es cuando Caín mata a Abel, su hermano. Vivimos en una sociedad muy violenta donde ocurren crímenes a cada minuto. Veamos las causas que pueden llevar a una persona a destruir la vida de su prójimo (su hermano) y decidamos no llegar a ser la causa de destrucción de ninguna vida. Caín destruyó la vida de su hermano porque:

I. No tenía una relación correcta con Dios (vv. 3-7).
   1. Dios no ocupaba el primer lugar en su vida.
   2. No aceptó la advertencia de Dios.
   3. Se dejó dominar por el pecado.

II. No tenía una relación correcta con su hermano (vv. 1, 2, 7).
   1. Se molestó (celos) por los logros de su hermano.
   2. Alimentó resentimiento contra su hermano.

III. No le dio ningún valor a la vida de su hermano (v. 8).
   1. Planeó cuidadosamente la muerte de su hermano.
   2. Destruyó para sentirse mejor egoístamente.

Conclusión: A través de Jesucristo podemos tener las relaciones correctas con Dios y con nuestro hermano para no ser causa de destrucción de ninguna vida.

—¡Grande es mi castigo* para ser soportado!
14 He aquí que me echas hoy de la faz de la
tierra, y me esconderé de tu presencia. Seré
errante y fugitivo en la tierra, y sucederá que
cualquiera que me halle me matará.
15 Jehovah le respondió:
—No será así.* Cualquiera que mate a Caín
será castigado* siete veces. Entonces Jehovah
puso una señal sobre Caín, para que no lo
matase cualquiera que lo hallase. **16** Así partió Caín de delante de Jehovah, y habitó en la
tierra de Nod, al oriente de Edén.

Descendientes de Caín

17 Caín conoció a su mujer, y ella concibió y
dio a luz a Enoc. Caín* edificó una ciudad a la
cual llamó según el nombre de su hijo Enoc.
18 A Enoc le nació Irad. E Irad engendró a
Mejuyael. Mejuyael engendró a Metusael. Y
Metusael engendró a Lamec.
19 Lamec tomó para sí dos mujeres. El nombre de la una fue Ada; y el nombre de la otra,
Zila. **20** Ada dio a luz a Jabal, quien llegó a ser
el padre de los que habitan en tiendas y crían

*4:13 Otra trad., *culpa*
*4:15 Según vers. antiguas; heb., *por tanto*
*4:15 Es decir, será objeto de venganza*4:17 Lit., *él*

Abel fue primero

Abel fue el primero en cuatro categorías:
1. Abel fue el primero de la raza humana que murió.
2. Abel fue el primero que fue asesinado.
3. Abel fue el primero a quien se asoció con Cristo.
4. Abel fue el primero que se presentó con una ofrenda agradable al Señor.

de la vida. Caín no muestra señal de arrepentimiento —respuesta correcta a Dios ante el pecado— y Dios lo castiga. La maldición de la tierra y el ser errante afectan a la relación de Caín con la tierra de la cual depende grandemente por su vocación. Ante el temor expresado por Caín de ser muerto por cualquiera, Dios le provee de una protección poniéndole una señal. Esta señal es expresión de misericordia de Dios (da oportunidad de arrepentimiento) y de afirmación que sólo él es el Señor de la vida.

(4) La descendencia de Caín y su comunidad, 4:17-24. Los descendientes de Caín ilustran la vida en comunidad y el progreso de una civilización. El lugar geográfico de esta civilización es la tierra de Nod, al este del Edén. Caín no tiene problema en encontrar esposa ya que Adán y Eva tuvieron hijos e hijas aparte de los nombrados (5:4). Se mencionan siete generaciones indicando una civilización completa. El progreso de la civilización se ve en la fundación de la ciudad, expresión de desafío a Dios (serás errante y fugitivo en la tierra, v. 12); el desarrollo de las artes (música) y de la industria (artesanía de bronce e hierro). Pero también se nota el avance del pecado en la vida de la comunidad. Hay práctica de poligamia y el

Caín o Enoc

¿Quién edificó y cómo se llamaba la ciudad? (4:17.) La RVA coloca una llamada de atención después de la palabra "Caín", y en la nota al pie dice literalmente "él". Esto levanta la pregunta: ¿Quién, Caín o Enoc? Recordemos que Caín fue condenado por Dios a vivir errante y fugitivo (4:14). Edificar una ciudad ¿era otro acto de rebeldía de parte de Caín en contra de Dios? ¿Dejó Dios sin cumplir su palabra en cuanto a Caín?

Por otro lado, el significado del nombre Enoc es "constructor" o "el que dedica", también "el que consagra". Este Enoc, hijo de Caín, tuvo un hijo que se llamó Irad (v. 18). Varios escritores sobre esta clase de asuntos de la Biblia dicen que la ciudad más antigua que se conoce en la región de Mesopotamia se llamaba "Eridú" y encuentran una relación estrecha y hasta natural con el nombre de Irad (el hijo de Enoc).

Si todo esto fuera cierto habría que leer estos versículos más o menos así: "Caín conoció a su mujer, y ella concibió y dio a luz a Enoc. El (Enoc) edificó una ciudad a la cual llamó según el nombre de su hijo (Irad)".

ganado. 21 El nombre de su hermano fue
Jubal, quien llegó a ser padre de todos los que
tocan el arpa y la flauta. 22 Zila también dio a
luz a Tubal-caín, maestro* de todos los que
trabajan el bronce y el hierro. Y la hermana de
Tubal-caín fue Naama. 23 Entonces Lamec
dijo a sus mujeres:

"Ada y Zila, oíd mi voz.
Oh mujeres de Lamec, escuchad mi
dicho:
Yo maté a un hombre, porque me hirió;
maté a un muchacho, porque me
golpeó.
24 Si Caín ha de ser vengado siete veces,
Lamec lo será setenta y siete veces."

*4:22 Según Targum; heb., *pulidor*

---

aumento de violencia expresada en términos de venganza y homicidios. El Señor Jesús ofrece la solución correcta para evitar la violencia entre hermanos y en la comunidad (Mat. 18:15-22). Aquí la revelación bíblica abandona a esta civilización. Algunos identifican a la descendencia de Caín con las hijas de los hombres que sirven de esposas a los hijos de Dios (6:1, 2). Otros, por conexión lingüística, identifican a la descendencia de Caín con los queneos, grupo nómada dedicado a la metalurgia, algunos de cuyos descendientes estaban asociados con el suegro de Moisés (Jue. 4:11). Ninguna de estas identificaciones están basadas en referencias bíblicas concretas sino en conclusiones interpretativas de ciertos pasajes bíblicos.

Oportunidad de arrepentimiento

¿Qué has hecho? (4:19.) Dios sabía exactamente la respuesta. La intención de esta pregunta es denunciar con fuerza, acusar sin miedo que lo hecho por Caín fue muy malo. Dios había dado el "aliento de vida" mientras que Caín lo sofoca. Dios procede a dictar sentencia sobre el culpable. Un triste caminar solitario a lo largo del camino de la vida por hacer lo que no se debe hacer. Había espacio para el arrepentimiento y oportunidad para el perdón, pero no fue aprovechado; alienado por el pecado se puede creer que es posible "esconderse de Dios y vivir errante y fugitivo". Mientras Dios está hablando es tiempo de acogernos a su gracia y perdón.

Poema de muerte

Yo maté a un hombre, porque me hirió; maté a un muchacho, porque me golpeó (4:23, 24). Este poema de muerte suena familiar a quienes vivimos en países donde la violencia es el arma de la venganza. El resultado de la venganza del hombre que se jacta de su fuerza y capacidad siempre conduce y genera muerte. Debemos escuchar el llamado del Señor: Mía es la venganza; yo daré la retribución (Heb. 10:30).

4. El desarrollo de la humanidad a través de Set, 4:25—6:8

La revelación bíblica vuelve su atención a Adán y Eva para describir el desarrollo de una civilización alterna a la de Caín. En esta sección se describen el nacimiento de Set, la genealogía de Adán a través de Set, la corrupción general de la humanidad y la respuesta de Dios a ese alejamiento del hombre de Dios.

(1) El nacimiento de Set y la religión, 4:25, 26. Según la cronología bíblica (5:3), Adán tenía 130 años cuando nace su hijo Set para substituir a Abel en la continuación de la humanidad. Al nacer un nuevo hijo, la madre le da nombre como manera de reconocer que Dios intervino para substituir a Abel. El nacimiento de Set es importante porque en la descendencia de Adán el propósito de Dios para la humanidad tiene continuación, a pesar del crimen de Caín. Con la descendencia de Set se inicia el reconocimiento del hombre de la

Descendientes de Set

25 Adán conoció de nuevo a su mujer, y ella dio a luz un hijo y llamó su nombre Set,* diciendo: "Porque Dios me ha sustituido otro hijo* en lugar de Abel, a quien mató Caín." **26** A Set también le nació un hijo, y llamó su nombre Enós.* Entonces se comenzó a invocar el nombre de Jehovah.

*4:25a Significa *sustitución.*
*4:25b Otra trad., *descendiente*
*4:26a Significa *ser humano.*
*4:26b Otra trad., *proclamar*

Abel

Después... dio a luz a Abel (4:2). El nombre "Abel" es la traducción de la palabra hebrea hebel[1893], que significa: nube, sombra, vapor y vanidad. Se asocia naturalmente con la brevedad de la vida. Como dice el Salmo 90:6 y Santiago 4:14: ¿Qué es la vida, sino un vapor?

Abel fue el segundo hijo de Adán y Eva; asesinado por su hermano Caín (4:1-15; Mat. 23:35; Heb. 11:4; 12:24). Abel no hizo ninguna obra importante. No escribió nada. Su actuación en la historia bíblica es mínima. Su vida fue muy corta. Sin embargo, entra al escenario bíblico para expresar varias verdades profundas: (1) Dios es soberano. (2) Un corazón recto agrada a Dios. (3) Tenemos responsabilidades hacia nuestro hermano. (4) Dios siempre responde a las oraciones del impotente.

Mahalaleel

Mahalaleel (5:12). Significa "uno que alaba a Dios". Solamente hay dos personas en el AT con este nombre. El aquí mencionado y otro en Nehemías 11:4.

Jared

Jared (5:15). No es muy claro el significado de este nombre, pero hay quienes sugieren que significa "descendiente" y otros "siervo"

Cainán

Cainán (5:9). Este nombre solamente aparece aquí y en 1 Crónicas 1:1-4. Sin duda es una variación de Caín.

El nombre de Jehovah

Entonces se comenzó a invocar el nombre de Jehovah (4:26). En este versículo hay tres palabras llenas de contenido: invocar, nombre y Jehovah.

Se comenzó a invocar. Aquí encontramos lo que técnicamente podría llamarse el origen de la religión; sin embargo, preferimos decir que aquí está el comienzo del culto o la adoración a Jehovah.

El nombre. Se refiere a las cualidades y características que se asocian con la persona por causa de su nombre. En este caso, en el acto de adoración se proclama o dice a otros acerca de las cualidades de la persona a quien uno está adorando.

De Jehovah. Al igual que en 4:1, se rinde culto al único y verdadero Dios. Es importante observar de que la humanidad comenzó siendo monoteísta (la adoración de un solo Dios) y que al abandonar esta práctica cayó en el politeísmo ilimitado (adoración de varios o muchos dioses). Es un hecho o ley espiritual de que cuando una persona abandona al Dios verdadero cae en un caos espiritual y adora a la creación antes que al Creador.

Set

El nombre de Set [8352] significa "él estableció", "él fijó" y también "sustituto" o "reemplazo". Fue el tercer hijo de Adán y Eva que nació después que Caín mató a su hermano Abel (Gén. 4:25, 26; 5:3-8; 1 Crón. 1:1). De acuerdo con la historia bíblica Jesucristo nació de la descendencia de Set (Luc. 3:38).

Enós

El nombre de Enós [583] significa "ser humano" u "hombre" (4:26). En el AT aparece siete veces como nombre propio.

5 Este es el libro de los descendientes* de
Adán:
Cuando Dios creó al hombre, lo hizo a semejanza de Dios. **2** Hombre y mujer los creó, y
los bendijo. Y el día que fueron creados, llamó
el nombre de ellos Hombre.
3 Cuando Adán tenía 130 años, engendró
un hijo a su semejanza, conforme a su imagen, y llamó su nombre Set. **4** Los años que
vivió Adán después de engendrar a Set fueron
800, y engendró hijos e hijas. **5** Todos los
años que vivió Adán fueron 930, y murió.
6 Cuando Set tenía 105 años, engendró a Enós.
7 Set vivió después de engendrar a Enós 807
años, y engendró hijos e hijas. **8** Todos los
años de Set fueron 912, y murió.
9 Cuando Enós tenía 90 años, engendró a
Cainán. **10** Enós vivió después de engendrar a
Cainán 815 años, y engendró hijos e hijas. **11**
Todos los años de Enós fueron 905, y murió.
12 Cuando Cainán tenía 70 años, engendró a
Mahalaleel. **13** Cainán vivió después de
engendrar a Mahalaleel 840 años, y engendró
hijos e hijas. **14** Todos los años de Cainán
fueron 910, y murió.

*5:1 Otra trad., *Esta es la historia*

---

divinidad. Todo grupo humano históricamente primitivo o avanzado en civilización ha aceptado la existencia de un ser superior. A dicho ser o seres, el hombre ha atribuido divinidad, que lo hace diferente del hombre. La respuesta a la divinidad se hace en la práctica de la religión que es un aspecto integral de expresión cultural en todas las civilizaciones (Hech. 17:27).

(2) La descendencia de Adán a través de Set, 5:1-32. Este capítulo presenta la lista de los descendientes de Adán hasta la décima generación. Se la llama "genealogía" y aparece repetidas veces en la Biblia por la importancia de identificar la ascendencia familiar o tribal. Debemos reconocer que las genealogías o árboles genealógicos se confeccionan desde las generaciones posteriores o últimas. Es decir, se las inicia de las últimas ramas y no del tronco. Las genealogías mencionan por lo general sólo al patriarca o jefe del clan. Por ello son selectivas y a veces con un nombre se cubren varias generaciones.

La genealogía de Adán a través de Set menciona a diez patriarcas o jefes de generaciones, indicando una civilización que es prolongada y completa en su desarrollo. Cuatro hechos importantes resaltan en esta civilización. Primero, la semejanza e imagen de Dios en Adán es transmitida ahora a la descendencia de Adán sin la necesidad de un acto creativo especial de

Ser Hombre

Llamó el nombre de ellos Hombre (5:2). La bendición que Dios da es un privilegio pero también es una responsabilidad. En toda la Biblia nunca se separa el privilegio de la responsabilidad. Es más, para obtener el privilegio generalmente se tienen que cumplir ciertas responsabilidades. La bendición de ser "Hombre" nos coloca como administradores de todo lo que Dios ha creado. ¡Qué posición y qué privilegio!

Dios en cada ser humano. Así, la identidad del ser humano, su relación y responsabilidad con Dios y su potencialidad en cada generación son iguales a las del primer hombre y mujer. Segundo, la edad prolongada de los patriarcas antes del diluvio permite una descendencia numerosa con el propósito de poblar la tierra cumpliéndose el deseo de Dios de que el hombre y la mujer fueran fecundos y se multiplicaran (1:28). Tercero, a pesar de la longevidad, todos pasan por la experiencia de la muerte. La muerte de Adán y de cada patriarca confirma las palabras de Dios quien dijo: *Ciertamente morirás* (2:17) y demuestra la falsedad de la declaración de la serpiente que dijo: *"Ciertamente no moriréis"* (3:4). Enoc, uno de los patriarcas en esta lista, no pasa por la experiencia de la muerte. La razón es su determinación de caminar con Dios, expresión que indica sumisión y comunión continua con Dios. En Hebreos 11:5 se nos indica que Enoc no vio muerte como resultado de su fe y su vida de testimonio agradable a Dios. Tal vez lo experimentado por Enoc fue el propósito original de Dios. De cualquier manera, la experiencia de Enoc afirma que Dios es el único que puede revertir la sentencia de muerte en el hombre. La vida del hombre permanece mortal a pesar de su esfuerzo de longevidad y progreso en su salud física. El profeta Elías también subió al cielo sin pasar por la experiencia de la muerte física (2 Rey. 2:11). El apóstol Pablo nos enseña que en la venida del Señor los creyentes en Cristo que están todavía vivos serán arrebatados y transformados sin experimentar la muerte física (2 Tes. 4:17; 1 Cor. 15: 52). Y es la fe en Jesucristo la que concede finalmente al hombre la victoria sobre la muerte y la seguridad de vida eterna (Juan 11:25,26). La referencia a Enoc como profeta en Judas 15, 16 es

Semillero homilético

Enoc: El hombre que caminó con Dios

5:18-23; Luc. 3:37; Heb. 11:5; Jud. 14

Introducción: El nombre Enoc [583] puede tener el significado de dedicado, consagrado, o iniciado. Fue engendrado por Jared cuando éste tenía 162 años (5:18), quien a su vez era hijo de Set y éste hijo de Adán y Eva.

Hay solamente tres hechos importantes que Génesis 5:18-23, Lucas 3:37, Hebreos 11:5 y Judas 14, nos dan como la biografía de Enoc. El primero es que vivió una vida digna delante de Dios. El segundo es que Enoc fue un caso especial en su época. El tercero es que Enoc "desapareció" sin sufrir la muerte.

I. Enoc vivió una vida digna delante de Dios.

1. Enoc caminó con Dios (5:22, 24). Enoc tenía 65 años cuando le nació su primer hijo, Matusalén. Enoc decidió ser un buen ejemplo para sus hijos así que los siguientes 300 años de su vida se dedicó a andar con Dios para lograrlo. Según el relato bíblico solamente Enoc y más tarde su bisnieto Noé fueron los patriarcas que caminaron con Dios (Gén. 6:9).
2. Enoc era amigo de Dios. Es muy difícil que dos personas puedan caminar juntos 300 años a menos que tengan muchos intereses y labores en común. El mayor interés de Enoc era agradar a Dios y el Señor por su parte agradaba a Enoc.

II. Enoc fue "un caso especial" en su época.

1. Enoc fue diferente a los hombres de su época. El se apartó de la conducta y estilo de vida de sus contemporáneos para caminar de acuerdo con Dios. Ser diferente, caminar con Dios exige una toma de conciencia y un compromiso con Dios y consigo mismo. La amistad con Dios significa enemistad con el mundo.
2. Enoc no solamente fue diferente a la gente de su día, también los confrontó con un llamado al arrepentimiento y denunció sus malos caminos. Judas 14 contiene un resumen de su elocuente mensaje profético exigiendo el retorno a Dios y señalando a los pecadores el juicio de Dios.

III. Enoc desapareció, porque Dios lo llevó consigo.

1. Enoc se dio cuenta de que para poder agradar a Dios había que caminar con él. Lo intentó y lo logró. Más tarde el escritor del libro a los Hebreos nos explicará que fue posible por causa de su fe (Heb. 11:5).
2. Enoc disfrutó la experiencia de haber sido invitado por el Señor a estar con él sin los servicios dolorosos de la muerte. Solamente dos amigos de Dios, en toda la historia de la humanidad, han tenido la misma invitación: Enoc y Elías. ¡Qué privilegios provee el genuino caminar con Dios!

Conclusión: Cuando era yo un niño mi madre me contó esta historia y terminó diciendo que Dios y Enoc tenían la costumbre de salir a caminar juntos todos los días. Un día, habían caminado tanto que sin darse cuenta, vinieron las sombras de la noche; entonces el Señor dijo a Enoc: "Enoc, mi casa está más cerca que la tuya, te invito a te quedes conmigo."

15 Cuando Mahalaleel tenía 65 años, engendró a Jared. **16** Mahalaleel vivió después de engendrar a Jared 830 años, y engendró hijos e hijas. **17** Todos los años de Mahalaleel fueron 895, y murió.

18 Cuando Jared tenía 162 años, engendró a Enoc. **19** Jared vivió después de engendrar a Enoc 800 años,hijos e hijas. **20** Todos los años de Jared fueron 962, y murió.

21 Cuando Enoc tenía 65 años, engendró a Matusalén. **22** Enoc caminó con Dios 300 años después de engendrar a Matusalén, y engendró hijos e hijas. **23** Todos los años de Enoc fueron 365 años. **24** Caminó, pues, Enoc con Dios y desapareció, porque Dios lo llevó consigo.

25 Cuando Matusalén tenía 187 años, engendró a Lamec. **26** Matusalén vivió después de engendrar a Lamec 782 años, y engendró hijos e hijas. **27** Todos los años de Matusalén fueron 969, y murió.

28 Cuando Lamec tenía 182 años, engendró un hijo, **29** y llamó su nombre Noé* diciendo: "Este nos aliviará de nuestras obras y de la penosa labor de nuestras manos, a causa de la tierra que Jehovah maldijo." **30** Lamec vivió después de engendrar a Noé 595 años, y engendró hijos e hijas. **31** Todos los años de Lamec fueron 777, y murió.

32 Cuando Noé tenía 500 años, engendró a Sem, a Cam y a Jafet.

*5:29 Significa *aliviar* o *consolar.*

Matusalén

Matusalén (5:21-27). De acuerdo con esta genealogía fue el hombre que más años vivió. Hijo de Enoc y abuelo de Noé. El significado del nombre Matusalén aún es un enigma, sin duda la primera parte Matu significa "hombre"; la segunda parte plantea el dilema. Se ha sugerido: "hombre de la jabalina", "hombre del arma" y "hombre de lanza".

Es interesante que Enoc, el padre de Matusalén fue el hombre que vivió 365 años, mientras que el hijo vivió 969 años; sin embargo, sabemos muy poco de quien más vivió y mucho más y más significativo de quien vivió menos. Con una vida tan larga Matusalén pudo haber hecho una excelente influencia en la gente de su época, pero sin duda, no caminó con Dios como su padre Enoc. No es la cantidad de años que vivimos lo que cuenta, sino la calidad y el estilo de vida con los cuales vivimos cada uno de ellos.

Lamec

Lamec (5:25). Dos personas tuvieron este mismo nombre, pero ambas fueron muy diferentes. Lamec el descendiente de Caín deseaba la muerte de sus enemigos (4:23, 24). Lamec el hijo de Matusalén desea la salvación y el alivio, o por lo menos el descanso de sus trabajos por eso, al nacer su primer hijo, le da el nombre de Noé que sirve como un recurso para cultivar la esperanza del alivio del duro trabajo.

una cita de 1 Enoc 1:9, uno de los cinco libros seudoepígrafos (es decir, escritos posteriores pero atribuidos a un personaje autoritativo antiguo) atribuidos a Enoc. Ninguno de estos escritos que datan del siglo II a. de J.C. se aceptan como canónicos.

Algunos patriarcas presentan datos interesantes. Matusalén es el que vive más años, 969 en total. De acuerdo con la cronología bíblica, Matusalén muere en el año del diluvio. Otro patriarca que llama la atención es Lamec. Este llama a su hijo Noé, que quiere decir "alivio" o "consuelo", por su convicción de que en Noé encontrarán el alivio a la maldición de la tierra. El resultado de esa convicción hace que Lamec guíe a Noé a ser una persona justa en su generación. Con Noé termina la lista genealógica de los patriarcas antediluvianos.

(3) La corrupción de la humanidad, 6:1-8. En su avance cultural esta civilización aumenta su corrupción y desafío a Dios. La corrupción se describe como el intento de crear una raza superior y ganar fama y renombre extraordinarios en competencia con la divinidad. Esta raza se pretende lograr a través de matrimonios selectivos y mixtos entre dos grupos diferentes. Varias interpretaciones se han dado a estos matrimonios, pero lo breve del

Corrupción de la humanidad

6 Aconteció que cuando los hombres comenzaron a multiplicarse sobre la faz de la
tierra, les nacieron hijas. **2** Y viendo los hijos
de Dios que las hijas de los hombres eran be-
llas, tomaron para sí mujeres, escogiendo entre todas. **3** Entonces Jehovah dijo: "No con-
tenderá para siempre mi espíritu con el hombre, por cuanto él es carne,* y su vida será de
120 años."
4 En aquellos días había gigantes en la tierra,
y aun después, cuando se unieron los hijos de
Dios con las hijas de los hombres y les nacieron
hijos. Ellos eran los héroes que desde la antigüedad fueron hombres de renombre.
5 Jehovah vio que la maldad del hombre era
mucha en la tierra, y que toda tendencia de los
pensamientos de su corazón* era de continuo
sólo al mal. **6** Entonces Jehovah lamentó
haber hecho al hombre en la tierra, y le dolió
en su corazón. **7** Y dijo Jehovah: "Arrasaré de
la faz de la tierra los seres* que he creado, desde el hombre hasta el ganado, los reptiles y las
aves del cielo; porque lamento haberlos hecho." **8** Pero Noé halló gracia ante los ojos de
Jehovah.

*6:3 Es decir, mortal
*6:5 Otra trad., *mente*
*6:7 Lit., *hombres*

---

pasaje no permite sino apenas un intento de explicación. Lo cierto es que el pasaje ilustra cómo la creación toda —en su dimensión celestial y terrenal— se rebela contra los límites que Dios impuso a su creación. En 2 Pedro 2:4 y Judas 6 se mencionan que seres celestiales o angélicos dejan su lugar asignado en la creación en abierta rebeldía contra Dios. En el humano es el deseo de alguna forma de "ser como dioses" que a pesar de su consecuencia trágica no se anula en el hombre.

Estas uniones generan gigantes y hombres que ganan famas heroicas. Tal vez la mención de Nimrod ilustra la característica y logros de estos seres humanos que posibilitaron grandes avances de la civilización humana (Gén. 10:8-12). Los espías que fueron enviados a reconocer la tierra prometida para su conquista informan a Moisés que los descendientes de los gigantes habitaban parte de dicha tierra (Núm. 13:32, 33). Pero esta civilización en rebeldía contra Dios acrecienta también la maldad en el hombre, no solamente en sus acciones, sino también en sus intenciones y poder creativo.

Dios reacciona e interviene ante esta nueva rebeldía. Primero, reconoce la maldad en el corazón y la conducta violenta del hombre y no las aprueba. Segundo, acorta la vida del hombre intentando poner límite a dicha maldad. Tercero, se lamenta profundamente del camino que su creación ha tomado tan lejos de su propósito original. Aquí Dios expresa claramente que no es pasivo al pecado. Una vez más demuestra su misericordia y propósito redentor al hacerse responsable por la solución del pecado en el hombre

Sí, pero con cuidado

Dios nos ha autorizado a usar el sexo, la ambición y el buen nombre, pero como todas las cosas buenas si se usan mal traen consecuencias dolorosas. Este pasaje nos ilustra las consecuencias de usar mal el sexo, la ambición y el buen nombre.

1. El peligro de usar mal el sexo (6:4). La unión de los hijos de Dios con las hijas de los hombres es una relación que Dios siempre ha visto como inadecuada. Los resultados de esa relación son hijos que generalmente se mantienen alejados del Señor.

2. El peligro de confiar en los héroes y hombres de renombre (6:4). La ambición, la fama y el buen nombre son algo deseable, pero cuando se vive de esas cosas y para ellas se ha perdido la perspectiva correcta.

3. El peligro de desear lo que no se debe (6:5). Cuando toda la tendencia de los pensamientos del corazón es de continuo sólo el mal hay que saber que el corazón de Dios se duele y vendrá su juicio.

Preparativos para el arca

9 Esta es la historia de Noé: Noé era un hombre justo y cabal en su generación; Noé caminaba con Dios. 10 Noé engendró tres hijos: Sem, Cam y Jafet. 11 La tierra estaba corrompida delante de Dios; estaba llena de violencia. 12 Dios miró la tierra, y he aquí que estaba corrompida, porque toda carne* había corrompido su camino sobre la tierra.
13 Entonces Dios dijo a Noé: "He decidido el final de toda carne,* porque la tierra está llena de violencia por culpa de ellos. He aquí que los destruiré junto con la tierra. 14 Hazte un arca de madera de árbol conífero. Haz compartimentos al arca, y cúbrela con brea por dentro y por fuera. 15 Hazla de esta manera: de 300 codos* de largo, 50 codos* de ancho y 30 co-

*6:12, 13 Es decir, mortal
*6:15a Aprox. 135 m.
*6:15b Aprox. 22,5 m.

cargándolo en su corazón (Isa. 53: 6). Así decide terminar con esa corrupción acabando con la vida de todos los seres vivientes corruptos y preservando la vida de Noé el único justo en su generación.

5. El juicio de Dios sobre la humanidad, 6:9—7:24

Dios reacciona contra la humanidad corrupta ya que no ve en ella señal de cambio y decide que ya no existe beneficio alguno en que los seres vivientes continúen sobre la tierra. Pero en su juicio, Dios reconoce a Noé quien es el único justo en su gene-ración y permite que Noé y su familia sean salvos de la destrucción.

(1) Noé un hombre justo y cabal, 6:9-12. Noé resalta en su generación por su vida justa y de acuerdo con Dios. Los tres hijos de Noé se mencionan por nombre, pues a través de ellos la tierra es poblada nuevamente (9:18, 19). Dios hace un juicio de la humanidad y la encuentra corrupta, violenta y sin muestra de arrepentimiento. Aquí está la causa del juicio condenatorio de Dios a través del diluvio.

Noé fue la esperanza de su padre de que la tierra recibiera alivio. Pero Noé fue más que eso para Dios. Fue el objeto de su misericordia y la esperanza de una nueva humanidad, obediente al propósito divino. Tres cualidades espirituales y morales de Noé hacen contraste a la corrupción y violencia que predominan en su civilización: justo, cabal y caminaba con Dios. Esto significa que Noé se adecuaba a una vida modelada por los mandamientos de Dios. Además, a pesar de todas las corrupciones y violencias existentes, ningún mal se podía encontrar en él. Por último, al igual que Enoc, tenía una vida de obediencia incondicional a Dios (varias veces se repite las palabras: *Noé hizo conforme a todo lo que Dios le mandó*). Noé se convierte en el ejemplo de fe, paciencia y fidelidad a Dios en medio de una generación corrupta

¿Dios se arrepiente?

Jehovah lamentó haber hecho al hombre... y le dolió en su corazón (6:6). La traducción RVR-60: "Se arrepintió Jehová..." ha dado muchos problemas a algunos estudiantes de la Biblia ya que la palabra "arrepentirse" generalmente se asocia con el dolor o sufrimiento mental y emocional que viene a la persona al darse cuenta de que ha pecado o ha cometido una falta. Sin embargo debemos recordar:

1. Aquí tenemos el uso de un antropomorfismo (asignar una cualidad humana a Dios) para explicar un sentimiento o la emoción que sintió el Señor por causa del pecado.
2. La idea es comunicar el profundo dolor que Dios experimenta. RVA traduce bien al decir: lamentó.
3. El pasaje nos presenta a un Dios personal que participa y simpatiza con todo lo que le ocurre al hombre. Sin equívoco podemos decir que Dios sufre cuando el hombre sufre por causa del pecado.
4. Dios es señor y por lo tanto puede hacer como él desee con el hombre o con toda su creación.

dos* de alto. **16** Hazle una claraboya* y termínala a un codo* de la parte alta. La puerta del arca estará a uno de sus lados. Construye también un piso bajo, uno intermedio y uno superior. **17** Porque he aquí, yo voy a traer un diluvio de aguas sobre la tierra, para destruir toda carne en la cual hay aliento de vida debajo del cielo. Todo lo que hay en la tierra morirá. **18** Pero estableceré mi pacto contigo. Entraréis en el arca tú, tus hijos, tu mujer y las mujeres de tus hijos contigo. **19** De todo ser viviente, de toda carne, meterás en el arca dos de cada especie, para que sobrevivan contigo. Serán macho y hembra: **20** de las aves según su especie; del ganado según su especie; de todo animal que se desplaza en la tierra, según su especie. Dos de cada especie vendrán a ti para sobrevivir. **21** Toma contigo toda clase de alimentos para comer, y almacénalos para que te sirvan de comida a ti y a ellos."

22 Y Noé hizo conforme a todo lo que Dios le mandó; así lo hizo.

*6:15c Aprox. 13,5 m.
*6:16a Otra trad., *cubierta*
*6:16b Aprox. 45 cm.

(Heb. 11:7). Sin la vida santa de Noé, Dios no hubiera tenido una referencia y ejemplo convincentes para juzgar al mundo (2 Ped. 2:5).

(2) Noé se prepara para el juicio del diluvio, 6:13-22. En la preparación para el diluvio, primero, Dios comunica a Noé su sentencia de acabar con toda carne junto con la tierra a causa de su violencia. Luego Dios ordena a Noé que construya un arca de madera diseñada para flotar en el agua y albergar a los seres vivientes ordenados por Dios para sobrevivir la destrucción. Dios mismo da todas las especificaciones para el arca. Las medidas aproximadas del arca son: 135 m. de largo (eslo-

Semillero homilético

Noé, una nueva posibilidad

5:28—7:23; 9:18, 19

Introducción: Por la corrupción total de los hombres Dios trajo el diluvio como castigo. Noé, por su relación justa y cabal con Dios, fue preservado y usado como medio para ofrecer una nueva posibilidad a la humanidad. Noé ofreció una nueva posibilidad:

I. En su nacimiento (5:28-32).
1. La tierra estaba corrompida cuando nació Noé.
2. Lamec llama a su hijo Noé (alivio) en esperanza de un alivio del pecado y del penoso trabajo.

II. En su vida (6:9, 13, 22; 7:5, 16).
1. Noé reconoció que la mala relación con Dios era la causa de la corrupción y dolor de la humanidad.
2. Noé decidió tener una buena relación con Dios.
(1) Era justo, cabal y caminaba con Dios.
(2) Obedecía a Dios en todos los detalles.
3. Se preservó él y su familia de la corrupción.

III. En la salvación que Dios le dio (6:8; 7:1, 23; 9:18, 19)
1. Dios le concedió su gracia.
2. Dios le reconoció como justo.
3. Dios le protegió la vida y le dio salvación.
4. Noé inició una nueva humanidad.

Conclusión: Vivimos nuevamente en un mundo de corrupción y bajo el juicio de Dios. Los hombres necesitan conocer una nueva posibilidad para sus vidas. Como creyentes decidamos ser esa nueva posibilidad para el mundo viviendo conforme a la voluntad de Dios y testificando del evangelio de la salvación.

7 Entonces Jehovah dijo a Noé: "Entra en el
arca tú, y toda tu familia, porque he visto
que tú eres justo delante de mí en esta generación. 2 De todo animal limpio toma contigo siete parejas, el macho y su hembra; pero
de los animales que no son limpios sólo una
pareja, el macho y su hembra. 3 De las aves
del cielo toma también siete parejas, macho y
hembra, para preservar la especie sobre la faz
de la tierra. 4 Porque después de siete días yo
haré llover sobre la tierra durante cuarenta
días y cuarenta noches, y arrasaré de la faz de
la tierra todo ser viviente que he hecho."
5 Y Noé hizo conforme a todo lo que Jehovah
le mandó.

---

ra), 22,5 m. de ancho (manga) y 13,5 m. de alto (puntal). El espacio interno se distribuye en tres pisos y compartimientos; una claraboya o ventana marina en la parte alta y una sola puerta a un lado del arca. También los materiales a usarse fueron especificados incluyendo el uso de brea para la protección contra el agua y la humedad. El arca era en preparación al diluvio que Dios traería sobre la tierra para destruir toda vida.

Algunos intérpretes bíblicos afirman que la preparación del arca duró 120 años en referencia al límite de vida que Dios declara en 6:3. Sin embargo, las únicas fechas que el relato provee son el año 500 de la vida de Noé (5:32) y luego el diluvio en el año 600 de la vida de Noé (7:6). No se especifica cuándo Dios ordena a Noé a construir el arca.

Animales preservados de la destrucción

Por último, Dios comunica su decisión de establecer su pacto de preservación con Noé. El pacto consiste específicamente en que Noé, su esposa, sus tres hijos y las esposas de sus hijos entrarían en el arca para ser preservados del diluvio. Además, para la continuación de la vida sobre la tierra, Noé debe meter en el arca una pareja de todo animal para que también sobrevivan al diluvio. Así como el diluvio fue el instrumento de juicio, el arca fue el instrumento de salvación para Noé y su familia y de sobrevivencia para las especies vivientes (1 Ped. 3:20). Hasta este tiempo, las plantas servían de alimento para el hombre y los animales (Gén. 1:29, 30). Ello hacía posible la convivencia entre todos en el arca. Noé obedece a Dios en todo.

(3) Noé entra al arca, 7:1-10. Una vez terminada el arca, Dios ordena a Noé a entrar y así ser salvo de la destrucción. Dios muestra misericordia a Noé porque lo ve justo en su generación. Luego entran todos los animales —domésticos y silvestres— y las aves, un macho y una hembra de cada especie. Se especifica que de los animales limpios deben entrar siete pares cada uno previendo así para el sacrificio que Noé ofrecería a Dios y para servir de alimento después del diluvio. Levítico 11:1-47 da una lista de los animales considerados limpios e impuros. Dios ordena que Noé suba al arca con su familia y los

El diluvio

6 Noé tenía 600 años cuando vino el diluvio
de aguas sobre la tierra. **7** Noé entró en el arca, y con él sus hijos, su mujer y las mujeres
de sus hijos, por causa de las aguas del diluvio.
8 De los animales limpios y de los animales
no limpios, de las aves y de todo lo que se desplaza sobre la tierra, **9** de dos en dos entraron
en el arca con Noé, macho y hembra, como
Dios había mandado a Noé. **10** Y sucedió que
a los siete días vinieron sobre la tierra las
aguas del diluvio.
11 El día 17 del mes segundo del año 600 de
la vida de Noé, en este día fueron rotas todas
las fuentes del gran océano y fueron abiertas
las ventanas de los cielos. **12** Y hubo lluvia
sobre la tierra durante cuarenta días y cuarenta noches. **13** En este mismo día entraron en
el arca Noé, sus hijos Sem, Cam y Jafet, la
mujer de Noé y las tres mujeres de sus hijos
con ellos.* **14** Entraron ellos y todos los animales según su especie, todos los animales
domésticos según su especie, todos los animales que se desplazan sobre la tierra según
su especie, todas las aves según su especie, y
todo pájaro, todo lo que tiene alas. **15** Y vinieron al arca, a Noé, de dos en dos, de todos los
seres que respiran. **16** Vinieron macho y hembra de todo animal, como Dios le había mandado. Y Jehovah le cerró la puerta.

*7:13 Algunas vers. antiguas tienen *con él.*

animales, concediéndole siete días para completar todo el "embarque" de seres vivientes y alimentos.

(4) Dios trae el diluvio, 7:11- 24. Casi todas las civilizaciones han transmitido tradiciones que relatan la experiencia común de un diluvio. En la cultura mesopotámica se preservan relatos de un diluvio con bastantes detalles e informaciones. Las similaridades y/o diferencias en estas tradiciones atestiguan el recuerdo permanente por parte de la humanidad de una catástrofe que afectara a la población y la naturaleza. Además, se han encontrado sedimentos llamados aluviones en diferentes lugares geográficos que indican que alguna vez hubo inundaciones. El relato en Génesis es parte de la revelación bíblica y posee las explicaciones necesarias y autoritarias que son normativas en la relación Dios-hombre. De ahí afirma que el diluvio fue el instrumento de juicio de Dios contra la civilización corrupta y violenta. Los datos resaltantes del diluvio bíblico son los siguientes: Primero, las aguas separadas y contenidas en los actos creativos de Dios son liberadas e inundan la tierra. La creación vuelve a un estado de caos en donde no existen condiciones para la vida (Gén. 1:6-11). Segundo, la lluvia o la afluencia de agua tanto de arriba (encima de la bóveda) como la de abajo (las aguas que quedaron bajo la tierra) dura un período largo y suficiente como para cumplir su propósito. Las aguas llegan a cubrir aun las partes más elevadas de la tierra de tal manera que nada queda que pueda servir al hombre o al animal como medio de sobrevivencia. Todos los seres vivos enjuiciados por Dios (seres de respiración pulmonar; no se mencionan a los seres acuáticos) mueren por causa del diluvio. Tercero, Noé, su familia y los animales escogidos para la preservación de

Verdades prácticas

En Noé encontramos un ejemplo a seguir:

1. Noé caminó con Dios a pesar del ambiente pecaminoso que le rodeaba (6:8-12).
2. Noé fue obediente cuando se le asignó la difícil tarea de construir el arca (6:14-21; 7:5).
3. Noé fue recordado por Dios y librado de la muerte (8:1).
4. Noé por la fe trabajó por su salvación y la de su familia (Heb. 11:7).
5. Noé advirtió a sus vecinos acerca del peligro inminente (2 Ped. 2:5).
6. Noé construyó el primer altar para adorar a Dios (8:20).
7. Noé fue honrado por Dios con una bendición especial (8:15-19), y luego con un pacto extraordinario (8:20 a 9:17).

17 El diluvio duró cuarenta días sobre la
tierra. Las aguas crecieron y levantaron el
arca, y se elevó sobre la tierra. **18** Las aguas
crecieron y se incrementaron tanto sobre la
tierra que el arca flotaba sobre la superficie de
las aguas. **19** Las aguas subieron tanto sobre
la tierra que las montañas más altas debajo de
todos los cielos fueron cubiertas. **20** Las montañas fueron cubiertas, y las aguas crecieron
quince codos* por encima. **21** Y murió todo
ser que se desplaza sobre la tierra, tanto las
aves como el ganado, las fieras, los animales
que se desplazan sobre la tierra y todos los
hombres. **22** Murió todo cuanto tenía aliento
de vida* en sus narices, todo lo que había en la
tierra seca. **23** Así fue arrasado de la faz de la
tierra todo ser viviente. Fueron arrasados de
la tierra desde el hombre hasta el ganado, los
reptiles y las aves del cielo. Sólo quedaron Noé
y los que estaban con él en el arca. **24** Y las
aguas prevalecieron sobre la tierra durante
150 días.

*7:20 Aprox. 6,75 m.
*7:22 Lit., *aliento de espíritu de vida*

cada especie quedan a salvo dentro del arca la cual flota y se eleva sobre las aguas. La lluvia comienza después que todos hubieron entrado y después que Dios mismo cerrara la puerta del arca.

La memoria del diluvio ha permanecido en el pensamiento bíblico como advertencia de juicio destructivo para los impíos y de salvación para los justos (2 Ped. 2:5). El mismo Señor Jesús compara la venida del Hijo del Hombre con los días de Noé y el diluvio (Mat. 24:37-39).

6. La humanidad después del diluvio, 8:1—11:9

Esta unidad presenta la fidelidad de Dios para con su creación humana y para con la naturaleza (el mundo). Aunque la creación toda se había pervertido y desviado del propósito original, Dios permanece fiel en permitir al hombre continuar su vida en la tierra y a la naturaleza desarrollar su potencial. Al mismo tiempo muestra la continua pecaminosidad del hombre. Varias acciones de Dios ilustran la aplicación de esta fidelidad y varias acciones humanas demuestran su constante desafío a Dios.

Elementos únicos en el relato del diluvio

1. Solamente aquí (7:1-8:17) y en Exodo 2:3-5 se usa la palabra arca (tebah[8392]).
2. Solamente aquí (6:14) se usa la madera de un árbol conífero (quizá cedro o ciprés).
3. Solamente aquí se menciona la palabra claraboya (6:16). Otras traducciones también son interesantes: cubierta, tragaluz, y en 8:6 se traduce como ventana.
4. Solamente aquí (7:6, 7) se menciona la palabra diluvio y en el Salmo 29:10. La palabra describe las aguas que traen una fuerza capaz de destruirlo todo.
5. En este relato es la primera vez que Dios hace un pacto con el hombre (9:9-17). Dios toma la iniciativa y propone los elementos del pacto.

(1) La restauración de la tierra, 8:1-19. Dios se acuerda de Noé y de todos los que están en el arca y empieza a actuar para restaurar la tierra y proveer nuevamente el ambiente adecuado para la vida de los sobrevivientes al diluvio. Las acciones de Dios y las de Noé se realizan en complementación de fidelidad y espera paciente para llegar nuevamente a una restauración total.

Dios actúa para hacer desaparecer la masa de agua de sobre la tierra. A pesar que Dios reconoce la situación de los sobrevivientes en el arca, permite que a través de elementos de la naturaleza se restaure el medio ambiente, gradual y lentamente. El viento evapora el agua, el suelo lentamente absorbe y dispersa el agua, y el cierre de la fuentes de agua hace cesar toda lluvia. El arca se asienta y queda fijo en la región montañosa del Ararat, ubicada hoy día entre Rusia, Turquía e Irán y de elevada altura (5.000 m.). Casi tres meses después, las cumbres

Restauración de la tierra

8 Dios se acordó de Noé y de todos los animales y todo el ganado que estaban con él en el arca, e hizo soplar un viento sobre la tierra, y las aguas disminuyeron. **2** Fueron cerradas las fuentes del océano y las ventanas de los cielos, y se detuvo la lluvia de los cielos. **3** Las aguas decrecían gradualmente sobre la tierra, y después de 150 días las aguas habían menguado.

4 El día 17 del mes séptimo se asentó el arca sobre los montes de Ararat, **5** y las aguas siguieron decreciendo hasta el mes décimo. El primer día del mes décimo se hicieron visibles las cumbres de las montañas. **6** Y sucedió que cuarenta días después Noé abrió la ventana del arca que había hecho, **7** y envió un cuervo que iba y venía hasta que las aguas se secaron sobre la tierra. **8** También envió una paloma para ver si las aguas habían disminuido sobre la superficie de la tierra. **9** La paloma no halló donde asentar la planta de su pie y volvió a él, al arca, porque las aguas todavía cubrían la superficie de toda la tierra. Entonces él extendió su mano, la tomó y la hizo entrar consigo

---

de las montañas se hicieron visibles indicando con seguridad que las aguas iban decreciendo. Todas estas acciones demostraban la misericordia de Dios en proveer constantemente de esperanza cierta a Noé. Finalmente, cuando ya el ambiente estaba totalmente restaurado, Dios ordena a Noé que salga con todos los sobrevivientes para poblar nuevamente la tierra restaurada.

Por su parte Noé, con toda paciencia, espera y busca una y otra vez ingeniosamente señales que comprueban el avance de la restauración. Noé interpreta estas señales inteligentemente, pero nunca actúa de por sí, sino espera la indicación de Dios. Si en la preparación del arca Dios mostró mucha paciencia (I Ped. 3:20), Noé también ejercita mucha paciencia esperando la restauración. Según la cronología bíblica, Noé con todos los sobrevivientes estuvieron en el arca exactamente un año y 10 días. A pesar de que Noé por sus propios medios comprueba que la superficie de la tierra estaba seca, sale del arca sólo después de que Dios así le ordena, siguien-

El símbolo de la paz

La paloma volvió a él al atardecer, y he aquí que traía una hoja verde de olivo en el pico (8:11).

1. La paloma, por su limpieza es un animal apto para los sacrificios. En la Biblia se usa a la paloma como símbolo de sencillez (Mat. 10:16); como símbolo de Israel (Ose. 7:11); y cómo símbolo del Espíritu Santo (Mat. 3:16). En todos los casos es portadora de buenas nuevas. Dios usa a los sencillos y los llena con su Espíritu Santo (con paz) para comunicar a otros el evangelio de la paz (Hech. 10:36; Ef. 2:17).

2. He aquí, el anuncio de un nuevo comienzo. La paz trae esperanza de un nuevo día, de una nueva oportunidad. En este caso anuncia que Dios ha hecho la paz con la humanidad y que la vida está brotando donde solamente había muerte.

3. Una hoja verde, significa una hoja tierna, recién cortada de la planta, como también recién cortada de la rama. Es un símbolo de que la tierra y la flora está preparándose para recibir a sus invitados especiales: Noé, su familia, las aves, el ganado y los reptiles.

4. De olivo. El olivo es una planta que crece lentamente, pero que dura por siglos. Se cree que algunos de los olivos en las faldas del monte de los Olivos son de la época del NT. El cultivo y procesamiento del aceite tenía muchos usos y por eso llegó a ser una de las principales y redituables industrias en Israel. En Jueces 9:8 se le llama para que sea el rey de los árboles.

Un fenómeno curioso e interesante en el cultivo del olivo es el injerto. Hay olivos silvestres que son de poco valor, pero la rama de un olivo bueno se puede injertar en el tronco de uno silvestre y producir fruto bueno. En Romanos 11:24 el apóstol Pablo ilustra una verdad teológica aplicando el orden inverso de esta costumbre en la horticultura.

en el arca.
10 Esperó aún otros siete días y volvió a
enviar la paloma fuera del arca. 11 La paloma
volvió a él al atardecer, y he aquí que traía una
hoja verde de olivo en el pico. Así entendió
Noé que las aguas habían disminuido sobre la
tierra. 12 Esperó aún otros siete días y envió
la paloma, la cual no volvió más a él. 13 Y
sucedió que el primer día del mes primero del
año 601 de Noé se secaron las aguas sobre la
tierra. Noé quitó la cubierta del arca y miró, y
he aquí que la superficie de la tierra estaba
seca.
14 El día 27 del mes segundo quedó seca la
tierra. 15 Entonces dijo Dios a Noé: 16 "Sal
del arca tú, tu mujer, tus hijos y las mujeres
de tus hijos contigo. 17 Saca todos los animales de toda clase que están contigo: las aves, el
ganado y los reptiles que se desplazan sobre la
tierra. Que se esparzan por la tierra, que sean
fecundos y que se multipliquen sobre la tierra."
18 Entonces salieron del arca Noé, sus hijos,
su mujer y las mujeres de sus hijos con él,
19 y todos los animales, todos los reptiles,
todas las aves y todo lo que se desplaza sobre
la tierra, según sus familias.

do exactamente las indicaciones recibidas. Aquí vemos cómo Dios demuestra toda su fidelidad, su misericordia y su poder redentor. Y cómo Noé responde con paciencia, lealtad y obediencia al propósito redentor de Dios. Vemos también cómo intervenciones divinas, respuestas humanas y fenómenos de la naturaleza se combinan perfectamente para el logro de un mismo propósito.

(2) El pacto de Dios con Noé y la creación, 8:20—9:17. Noé, al salir del arca, lo primero que hace es reconocer el favor de Dios construyendo un altar y ofreciendo *holocaustos* (v. 20). El holocausto es la ofrenda totalmente dedicada a Dios. Lo que se ofrece, se pone en el altar y se quema en su totalidad convirtiéndolo en humo que sube a la presencia de Dios. Esta ofrenda indica reconocimiento del favor de Dios y dedicación total a Dios (Lev. 1:1-17). Noé escoge de los animales y aves considerados propios para esta ofrenda sin hacer peligrar sus especies porque había llevado siete parejas de cada uno de ellos.

Dios acepta con agrado la ofrenda de Noé y decide hacer un pacto de nueva relación con la creación y particularmente con el hombre. Al reconocer que *el instinto del corazón del hombre es malo desde su juventud* (v. 21, el diluvio no cambió al hombre), Dios decide aceptar así al hombre y no renunciar a su propósito de

Semillero homilético

El Dios de toda gracia

8:21

Introducción: A veces miramos las acciones de Dios, como el diluvio, como un castigo. Pero, realmente, Dios es un Dios de toda gracia. El pacto de Dios después del diluvio nos confirma la gracia de Dios. Su gracia se manifiesta en que él:

I. Reconoce la pecaminosidad del hombre.
   1. Dios vio que el diluvio no cambió el corazón del hombre.
   2. Dios decide él mismo no actuar sólo en respuesta a la pecaminosidad del hombre.

II. Se compromete por sí mismo con el hombre.
   1. No desiste de relacionarse con el hombre pecador.
   2. Dios establece un pacto, una nueva manera de relacionarse con el hombre.

III. Concede una señal confirmando su pacto.
   1. La señal recordará a Dios el pacto y lo hará actuar en su gracia.
   2. La señal dará esperanza y seguridad al hombre.

Conclusión: La gracia y no el castigo es la base de la relación de Dios con el hombre. No desechemos esa gracia que fue manifestada en toda su plenitud en Jesucristo (Juan 1:17).

Pacto de Dios con Noé

20 Entonces edificó Noé un altar a Jehovah,
y tomando de todo cuadrúpedo limpio y de
toda ave limpia, ofreció holocaustos sobre el
altar.
21 Jehovah percibió el grato olor, y dijo
Jehovah en su corazón: "No volveré jamás a
maldecir la tierra por causa del hombre,
porque el instinto del corazón del hombre es
malo desde su juventud. Tampoco volveré a
destruir todo ser viviente, como he hecho.
22 Mientras exista la tierra, no cesarán la
siembra y la siega, el frío y el calor, el verano y
el invierno, el día y la noche."
9 Entonces Dios bendijo a Noé y a sus hijos,
y les dijo: "Sed fecundos, multiplicaos y
llenad la tierra. 2 El temor y el miedo de
vosotros estará en todos los animales de la tierra, en todas las aves del cielo, en todo lo que
se desplaza en la tierra y en todos los peces del
mar. En vuestras manos son entregados. 3 Todo lo que se desplaza y vive os servirá de alimento. Del mismo modo que las plantas, os lo

---

relación con él. Dios expresa dos decisiones importantes en cuanto a su relación con la naturaleza y el hombre: Primera, no volver *jamás a maldecir la tierra por causa del hombre* (v. 21a). Dios concede así el deseo de Lamec expresado en el nacimiento de Noé. Y la segunda decisión es la de no *destruir todo ser viviente* (v. 21b) con una catástrofe cósmica universal. Los ciclos y fenómenos de la naturaleza que permiten el desarrollo de la vida son restaurados en forma continua y permanente para toda la humanidad (Hech. 14:16, 17) asegurando estabilidad y sustento.

Desde ese momento Dios ha de actuar ante la maldad del hombre con fidelidad a su propósito original. La continuación de la relación Dios-hombre depende fundamentalmente de la fidelidad de Dios traducida consistentemente en amor y redención hacia el hombre. Aun en momentos donde la justicia de Dios actúa ante la inmensidad de la maldad humana, es la fidelidad de Dios la que gobierna su acción (Sal. 103:10-14; Lam. 3:22; Mat. 5:45b). La prueba mayor de esta fidelidad de Dios es Jesucristo en su encarnación y muerte expiatoria (Juan 3:16; Rom. 5:8) y en la promesa de su Segunda Venida (Apoc. 21:1-7).

Dios expresa inmediatamente esta fidelidad a Noé en términos de un pacto (el Pacto Noético o Noénico)) con varios elementos agregados al pacto ya iniciado (Gén. 6:18). Primero, Dios restaura al hombre a su propósito original de procreación, ocupación del medio ambiente y ejercicio de dominio sobre los otros seres vivientes. El hombre conserva la imagen de Dios por lo cual su vida debe ser respetada. Dios establece la pena de muerte para el homicida y la ejecución está a cargo del mismo hombre. Esta medida afirma la santidad de la vida y es preventiva para reducir y evitar la violencia destructiva innata en el hombre. Segundo, tanto las plantas como los animales servirán de ali-

El arco iris

Yo pongo mi arco (9:2). El arco iris, un fenómeno físico al cual Dios le asigna un significado: la misericordia constante y segura del Señor.

El respeto a la vida
9:3-6

El mensaje de este relato es un llamado a respetar la vida:

1. No se debe comer un animal que aún esté con vida (en la interpretación hebrea la vida estaba en la sangre, Lev. 17:11). Esta medida protege al animal del sufrimiento.
2. Dios pedirá cuentas por la vida del hombre (9:5). Toda vida pertenece a Dios y debe ser respetada y cuidada.

Joya bíblica

Jehovah percibió el grato olor, y dijo Jehovah en su corazón: No volveré jamás a maldecir la tierra por causa del hombre, porque el instinto del corazón del hombre es malo desde su juventud.

doy todo. **4** Pero no comeréis carne con su vida, es decir, su sangre. **5** Porque ciertamente por vuestra propia sangre pediré cuentas. Pediré cuentas a todo animal y al hombre. Yo pediré cuentas a cada uno* por la vida del hombre. **6** El que derrame sangre de hombre, su sangre será derramada por hombre; porque a imagen de Dios él hizo al hombre. **7** Sed vosotros fecundos y multiplicaos. Reproducíos en la tierra y multiplicaos en ella."

8 Entonces Dios habló a Noé y a sus hijos conél, diciendo: **9** "He aquí que yo establezco mi pacto con vosotros, con vuestros descendientes después de vosotros **10** y con todo ser viviente que está con vosotros: aves, ganado y todos los animales de la tierra que están con vosotros; todos los que salieron del arca, todos los animales de la tierra. **11** Yo establezco mi pacto con vosotros: Ninguna carne volverá a ser exterminada jamás por las aguas del diluvio, ni habrá otra vez diluvio para destruir la tierra."

12 Y dijo Dios: "Esta será la señal del pacto que establezco entre yo y vosotros, y todo ser viviente que está con vosotros, por generaciones, para siempre: **13** Yo pongo mi arco en las nubes como señal del pacto que hago entre yo y la tierra. **14** Y sucederá que cuando yo haga aparecer nubes sobre la tierra, entonces el arco se dejará ver en las nubes. **15** Me acordaré de mi pacto que existe entre yo y vosotros, y todo ser viviente de toda clase, y las

*9:5 Lit., *al hombre y a su hermano*

mentos al hombre. La alimentación animal fue una necesidad al término del diluvio por la recuperación lenta del reino vegetal. Pero aun así la vida del animal, expresada esencialmente en su sangre, debe ser respetada y no consumida. Se da por sentado que el consumo de carne es de los animales considerados limpios cuya sobrevivencia en cantidad fue prevista (Gén. 7:2, 3). La relación hombre-animal cambia radicalmente. La base de esta nueva relación es el temor. Ahora ya no existe una armonía y convivencia pacífica. Tercero, Dios otorga a Noé, sus descendientes y todo ser vivo una señal visible y recordatoria que garantiza el cumplimiento de su pacto de no volver a exterminar la vida en su totalidad. Esta señal es el colorido arco iris que es la refracción y reflexión de los rayos de luz solar en las nubes y que aparece en la atmósfera. Al restaurarse la tierra, la lluvia —y los fenómenos que la acompañan— que no existía antes, se regulariza para hacer posible la vegetación y el sustento continuo del hombre y los animales. Pero al mismo tiempo representa una amenaza constante que atemoriza a todo ser viviente. El arco iris es la garantía al hombre postdiluviano que "esta lluvia no es otro diluvio". Además, la palabra *arco* 7198 (v. 13) significa también el arco usado por el guerrero. Dios indica con el arco iris que él cuelga "su arma" para no destruir más.

Este acto de misericordia de Dios es amplificado en la invitación de Jesús quien ofrece el verdadero descanso para aquel que se siente inseguro y cargado de ansiedades y preocupaciones (Mat. 11:28-30).

Verdades prácticas

Dios actúa en la historia. Por ello,

1. Dios decide destruir a la humanidad y a los animales (6:11-13).
2. Dios ordena la construcción del arca (6:14-22).
3. Dios ordena entrar al arca (7:1-9).
4. Dios ordena el diluvio (7:10-16)
5. Dios ordena la altura de las aguas (7:17-24).
6. Dios ordena que las aguas bajen de nivel (8:1-5).
7. Dios ordena que la tierra se seque (8:6-14).
8. Dios ordena la salida del arca (8:15-19).
9. Dios acepta el sacrificio de Noé (8:20-21a).
10. Dios decide no volver a destruir la tierra con agua (8:21b).
11. Dios bendice a Noé y a sus hijos (9:1-7).
12. Dios hace un pacto con la humanidad (9:8-17).

aguas no serán más un diluvio para destruir toda carne. **16** Cuando el arco aparezca en las nubes, yo lo veré para acordarme del pacto perpetuo entre Dios y todo ser viviente de toda clase que está sobre la tierra."

17 Entonces Dios dijo a Noé: "Esta será la señal del pacto que establezco entre yo y toda carne que está sobre la tierra."

Profecías de Noé acerca de sus hijos

18 Los hijos de Noé que salieron del arca fueron: Sem, Cam y Jafet. Cam fue el padre de Canaán. **19** Estos tres fueron los hijos de Noé, y a partir de ellos fue poblada toda la tierra.

Dios repite su compromiso
9:12-17

Dios toma la iniciativa de hacer un pacto para garantizar que los seres vivientes no volverá a ser destruidos por un diluvio (v. 15). En este pasaje Dios repite su compromiso cinco veces:

1. *La señal del pacto que establezco entre yo y vosotros y todo ser viviente que está con vosotros* (v. 12).
2. *Yo pongo mi arco... como señal del pacto que hago entre yo y la tierra* (v. 13).
3. *Me acordaré de mi pacto...* (v. 15).
4. *Yo lo veré para acordarme del pacto perpetuo entre Dios y todo ser viviente* (v.16).
5. *La señal del pacto que establezco entre yo y toda carne* (v. 17).

Podemos estar seguros que cuando Dios dice algo él no va a olvidarlo y con toda certeza va a cumplir con su palabra.

(3) La vida familiar de Noé, 9:18-29. Esta sección nos muestra el progreso de la civilización y la continua pecaminosidad del hombre en tres incidentes conectados uno con el otro. El primero nos ilustra el inicio de la industrialización de un producto agrícola. Noé se dedica a la agricultura y con el correr del tiempo descubre el proceso de fermentación para producir vino del producto de la viña. El cultivo de la vid y la producción de vino han sido actividades importantes en la cultura bíblica. El segundo incidente nos ilustra el efecto del abuso del nuevo producto que expone al hombre a otros actos indignos. El consumo excesivo de vino embriaga a Noé y lo expone indecentemente. Cam, uno de sus hijos, aprovechando la condición vulnerable de su padre, comete un acto de deshonra de mucha gravedad en la relación hijo-padre. Los otros dos hijos mantienen respeto y decencia y tratan con dignidad al padre. El tercer incidente nos demuestra la fuerza permanente de la bendición y maldición del padre en un sistema patriarcal y como el pecado de un individuo tiene consecuencia en sus descendientes. Noé, al enterarse de lo acontecido, maldice a Canaán, hijo de Cam, por la acción ofensiva de éste, profetizando que la descendencia de Canaán sería esclava de los descendientes de Sem y Jafet. Esta maldición a Canaán no debe entenderse como un prejuicio o discrimi-

Uso y abuso

Noé... plantó una viña (9:20). El AT presenta el fruto de la vid como un símbolo de alegría, la vida abundante y la prosperidad (Sal. 80:8-16; Isa. 5:1-7; Zac. 8:12), pero también reconoce los efectos que puede causar el abuso del fruto de la viña (Prov. 23:31-35). En la experiencia de Noé, al igual que miles de seres humanos, el uso excesivo del vino ha traído trágicas consecuencias.

El pecado de Cam

Cam... vio la desnudez de su padre y lo contó a sus dos hermanos (9:22). Aunque ver al padre desnudo se consideraba una falta, el hecho bien pudo ser involuntario. Lo grave fue no haber cubierto a su padre, sino salir y divulgar el hecho. Al hacerlo así Cam daña la reputación de su padre. La Biblia afirma que hay promesa en el mandamiento de honrar al padre o a la madre (Exo. 20:12). A veces los padres cometen errores graves que los hijos deben aprender a comprender y hacer un esfuerzo para ayudar a sus padres a corregirse y no salir a la calle a divulgar lo que saben.

20 Entonces Noé comenzó a cultivar la tierra* y plantó una viña. **21** Y bebiendo el vino, se embriagó y quedó desnudo en medio de su tienda. **22** Cam, el padre de Canaán, vio la desnudez de su padre y lo contó a sus dos hermanos que estaban fuera. **23** Entonces Sem y Jafet tomaron un manto, lo pusieron sobre sus propios hombros, y yendo hacia atrás, cubrieron la desnudez de su padre. Como tenían vuelta la cara, ellos no vieron la desnudez de su padre.

24 Cuando Noé se despertó de su embriaguez* y se enteró de lo que le había hecho su hijo menor, **25** dijo: "Maldito sea Canaán. Sea el siervo de los siervos de sus hermanos."

26 Dijo además: "Bendito sea Jehovah, el Dios de Sem, y sea Canaán su siervo. **27** Engrandezca Dios a Jafet y habite en las tiendas de Sem, y sea Canaán su siervo."

28 Noé vivió después del diluvio 350 años.
29 Todos los años de Noé fueron 950, y murió.

*9:20 Lit., *comenzó a ser hombre de la tierra*
*9:24 Lit., *de su vino*

---

nación étnica o racial. Debe entenderse como la consecuencia de un sistema de valores que no honra la dignidad generacional y que institucionaliza el desenfreno sexual. Más tarde en la cultura cananita (los descendientes de Canaán) se practica el culto a la fertilidad donde los hijos eran sacrificados y donde a través de actos de desenfreno sexual se pretendía adorar a la divinidad. Al mismo tiempo, los ancianos eran abandonados a su suerte por ser

La maldición sobre Cam

Sea el siervo de los siervos de sus hermanos (9:25). La maldición que Noé expresa sobre Canaán, el hijo de Cam, es la triste verdad de que muchos hombres llegan a ser o son hechos siervos de siervos de otros hombres. La esclavitud y la explotación del hombre por el hombre es un tema contra el cual toda la Biblia se rebela severamente. Dios mismo da leyes a la nación hebrea que recién nacía para hacer más suave y hasta eliminar la carga del esclavo y por fin concederle la libertad total (Exo. 21:2-32; Lev. 25:39).

Bendición a Jehovah

Bendito sea Jehovah, el Dios de Sem (9:26). Esta es la traducción de RVA mientras que la RVR-60 dice: Bendito por Jehová mi Dios sea Sem. El cambio en la traducción es importante, pues en el caso de RVR-60, Noé bendice a Sem, en tanto que en RVA, Noé bendice al Señor quien ha guiado a Sem a honrar a su padre a pesar de su borrachera y desnudez.

improductivos y carga económica a la generación siguiente.

Nuestra cultura latinoamericana está plagada con estos mismos problemas: el uso abusivo de las bebidas y drogas intoxicantes y el desenfreno sexual. Tales abusos son estimulados constantemente por los medios de comunicación social porque producen rentabilidad comercial a ciertos sectores. Por estos abusos el individuo y la familia se destruyen y la nación se corrompe. Esta es la maldición de Canaán que ha sobrevivido hasta nuestros días. El apóstol Pablo ofrece la alternativa de escape a esta sociedad corrupta cuando declara que el creyente en Cristo debe substituir la embriaguez de bebidas intoxicantes por una vida llena del Espíritu Santo, que conduce a relaciones correctas en las expresiones sexual, familiar y social (Ef. 4:18-6:4).

(4) El desarrollo de naciones e imperios, 10:1-32. Esta sección nos presenta el desarrollo poblacional y el avance político de la civilización manifestada en la creación de naciones, centros urbanos e imperios relacionados unos con otros. En este desarrollo encontramos varias afirmaciones bíblicas: Primera, las naciones e imperios que nos presenta proceden de Noé y sus tres hijos. Ellos, cumpliendo el mandato de Dios, pueblan la tierra nuevamente esparciéndose y organizándose en familias y naciones. Los descendientes y naciones son presentados en tres grupos

Las naciones después del diluvio

10 Estos son los descendientes* de los
hijos de Noé: Sem, Cam y Jafet, a
quienes les nacieron hijos después del diluvio:
2 Los hijos de Jafet fueron: Gomer, Magog,
Madai, Javán, Tubal, Mesec y Tiras. **3** Los
hijos de Gomer fueron: Asquenaz, Rifat y
Togarma. **4** Los hijos de Javán fueron: Elisa,
Tarsis, Quitim y Rodanim.* **5** A partir de éstos
fueron pobladas las costas de las naciones,
según sus territorios, cada una según su idioma, conforme a sus familias en sus naciones.
6 Los hijos de Cam fueron: Cus, Mizraim,
Fut y Canaán. **7** Los hijos de Cus fueron: Seba, Havila, Sabta, Raama y Sabteca. Los hijos
de Raama fueron Seba y Dedán. **8** Cus engendró a Nimrod, quien comenzó a ser poderoso
en la tierra. **9** El fue un vigoroso cazador delante de Jehovah, por lo cual se suele decir:
"Como Nimrod, el vigoroso cazador delante de
Jehovah." **10** Al principio, su reino abarcaba
Babel, Erec, Acad y Calne, en la tierra de Sinar. **11** De aquella tierra salió para Asiria
y edificó Nínive, Ciudad Rejobot, Cálaj **12** y
Resén, entre Nínive y Cálaj. Esta es una gran

*10:1 Otra trad., *Esta es la historia*
*10:4 Según Pent. Sam., algunos mss. más y LXX; comp. 1 Crón. 1:7; TM, *Dodanim;* se identifica con *Rodas.*

correspondientes a los tres hijos de Noé: Jafet, Cam y Sem. La presentación no es otal sino selectiva porque se considera desde el interés de Israel como nación. Por ello sigue un orden de conexiones políticas con la descendencia de Sem, cuya continuidad sigue la revelación bíblica. En la presentación de Sem ya se lo identifica como el padre o antepasado de Heber. Y este Heber es quien dará la identidad étnica a Abraham y a sus descendientes como "hebreos".

Segunda, aparecen los primeros imperios y centros urbanos que influyen y dominan el resto de la civilización. Estos imperios son logros de hombres prominentes, como el caso de Nimrod, y por lo general formados por expansión de población, alianzas con otros grupos y guerras opresivas de conquistas.

Tercera, nos presenta el área geográfica de esta civilización y las asignaciones territoriales en un periodo específico de su desarrollo. Esta área abarca al norte, el mar Negro; al sur, el desierto de Nubia, norte de Sudán (Africa); al este, la región de Irán; y al oeste, el mar Mediterráneo, incluyendo todos los territorios litorales a

El número siete

Los hijos de... fueron (10:2). En una lectura rápida del cap. 10 llama la atención el uso que el autor hace del número siete y del número setenta. Veamos unos casos:

1. Los hijos de Jafet son siete (10:2), y sus nietos también son siete.
2. Sumando los hijos y nietos de Cus, el hijo de Cam, son siete en total (sin contar a Nimrod). Mizraim, otro de los hijos de Cam, también tiene siete hijos.
3. El total de los pueblos mencionados es de setenta (7 x 10).

El número siete en la numerología hebrea tiene el significado de lo completo; el número diez también habla de lo que está cabal y setenta se refiere a la totalidad de la humanidad. Otros usos del número setenta en la Biblia nos enseñan que es un recurso literario para referirse a toda la humanidad más que a una cantidad específica.

Estos son unos ejemplos del número como recurso literario: Génesis 46:27; Exodo 1:5; Deuteronomio 10:22, nos dicen que 70 fueron los hijos de Jacob que entraron en Egipto. Exodo 24:1-9, Números 11:24, 25 menciona a los 70 ancianos de Israel. Salmo 90:10 dice que los días de nuestra vida son 70. Jeremías 25:11; Daniel 9:2 y Zacarías 1:12, hablan de los 70 años de la cautividad en Babilonia. Lucas 10:1, 17 nos relata que Jesús designó a 70 a los cuales envió de dos en dos.

ciudad. **13** Mizraim engendró a los ludeos, a los anameos, a los lehabitas, a los naftujitas, **14** a los patruseos, a los caslujitas (de los cuales salieron los filisteos) y a los caftoreos. **15** Canaán engendró a Sidón su primogénito y a Het, **16** al jebuseo, al amorreo, al gergeseo, **17** al heveo, al araqueo, al sineo, **18** al arvadeo, al zemareo y al hamateo. Después se dispersaron los clanes de los cananeos. **19** La frontera de los cananeos abarcaba desde Sidón hasta Gaza en dirección de Gerar; seguía en dirección de Sodoma, Gomorra, Adma y Zeboím, y continuaba hasta Lasa. **20** Tales son los hijos de Cam, según sus familias, según sus idiomas, en sus territorios y en sus naciones.

21 También le nacieron hijos a Sem, padre de todos los hijos de Heber y hermano mayor de Jafet. **22** Los hijos de Sem fueron: Elam, Asur, Arfaxad, Lud y Aram. **23** Los hijos de Aram fueron: Uz, Hul, Geter y Mas.* **24** Arfaxad engendró a Sélaj, y Sélaj engendró a Heber. **25** A Heber le nacieron dos hijos: El nombre del primero fue Peleg,* porque en sus días fue dividida la tierra. El nombre de su hermano fue Joctán. **26** Joctán engendró a Almodad, a Selef, a Hazar-mávet, a Jéraj, **27** aAdoram, a Uzal, a Dicla, **28** a Obal, a Abimael, a Seba, **29** a Ofir, a Havila y a Jobab. Todos éstos fueron hijos de Joctán. **30** El área que habitaron abarcó desde Mesa hasta las inme-

*10:23 LXX tiene *Mesec*; comp. 1 Crón. 1:17.
*10:25 Significa *división*.

dicho mar. Con ello se indica a grupos étnicos con identidad cultural y organización política que incluía posesión territorial y soberanía gubernamental. Las asignaciones territoriales, tan conflictivas hasta nuestros días, por un lado reflejan la voluntad y el permiso de Dios de ocupar los espacios geográficos (1:28; 9:1). Pero por el otro lado, son resultados de decisiones y logros humanos, no siempre jus-

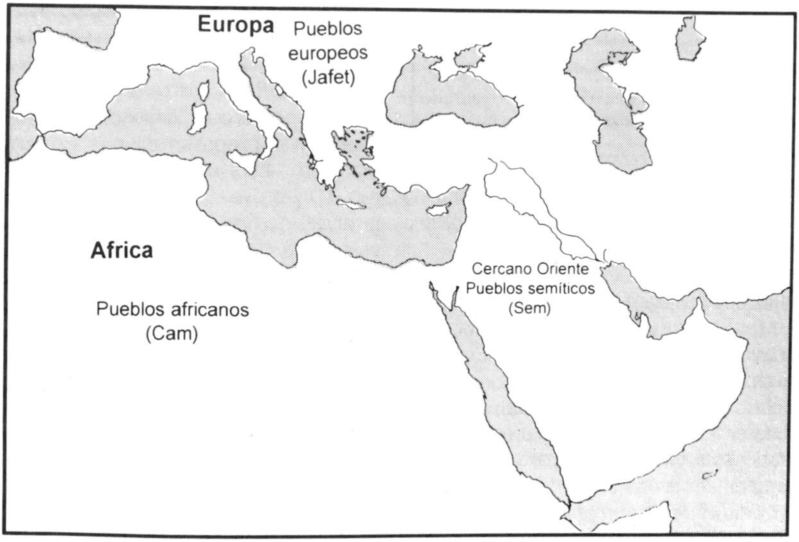

Mapa de los descendientes de Noé

diaciones de Sefar, en la región montañosa al
oriente. **31** Estos fueron los hijos de Sem según sus familias, según sus idiomas, en sus
territorios y en sus naciones.
32 Estas fueron las familias de los hijos de
Noé, según sus descendientes y sus naciones.
De éstos proceden las naciones de la tierra,
después del diluvio.

La torre de Babel

11 Toda la tierra tenía un solo idioma y las
mismas palabras. **2** Pero aconteció que
al emigrar del oriente, encontraron una llanura en la tierra de Sinar* y se establecieron allí.
3 Entonces se dijeron unos a otros: "Venid,
hagamos adobes y quemémoslos con fuego."

*11:2 Región de Mesopotamia donde estaba Babilonia

Genealogías

Estos son los descendientes de... (10:1). Es una frase que aparece constantemente en la narración para demostrar ciertos momentos importantes. Este arreglo de las "genealogías" fueron la artesanía del autor del libro de Génesis para trazar la línea del origen de la nación hebrea. Observemos:

1. 4:20-22, presenta la descendencia de Caín mencionando a sus tres hijos: Jabal, Jubal y Tubal-caín.

2. 10:1, presenta los descendientes de Noé mencionando a sus tres hijos: Sem, Cam y Jafet.

3. 11:27, presenta los descendientes de Taré mencionando a sus tres hijos: Abram, Nacor y Harán.

De una manera evangélica podemos decir que este arreglo señala hacia lo concreto del plan de salvación que Dios había pensado desde antes de la fundación del mundo.

---

tos ni armoniosos, sino para ejercer poder, satisfacer ambiciones y ganar fama y grandeza (vv. 8-12).

Cuarta, nos presenta a la humanidad como una civilización compacta en unidad e interdependencia. Esta civilización todavía es responsable ante el Creador (Hech. 17:26, 27). Dios permite que los pueblos se organicen, produzcan lo apropiado en cada territorio y que establezcan relaciones e intercambios para una mutua complementación. La unidad debe estar centrada en la responsabilidad común ante el Creador y en expresar el propósito divino a través de las manifestaciones culturales propias a cada grupo. Muy pronto, sin embargo, estas relaciones mutuas se quebrantan por la pecaminosidad del hombre quien se alza en desafío a Dios. Las naciones quedan bajo la influencia del maligno (Luc. 4:7) y rechazan el propósito redentor de Dios. Los profetas expresaban continuamente la esperanza de un mundo con naciones en paz y armonía (Isa. 2:1-5). El Señor Jesucristo compromete a su iglesia la predicación del evangelio a todas las naciones con el propósito de ejercer su reino sobre ellas (Mat. 28:19, Hech. 1:8). Y es en la venida del Reino de Dios cuando todas las naciones y reinos formarán nuevamente una unidad al reconocer y adorar al Señor Dios Todopoderoso y al Cordero (Apoc. 21: 22-26).

(5) La confusión y dispersión de la humanidad, 11:1-9. La construcción de la torre de Babel ilustra el rechazo continuo del hombre de depender de Dios y obedecer el propósito divino para la humanidad. Esta sección complementa al cap. 10 y provee la explicación adecuada a la diversidad de lenguas y naciones y al estado de confusión y desunión en que vive la humanidad.

La actitud desafiante de la humanidad se ve a través de las siguientes acciones: Las naciones del mundo en su unidad y relación mutua deciden cooperar en un pro-

---

División de naciones

En 10:5, 20, 31 se nos cuenta cómo la humanidad se integra según la geografía, idioma, raza y organización política. Cada una de las clasificaciones no es pura, sin embargo la más fácil de establecer es la división política (naciones).

Así empezaron a usar ladrillo en lugar de piedra, y brea en lugar de mortero. **4** Y dijeron: "Venid, edifiquémonos una ciudad y una torre cuya cúspide llegue al cielo. Hagámonos un nombre, no sea que nos dispersemos sobre la faz de toda la tierra."

5 Jehovah descendió para ver la ciudad y la torre que edificaban los hombres.* **6** Entonces dijo Jehovah: "He aquí que este pueblo está unido, y todos hablan el mismo idioma. Esto es lo que han comenzado a hacer, y ahora nada les impedirá hacer lo que se proponen.

*11:5 Lit., *los hijos del hombre* (o *de Adán*)

---

yecto de afirmar su grandeza y evitar ser esparcidos perdiendo así poder. Este proyecto se concreta en la construcción de una ciudad central y permanente con una torre. Para lograr estas construcciones se establecen en Sinar, lugar de Mesopotamia, rico en recursos naturales y concentran allí el uso de todo el avance tecnológico alcanzado. Este avance les permite transformar la materia bruta de la tierra en productos más duraderos y de fácil utilización. La ciudad se identifica como Babel o Babilonia, que luego es mencionada repetidamente en la Biblia. Situada sobre el río Eufrates, en territorio que hoy pertenece a Iraq, llega a ser una de las ciudades más avanzadas culturalmente y la capital del poderoso imperio caldeo. La torre referida sugiere algo similar a lo que se conoce como *zigurat*. Esta torre, según datos arqueológicos, era una construcción de seis bloques cuadrados enormes en forma de gradas puestos uno encima del otro. Los caldeos usaron luego como lugar de adoración a su dios, construyendo un templo en la cima, con la creencia de

La región de Babel, foto por Fon Scofield

7 Vamos, pues, descendamos y confundamos allí su lenguaje, para que nadie entienda lo que dice su compañero."
8 Así los dispersó Jehovah de allí sobre la faz de toda la tierra, y dejaron de edificar la ciudad.
9 Por tanto, el nombre de dicha ciudad fue Babel,* porque Jehovah confundió allí el lenguaje de toda la tierra, y desde allí los dispersó sobre la faz de toda la tierra.

*11:9 Nombre hebreo de *Babilonia*; significa *Puerta de Dios*, pero suena parecido a una palabra hebrea que significa *confundir*.

¿Cuál era el propósito?

Hagámonos un nombre (11:4). ¿Cuáles eran los motivos?

1. Acercarse al cielo. Otra vez el deseo de ser cómo Dios se manifiesta en la naturaleza humana.
2. Mantener un centro de control y poder. El hombre revela una ansiedad e inseguridad que teme perder el control.
3. Dar a conocer su grandeza. Un acto de orgullo en búsqueda de fama.
4. Independencia de Dios.

Cuando el hombre desea hacerse "un nombre" sin tomar en cuenta a Dios, tarde o temprano ese nombre es borrado por Dios. Mientras que cuando el hombre permite que Dios engrandezca su nombre todo resulta en bendición y gloria permanente (12:2).

Protección

Y dejaron de edificar la ciudad (11:8). La acción de Dios al confundir las lenguas no fue para evitar la amenaza del hombre contra él, sino para evitar que el hombre dañe aún más a su prójimo. Dios actúa para proteger al hombre.

Tecnología humana

Ladrillo en lugar de piedra, y brea en lugar de mortero (11:3). La región o llanura de Sinar, ubicada entre los ríos Tigris y Eufrates no tenía suficiente piedra para la construcción de casas grandes y edificios. Así que hicieron adobes de tierra y los cocieron hasta que estuvieran bien duros. La brea era probablemente una clase de asfalto que había en la región y se usó como argamasa para "pegar" las piedras.

Este es un buen ejemplo de cómo el hombre desarrolla una tecnología para suplir los elementos que la naturaleza no le provee. El desarrollo tecnológico y el ingenio humano cuando es usado para glorificar a Dios, él lo bendice, pero cuando expresa un acto de rebelión Dios confunde al hombre.

que así podían llegar a la divinidad al conectar la tierra con el cielo. Sin duda alguna, el proyecto era un desafío a la soberanía de Dios y a su propósito para con la humanidad. Este proyecto "Babilonia" es una civilización apoyada sólo en la autonomía y recursos humanos que rehúsa al Creador y pierde la capacidad de oír a Dios. Es una sociedad secular y humanista, de cualquier lugar y de cualquier época, que ubica al hombre en el centro del universo y lo erige como un dios. Se constituye por tanto en la civilización desafiante a Dios y enemiga del propósito redentor de Jesucristo (Hech. 4:25-27). En la venida del Señor, esta civilización no redimida será finalmente enjuiciada y destruida (Apoc. 18).

Frente a esta actitud desafiante, Dios responde con justicia, pero usando la misericordia en fidelidad a su naturaleza amorosa y la promesa de no destruir totalmente a la humanidad. En primer lugar, Dios reconoce que el proyecto de los hombres se debe a la unidad y al acuerdo mutuo de desafío. En segundo lugar, Dios, en su divinidad completa o trinitaria —como en otros casos de importante intervención divina— decide truncar el proyecto que alejaría a la humanidad del propósito divino y causaría su destrucción prematura. Dos acciones de Dios logran este propósito: Confunde el lenguaje de los hombres y los dispersa sobre la faz de la tierra. La confusión del lenguaje no es tan sólo la diversidad de idiomas que crea barreras a las naciones, sino más bien la diversidad de intereses y ambiciones que mantienen a las naciones desunidas y en constante conflictos y guerras.

A través de la historia humana, grupos de naciones por decisión voluntaria o por imposiciones, con fundamentos políticos o religiosos, se han unido, se han engrandecido y han creado civilizaciones que rechazan a Dios —volviéndose idólatras— y violan el propósito divino para la humanidad. Las violaciones más comunes son las de opresión política y social, explotación comercial desequilibrada que enriquece a unos pocos y empobrece a otros, depredación de recursos naturales para satisfacer deseos egoístas y ambiciones desenfrenadas. Se han dado expresiones más violentas como la práctica de la esclavitud, destrucciones de territorios, razas y culturas enteras y hasta intentos de completos genocidios. El proyecto de Babel afirma dos verdades importantes: La primera, el hombre no redimido continuamente rechaza a Dios y crea una civilización inhumana y explotadora. Pero también afirma que Dios no tolera dicho proyecto, llámense Imperios, Uniones de Repúblicas, o de Estados, Confederaciones, Ligas o Comunidades. Siempre y cuando una civilización se una en arrogancia, cae bajo el juicio de Dios y es desbaratada (Sal. 2:1-5; Isa. 7; Rom. 2).

Después de Babel, Dios deja a la humanidad seguir su propio camino (Hech. 14:16) aunque sigue concediendo su gracia sustentadora y su testimonio redentor como parte del cumplimiento del pacto Noénico (Sal. 104; Hech. 14:15-17; Rom. 2). Pero la gracia y fidelidad de Dios se manifiesta a través de la elección de un hombre y un pueblo para bendición redentora a las naciones. Este plan redentor se cumple cabalmente en Jesucristo y en la venida del Espíritu Santo sobre la naciente iglesia de Jesucristo (manifestación trinitaria nuevamente), cuando Dios revierte la condición confusa y perdida de la

Semillero homilético

Cuando Jehovah viene a ver lo que estamos haciendo

11:9

Introducción: Cuando el hombre se rebela contra el Señor, él viene para ver lo que está ocurriendo y lo confunde. Dios castiga la arrogancia y desobediencia.

I. La propuesta del hombre: rebelión contra Dios.
1. Toda la tierra tenía un solo idioma y las mismas palabras (v. 1).
2. Encontraron una llanura... y se establecieron (v. 2).
3. Se dijeron unos a otros (un acuerdo; v. 3a).
4. Venid, hagamos adobes (v. 3).
5. Venid, edifiquemos una ciudad (v. 4a).
2. Hagámonos un nombre (v. 4b).

II. La disposición de Dios: confusión del hombre.
1. Jehovah descendió para ver (v. 5a).
2. Jehovah dijo: "... nada les impedirá hacer lo que se proponen" (v. 6).
3. Vamos, pues, descendamos y confundamos allí su lenguaje (v. 7a).
4. Que nadie entienda lo que dice su compañero (v. 7b).
5. Jehovah confundió allí el lenguaje de toda la tierra (v. 9).
6. Los dispersó Jehovah de allí (v.9).

Conclusión: Algunas observaciones a estas dos listas son necesarias: (1) Observe que hay siete elementos en la propuesta del hombre y que hay siete elementos en la disposición de Jehovah. (2) La idea central es el hecho de que Jehovah descendió para ver. Aunque esta es una figura retórica, pues Dios sabía lo que estaba pasando, señala la acción personal, directa y absoluta de parte del Señor. Aquí nos encontramos frente a un acto de rebeldía, de rechazo y de abandono de Dios por parte del hombre, tanto en lo individual como en lo grupal.

Antepasados de Abram

10 Estos son los descendientes* de Sem:
Cuando Sem tenía 100 años, engendró a Arfaxad, dos años después del diluvio. **11** Sem
vivió después que engendró a Arfaxad 500
años, y engendró hijos e hijas.
12 Cuando Arfaxad tenía 35 años, engendró a
Sélaj. **13** Arfaxad vivió después que engendró
a Sélaj 403 años, y engendró hijos e hijas.
14 Cuando Sélaj tenía 30 años, engendró a
Heber. **15** Sélaj vivió después que engendró a
Heber 403 años, y engendró hijos e hijas.
16 Cuando Heber tenía 34 años, engendró a
Peleg. **17** Heber vivió después que engendró a
Peleg 430 años, y engendró hijos e hijas.
18 Cuando Peleg tenía 30 años, engendró a
Reu. **19** Peleg vivió después que engendró a
Reu 209 años, y engendró hijos e hijas.
20 Cuando Reu tenía 32 años, engendró a
Serug. **21** Reu vivió después que engendró a
Serug 207 años, y engendró hijos e hijas.
22 Cuando Serug tenía 30 años, engendró a
Nacor. **23** Serug vivió después que engendró a
Nacor 200 años, y engendró hijos e hijas.
24 Cuando Nacor tenía 29 años, engendró a
Taré. **25** Nacor vivió después que engendró a
Taré 119 años, y engendró hijos e hijas.
26 Cuando Taré tenía 70 años, engendró a
Abram, a Nacor y a Harán. **27** Estos son los
descendientes de Taré: Taré engendró a
Abram, a Nacor y a Harán; y Harán engendró a
Lot. **28** Harán murió antes que su padre Taré,

*11:10 Otra trad., *Esta es la historia*

humanidad. En la experiencia de Pentecostés, se concedió a representantes de todas las naciones la capacidad de escuchar y entender el mensaje de que en Jesucristo hay salvación y unidad para todas las naciones (Hech. 2).

El testimonio de la revelación bíblica en Génesis se centra de aquí en adelante en la respuesta a Dios de un hombre descendiente de Sem en quien Dios continúa su plan redentor.

III. DIOS Y ABRAHAM, 11:10—25:18

Esta sección de Génesis es la más importante en el testimonio del plan redentor de Dios. La humanidad queda dispersa y con el testimonio de Dios a través de las manifestaciones de la naturaleza (Hech. 14:16, 17) y de la sensibilidad de la conciencia del hombre (Rom. 2:14, 15). El pacto Noénico con la creación y la humanidad sigue en efecto para la estabilidad de la creación y la provisión del sustento necesario. La narración de Génesis concentra ahora su atención en el llamado de Dios a un hombre y en la respuesta de éste y de sus descendientes.

1. Los antepasados de Abram, 11:10-32

Esta porción nos presenta la genealogía de Sem para introducirnos a la familia de Abram y a Abram mismo. La genealogía es selectiva y sigue la línea de Arfaxad, uno de los hijos de Sem. Se puede notar que la vida de estos patriarcas cada vez eran más cortas. Algunos ya ni alcanzaban los 200 años. La edad del nacimiento del primogénito también era más temprana en comparación con genealogías anteriores. En las listas genealógicas siguientes la edad ya no se menciona. Aparentemente esto obedece a que la repoblación de la tierra estaba ya

Taré

Taré tomó a su hijo Abram (11:31, 32). Taré el padre de Abram tenía planes de ir desde Ur hasta Canaán, pero solamente alcanzó a llegar a Harán y allí murió un tiempo después. Harán era una ciudad y región en la parte norte de Mesopotamia (hoy día Turquía y Siria). Tanto Harán como Ur eran centros religiosos de politeísmo e idolatría, alejados de Dios (vv. 27-32).

Taré vio salir a su hijo Abram hacia la tierra de Canaán a la cual él había deseado llegar. Muchas veces nuestros deseos se quedan en el camino, pero si son nobles y puros Dios permitirá que nuestros hijos alcancen lo que nosotros soñamos.

en el lugar donde había nacido, en Ur de los
caldeos.
29 Abram y Nacor tomaron mujeres para sí.
El nombre de la mujer de Abram fue Sarai; y
el nombre de la mujer de Nacor fue Milca, hija
de Harán, padre de Milca y de Isca. **30** Y Sarai
era estéril y no tenía hijos.
31 Taré tomó a su hijo Abram, a su nieto Lot
hijo de Harán, a Sarai su nuera, mujer de su
hijo Abram, y partió con ellos de Ur de los
caldeos para ir a la tierra de Canaán. Y fueron
hasta Harán y se establecieron allí. **32** Taré
vivió 205 años, y murió Taré en Harán.

Joya bíblica

Taré tomó a su hijo Abram, a su nieto Lot hijo de Harán, a Sarai su nuera, mujer de su hijo Abram, y partió con ellos de Ur de los caldeos para ir a la tierra de Canaán. Y fueron hasta Harán y se establecieron allí (11:31).

bien avanzada y además la decisión de Dios de acortar la vida de los hombres estaba entrando en efecto paulatinamente (6:3).

Pero lo más importante de esta genealogía es que nos introduce a la familia inmediata de Abram. Taré, el padre de Abram, era de Ur de los caldeos. La ciudad de Ur, ubicada sobre el río Eufrat es al sur de Babilonia, ya tenía una larga historia en el tiempo de Taré. Culturalmente muy avanzada, llegó a ser la capital de los sumerios. La identificación *de los caldeos* (v. 31) es porque estaba localizada en el distrito asignado a los caldeos. Además, en tiempos bíblicos, esa región estaba exclusivamente identificada con los caldeos quienes llegaron a dominar toda la región mesopotámica por un largo período. Según descubrimientos arqueológicos y el testimonio bíblico, era un centro comercial importante y sus habitantes eran politeístas (Jos. 24:2).

La mención de los hermanos de Abram, Harán y Nacor, es muy importante por la relación que Abram y sus descendientes establecen más tarde con los descendientes de ambos. Abram se relaciona muy de cerca con Lot, hijo de Harán, a quien prácticamente lo tuvo como a su hijo por un tiempo, ya que Sarai era estéril y Abram no tenía hijos. Más tarde, tanto Isaac como Jacob emparentan matrimonialmente con los descendientes de Nacor, quienes se ubican en Aram o Siria.

Tres hechos resaltan a Taré en el plan redentor de Dios. Primero, él deja Ur de los caldeos para ir a Canaán. No se menciona el motivo de su decisión, pero sí trae a su familia con él. Taré nunca llega a Canaán ya que se ubica en Harán, territorio al norte de Mesopotamia que hoy día pertenece a Siria y a Turquía, más o menos a mitad de camino entre Ur y Canaán. La arqueología ha descubierto un intenso movimiento migratorio en esos tiempos y puede ser que Taré se haya unido a ese movimiento impulsado por deseos de mejoras. Segundo, aparentemente hubo un despertar espiritual en Taré que se transmitió a Abraham. Esta inquietud apenas podía haber sido un descontento con el camino de la civilización y un deseo de relación más importante con la divinidad. Lo seguro es que la partida de Abram de Ur es ya por acción de Dios (15:7) y más adelante Abram completa la respuesta al llamado de Dios. Eso significa que Abram tenía relación con el Dios que le estaba llamando. Tercero, a pesar de que Taré queda en Harán, no impide a Abram ir a Canaán. Es más, tal vez su intención primera de ir a Canaán fue transmitida a Abram, quien a la indicación de Dios emprende viaje hacia Canaán, ya que Dios no le había especificado el lugar adonde ir. Según la cronología bíblica, Abram parte a Canaán en vida de su padre.

Estos antepasados de Abram, padre de la nación escogida por Dios, conecta a Israel con el resto de la humanidad y lo ubica dentro del concierto de naciones en la tierra. Israel como nación es parte de la civilización, pero fue elegida especialmente por Dios para un propósito redentor.

Abram va a Canaán

12 Entonces Jehovah dijo a Abram: "Vete
de tu tierra, de tu parentela y de la casa
de tu padre, a la tierra que te mostraré. 2 Yo
haré de ti una gran nación. Te bendeciré y
engrandeceré tu nombre, y serás bendición.
3 Bendeciré a los que te bendigan, y a los que
te maldigan maldeciré. Y en ti serán benditas
todas las familias de la tierra."

2. El llamado de Dios y las pruebas de Abram, 12:1—14:24

Abram inicia la lista de hombres y mujeres que a través de la historia han sido llamados para instrumentar humanamente el plan redentor de Dios. Cada llamado de Dios tiene condiciones específicas, pero todos ellos demandan una obediencia completa y sincera. El llamado también implica pruebas que se presentan en toda clase de circunstancias. Las condiciones no siempre son favorables al cumplimiento del propósito de Dios. Las pruebas y ansiedades en Abram, y más tarde en los demás patriarcas, surgen siempre en cuanto a la obtención de las promesas de tierra y descendencia. La obtención de tierra provee el sustento del presente. La concesión de descendencia provee consistencia al futuro. La descendencia sin tierra es imposible. La tierra sin descendencia carece de significado. Aquí entra en juego y en tensión el presente con el futuro. La descendencia con tierra, el presente con futuro, es la promesa de Dios y la esperanza de los patriarcas en su peregrinación. Pero la concreción de esta promesa se desarrolla en medio de condiciones negativas: hambre, esterilidad, peligros de asimilación, conflictos bélicos, sustituciones aparentemente válidas. Frente a todos estos impedimentos ha de resaltar la fidelidad de Dios en cumplir su promesa. Los patriarcas demuestran su fe en esperar y depender de esa promesa, interpretando las indicaciones de Dios, tomando las deci-

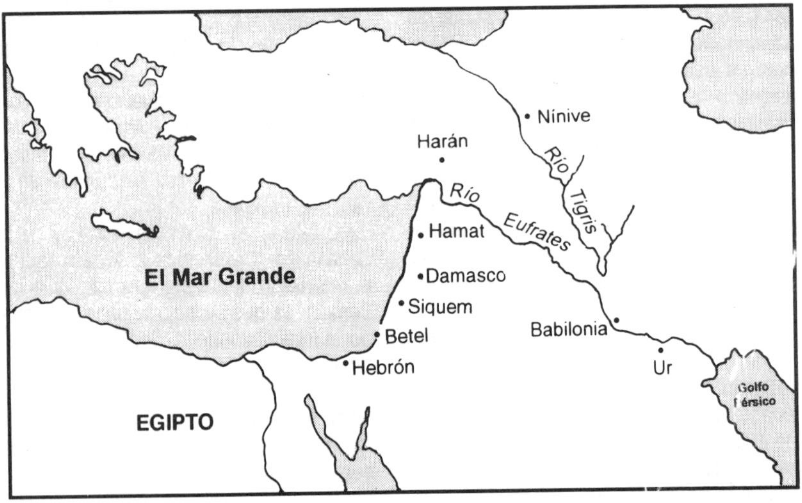

Mapa de los viajes de Abram

siones apropiadas y ejecutando las acciones correspondientes. Y este modelo de vida es el que se vuelve normativo para el creyente. Para el cristiano, la promesa del reino de Jesucristo y la oferta de vida eterna deben ser las metas de la peregrinación (Mat. 6:33; 1 Tim. 6:19).

(1) Dios llama a Abram, 12:1-9. Enfáticamente se afirma que es Dios quien inicia un acto especial en su plan de salvación para la humanidad. En vez de abandonar a la humanidad en su pecado, Dios escoge a un hombre y le hace un llamamiento especial. El llamamiento tiene demandas y promesas.

Las demandas del llamamiento de Dios a Abram son: Primera, Abram debe dejar su tierra. Esta era geográficamente Harán donde temporalmente Abram estaba viviendo con su padre Taré. Original y culturalmente era Ur de los caldeos, civilización avanzada a la cual Abram pertenecía. Segunda, Abram debe dejar a su padre. Esto significaba dejar lo más querido y lo que representa seguridad y comodidad. Además, en el sistema patriarcal, implicaba la renuncia de Abram, el primogénito de Taré, a la herencia y al lugar social privilegiado que le correspondía. Según la cronología bíblica Taré vive unos sesenta años más después de la partida de Abram a Canaán. Tercera, Abram debía ir a una tierra que en su momento dado Dios le mostraría. Estas eran las condiciones de Dios a Abram: abandono, renuncias, aceptación de lo desconocido.

Pero en contraste con las demandas de Dios a Abram, están las siguientes promesas de Dios: Primera, Dios haría de Abram una gran nación. El plan de nación incluía la posibilidad de descendencia, hasta ahora ausente en Abram. Además, la palabra usada para nación, implica un territorio geográfico y unidad política y étnica. Segunda, Dios iba a bendecir y engrandecer el nombre de Abram en medio de la humanidad de manera que se convirtiera en un hombre de bendición. El deseo de los hombres en Babel era precisamente también el de lograr un nombre, pero con fines que desafiaban a Dios y con motivos egoístas. En vez de ser olvidado al separarse de su parentela y tierra, Abram es engrandecido y beneficiado por Dios. Tercera, Dios por medio de Abram inaugura una nueva relación con todas las familias de la tierra. Las familias serán benditas o malditas de acuerdo a la relación que mantienen con Abram y la nación en promesa, quien es el nuevo instrumento de

Semillero homilético

El llamamiento de Abram

12:1-7

Introducción: Uno de los primeros pasos de Dios en el desarrollo de su plan de salvación para la humanidad fue el llamado de Abram. Dios llamó a Abram con un propósito en mente; eso nos conduce al hecho que cuando Dios nos llama a nosotros también tiene algo en mente. Las condiciones, la respuesta y las promesas tanto para Abram como para nosotros son paralelas.

I. El llamamiento tiene ciertas condiciones.
  1. Dejar la seguridad económica, política y material.
  2. Dejar la seguridad familiar y social.
  3. Disposición a aceptar lo desconocido.

II. El llamamiento tiene ciertas promesas (v. 2, 3).
  1. Bendición de reconocimiento personal: Engrandeceré tu nombre.
  2. Bendición de prosperidad material: Haré de ti una gran nación.
  3. Bendición de prosperidad espiritual para otros: Y serás bendición.

III. El llamamiento demanda constante relación con Dios (v. 7).
  1. En tierra desconocida, Abram edifica un altar. Esto indica que Dios era lo más importante para él y que está dispuesto a serle fiel en cualquier lugar y circunstancia.
  2. Abram adora a Dios:
     (1) En reconocimiento y gratitud
     (2) En testimonio al Dios verdadero

Conclusión: Abram aceptó las condiciones y las promesas de Dios y por lo tanto llegó a ser bendición para toda la humanidad. Aceptemos nuestro llamamiento, cumplamos las condiciones, mantengámonos en constante relación con Dios y hagamos nuestras las promesas del Señor.

4 Abram se fue, como Jehovah le había
dicho, y Lot fue con él. Abram tenía 75 años
cuando salió de Harán. **5** Abram tomó a Sarai
su mujer, a Lot su sobrino y todos los bienes
que habían acumulado y a las personas que
habían adquirido en Harán; y partieron hacia
la tierra de Canaán. Después llegaron a la tierra de Canaán, **6** y Abram atravesó aquella
tierra hasta la encina de Moré, en las inme-
diaciones de Siquem. Los cananeos estaban
entonces en la tierra. **7** Y se apareció Jehovah
a Abram y le dijo: "A tu descendencia* daré esta tierra." Y él edificó allí un altar a Jehovah,
quien se le había aparecido. **8** Después se

*12:7 O: *simiente*

Dios para bendición de la humanidad.

Todas estas promesas de prominencia, bienestar, seguridad y prosperidad son dadas personalmente por Dios a Abram. Pero lo central de las promesas era un compromiso misionero universal que se repite varias veces en Génesis (18:18; 22:18; 26:4; 28:14). La voluntad que Dios expresa es redención para todas las naciones. La vida de Abram y de la nación bajo la promesa sería el modelo a imitar para que las naciones reciban las mismas bendiciones.

El llamado de Dios depende ahora de la respuesta de un hombre que en la evaluación humana no tenía mucho que ofrecer: No tenía esperanza de descendencia, no era uno de los más prominentes social o económicamente, pero acepta el llamado de Dios. Abram parte de Harán, dejando a su padre Taré y tomando a su esposa Sarai, a su sobrino Lot, a las personas a su cargo y sus bienes e inicia el viaje tal como Dios lo indicara. En Hebreos 11:8 se afirma que la respuesta de Abram estaba fundamentada en la fe, entendida ésta como una confianza incondicional en el Dios que llamaba. Abram parte hacia la tierra de Canaán. La tierra de Canaán, conocida más comúnmente como Palestina, había sido el destino original de Taré, cuando salieron de Ur. Este territorio no estaba desocupado. Lo habitaban los cananeos, originalmente descendientes de Cam, posiblemente mezclados y asimilados ya con otros grupos étnicos. Este territorio era muy estratégico porque era el "corredor" que comunicaba los dos grandes centros de la civilización del mundo conocido: Egipto y Mesopotamia. Las principales rutas comerciales cruzaban esta zona. No era un territorio topográficamente uniforme. En parte era montañoso, con desiertos, costas marítimas y valles hacia el río Jordán. El área que geográficamente cubría era: al norte Siria o Aram, al sur el desierto de Arabia, al este el río Jordán y al oeste el mar Mediterráneo. El territorio tenía mucha turbulencia política y militar y era muy disputado entre los imperios más poderosos. En ese tiempo no formaba una unidad política, sino más bien una organización de varias ciudades cada una de las cuales constituía un reino (ciudad-reino). Ocasionalmente algunas ciudades formaban ligas unas con otras para defensa y ventaja mutuas. El territorio era controlado levemente por los faraones de Egipto.

Abram atraviesa la tierra hasta la encina de Moré, cerca de Siquem. Esta era una ciudad cananita y un centro religioso, ubicada entre el monte Gerizim y Ebal en el territorio que luego perteneció a Efraín. Dios revela a Abram que esta es la tierra prometida a su descendencia. En la respuesta de Abram a la revelación de Dios se nota su confianza en Dios y su paciencia. En ese momento Abram no tenía hijos. Y la promesa de tierra no sería para él, sino para su descendencia. El edifica un altar en señal de adoración a Dios y de aceptación de la promesa. Religiosamente los cananeos eran politeístas y muy idólatras. Tenían santuarios o altares a sus deidades por todas partes en los que les rendían culto. Las prácticas religiosas eran conocidas como el "culto a la fertilidad" en el cual adoraban a Baal, dios de la fertilidad, y a su contraparte femenina Astarte,

trasladó a la región montañosa al oriente de
Betel y extendió allí su tienda, entre Betel al
oeste y Hai al este. Allí edificó un altar a
Jehovah e invocó el nombre de Jehovah.
9 Después partió de allí y se dirigió progresivamente hacia el Néguev.*

*12:9 Es decir, hacia el sur

por medio de sacrificios de animales y humanos y actos sexuales. En medio de toda esta idolatría y paganismo, Abram pública, visible y exclusivamente adora a Jehovah, el Dios verdadero.

Inicialmente Abram no se queda en un lugar fijo. Se traslada a una región montañosa entre Betel y Hai. Estas ciudades eran centros cananeos importantes. El nombre Betel fue dado a este lugar por Jacob (28:19) y así fue conocida en tiempos bíblicos. Originalmente se llamaba Luz y estaba situada a unos 18 km. al norte de Jerusalén. Nuevamente Abram adora a Dios en este nuevo lugar. Abram es conocido como el patriarca que edifica altares en los lugares que habita. Esto siempre indica que Dios ocupa el centro de su vida y de su peregrinaje. Al invocar el nombre de Jehovah Abram establece que su lealtad única y confianza plena es al Dios que lo llama a un propósito especial. Esta determinación de Abram es muy importante y complementa necesariamente su decisión de obedecer al llamado de Dios. Más tarde estos altares se convierten en importantes centros religiosos o santuarios de adoración. Finalmente Abram viaja hacia el sur hasta llegar al Néguev. Este es un extenso desierto en la parte sur de Canaán en forma de triángulo con su base en el norte. Hebrón y Beerseba estaban situa-

Abraham

Su nombre original fue Abram que significa "padre enaltecido". Dios le dio por nombre Abraham que significa "padre de una multitud". Fue hijo de Taré (11:27), quien a su vez fue hijo de Sem y éste de Noé.

Su infancia ocurrió en la avanzada ciudad sumeria llamada Ur. Abram se trasladó con su familia a otra importante ciudad llamada Harán donde radicaron por algunos años. Fue en Harán donde Dios llamó a Abram para que emigrara a Canaán. Abram vivió en varios lugares: Siquem, Betel, Hebrón y Beerseba.

Abram se casó con Sarai, cuyo nombre fue cambiado a Sara (17:15) y significa "princesa". Abram y Sara eran medio hermanos, es decir hijos del mismo padre, Taré (20:12).

Durante una época de hambre Abram y su mujer fueron a Egipto donde por causa de la belleza de Sara el faraón quiso hacerla parte de su harén. Gracias a la intervención de Dios todas las cosas salieron bien ya que Abram dijo una verdad a medias (20:12).

Al volver de Egipto a Palestina, Dios reafirma su promesa con Abram (cap. 15). Abram aceptó la sugerencia de Sara de tener un hijo de la sierva egipcia Agar como concubina. Así nació Ismael, quien no ocupó el lugar de la promesa.

Abram se circuncidó a los 99 años de edad (17:1-21) como una señal del pacto entre él y el Señor. Dios afirma que Abram y Sara tendrán un hijo. Efectivamente nació Isaac. Con el nacimiento de Isaac se agudizaron los problemas entre Sara y Agar al punto que ésta tuvo que salir de la casa.

Unos años después Dios pide a Abram que le sacrifique a su hijo Isaac. En un acto de obediencia Abram va al monte Moria para cumplir con el pedido del Señor. Dios interviene proveyendo un sacrificio alternativo y salva la vida del muchacho. Dios reafirma su promesa y su pacto con Abraham.

Sara muere y es sepultada en Macpela (23:19). Después Abraham busca una esposa para Isaac (24:67). Finalmente Abraham vuelve a casarse y tuvo varios hijos (25:1). Muere a la edad de 175 años (25:7).

Problemas de Abram con el faraón

10 Hubo hambre en la tierra, y Abram descendió à Egipto para residir allí, pues el hambre era grande en la tierra. 11 Y aconteció que cuando estaba por llegar a Egipto, dijo a Sarai su mujer: "He aquí, reconozco que tú eres una mujer bella. 12 Y puede suceder que al verte, los egipcios digan: "Es su mujer', y me maten a mí, y a ti te conserven la vida.
13 Di, por favor, que eres mi hermana, para que me vaya bien por tu causa y mi vida sea conservada por causa de ti."
14 Y aconteció que cuando Abram entró en Egipto, los egipcios vieron que la mujer era muy bella. 15 También la vieron los ministros del faraón, y la alabaron ante él. Y la mujer fue llevada al palacio* del faraón, 16 quien favoreció a Abram por causa de ella. Este obtuvo ovejas, vacas, asnos, siervos, siervas, asnas y camellos.
17 Entonces Jehovah afligió al faraón y a su familia con grandes plagas por causa de Sarai, mujer de Abram.

*12:15 Lit., *casa* (probablemente el harén)

das en la parte superior de esta región.

En su respuesta a Dios, Abram adopta una vida de peregrinaje, de aceptación y espera a las indicaciones de Dios y de adoración pública, exclusiva y permanente al Dios revelado. Al dejar todo aquello que humanamente ofrecía seguridad, estabilidad y posición social y lanzarse a lo prometido hasta ahora desconocido, Abram se convierte en un modelo de respuesta al llamado de Cristo (Mar. 8:35). Su vida de peregrinación se convierte en el modelo para el creyente en no arraigarse a la seguridad y permanencia que el mundo ofrece, ni a demandar el cumplimiento inmediato de las promesas (2 Ped. 3:4), sino a aceptar con esperanza la oferta más excelente de Dios (Heb. 11:13-16). Lo ejemplar en Abram es que él acepta las promesas de Dios de prosperidad, prominencia, bienestar y bendición en las condiciones y términos de Dios y no de acuerdo a los términos humanos. De aquí en adelante la revelación bíblica presenta los testimonios que demuestran la respuesta continua de Abram en diferentes circunstancias a las promesas de Dios y la gran fidelidad y misericordia de Dios en guardar su promesa.

(2) El hambre en Canaán y la ida a Egipto, 12:10-20. Nunca la práctica de la obediencia es fácil, ni la fe queda sin pruebas. Aparentemente el hecho de que Canaán estaba poblada no fue de ansiedad para Abram. Pero una nueva prueba se presenta y es el hambre en la tierra prometida. Extensas zonas en Canaán, por sus características topográficas y climáticas, tenían escasez de agua y dependían mucho de las lluvias estacionales. Cuando las lluvias eran escasas, la productividad agrícola y ganadera era afectada grandemente y el hambre se hacía sentir. Todos los patriarcas (Abram, Isaac, Esaú, Jacob) enfrentan situación de hambre en Canaán. La respuesta de cada uno es diferente, pero toda respuesta está ligada a la fidelidad del cumplimiento de la promesa de Dios. El problema del hambre es frecuente durante la historia del pueblo de Dios. Es notorio que desde un principio Dios no ilusiona una vida fácil y cómoda a su pueblo escogido. Jesucristo tampoco promete una vida fácil ni cómoda a sus seguidores (Luc. 14:25-33). En esta situación, Abram decide ir a Egipto, país conocido por su fertilidad más estable por el río Nilo y sus periódicos desbordes que irrigan grandes zonas agrícolas.

Dos peligros graves implican la ida de Abram a Egipto: Primero, abandona la tierra prometida. Ir a Egipto, en el pensamiento bíblico, siempre significa el abandono del propósito divino y ha sido una constante tentación. Segundo, ya en Egipto, Abram, por temor a ser muerto, decide pedir a Sarai que pase por su hermana y no su esposa. En realidad Sarai era su media hermana y por motivos de seguridad Abram y Sarai acordaron que

18 Y el faraón llamó a Abram y le dijo: "¿Por qué me has hecho esto? ¿Por qué no me declaraste que era tu mujer? **19** ¿Por qué dijiste: 'Es mi hermana', poniéndome en ocasión de tomarla para mí por mujer? Ahora pues, aquí está tu mujer. Tómala y vete."
20 Entonces el faraón dio órdenes a sus hombres con respecto a Abram. Y éstos lo enviaron a él con su mujer y con todo lo que tenía.

---

frente al peligro de vida de Abram, ella pasaría por su hermana (20:12, 13). Pero la relación válida en el momento era la matrimonial. Por su belleza Sarai es inmediatamente llevada al harén del faraón. La capital de Egipto en ese entonces estaba situada en Tebas hasta donde Abram tuvo que ir. Algunos piensan que Abram sólo llega a la parte norte de Egipto, la zona ganadera de Gosén donde más tarde se establece su descendencia. En tal caso, la referencia a faraón indicaría un príncipe local con la misma autoridad y estilo de vida del faraón en Tebas. La inclusión de mujeres, especialmente de diversos grupos étnicos, en los harenes de los monarcas era muy apreciada en la antigüedad y concedía una posición elevada al monarca. El faraón concede la vida a Abram (su cuñado potencial) y lo favorece grandemente con ganancias en bienes materiales (ganados) y recursos humanos (siervos). Temporalmente la decisión resulta favorable a Abram. Pero con esta concesión se pone en grave peligro el cumplimiento del llamado en cuanto a la descendencia. Los dos instrumentos imprescindibles en el plan misionero de Dios (tierra y descendencia) quedan totalmente suspendidos en su ejecución.

Pero Dios interviene de una manera especial mostrando una vez más su fidelidad a su propósito redentor y su misericordia para con el hombre. Aparentemente pasa un tiempo determinado y tanto el faraón como su familia son afectados con plagas y se llega a la conclusión que estas aflicciones ocurren porque

De Sarai a Sara

El nombre Sara significa "princesa". Fue la esposa y media hermana de Abraham por medio del padre (11:29—25:10). Aunque parece extraño casarse con un medio hermano, en los días de los patriarcas era una práctica aceptada.

Sara viajó con Abraham de Ur a Harán. Cuando ella tenía como 65 años en obediencia al llamado de Dios a su esposo de ir a Canaán ella lo acompañó. Por causa del hambre en Canaán Sara y Abraham fueron a Egipto. Ella se prestó a que Abraham dijera que ella era su hermana (era una verdad a medias) por temor a que los egipcios lo mataran a él por causa de la belleza de Sara. El faraón quiso que Sara fuera parte de su harén y trató con generosidad a Abraham. Dios intervino y todo salió bien.

En una segunda ocasión Abraham también presenta a Sara como su hermana delante de Abimelec el rey de Gerar. Dios revela la verdad a Abimelec en sueños. Abimelec envía a Sara a Abraham y les da permiso de vivir en sus dominios, también hace generosos regalos a Sara.

Saraí tenía casi 90 años cuando Dios cambió el nombre de ella a Sara junto con la promesa de darle un hijo. Un año después nació Isaac.

Sara murió a los 127 años de edad en Quiriat-arba en Hebrón en la tierra de Canaán (23:19).

Pasiones humanas

Abraham también estuvo sujeto a las pasiones humanas. Su carácter como el sol, tenía sus puntos negros. La conducta de Abraham con Agar cuando en dos ocasiones la echó de la casa es un recuerdo triste. También su conducta no fue muy buena cuando salió de Canaán para ir a Egipto, sin duda que no fue un acto de fe. Y las mentiras que dijo en dos oportunidades acerca de su relación con Sara ciertamente nos da el cuadro de un hombre poco confiable (12:19; 20:2). Sin embargo, ocupó el lugar de amigo de Dios y padre de los creyentes porque aprendió con Dios y a obedecer a Dios sin condiciones.

Abram y Lot se separan

13 Abram subió de Egipto hacia el Néguev, él con su mujer y con todo lo que
tenía; y Lot iba con él. 2 Abram era muy rico
en ganado, en plata y en oro. 3 Volvió a sus
viajes desde el Néguev hacia Betel, hasta el lugar donde su tienda había estado al comienzo,
entre Betel y Hai, 4 el lugar del altar que había
hecho allí anteriormente. Y Abram invocó allí
el nombre de Jehovah.
5 También Lot, que iba con Abram, tenía
ovejas, vacas y tiendas. 6 Pero la tierra no bastaba para que habitasen juntos. Sus posesiones
eran muchas, y no podían habitar juntos. 7 Entonces surgió una contienda entre los pastores
del ganado de Abram y los pastores del ganado
de Lot. En aquel entonces los cananeos y los
ferezeos habitaban en la tierra.

Sarai, mujer de Abram y además estéril, está en el harén. El hombre que debía ser de bendición fue aquí, por su engaño, causa de maldición para el faraón y su familia. Más tarde la presencia del pueblo de Israel en tiempo de Moisés será también de maldición al faraón y a todo Egipto por no permitir el éxodo. El faraón inmediatamente resuelve dos cosas: Primera, recrimina grandemente a Abram por su engaño y por ponerlo en grave peligro. Segunda, expulsa a Abram de Egipto, aunque le permite llevar todas las posesiones adquiridas, mayormente por regalo del mismo faraón.

La consideración del hambre de Abram nos permite considerar el hambre de nuestros días. El hambre mundial, y específicamente en América Latina, muchas veces puede servir de tropiezo y de tentación a la iglesia cristiana. De tropiezo cuando la iglesia queda muda e inmovilizada al respecto, dando prioridad a "lo espiritual solamente". Así, su testimonio no tiene valor. De tentación cuando por móviles de saciar el hambre, la iglesia se concentra en programas simplemente humanitarios y pierde su llamado a ser el portavoz del mensaje de salvación. De alguna manera la iglesia debe modelarse a la compasión concreta de su Señor quien se preocupó por el hambre de la gente pero no perdió de vista su propósito redentor (Juan 6:26-34).

(3) El conflicto y la separación con Lot, 13:1-13. La prueba anterior tuvo su origen en la escasez. La prueba con Lot se debe ahora a la abundancia alcanzada en Egipto y al problema de la tierra. Aunque el pasaje anterior no lo especifica, aparentemente Lot también fue con Abram y ambos se enriquecieron en Egipto. Abram vuelve a Canaán con Lot y se instala nuevamente cerca de Betel. Una vez más reconoce a Dios en adoración pública y compromiso de lealtad. Esta es una de las características de Abram. En toda circunstancia y lugar adora a Dios. Posiblemente en este acto Abram se compromete nuevamente a cumplir el llamado de Dios, arrepentido de su falta anterior. En su actitud Abram es modelo del creyente en Cristo quien no debe dejarse enredar por el pecado, sino despojarse y seguir la carrera que tiene por delante (Heb. 12:1).

Pero en medio de la dedicación surge un problema. La tierra no es suficiente en recursos para los ganados de Abram y Lot, lo cual crea una situación de hostilidad entre los siervos de ambos. Además los cananeos y ferezeos estaban establecidos también en aquel lugar, no dejando mucha tierra disponible y significando siempre un peligro de ataque en caso que se iniciara una contienda.

Abram decide que la mejor solución es la separación entre él y Lot y toma la iniciativa en ofrecer que Lot eligiera el terreno que más quisiera. Abram, a cambio, acataría dicha decisión y permanecería en territorio separado. Lot, después de una inspección y evaluación exacta de la situación, elige la llanura del Jordán. En contraste con la estrechez e inseguridad de riego de la zona central de Canaán, la llanura del Jordán era bien regada y prácticamente igual al lugar en Egipto de donde regresaran recientemente. Además de ser

8 Entonces Abram dijo a Lot: "Por favor, no haya contiendas entre tú y yo, ni entre mis pastores y tus pastores, porque somos parientes. **9** ¿No está delante de ti toda la tierra? Por favor, sepárate de mí. Si tú vas a la izquierda, yo iré a la derecha; y si tú vas a la derecha, yo iré a la izquierda."

10 Lot alzó los ojos y vio toda la llanura del Jordán, la cual era toda tierra de regadío, como un jardín de Jehovah, como la tierra de Egipto, como la entrada de Zoar, antes de que Jehovah destruyera Sodoma y Gomorra. **11** Lot eligió para sí toda la llanura del Jordán, y partió Lot hacia el oriente. Así se separaron el uno del otro.

12 Abram habitó en la tierra de Canaán, y Lot habitó en las ciudades de la llanura y fue instalando sus tiendas hasta Sodoma. **13** Los hombres de Sodoma eran malos y muy pecadores contra Jehovah.

---

ideal para ganado, la llanura tenía centros de población que ofrecían posibilidades comerciales ventajosas para Lot. Eventualmente Lot termina habitando en Sodoma, una de esas ciudades, pero con una población muy pecadora. Según la evaluación bíblica, Lot encuentra en este lugar prácticamente una réplica de la buena vida de Egipto, sin peligro político, pero con grave peligro por el pecado de los del lugar.

La iniciativa de Abram en sí misma muestra su bondad y práctica de ser bendición. El podía haber expulsado a Lot, podía hacerlo su subordinado o podía adoptarlo como a su hijo y terminar el conflicto. Sin embargo Abram toma la decisión de la separación. La decisión de Lot, que era la más sabia humanamente hablando, favorece el propósito de Dios para Abram, primero, porque Abram permanece en la tierra que Dios le prometiera. Esto significaba una dependencia mayor de Dios en cuanto a sustento físico (alimento) y sobrevivencia política (el peligro de exterminación por los cananeos y ferezeos). Segundo, porque Lot se separa permanentemente de él dejando de ser un candidato potencial de adopción como heredero y así tentar una buena substitución a la promesa de descendencia de Dios. Tercero, porque Abram demuestra que los valores espirituales tienen en su vida la prioridad y no son negociables. Los *tesoros de los egipcios*, al igual que en Moisés (Heb. 11:26), no serían los determinantes ni los móviles de su peregrinación terrenal. Cuán acertada viene la oración del sabio que no prefiere ni riquezas ni pobrezas para no ser tentado a perder su relación con Dios (Prov. 30:7-9). El apóstol Pablo advierte con claridad los peligros de las ambiciones de enriquecimiento y declara con autoridad cuál es la verdadera riqueza para el creyente (1 Tim. 6:3-10).

Abram queda en estrecho, y tendrá que seguir buscando una tierra apropiada, pero queda en la voluntad de Dios. Este incidente también nos introduce al grave problema de la tierra en nuestro continente. Los "sin tierra" o los que poseen tierra precariamente abundan en América Latina. El sustento del presente se hace muy difícil. Mucho de ello se debe a los modernos "Lot" que escogen para sí lo mejor y lo más extenso posible de la tierra con fines de ganancias ventajosas. Otro tanto se debe a los modernos "cananeos y ferezeos" que por sus vidas corruptas y de violencia depradan la tierra y la dejan desolada. Abram se nos presenta como modelo por su firmeza en buscar la voluntad de Dios antes que ganar ventajas temporales y saber esperar la obtención de tierra en los términos de Dios.

(4) Dios reafirma su llamado, 13:14-18. Dios no queda ajeno a la acción correcta de Abram. Si la ida a Egipto fue una suspensión temporal del llamado, ahora Dios confirma nuevamente su llamado a Abram reiterándole las promesas de tierra y descendencia. Tres ingredientes importantes se mencionan en la reafirmación: Primero, Dios da a Abram una idea más concreta de la extensión geográfica de la tierra prometida. Abram vivía en la zona montañosa de Betel (12:8) desde donde visualmente se podía abarcar una gran

Dios promete a Abram darle Canaán

14 Jehovah dijo a Abram, después que Lot se
había separado de él: "Alza tus ojos y mira
desde el lugar donde estás, hacia el norte, el
sur, el este y el oeste. **15** Porque toda la tierra
que ves te la daré a ti y a tu descendencia,*
para siempre. **16** Yo haré que tu descendencia
sea como el polvo de la tierra. Si alguien puede contar el polvo de la tierra, también tu descendencia podrá ser contada. **17** Levántate,
anda a lo largo y a lo ancho de la tierra, porque a ti te la daré."
18 Entonces Abram trasladó su tienda, se fue y moró en el encinar de Mamre, que está en Hebrón, y allí edificó un altar a Jehovah.

*13:15 O: *simiente*

extensión de territorio. Segundo, la promesa ahora incluye a Abram y no solamente a su descendencia. A pesar de la presencia de los cananeos y ferezeos, Dios "autoriza" a Abram a recorrer todo el territorio porque ya le pertenece. Lejos de sentirse oprimido porque el territorio estaba ocupado, Abram se siente libre de moverse y buscar el lugar que más le conviene y no limitarse a territorio "cedido" o "despreciado" por los habitantes locales. Así es que Abram se establece en Mamre, al norte de Hebrón. Esta era una ciudad cananea situada a unos 30 km. al sur de Jerusalén. Se convierte luego en el hogar de Abram y un centro de adoración importante. En este lugar, Abram nuevamente edifica un altar a Jehovah. Aunque esto nos parezca repetitivo y rutinario, tiene un significado muy importante. Además de indicar adoración a Dios, la construcción y dedicación de altares por Abram indica que ese territorio pertenece a Dios y se dedica para el propósito designado por Dios. En el pensamiento religioso de la época, los dioses locales eran dueños de los territorios y la población. Las divinidades extranjeras no tenían ningún poder ni posibilidad

Abraham y Lot se separan

Abram rescata a Lot

14 Aconteció en los días de Amrafel rey de
Sinar, de Arioc rey de Elasar, de Quedarlaomer rey de Elam, y de Tidal rey de
Goím, **2** que éstos hicieron guerra contra Bera
rey de Sodoma, Birsa rey de Gomorra, Sinab
rey de Adma, Semeber rey de Zeboím, y el rey
de Bela, la cual es Zoar. **3** Todos éstos se
reunieron en el valle de Sidim, es decir, el mar
Salado.* **4** Doce años habían servido a
Quedarlaomer, pero en el año 13 se rebelaron.
5 En el año 14 vinieron Quedarlaomer y los
reyes que estaban con él, y derrotaron a los
refaítas en Astarot-carnaim, a los zuzitas en
Ham, a los emitas en Save-quiriataim, **6** y a los
horeos en el monte Seír, hasta El-parán, que
está junto al desierto. **7** Luego regresaron, llegaron a En-mispat, que es Cades, y devastaron
todo el campo de los amalequitas y de los
amorreos que habitaban en Hazezón-tamar.

8 Entonces salieron el rey de Sodoma, el rey
de Gomorra, el rey de Adma, el rey de Zeboím
y el rey de Bela, la cual es Zoar, y dispusieron
la batalla contra ellos en el valle de Sidim; **9** a
saber, contra Quedarlaomer rey de Elam, Tidal
rey de Goím, Amrafel rey de Sinar y Arioc rey
de Elasar: cuatro reyes contra cinco.

*14:3 O: mar Muerto

---

de acción. Abram proclama que ese territorio es de Jehovah, su Dios, y que su protección y ayuda está en Jehovah a quien le dedica toda su lealtad. Tercero, Dios da a Abram una idea comparativa de lo que será su descendencia: tan numerosa que sería imposible contarla. En este momento, Abram no tenía hijo y su remota posibilidad de adopción de Lot como hijo se había desvanecido. Pese a todo, Abram decide vivir confiado y pendiente de la promesa de Dios.

(5) Abram y la guerra en Canaán, 14:1-16. Además del hambre, Abram también enfrenta la realidad de los conflictos armados en la tierra de Canaán. Esta vez es una guerra de característica internacional (una guerra mundial) que no afecta directamente a Abram, pero sí a Lot su sobrino que estaba establecido en Sodoma. Una liga de reyes de territorios de Mesopotamia se unen en guerra contra una liga de reyes de territorios del valle del Jordán. Aparentemente esta guerra era en represalia por el cese de tributación de los reyes de Canaán y un esfuerzo de los de Mesopotamia por restablecer su dominio político. La liga mesopotámica que escoge una ruta por el transjordán, derrota a todos por el camino devastando grandemente todo el territorio. Finalmente enfrentan a la liga de reyes cananeos. En la batalla final en el valle de Sidim, cerca del mar Muerto, los reyes del valle del Jordán son derrotados. Muchos al huir caen en los pozos de brea, abundantes en dicho lugar y los sobrevivientes huyen a las regiones montañosas. Particularmente, la ciudad de Sodoma queda expuesta al enemigo que la saquea y lleva a la gente prisionera. Lot es también llevado cautivo.

En rescate del sobrino

Lot, el hijo del hermano de Abram, fue llevado cautivo (14:11, 12, 16). Sodoma y Gomorra fueron atacadas, derrotadas y saqueadas por una liga de reyes del norte de Canaán. Entre los cautivos tomaron a Lot y a su familia. Cuando Abraham se entera de que su sobrino Lot ha sido prisionero, acude a rescatarlo. Abraham no sólo recobra a Lot, sino también a toda la gente y los bienes de Sodoma. La estrategia que usó Abraham, la facilidad con la cual reunió un ejército y la habilidad guerrera que demostró bien pudieron animarlo para conquistar Canaán por su propia mano, pero decidió esperar en Dios y en sus promesas para recibir la tierra de Canaán a su debido tiempo. La fe no es tomar por asalto las promesas de Dios, sino esperar a recibirlas de su mano bondadosa.

Abraham demostró que era un hombre valiente, listo para actuar según lo demandaran las circunstancias. También era alguien que estaba dispuesto a sacrificar su propia comodidad para someterse a la voluntad de Dios para su vida. Estas son algunas importantes cualidades que nosotros haríamos bien en tratar de imitar.

10 El valle de Sidim estaba lleno de pozos de
brea. Y al huir los reyes de Sodoma y de
Gomorra, cayeron en ellos, mientras que los
demás huyeron a las montañas. **11** Los enemigos tomaron todos los bienes de Sodoma y
de Gomorra, y todos sus alimentos, y se
fueron. **12** También llevaron consigo a Lot, el
hijo del hermano de Abram, junto con sus posesiones (porque Lot habitaba en Sodoma), y
se fueron. **13** Pero uno de los que escaparon
fue y lo contó a Abram el hebreo, que habitaba
en el encinar de Mamre el amorreo, hermano
de Escol y hermano de Aner, quienes eran aliados de Abram.
14 Cuando Abram oyó que su sobrino* había
sido tomado cautivo, reclutó* a sus 318 cria-
dos nacidos en su casa, y los persiguió hasta
Dan. **15** Los atacó de noche, él con sus siervos, los derrotó y los persiguió hasta Hoba,
que está al norte de Damasco. **16** Así recobró
todos los bienes y también recobró a su sobrino* Lot, sus bienes, y también a las mujeres y
a la gente.

*14:14 Lit., *hermano*
*14:14 Comp. LXX; heb., de significado oscuro

Abram recibe la noticia de la cautividad de Lot e inmediatamente decide ir a rescatarlo. Nuevamente se destaca la bondad de Abram, aplicada hacia Lot. Varios datos en cuanto a Abram resaltan en este acontecimiento. Primero, Abram es identificado étnicamente como *el hebreo* (v. 13). Esto implica que Abram había ganado una identidad sociopolítica en medio de la población de Canaán. Esto era un progreso hacia la consolidación del plan de Dios con la descendencia de Abram. Hebreo deriva del nombre del patriarca Heber, descendiente de Sem, quien diera identidad étnica específica a un grupo humano (10:21). Segundo, Abram estaba en alianza con ciertos grupos de amorreos, pobladores de ese lugar, identificados como *Aner, Escol y Mamre* (14:24). Esto implica que Abram habitaba pacíficamente entre ellos y que bien podía obtener la tierra en base a alianzas y asimilación con grupos ya establecidos. Tercero, Abram demuestra gran habilidad militar y determinación firme de conseguir su logro. Abram recluta a sus siervos, a sus aliados Aner, Escol y Mamre y sin dar tregua persigue al enemigo hasta el extremo norte del territorio de Canaán. La mención de Dan es una identidad posterior que significa el extremo norte de la tierra prometida. Abram los ataca estratégicamente y los persigue hasta más allá de Damasco con el fin de rescatar a Lot. Juntamente con Lot, Abram recupera todo el botín humano y material.

Esta victoria militar de Abram le presenta la posibilidad de poseer la tierra a través de alianzas y conflictos bélicos sin esperar en Jehovah quien se tardaba con su promesa. Literalmente esta situación de Abram es paralela a la de Jesús cuando el diablo le ofrece la "posesión" de todos los reinos de la tierra a cambio de la renuncia al plan redentor de Dios (Luc. 4:5-8). Al igual que Jesús, Abram no escoge esta posibilidad de posesión de la tierra. Decide esperar en Dios y aceptar las condiciones de Dios.

(6) Abram y los reyes de Salem y Sodoma, 14:17-24. A su regreso victorioso, Abram tiene dos encuentros significativos en los cuales expresa decisiones determinantes en fidelidad a Dios. Primero, se encuentra con Melquisedec, rey de Salem. Esta ciudad era la antigua Jerusalén que luego viene a tener un papel tan importante en el plan redentor de Dios y en la historia de la humanidad, aún hasta nuestros días. Este rey es identificado como el *sacerdote del Dios Altísimo* (v. 18; en hebreo *El 'eliom* [410]) que era un título del dios jefe o patrón de los cananeos. En este encuentro es usado e identificado como designación del Dios verdadero, el Dios de Abram, creador de los cielos y la tierra. Más tarde Abram identifica a su Dios como *Jehovah, el Dios Altísimo* (v. 22). El sacerdote Melquisedec bendice a Abram y atribuye la victoria militar de

Encuentro de Abram y Melquisedec

17 Cuando Abram* volvía de derrotar a Quedarlaomer y a los reyes que estaban con él, el rey de Sodoma salió a su encuentro en el valle de Savé, que es el valle del Rey.
18 También Melquisedec, rey de Salem, quien era sacerdote del Dios Altísimo, sacó pan y vino
19 y le bendijo diciendo: "Bendito sea Abram del Dios Altísimo, creador de los cielos y de la tierra.
20 Bendito sea el Dios Altísimo, que entregó a tus enemigos en tus manos."
Y Abram le dio a él el diezmo de todo.

*14:17 Lit. *él*

Abram al Dios Altísimo. La orden sacerdotal de Melquisedec se menciona en el Salmo 110:4, un pasaje mesiánico. En Hebreos 7 la orden de Melquisedec, que como sacerdote servía a los cananeos (gentiles) y a Abram, es comparada con el sacerdocio de Jesucristo. El hecho de que se menciona pan y vino indica que hubo un acto ceremonial o ritual de adoración a Dios y de reconocimiento o alianza mutua.

En respuesta Abram dedica a Melquisedec el diezmo del botín de guerra que traía. Con este acto Abram reconoce tres cosas: Primera, acepta que la victoria militar se debe a la intervención del Dios Altísimo y no tanto a su habilidad o alianza militar. Segunda, reconoce la autoridad sacerdotal de Melquisedec y la validez religiosa de Salem. Tercera, Abram reconoce su responsabilidad de sostener con el diezmo de sus posesiones al sacerdote y al lugar de adoración. Esta práctica religiosa del diezmo es universal y es una expresión de gratitud y reconocimiento a Dios.

En su segundo encuentro Abram devuelve al rey de Sodoma toda la gente rescatada y los bienes materiales, aunque el rey sólo reclama la gente. Pero sí permite que los gastos de guerra y la recompensa a sus aliados sea sacada del botín de guerra. Abram explica que eso se debe a una decisión solemne que él hiciera con *Jehovah, el Dios Altísimo, creador de los cielos y la tierra* (v. 22). Esta identificación de Dios es una proclamación de un sólo Dios verdadero en medio del politeís-

El diezmo

Y Abram le dio a él el diezmo de todo (14:20). De este versículo se desprenden varios principios importantes en cuanto al diezmo los cuales debemos aplicar:

1. Debemos dar en el lugar adecuado. Abram dio su diezmo al sacerdote del lugar. En nuestro caso debemos darlo en la congregación de nuestra iglesia.
2. Debemos dar la cantidad adecuada. El diezmo es lo establecido por el Señor como el mínimo.
3. Debemos dar con el motivo adecuado. Abram lo hizo por gratitud a todo lo recibido de la mano del Señor.
4. Debemos dar en el momento adecuado. Inmediatamente que Abram obtuvo la victoria entrega sus diezmos. Inmediatamente que recibimos los recursos que Dios nos da, es el momento para dar al Señor nuestro diezmo de gratitud.

¿Quién era Melquisedec?

La Epístola a los Hebreos menciona a Melquisedec como un rey parecido a Cristo. En verdad sabemos muy poco de este rey. Aparece en esta ocasión, y después desaparece de las páginas del A. T. No sabemos nada de su familia, excepto que era rey de Salem y sacerdote del Dios Altísimo. Evidentemente era rey prominente en el mundo de aquel lugar, de tanto prestigio que Abram se inclinó y le dio el diezmo.

Cristo es mencionado en Hebreos como sacerdote según el orden de Melquisedec, puesto que no tiene linaje mencionado en las Sagradas Escrituras. Fue inmortalizado por el autor de esta epístola; de otra manera hubiera sido personaje de menor importancia.

Trato de Abram con el rey de Sodoma

21 Entonces el rey de Sodoma dijo a Abram:
—Dame las personas, y toma para ti los bienes.
22 Abram respondió al rey de Sodoma:
—He hecho votos* a Jehovah, el Dios Altísimo, creador de los cielos y de la tierra, **23** que
no tomaré ni un hilo, ni la correa de un calzado, nada de todo lo que es tuyo, para que no digas después: "Yo enriquecí a Abram." **24** Yo
no tomaré nada, excepto lo que han comido los jóvenes y la parte de los hombres que fueron conmigo: Aner, Escol y Mamre. Ellos sí tomarán su parte.

*14:22 Lit., *He alzado mis manos*

---

mo cananeo. Además es un acto de atribución de títulos y honores divinos reconocidos por los pobladores locales al Dios personal de Abram. Una vez más se nota la fidelidad de Abram para con Dios en no depender de ganancias que le pudieran comprometer con su llamado. Afirma así la aceptación de las condiciones de Dios en el logro de las promesas. El rescatado Lot y familia regresan nuevamente a Sodoma, donde más tarde encuentra un final trágico.

> **Las contribuciones de Abraham**
> 14:1-24
>
> 1. La vida de Abraham nos enseña que Dios es soberano de todo y autor de un pacto por el cual los hebreos llegan a ser una nación especial. Esa relación fue tan estrecha que Dios mismo llega a ser conocido como "el Dios de Abraham" (Exo. 3:6).
> 2. Por medio de Abraham Dios revela su plan de salvación (Exo. 2:24).
> 3. Las promesas que Dios le dio a Abraham llegan a ser realidad en las generaciones siguientes (Exo. 32:13; 33:1).
> 4. Abraham ilustra que por la fe es posible llegar a ser conocido como amigo de Dios (2 Crón. 20:7).

3. El pacto de Dios con Abram y sus pruebas, 15:1—18:15

Esta sección es sumamente importante porque introduce los temas de fe y pacto los cuales han de jugar un papel predominante en el desarrollo del plan redentor de Dios. El pacto es la expresión más concreta y cercana a la fidelidad de Dios en cumplir su promesa inicial. Está dado en el modelo cultural de la época aunque con un significado especial. La respuesta correcta al pacto es la fe, ingrediente hasta ahora no expresado en las reacciones de Abram. El pacto tiene sus condiciones y su cumplimiento no está libre de situaciones de pruebas que han de forzar a Abram a tomar decisiones correctas, a corregir las decisiones erradas y por sobre todas las cosas, a ejercitar la paciencia y experimentar la misericordia de Dios.

(1) Dios sella su llamado con un pacto, 15:1-21. Después del incidente de guerra y del encuentro con Melquisedec, aparentemente Abram queda con el temor de posibles conflictos y con dudas en cuanto al cumplimiento de la promesa de parte de Dios. Dios se le aparece, esta vez en visión de noche (v. 5) y se desarrolla un diálogo progresivo que finalmente termina en una relación de pacto entre Dios y Abram. El desarrollo del encuentro se centra en los dos intereses fundamentales en el cumplimiento del plan redentor de Dios: descendencia y tierra. Dios inicia el diálogo dando seguridad en relación a los dos temores de Abram. En cuanto a posibles conflictos, Dios mismo se ofrece como el escudo de Abram. El escudo era el artefacto defensivo de protección del guerrero, imprescindible en las luchas con las armas usadas: espadas, flechas y lanzas. Y aunque Abram rechazara el botín de guerra como galardón, Dios le ofrece un

> **Joya bíblica**
> **"No temas, Abram. Yo soy tu escudo, y tu galardón será muy grande" (15:1).**

Pacto de Jehovah con Abram

15 Después de estas cosas vino la palabra de Jehovah a Abram en visión, diciendo:

—No temas, Abram. Yo soy tu escudo, y tu galardón será muy grande.

2 Abram respondió:

— Oh Señor Jehovah, ¿qué me has de dar? Pues continúo sin hijos, y el heredero* de mi casa será Eliezer, de Damasco. **3** —Añadió Abram—: A mí no me has dado descendencia, y he aquí me heredará un criado nacido en mi casa.

4 Y he aquí que la palabra de Jehovah vino a él diciendo:

—No será éste el que te herede, sino que alguien que salga de tus entrañas será el que te herede.

*15:2 Lit., *hijo de mi patrimonio*; otra trad., *mayordomo*

---

galardón más excelente. Este galardón en términos generales se refiere más bien a la tierra como más tarde se especifica. Abram acepta la protección, pero presenta a Dios el problema central: No tiene un hijo, por tanto el galardón no tiene sentido. Eliezer de Damasco, fiel criado de Abram, según la costumbre legal, podría eventualmente ser adoptado y ser el heredero. Damasco, una ciudad de Aram, la actual Siria, es una de las ciudades más antiguas de población continuada. Por primera vez Abram reclama y atribuye a Dios la carencia de hijos. Hasta ahora Dios le había hablado de descendientes, pero no específicamente de un hijo, inicio de descendencia.

Ante la queja, Dios asegura a Abram que tendrá como heredero un hijo propio. Por primera vez Dios menciona a Abram la posibilidad de un hijo biológico. Esto ante la realidad de que tanto Abram como Sarai

Semillero homilético

Dios alienta a Abram

15:1-6

Introducción: Abram acababa de obtener una victoria sobre la alianza de reyes mesopotámicos, sin embargo es evidente que ante lo desconocido le asalta el temor. Es interesante que las proezas de la fe nunca hacen que la persona confíe en sí mismo, sino que al contrario se sienta aún más necesitado del Señor. En esa situación Dios alienta a Abram en tres maneras:

I. Dios alienta a Abram con su palabra.

La expresión *No temas* dice que Dios ha tomado en cuenta todas las circunstancias y conoce exactamente lo que hay que hacer y lo que él mismo hará. Dios alienta a sus hijos cuando no saben qué hacer y sienten que la inseguridad comienza a invadir su corazón.

II. Dios alienta a Abram con su poder.

Yo soy tu escudo. Dios mismo se pone al frente para defender al creyente en él. Con razón los salmistas pudieron decir con confianza: *Dios es nuestro amparo y fortaleza, nuestro pronto auxilio en las tribulaciones, por tanto no temeremos* (Sal. 46:1, 2a). *El que habita al abrigo del todopoderoso morará bajo la sombra del omnipotente. Diré yo a Jehovah: esperanza mía y castillo mío; mi Dios, en quien confiaré* (Sal. 91:1, 2).

III. Dios alienta a Abram con un incentivo sublime.

Y tu galardón será muy grande. Dios asegura que la totalidad de nuestros éxitos no los hemos recibido todavía, sino que más adelante él tiene algo mejor para nosotros. Por eso los cristianos podemos decir con confianza: "Lo mejor está un poco más adelante."

Conclusión: La respuesta de Abram: *El creyó a Jehovah y le fue contado por justicia* (v. 6). Abram aceptó el mensaje y la palabra del Señor y con calma descansó en su fidelidad. La fe en la palabra de Dios siempre produce resultados maravillosos: (1) transforma al creyente; y (2) justifica al creyente. Nunca seremos iguales cuando depositamos nuestra confianza en las promesas del Señor.

5 Entonces lo llevó fuera y le dijo:
—Mira, por favor, al cielo y cuenta las estrellas, si acaso las puedes contar. —Y añadió—: Así será tu descendencia.
6 El creyó a Jehovah, y le fue contado por justicia. 7 Entonces le dijo:
—Yo soy Jehovah, que te saqué de Ur de los caldeos, para darte esta tierra como posesión.
8 El respondió:
—Oh Señor Jehovah, ¿cómo sabré que yo la he de poseer?

---

eran viejos y Sarai era estéril. Pero juntamente con la promesa de un hijo, Dios asegura a Abram una descendencia tan numerosa que como las estrellas del cielo sería imposible contar. La respuesta de Abram aquí es importantísima. Es una respuesta de fe a la promesa de Dios. En la relación de Abram con Dios hasta ahora había obediencia, adoración y renunciamientos. Por primera vez Abram se apropia de la fe que es la respuesta correcta a las promesas de Dios. Todas las acciones de respuestas anteriores eran necesarias, pero faltaba la fundamental en la relación Dios-hombre. Hebreos 11 explica claramente lo que es la fe. Esencialmente es una convicción firme que mueve a uno a aceptar como realidad aquello que Dios promete y vivir conforme a esa realidad. Ante esa respuesta de Abram, Dios le concede una nueva posición, una nueva condición. Como Noé anteriormente, ahora Abram también es justo delante de Dios. Justicia es la relación correcta entre el hombre y Dios. Es el ajuste de conducta al modelo de Dios. Por parte de Dios es conceder esa relación, no teniendo en cuenta la iniquidad del hombre. En el lenguaje del NT, la justicia es el regalo de Dios a la respuesta de fe en Jesucristo (Rom. 5:1, 2). Tanto el apóstol Pablo como luego los hombres que iniciaron la Reforma protestante, han usado el modelo de la respuesta de fe de Abram como central en fundamentar la justificación por la fe. El apóstol Pablo la desarrolla ampliamente en Romanos 4 y Gálatas 2-4.

Una vez resuelta la cuestión de la descendencia, el diálogo continúa durante el día, centrándose ahora en el otro problema: la tierra. Dios toma la iniciativa en reafirmar a Abram su llamado desde Ur de los caldeos y la posesión de la tierra prometida. Más que reafirmación, Abram esta vez reclama una prueba de la seguridad de dicha posesión. La manera que Dios asegura a Abram es a través de un pacto. El pacto en la cultura patriarcal es un acuerdo solemne entre dos partes, las cuales se

Semillero homilético

Fe y justicia

15:6

Introducción: Mientras Dios y Abram hablaban, lo único que tenían como testimonio de su acuerdo era la palabra de ambos. No había experiencias espectaculares ni dramáticas como la de la zarza (Exo. 3:2); o la transformación de una vara en serpiente (Exo. 4:3). Las experiencias más sublimes y las decisiones más trascendentales de nuestra vida suelen ocurrir en el diálogo sencillo, franco y directo entre el creyente y su Señor. Veamos las dos partes de este hermoso versículo:

I. El (Abram) creyó a Jehovah.
1. Obedeció para ir al lugar que había de recibir por herencia sin saber a dónde iba (Heb. 11:8).
2. Habitó como extranjero en la tierra prometida como en tierra ajena morando en tiendas (Heb. 11:9).
3. Ofreció a Isaac en quién estaban cifradas sus esperanzas del cumplimiento de la promesa (Heb. 11:17).

II. Y le fue contado por justicia
Por causa de aquel acto de fe, Abram vino a ser:
1. Por medio de su descendencia el heredero de toda la tierra que Dios le estaba dando.
2. El padre de la nación hebrea, y el padre del pueblo de Dios.
3. El progenitor de Jesucristo en cuanto a sus raíces humanas.
4. El padre de todos los creyentes.

Conclusión: ¿Ha pensado usted en el alcance que puede tener el acto de creer en la palabra de Jehovah?

9 Le respondió:
—Tráeme una vaquilla de tres años, una cabra de tres años, un carnero de tres años, una tórtola y un pichón.
10 El tomó todos estos animales, los partió por la mitad y puso cada mitad una frente a otra. Pero no partió las aves.
11 Entonces descendieron unos buitres sobre los cuerpos muertos, y Abram los ahuyentaba.
12 Pero cuando el sol estaba por ponerse, cayó sobre Abram un sueño profundo, y he aquí que se apoderó de él el terror de una gran oscuridad.

---

comprometen mutuamente en alianza con el propósito de cumplir ciertas condiciones especificadas. Eran practicadas varias clases de pactos. Los más comunes eran los pactos de iguales, en el cual dos personas o pueblos entraban en alianza en igualdad de condiciones mutuas. Otro tipo de pacto era el del vasallo al soberano. En este pacto el vasallo, generalmente el vencido en la guerra, se comprometía incondicional y unilateralmente a las condiciones impuestas por el vencedor o soberano más poderoso. En el pacto de Dios ocurre algo muy especial: Dios, el Señor y más poderoso, entra en alianza con su vasallo imponiéndose él mismo condiciones unilaterales. El pacto de Dios no es otra cosa que la expresión concreta de su gracia que le concede al hombre todo a cambio de nada.

Pero la concreción del pacto se desarrolla lentamente. Primero, Dios pide a Abram que prepare un acto ritual con animales especificados. Como parte de la realización de pactos, los actos rituales eran muy importantes. En estos actos, los animales se parten por la mitad para un sacrificio. Las partes en alianza pasan por el medio concretando así solemnemente el compromiso. Luego se ofrecen los animales en sacrificio a la divinidad a quien se considera testigo de la alianza. Parte se deja para la comida ritual que se comparte. Abram prepara los animales y espera hasta el atardecer luchando con las aves de rapiña y con la angustia que se apodera de él por la tardanza de Dios.

Segundo, Dios se le aparece y le declara que sus descendientes no podrán poseer la tierra sino hasta la cuarta generación y que por 400 años estarán esclavizados en un país extranjero. La razón de la tardanza se debe a la paciencia y misericordia de Dios para con los habitantes de Canaán que, aunque eran pecadores en extremo, Dios les seguiría soportando y les concedía tiempo largo pero específico para arrepentimiento antes de su juicio. Por parte de la descendencia de Abram, este lapso histórico hace referencia específica a la esclavitud y opresión en Egipto. La descendencia de Abram debe también soportar con paciencia al igual que Dios, los efectos de la pecaminosidad y crueldad del hombre.

Tercero, al oscurecer Dios, en la presencia de una antorcha ardiente, pasa él sólo por en medio de los animales sacrificados como acto solemne de compromiso a su aliado Abram. Aquí vemos la clase de pacto especial de Dios con Abram. Es Dios quien unilateral e incondicionalmente se compromete.

Cuarto, el pacto se cristaliza especificando los términos comprometidos: Dios ha de conceder la tierra a los descendientes de Abram. Esta promesa posee dos

Más allá de lo imposible
15:4, 5

Abram ya tenía 75 años y la frustración de no tener un hijo pesaba sobre su corazón y desanimaba sus sentimientos. La promesa de Dios de que tendría una descendencia como las estrellas del cielo que no se pueden contar, debe haber entusiasmado la imaginación de Abram. Sin embargo, eso era imposible. El ya era un hombre viejo y su esposa era estéril, pero cuando Dios interviene todo es posible, aún lo imposible. Los planes que Dios tiene para nosotros pueden parecer imposibles. A veces pensamos que estamos fuera de toda posibilidad o esperanza, pero recordemos: ¡para Dios nada es imposible!

13 Entonces Dios dijo a Abram:
—Ten por cierto que tus descendientes serán
extranjeros en una tierra que no será suya, y
los esclavizarán y los oprimirán 400 años.
14 Pero yo también juzgaré a la nación a la
cual servirán, y después de esto saldrán con
grandes riquezas. **15** Pero tú irás a tus padres
en paz y serás sepultado en buena vejez. **16**
En la cuarta generación volverán acá, pues
hasta ahora no ha llegado al colmo la maldad
de los amorreos.

17 Y sucedió una vez que el sol se puso y
hubo oscuridad que he aquí, apareció un
horno humeante, y una antorcha ardiendo
pasó por en medio de los animales divididos.*
18 Aquel día Jehovah hizo un pacto con
Abram diciendo:
—A tus descendientes daré esta tierra, desde
el arroyo* de Egipto hasta el gran río, el río
Eufrates; **19** la tierra de los queneos, quenezeos, cadmoneos, **20** heteos, ferezeos, refaítas,
21 amorreos, cananeos, gergeseos y jebuseos.

*15:17 Lit., *piezas* (de los animales)
*15:18 Lit., *río*

---

nuevos ingredientes. Primero, se mencionan los límites geográficos. Este incluye todo el territorio que está ubicado entre el río de Egipto (posiblemente se refiera al estrecho mar Rojo que ha servido de límite natural a Egipto) al sur y el río Eufrates al norte. La posesión de todo este territorio siempre permaneció como un ideal en la historia de Israel. En tiempo de Salomón, aunque no se lograra dicha posesión territorial, por el predominio político, por lo menos se llegó a tener una fuerte influencia sobre las diferentes naciones que ocuparon este territorio ideal. Segundo, se mencionan específicamente a diez grupos étnicos, habitantes de Canaán que serán juzgados y despojados de su tierra. Los *queneos* están identificados como un grupo nomádico que luego se especializan en la metalurgia y que sobreviven con identidad étnica aún en tiempo de los jueces (Jue. 4.11) y David (1 Sam. 30:29). No es tan fácil identificar a los *quenezeos*, pero estos habitaban también Canaán posiblemente asociados con otros grupos. Los *cadmoneos* o gentes del oriente eran semitas de vida nomádica. Habitaban mayormente los desiertos, pero algunos grupos estaban también en Canaán. Por lo general, referencias históricas, literarias y arqueológicas indican que los queneos, quenezeos y cadmoneos estaban asociados entre sí. Los *heteos*, oriundos de Asia Menor, en un tiempo formaron un imperio e invadieron hacia el sur hasta llegar a Canaán donde grupos de ellos quedaron bien establecidos (23:10, 26:34). Los *ferezeos*, posiblemente más que una identidad étnica, constituían un grupo de personas que tenían un estilo peculiar de vida en Canaán. Los *refaítas* se refiere a los habitantes gigantes de Canaán que sobrevivieron aún en el tiempo de la conquista (Deut. 3:11). Los *amorreos* o gentes occidentales eran originarios de Siria y llegaron a ocupar la parte norte de Canaán. Ellos se establecieron en las zonas montañosas de Canaán. Los *cananeos*, quienes se identificaban con el nombre de la tierra que significa "púrpura" por la tintura que hizo famosa al lugar en el teñido de telas, habitaban las llanuras tanto marítimas como las del Jordán. Los términos amorreos y cananeos se usaban muchas veces indistintamente para señalar a cualquier habitante o grupo étnico de Canaán o para indicar a un poblador de la zona montañosa (amorreo) o del valle (cananeo). Los *gergeseos*, eran posiblemente una tribu importante de los cananeos bien identificables en ese tiempo. En tiempo de Jesús posiblemente los "gadarenos" o "gerasenos" tienen la misma identidad étnica (Mat. 8:28). Los *jebuseos* eran los habitantes de Sión, gentes que fueron conquistadas recientemente por el rey David. Según la lista genealógica y de naciones del cap. 10, los heteos, jebuseos, amorreos y gergeseos son todos descendientes de Canaán, hijo de Cam. En la lista de pue-

Problemas de Agar y de Ismael

16 Sarai, mujer de Abram, no le daba hijos; pero ella tenía una sierva egipcia que se llamaba Agar. 2 Entonces Sarai dijo a Abram:
—He aquí que Jehovah me ha impedido concebir. Unete, por favor, a mi sierva; quizás yo tenga hijos por medio de ella.
Abram hizo caso de las palabras de Sarai.
3 Y Sarai su mujer tomó a Agar, su sierva egipcia, después de haber vivido diez años en la tierra de Canaán, y se la dio por mujer a Abram su marido.
4 Abram se unió a Agar, y ella concibió. Pero al ver que había concebido, empezó a mirar con desprecio a su señora.*
5 Entonces Sarai dijo a Abram:

*16:4 Lit., *su señora era despreciada ante sus ojos*

---

blos a conquistar por Moisés no se mencionan a los queneos, quenezeos, cadmoneos ni a los refaítas (Exo. 3:17).

La Biblia no registra la respuesta de Abram a este acto tan solemne de Dios. Se limita simplemente a presentar testimonios de las acciones de Abram en esta nueva relación con Dios. De aquí en adelante la relación de Dios con los patriarcas y luego con su pueblo tendrá como centro de referencia el pacto. En el NT el centro de referencia es el Nuevo Pacto sellado no ya en un acto ritual de sacrificio animal, sino con la muerte expiatoria de Jesucristo, el Hijo de Dios (Luc. 22:14-20).

(2) Agar e Ismael, 16:1-16. Después del pacto, Abram toma una determinación que tiene sus consecuencia hasta el día de hoy. Esta acción de Abram indica la lucha humana en la vida de espera en Dios y en sus promesas. La concesión del pacto implica una seguridad inigualable, pero no una garantía de que el hombre de fe no tendrá sus luchas y hasta sus errores en su nueva relación con Dios.

El problema confrontado es la falta de descendencia. Aún después de la promesa de un hijo a Abram, Sarai no le daba hijos. Sintiéndose responsable de la situación, Sarai toma la iniciativa para una solución. El plan de Sarai era que Agar, su sierva adquirida en Egipto, sea la madre biológica del hijo de Abram, y ella la madre legal. Según códigos de leyes encontrados, esta práctica era común en ese tiempo, similar al recurso de los bebé-probeta o de matriz-sustituta de nuestros tiempos. No contradecían la moral o la religión y estaban aprobadas por leyes específicas. Las dos esposas de Jacob usan de la misma práctica para aumentar los hijos a Jacob. Tres argumentos permiten la aceptación de este plan: Primero, el reconocimiento de la esterilidad de Sarai que humanamente era irreversible. Segundo, se responsabiliza a Dios por la imposibilidad de concepción en ella. Aquí se implica directamente a Dios lo que da más fuerza al proyecto presentado. Y tercero, ya habían pasado 10 años desde que Abram llegara a Canaán y todo seguía igual. Estos argumentos —biológico, teológico e histórico— debilitan la espera de Abram en Dios. Además, hasta este punto en la promesa de hijo, Sarai no había sido mencionada directamente. El "proyecto Ismael" es la solución con recursos humanos del cumplimiento de la promesa de Dios de dar descendencia. Aparentemente es un proyecto sabio, alcanzable y la sustitución precisa para instrumentar el plan redentor de Dios. Pero este proyecto no podrá sustituir a la promesa de Dios y será rechazado.

Pero surge un conflicto entre Sarai y Agar una vez que ésta queda embarazada de Abram. Además de los celos y menosprecios, el conflicto se agrava por el temor de Sarai de perder ante Agar su lugar de señora de Abram (Prov. 30:21-23). Sarai consigue primero el apoyo total de su esposo y luego aflige a Agar de tal manera que ésta huye y se dirige a Egipto por el camino del desierto de Shur al sur de Beerseba.

Sin embargo, aquí no termina este pro-

—Mi agravio recaiga sobre ti. Yo puse a misierva en tu seno; y ella, viéndose encinta, me mira con desprecio.* Jehovah juzgue entre tú y yo.
6 Abram respondió a Sarai:
—He aquí, tu sierva está en tus manos. Haz con ella como te parezca bien.
Como Sarai la afligía, ella huyó de su presen-
cia. 7 Pero el ángel de Jehovah la encontró en
el desierto junto a un manantial de agua (el manantial que está en el camino de Shur), 8 y
le dijo:
—Agar, sierva de Sarai, ¿de dónde vienes y a dónde vas?
Ella respondió:
—Huyo de la presencia de Sarai, mi señora.
9 El ángel de Jehovah le dijo:
—Vuelve a tu señora y sométete a su autoridad. 10—Le dijo también el ángel de Jeho-
vah—: Multiplicaré tanto tus descendientes, que no podrán ser contados a causa de su gran
número. 11 —Le dijo además el ángel de Je-
hovah—: He aquí que has concebido y darás a

*16:5 Lit., *llegué a ser despreciada ante sus ojos*

---

yecto humano. Dios por intermedio del ángel de Jehovah aparece y habla a Agar. El ángel de Jehovah es otra manifestación del mismo Dios que se hace presente y visible para ayudar al hombre. Su intervención a través de la relación de Dios con su pueblo tiende a ser para salvación y se lo asocia con el propósito redentor de Jesucristo. Literalmente ángel significa *mensajero* y en esta ocasión Agar recibe de Dios este mensaje: Primero, ella debe volver a Sarai y restablecer la sumisión en la relación ama-sierva. En este tipo de relación social de entonces, el amo tenía una autoridad total y absoluta sobre los siervos quienes eran considerados como una propiedad más. Esta acción era necesaria y demuestra la voluntad de Dios que cada ser humano tenga protección, el beneficio de una familia establecida y dignidad al nacer. ¡Cuántos niños en América Latina nacen y aun se crían sin el beneficio de un padre, de una familia y de un hogar! Estas condiciones indignas para un ser humano

Una sierva egipcia que se llamaba Agar
16:1—21:21

Agar frecuentemente se mantiene en las sombras por las dos personas que controlaron su vida: Abraham y Sara. La historia de su vida, sin embargo, está unida a la del padre de la nación hebrea. Dios escogió a esta humilde sierva para ser la madre del hijo que llegó a ser el padre de las naciones árabes.

Cuando Agar se dio cuenta que estaba esperando un hijo de su señor Abraham, sintió el orgullo propio de su maternidad y vio con cierto desprecio a su señora quien era incompetente para tener hijos. Esto trajo muchos problemas a Abraham en su relación con Sara y muchos sufrimientos para Agar. Todas las circunstancias pudieron haber hecho daños emocionales profundos sobre la vida del niño de la sierva a quien se llamó Ismael, sin embargo Agar nunca expresó resentimiento por haber tenido un hijo, al contrario ella lo recibió con gozo, lo amó y lo cuidó en medio de las circunstancias tan complicadas.

Agar y su hijo, Ismael, tenían muchas cosas en común. Ambos fueron echados fuera de la casa de Abraham. Ambos experimentaron la tortura del calor del desierto cuando Sara exigió que Abraham los enviara lejos de su vista. Ambos llegaron a ser despreciados por aquellos que alguna vez los habían utilizado para su beneficio personal. Con todo ambos siempre mantuvieron una actitud positiva hacia la vida y se mantuvieron siempre unidos.

El secreto de la fortaleza de Agar estaba en su fe en Dios quien se le apareció en el desierto. Allí ella aprendió que vale la pena relacionarse con Dios y confiar en sus promesas. Hasta el día de hoy la historia de Agar nos ilustra el profundo interés del Señor por las personas que han sido abusadas, oprimidas y despreciadas. También nos enseña que el temor de Dios en nuestra vida es lo más importante que podemos tener.

luz un hijo. Y llamarás su nombre Ismael,* porque Jehovah ha escuchado tu aflicción. **12** El será como un asno montés, un hombre cuya mano estará contra todos, y las manos de todos estarán contra él. Y habitará frente a todos sus hermanos.

13 Ella invocó el nombre de Jehovah, que hablaba con ella, y dijo:

—Tú eres un Dios que me ve.*

Pues pensó: "¿Acaso no he visto aquí al que me ve?"* **14** Por eso llamó al pozo Beer-lajai-roí.* He aquí que está entre Cades y Bered.

15 Agar dio a luz un hijo a Abram, y Abram llamó el nombre de su hijo que le dio Agar, Ismael. **16** Abram tenía 86 años cuando Agar le dio a luz a Ismael.

*16:11 Significa *Dios escucha.*
*16:13 Otra trad., *que vela por mí*
*16:13 Otra trad., *que vela por mí*
*16:14 Significa *pozo del Viviente que me ve.*

afectan el presente y hacen peligrar el futuro de cualquier nación. Segundo, al ángel le asegura del nacimiento de un hijo y le concede el nombre de *Ismael* (Dios escucha) que es la respuesta de Dios al clamor de Agar por su aflicción. Tercero, declara la descendencia múltiple de Ismael y el destino histórico de esa descendencia: Sobrevivencia en medio de hostilidades a base de su fortaleza y persistencia.

En respuesta, Agar reconoce la presencia de Dios que la ha visto y respondido en su aflicción, adora y denomina al manantial en memoria de su encuentro con Dios. Este oasis será el lugar de encuentro entre Isaac y Rebeca (24:62). Esta experiencia de Agar es muy significativa porque indica que seguramente al servir de matriz-sustituto el propósito redentor de Dios a través de la descendencia fue transmitida a ella. Y ella demuestra que se había apropiado de la fe patriarcal en estos actos: Reconoce la importancia de la descendencia, clama e identifica al Dios verdadero en su experiencia, adora y nombra el lugar en memoria de su encuentro con Dios. Además, ella obedece la indicación de Dios y vuelve a su señora. Aquí vemos la intervención de Dios y la posibilidad de una fe significativa en una persona de raza ajena a Abram y del más bajo nivel social (Hech. 10:34, 35).

Joya bíblica

Ella invocó el nombre de Jehovah, que hablaba con ella, y dijo: "Tú eres un Dios que me ve". Pues pensó: "¿Acaso no he visto aquí al que me ve?" (16:13).

Verdades prácticas

De Agar podemos aprender:

1. La humildad para buscar a Sara a pesar de que ella la había tratado mal.
2. A expresar nuestro amor y cariño hacia nuestros hijos a pesar de todos los problemas que ellos puedan ocasionarnos.

De Agar debemos evitar:

1. Burlarnos de otras personas menos afortunadas que nosotros para cumplir ciertas funciones naturales.
2. Abandonar a alguien que tiene mucha necesidad solamente porque en ese momento no sabemos lo que podemos hacer para resolver el problema.

Finalmente nace el hijo dentro de la familia de Abram. Esto ocurre a los 86 años de Abram, once años después de responder al llamado de Dios. *Ismael* (v. 15), nombre indicado por el ángel de Jehovah a Agar, es el nombre que Abram escoge para su hijo. Significa "Dios escucha". El nombre es apropiado porque a pesar de que este hijo no fue parte del plan de Dios, sin embargo, Dios había escuchado a Agar en su aflicción, y más tarde escuchará también el pedido de Abraham sobre Ismael (17:20). Pero también hay ironía en el nombre. Quizás se atribuye a la respuesta de Dios un plan que fue totalmente humano y que causaría

El pacto y la circuncisión

17 Abram tenía 99 años cuando Jehovah se le apareció y le dijo:
—Yo soy el Dios Todopoderoso;* camina delante de mí y sé perfecto. **2** Yo cumpliré mi pacto entre yo y tú, y te multiplicaré en gran manera.
3 Abram se postró sobre su rostro, y Dios habló con él diciendo:
4 —He aquí que mi pacto es contigo: Tú serás padre de muchas naciones. **5** Ya no se llamará más tu nombre Abram;* tu nombre será Abraham,* pues te he constituido en padre de una multitud de naciones. **6** Yo te haré muy fecundo; de ti haré naciones, y reyes saldrán de ti. **7** Yo establezco mi pacto como pacto perpetuo entre yo y tú, y tu descendencia después de ti por sus generaciones, para ser tu Dios y el de tu descendencia después de ti.
8 Yo te daré en posesión perpetua, a ti y a tu descendencia después de ti, la tierra en que resides, toda la tierra de Canaán. Y yo seré su Dios.

*17:1 Heb., *El Shadai*
*17:5a Significa *padre excelso*.
*17:5b Significa *padre excelso de una multitud.*

tanto conflicto desde el principio hasta hoy día. La estabilidad mundial depende en gran parte de la precaria y hostil relación política entre el estado de Israel y las naciones árabes, descendientes de Ismael.

(3) Dios reafirma su pacto con Abram, 17:1-27. Desde el nacimiento de Ismael pasan trece años en los cuales la

Semillero homilético

Demasiado viejo

17:1-5

Introducción: Abram era de noventa y nueve años de edad cuando el Señor se le apareció. Puede ser que había muchas cosas que ya no podía hacer con la misma facilidad que cuando era más joven, pero nunca se es demasiado viejo para tener nuevas experiencias con Dios.

I. ¿Demasiado viejo para creer que el Dios Todopoderoso está contigo? (v. 1).
1. No importa nuestra edad ni nuestra circunstancia, Dios desea que confiemos en él como nuestro "Shadai" (el que puede hacer lo que desea, como desea y cuando desea).
2. El Todopoderoso está a nuestro lado y por lo tanto podemos estar seguro que nuestra vida está bien cuidada.

II. ¿Demasiado viejo para andar delante del Señor con rectitud? (v. 1).
1. "Andar" en la Biblia es siempre una referencia a nuestro estilo de vida, a nuestra conducta en la vida diaria. Los creyentes debemos actuar con el sentimiento del hecho que Dios está cerca de nosotros.
2. Sé perfecto es una orden relacionada con el carácter de la persona. Dios demanda una renovación del corazón, de los sentimientos y de las actitudes y valores que gobiernan nuestra vida.

III. ¿Demasiado viejo para adorar a Dios? (v. 3).
1. Abraham se postró sobre su rostro. La mejor respuesta que un creyente puede hacer al Señor es someterse a él con humildad.
2. Y Dios habló con él. Cuando nos acercamos sumisos al Señor él nos comunica sus deseos y con claridad nos dice sus planes.

IV. ¿Demasiado viejo para un cambio radical? (v. 5).
1. Tu nombre será Abraham. El nombre es símbolo de la expectaciones que Dios tiene para el creyente.
2. De ti haré naciones. El que no tenía hijos llegará a ser padre de naciones por haberse sometido a la voluntad del Señor.

Conclusión: Puede ser que usted piense que la historia de su vida ya está escrita. Que es muy tarde para cambios radicales. No lo crea. La experiencia de Abram a sus noventa y nueve años es una evidencia de que nunca se es demasiado viejo para hacer cosas significativas en nuestra vida.

9 Dios dijo de nuevo a Abraham:
—Pero tú guardarás mi pacto, tú y tus descendientes después de ti, a través de sus generaciones. **10** Este será mi pacto entre yo y vosotros que guardaréis tú y tus descendientes después de ti: Todo varón de entre vosotros será circuncidado. **11** Circuncidaréis vuestros prepucios, y esto será la señal del pacto entre yo y vosotros. **12** A los ocho días de nacido será circuncidado todo varón de entre vosotros, a través de vuestras generaciones; tanto el nacido en casa como el comprado con dinero a cualquier extranjero que no sea de tu descendencia. **13** Deberá ser circuncidado el nacido en tu casa y el comprado con tu dinero. Así estará mi pacto en vuestra carne como pacto perpetuo. **14** El hombre incircunciso, que no haya circuncidado su prepucio, esa persona será borrada de su pueblo, porque ha violado mi pacto.

Promesa del nacimiento de Isaac

15 Dios dijo también a Abraham:
—A Sarai* tu mujer no la llamarás más Sarai; Sara* será su nombre. **16** Yo la bendeciré y también te daré de ella un hijo. Sí, yo la bendeciré; ella será madre de naciones, y de ella procederán reyes de pueblos.

*17:15a Significa *princesa mía.*
*17:15b Significa *princesa.*

vida de Abram se desarrolla sin ningún cambio. Aparentemente el proyecto humano, Ismael, fue la solución a la tardanza de Dios, a la edad de Abram y a la esterilidad de Sara. Pero Dios, quien es fiel a su propósito pese al error humano, se aparece nuevamente a Abram para reafirmar el pacto original y comprometerle nuevamente a esa relación ya establecida. La identificación de Dios como el Todopoderoso (*Shadai* 7706) indica la majestad y poder del Dios de los patriarcas. Varias veces en Génesis, frente a fuerzas y poderes influyentes y contrarios, se identifica a Dios como el Todopoderoso (28:3, 35:11, 43:14, 48:13). En la reafirmación del pacto aparecen varios nuevos elementos: Primero, una demanda de vida perfecta en relación a Dios. Esta relación implica una vida de conducta diferente. La fe y la moral siempre van juntos en la relación del hombre con Dios. Segundo, hay un cambio de nombre de Abram (padre excelso) a Abraham (padre excelso de una multitud). Este cambio obedece a la nueva realidad que Dios determina para Abram: el ser padre de una multitud de naciones y reyes. El pacto de Dios se extiende perpetuamente a esta descendencia. En dicho pacto, Dios se proclama Dios de la descendencia y le concede Canaán por posesión perpetua.

El tercer elemento es la circuncisión como señal de ese pacto perpetuo. La circuncisión es el corte del exceso de piel que cubre el prepucio del órgano genital masculino. Era una práctica común en muchas culturas contemporáneas a los patriarcas. Generalmente era practicada al varón en

Ismael

Su nombre significa "Dios oye" o "Dios escucha". Hijo de la relación entre Abraham y su concubina egipcia llamada Agar quien era sierva de Sara (16:1).

Ismael llegó a ser el progenitor de los ismaelitas, esto es de todas las naciones árabes. La descripción de Ismael dada en 16:12 lo presenta como una persona alejada de la comunidad humana, severo y violento.

Por la insistencia de Sara, Abraham tuvo que sacar a Agar e Ismael de la casa. Caminando por el desierto Ismael está a punto de morir de sed cuando el ángel del Señor dirige a Agar a encontrar un pozo.

En 21:20 se nos cuenta que Dios estaba con el muchacho, el cual creció y habitó en el desierto, y llegó a ser un tirador de arco.

Ismael se casó con una egipcia que su madre escogió para él (21:21). Ismael tuvo doce hijos (25:12-16) quienes habitaron al norte de Arabia.

La historia bíblica nos cuenta que fue a un grupo de ismaelitas que José fue vendido por sus hermanos y llevado a Egipto (37:25).

17 Entonces Abraham se postró sobre su
rostro y se rió diciendo en su corazón: "¿A un
hombre de 100 años le ha de nacer un hijo? ¿Y
Sara, ya de 90 años, ha de dar a luz?" **18** Luego
Abraham dijo a Dios:
—¡Ojalá Ismael viva delante de ti!
19 Y Dios respondió:
—Ciertamente Sara tu mujer te dará un hijo,
y llamarás su nombre Isaac.* Yo confirmaré
mi pacto con él como pacto perpetuo para su
descendencia después de él. **20** Y en cuanto a
Ismael, también te he oído: He aquí que le
bendeciré, le haré fecundo y le multiplicaré en
gran manera. El engendrará doce príncipes, y
yo le constituiré en una gran nación. **21** Pero
yo estableceré mi pacto con Isaac, que Sara te
dará a luz por este tiempo, el próximo año.

*17:19 Proviene del verbo *reír*.

su paso de niñez a adulto. Era un rito sexual al que posteriormente seguían prácticas sexuales fuera del matrimonio y asociados al culto a la fertilidad en la religión cananea. Dios saca este rito de su entorno sexual y pagano y lo integra como iniciación del niño al pueblo del pacto.

La circuncisión, como señal del pacto, tiene las siguientes características: Primera, es un mandamiento que debe guardarse en cada generación. Esta práctica llega a ser la marca de identificación de los israelitas a través de la historia. No es exclusiva de Israel: Es practicada también por los islámicos por razones religiosas y por otras culturas por otros motivos. Pero en los israelitas se la relaciona con el pacto. Como señal visible e imborrable en la carne indica el compromiso de cada generación con el pacto. Segunda, debe ser hecha al niño a los ocho días de su nacimiento. Además, se debe practicar al descendiente natural como al extranjero adquirido. Tercera, esta señal debe hacerse en el órgano genital o generacional del hombre quien en el sistema patriarcal eventualmente es el jefe y representante de toda la familia. No tiene entonces connotación de machismo o de exclusión de las mujeres del pacto. En el entendimiento cultural bíblico, el hombre es el responsable de continuar las generaciones. La circuncisión pues llega a ser la señal o seguridad de aceptación de la persona y su familia a los beneficios del pacto. Era la prueba de que el individuo y su familia pertenecían a la nación del pacto. El que rehusara esta señal era excluido de la congregación. Con la inclusión de los gentiles al pacto, el judaísmo exigía al devoto o prosélito la circuncisión como la ley lo indicaba. En el cristianismo primitivo surge una controversia en relación con la aplicación del rito de la circuncisión y otros ritos judíos a los gentiles convertidos (Hech. 15:1-31, Gál. 1:1—5:15). Después de una profunda consideración, los apóstoles, guiados por el Espíritu Santo, determinan como normativo liberar a los gentiles creyentes en Cristo Jesús del rito de la circuncisión, afirmándose que sólo la fe en Cristo es suficiente para la salvación tanto del judío como del gentil (Hech. 15:11).

El cuarto elemento es la promesa del nacimiento de un hijo a Abraham. Ahora, por primera vez, Dios menciona a Sarai en la promesa de un hijo. Siguiendo con su plan, Dios cambia también el nombre de Sarai (princesa mía) al de Sara (princesa), en anticipación de la confirmación de un hijo de ella. Dios indica además que personalmente ha de bendecir a Sara y ella llegará a ser madre de naciones y reyes. Abraham se ríe ante la propuesta pareciéndole ridículo tal posibilidad dada la edad de ambos. Como una solución más viable, Abraham recuerda a Dios de Ismael quien en ese entonces tenía ya 13 años y era el plan humano de descendencia. La promesa de un hijo demandaba fe en Dios y una espera adicional. A Abraham le parecía más fácil andar por lo visible y no por lo invisible en lo cual debía ejercitar nuevamente fe en Dios.

En respuesta Dios reafirma varias cosas: Primero, asegura a Abraham que Sara su

Abraham aplica la circuncisión

22 Dios acabó de hablar con él y subió de
donde estaba con Abraham. **23** Entonces
Abraham tomó a Ismael su hijo, a todos los
siervos nacidos en su casa y a todos los comprados con su dinero, a todo varón de las personas de la casa de Abraham; y aquel mismo
día circuncidó el prepucio de ellos, como Dios
le había dicho. **24** Abraham tenía 99
añoscuando circuncidó su prepucio. **25** Su hijo Ismael tenía 13 años cuando fue circuncidado su prepucio. **26** En el mismo día fueron circuncidados Abraham e Ismael su hijo. **27** Fueron circuncidados con él todos los varones de
su casa, tanto los siervos nacidos en su casa como los comprados con dinero a los extranjeros.

---

esposa llegará a tener un hijo. Segundo, ese hijo tiene ya un nombre: Isaac, que se deriva del vocablo *reír* señalando la reacción original de Abraham a la propuesta. La concesión del nombre es una indicación de la realidad de ese hijo cuyo tiempo de nacimiento es anunciado. Tercero, la confirmación del pacto perpetuo es con Isaac y su descendencia. Nada puede sustituir al plan de Dios. Aquí se demuestra la fidelidad de Dios para con su promesa original en su llamado a Abram y Sarai. Cuarto, Dios tiene también un plan para Ismael. Será bendecido y su descendencia llegará a constituirse en una gran nación con el tiempo. La relación especial de Dios con la descendencia de Sara se contrasta con la de Ismael: En la primera se incluye reyes y en la segunda se incluye sólo a príncipes. Pero la diferencia más destacada es que la descendencia de Ismael, fruto de un plan humano, no llegará a ser parte del pacto. El apóstol Pablo desarrolla este contraste en Gálatas 4:21-31, para rechazar el intento de exigir el cumplimiento de todas las leyes de Moisés como requisito para la salvación. El asegura que los creyentes en Cristo Jesús son los verdaderos herederos de la promesa de Dios al igual que Isaac.

Abraham, obedece inmediatamente a la indicación de Dios acerca de la circuncisión. Su hijo Ismael, todos los siervos varones y Abraham mismo, a pesar de su edad, se circuncidan el mismo día. El clan de Abraham en este entonces era ya numeroso. Se incluye a varones y a siervos nacidos y comprados en el extranjero entre los circuncidados. Así la identidad social y étnica de Abraham se iba desarrollando progresivamente. Se menciona la edad de Abraham, 99 años, y la edad de Ismael, 13 años, cuando fueron circuncidados. Es interesante resaltar la obediencia de Abraham a Dios. Aun cuando Dios ya le había asegurado que Sara quedaría embarazada de él, primero cumple con el pedido de Dios y se circuncida, lo cual retrasa la posibilidad de relación sexual con Sara. Se puede decir entonces, que físicamente Isaac fue ya hijo de la circuncisión y espiritualmente, de la obediencia y de la promesa.

(4) Dios reafirma el nacimiento de Isaac, 18:1-15. Esta sección complementa la promesa de nacimiento de un hijo hecho anteriormente porque demanda ahora una respuesta directa de Sara, la madre escogida por Dios para la descendencia (Véase también el caso de María, Luc. 1:26-38). Es necesario que ella acepte y participe en el plan de Dios. Además, se evidencia la necesidad de una vida de conducta aceptable a Dios demostrada por el comportamiento de Abraham y el juicio

Verdades prácticas

Sin duda que el nombre de Abram que significa "padre exaltado" era motivo de burla e incomodidad pues el hombre no tenía hijos. Dios cambió su nombre a Abraham que significa "padre de naciones". Así el nombre llega a ser más adecuado al papel histórico que aquel hombre iba a desempeñar. Ese nombre era un recuerdo del compromiso de Dios como también un recuerdo de que Abraham solamente era un instrumento en las manos del Señor. Los creyentes en Jesucristo hemos recibido un nuevo nombre, ¿qué nos recuerda?

Nueva promesa del nacimiento de Isaac

18 Jehovah se apareció a Abraham* en el
encinar de Mamre, cuando él estaba
sentado en la entrada de la tienda, en el pleno
calor del día. **2** Alzó sus ojos y miró, y he aquí
tres hombres que estaban de pie frente a él. Y
al verlos, corrió desde la entrada de la tienda
para recibirlos, y se postró a tierra. **3** Y dijo:
—Señor, si he hallado gracia ante tus ojos,
por favor, no pases de largo a tu siervo. **4** Que
se traiga un poco de agua para que lavéis vuestros pies y os recostéis debajo del árbol. **5** Yo
traeré un pedazo de pan, y repondréis vuestras
fuerzas y después proseguiréis; porque para
esto habéis pasado cerca de vuestro siervo.
Ellos dijeron:
— Sí; haz así como dices.
6 Entonces Abraham fue de prisa a la tienda
de Sara y le dijo:
—Toma rápidamente tres medidas* de hari-
na fina, amásala y prepara unas tortas.
7 Luego corrió Abraham a donde estaban las
vacas y tomó un ternero tierno y bueno, y se lo
dio al mozo; y éste se dio prisa para prepararlo.
8 Después tomó mantequilla, leche y el
ternero que había preparado, y lo puso delante
de ellos. Y mientras comían, él se quedó de pie
junto a ellos debajo del árbol. **9** Ellos le preguntaron:
—¿Dónde está Sara tu mujer?
El respondió:
—Adentro, en la tienda.

*18:1 Lit., *a él*
*18:6 Aprox. 21,9 litros; heb., *seah*

sobre Sodoma y Gomorra.

Se presenta primero un testimonio de la conducta de Abraham en su nueva relación con Dios después de la obediencia a la circuncisión. La divinidad se le aparece, pero manifestada en la presencia de tres hombres no identificados. Abraham expresa la calidad de su conducta ofreciendo hospitalidad, que en la cultura era una obligación religiosa muy sagrada y guardada por aquellos que vivían en perfección con Dios. La presencia de extraños y de visitantes, por no tener protección legal ni social, por lo general era aprovechada para que los locales manifestaran violencia y explotación (19:4, 5). El diálogo se desarrolla con uno de ellos a quien Abraham trata con respeto y deferencia. Con la colaboración de todos los miembros de su casa, hace lo mejor para ofrecer comodidad, solaz y una comida abundante a los visitantes. Abraham no se sienta a comer con ellos, sino que en señal de respeto y atención, queda en pie junto a ellos.

La conversación se centra luego en Sara de quien el visitante, hablando ya con autoridad divina, asegura que tendrá un hijo de Abraham. Inclusive anuncia que

Verdades prácticas

Hebreos 13:2 nos anima a practicar la hospitalidad pues por ésta algunos hospedaron ángeles sin saberlo. La manera como Abraham trató a estos tres extranjeros bien pudo haber sido el trasfondo que cita el autor de Hebreos. Sin duda este es un ejemplo que debemos seguir. Una de nuestras metas debe ser compartir con otros lo que Dios nos ha dado. Acercando el lente a Génesis 18:1-6 observamos:

1. Abraham expresó una actitud de amigo: Corrió desde la entrada de la tienda para recibirlos (v. 2). Cuando deseamos ser amigos de alguien debemos tomar la iniciativa.

2. Abraham expresó una actitud humilde. *Y se postró a tierra* (v. 2). Abraham no sabía si aquellos peregrinos eran más o menos importantes que él. No tomó en cuenta su apariencia. Sencillamente los trató con respeto, admiración y cariño. Eran, desde su perspectiva, motivo de su amistad sin importar quienes eran.

3. Abraham mostró una actitud de servicio: *Agua para vuestros pies... Yo traeré un pedazo de pan... se quedó de pie junto a ellos* (vv. 4, 5, 8). A veces nuestro egoísmo y orgullo puede impedirnos servir con humildad a nuestro hermano y compartir de lo que Dios nos ha dado.

10 Entonces dijo:
—Ciertamente volveré a ti después del tiempo
que dura el embarazo, y he aquí que Sara tu
mujer tendrá un hijo.
Sara escuchaba junto a la entrada de la tienda
que estaba detrás de él. **11** Abraham y Sara
eran ancianos, de edad avanzada. A Sara le había cesado ya la regla de las mujeres. **12** Y Sara se reía dentro de sí, diciendo: "Después que
he envejecido, ¿tendré placer, siendo también
anciano mi señor?" **13** Entonces Jehovah dijo
a Abraham:
—¿Por qué se ríe Sara, diciendo: "¿Realmente
he de dar a luz siendo vieja?" **14** ¿Acaso existe
para Jehovah alguna cosa difícil? Al tiempo señalado volveré a ti, después del tiempo que dura el embarazo, y Sara habrá tenido un hijo.
15 Entonces Sara, porque tuvo miedo, negó
diciendo:
—No me he reído.
Pero él dijo:
—No, sino que sí te has reído.

sólo se necesita esperar el tiempo que dura normalmente el embarazo. Sara reacciona con risa, al igual que Abraham anteriormente, expresando duda de dicha posibilidad por tres razones: Ambos eran ya viejos, ella era estéril y ya se le había pasado el tiempo de capacidad biológica de procrear. Jehovah reafirma su promesa declarando y luego demostrando efectivamente que para Dios nada es difícil. La realidad de esta clase de nacimiento se repite en la historia del pueblo de Dios varias veces. El nacimiento de Sansón (Jue. 13), de Samuel (1 Sam. 1), de Juan el Bautista (Luc. 1:13-20) y otros han sido posibles por intervención de Dios y con un propósito especial. Abraham confronta a Sara por su reacción. Aunque en Génesis no se registra, Sara acepta participar en el plan de Dios ejercitando su fe (Heb. 11:11). Isaac es fruto de la promesa de Dios y de la participación humana de Abraham y Sara.

4. Abraham y el juicio contra Sodoma y Gomorra, 18:16—19:38

El incidente de Sodoma y Gomorra es importante en la relación de Dios con Abraham y en el desarrollo del plan redentor. El elemento en peligro es la tierra en su destrucción. Al final, Abraham ejercitando su espera en Dios, no le reclama esa tierra que queda vacante. Otras relaciones importantes de Dios con su pueblo se inician, incluyendo la concesión de Dios de su revelación a Abraham y a sus descendientes, el papel de profeta de Abraham en la intercesión por las ciudades a destruirse y el juicio de Dios ante la pecaminosidad del hombre. Todos estos elementos se vuelven normativos en la relación de Dios con Abraham, con su pueblo y luego con su iglesia.

(1) Abraham intercede por Sodoma y Gomorra, 18:16-33. En primer lugar, Dios revela a Abraham su propósito de juicio contra Sodoma y Gomorra por la extrema pecaminosidad de los hombres. La decisión de revelación se debe a dos factores: Abraham se ha de convertir en una

Abraham, los ángeles y Sara

Abraham pide por Sodoma y Gomorra

16 Los hombres se levantaron de allí y miraron hacia Sodoma. Abraham iba con ellos para despedirlos.
17 Entonces Jehovah dijo:
—¿He de encubrir a Abraham lo que voy a
hacer, **18** habiendo de ser Abraham una nación grande y poderosa, y que en él han de ser
benditas todas las naciones de la tierra?
19 Porque yo le he escogido y sé que mandará
a sus hijos y a su casa después de él que guarden el camino de Jehovah, practicando la justicia y el derecho, para que Jehovah haga venir
sobre Abraham lo que ha hablado acerca de él.
20 —Además Jehovah dijo—: Ciertamente el
clamor de Sodoma y de Gomorra es grande, y
el pecado de ellos se ha agravado en estremo.
21 Descenderé, pues, para ver si han consumado su maldad, según el clamor que ha llegado hasta mí; y si no, lo sabré.
22 Los hombres partieron de allí y se fueron
a Sodoma. Pero Abraham quedó todavía delante de Jehovah. **23** Entonces Abraham se acercó y dijo:
—¿Destruirás también al justo con el culpa
ble? **24** Quizás haya cincuenta justos dentro de
la ciudad; ¿la destruirás con todo y no perdona-
rás el lugar por causa de los cincuenta justos
que estén dentro de ella? **25** Lejos esté de ti hacer tal cosa: hacer morir al justo con el culpable, y que el justo sea tratado como el culpable.
¡Lejos esté de ti! El Juez de toda la tierra, ¿no
ha de hacer lo que es justo? •
26 Entonces respondió Jehovah:
—Si hallo en Sodoma cincuenta justos dentro de la ciudad, perdonaré todo el lugar en
consideración a ellos.
27 Intervino Abraham y dijo:
—He aquí, ya que he comenzado a hablar
con mi Señor, a pesar de que soy polvo y ceni-
za, **28** quizás falten cinco para ser cincuenta
justos. ¿Destruirás por aquellos cinco toda la
ciudad?
Le respondió:
—No la destruiré, si encuentro allí cuarenta
y cinco.
29 Volvió a hablarle diciendo:
—Quizás se encuentren allí cuarenta . . .
Y respondió:
—No lo haré en consideración a los cuarenta.

---

nación fuerte y de modelo de vida para todos. Además, hay un compromiso de que esta nación andará en los caminos de Dios. Esta decisión de Dios es fundamental e indica su fidelidad de hacer posible la comunión del hombre con él. De aquí en adelante, Dios nada haría sin revelar a su pueblo, a través de sus profetas y hombres escogidos (Amós 3:7). Así la nación de Israel fue escogida como recipiente de la revelación de Dios y depositaria de las Sagradas Escrituras (Rom. 3:1, 2). Con la venida de Jesucristo, la voluntad final de Dios es revelada por Jesucristo y el Espíritu Santo a los apóstoles (Ef. 3:5; Heb. 1:1, 2; 2:1-4).

Antes de la ejecución del juicio, Dios decide comprobar personalmente la realidad del pecado y ofrecer una última oportunidad a esos hombres. Mientras se cumple este último criterio de juicio, Abraham intercede por estas ciudades. El se basa en su extensa experiencia con Dios en la cual había comprobado la justicia de Dios que no puede tolerar el pecado ni trata igual al justo y al pecador. Y también muestra la misericordia de Dios en perdonar al hombre de sus pecados. Por encima de todo, estaba el interés de Abraham en Lot quien moraba en Sodoma. Se establecen dos normas en cuanto al juicio: Primera, nunca Dios trae juicio sin antes advertir y conceder una última oportunidad al hombre. Y segunda, Dios permite la intercesión como apelación normativa antes de cualquier juicio. Ambas concesiones expresan al extremo la misericordia y paciencia de Dios para con el hombre. Toda la Biblia da testimonio de continuidad de estas dos normas en la relación de Dios con el hombre. El juicio de Dios siempre ha sido declarado por los profetas y juntamente con las señales han servido de advertencia. La intercesión se inicia con Abraham, continúa en el pueblo de Israel con los profetas que advierten e interceden ante el juicio de Dios, y culmina con Jesucristo. En la encarnación Dios concede al hombre su misma presencia como advertencia y última oportunidad de reconciliación. Por su

30 Abraham* le dijo:
—Por favor, no se enoje mi Señor si hablo: Quizás se encuentren allí treinta . . .
31 Y dijo:
—He aquí, ya que he empezado a hablar a mi Señor, quizas se encuentren allí veinte...
Y respondió:
—No la destruiré en consideración a los veinte.
32 Volvió a decir:
—Por favor, no se enoje mi Señor, si hablo una vez más: Quizás se encuentren allí diez...
Y respondió:
—No la destruiré en consideración a los diez.
33 Y Jehovah se fue luego que acabó de hablar con Abraham. Y Abraham regresó a su lugar.

*18:30 Lit., él

muerte expiatoria se ofrece como el intercesor por excelencia. El sacerdocio del creyente le concede también el privilegio de interceder a Dios a favor del hombre y al mismo tiempo de comunicar el mensaje de Dios al hombre (2 Cor. 5:18-20).

La intercesión de Abraham no evita el juicio pues el número de justos en la ciudad era insignificante. La consideración de Dios hasta diez justos indica la misericordia de Dios que por 10 justos él esperaría más antes de ejecutar el juicio. Implica también la responsabilidad misionera de los pocos justos quienes por su testimonio ofrecen esperanza de redención a toda la ciudad.

Semillero homilético

El sacerdocio del creyente

18:16-33; 19:29

Introducción: Abraham es un ejemplo digno de imitación al interceder por los hombres de Sodoma y Gomorra. Aquí tenemos una ilustración viva de lo que significa el sacerdocio de cada creyente: el privilegio y la obligación de interceder delante de Dios a favor del hombre, y a su vez presentar la salvación de Dios al hombre.

I. El creyente debe vivir en comunión con Dios (18:17-19, 22).
1. Abraham decidió andar delante del Señor.
2. Aunque sus visitantes se fueron, él se quedó en la presencia del Señor.
3. Jesús nos pide que permanezcamos en él y en sus palabras para que podamos orar a favor de otros (Juan 15:7).

II. El creyente debe recordar el peligro y final del pecador (18:20-21).
1. Abraham sabía que los hombres de Sodoma y Gomorra serían destruidos por dos razones:
(1) Sus pecados eran grandes en extremo.
(2) La justicia de Dios exigía castigo.
2. Nosotros debemos recordar que el pecador sin Cristo será condenado (Juan 3:18).

III. El creyente debe proclamar la salvación de Dios (18:23-32; 19:29).
1. Abraham sabía que Dios desea salvar antes que condenar. Entonces recordó que parte de la razón de su llamamiento era el de ser "bendición a todas las familias de la tierra" así que comenzó un ministerio de intercesión.
2. Abraham tuvo confianza y valor para interceder delante del Señor. Nosotros sabemos que el que cree en Cristo será salvo entonces hagamos dos cosas:
(1) Intercedamos por ellos.
(2) Presentemos a Jesucristo como Salvador a toda persona posible.

Conclusión: Abraham intercedió por Lot, Dios lo escuchó y Lot y toda su familia fueron librados. Dios escucha cuando intercedemos por los pecadores. Interceder es una parte del sacerdocio de cada creyente, la otra es presentar a Jesucristo como el único Salvador.

Lot y sus hijas son librados de la ruina

19 Los dos ángeles llegaron a Sodoma al
anochecer. Lot estaba sentado junto a
la puerta de Sodoma, y al verlos se levantó Lot
para recibirlos postrándose a tierra. **2** Y les
dijo:
— He aquí, señores míos, venid, por favor, a
la casa de vuestro siervo; pasad la noche y la-
vaos vuestros pies. Por la mañana os levanta-
réis temprano y seguiréis vuestro camino.
Pero ellos respondieron:
—No, sino que pasaremos la noche en la
calle.
3 Pero él les insistió mucho; así que fueron
con él y entraron en su casa. El les preparó un
banquete; hizo panes sin levadura y comieron.
4 Pero antes de que se acostasen, los hombres
de la ciudad, los hombres de Sodoma, todo el
pueblo junto, desde el más joven hasta el más
viejo, rodearon la casa. **5** Y llamaron a Lot y le
dijeron:
—¿Dónde están los hombres que vinieron a ti
esta noche? Sácanoslos, para que los conozcamos.*
6 Entonces Lot salió a ellos a la puerta, cerró la puerta detrás de sí **7** y dijo:
—¡Por favor, hermanos míos, no hagáis tal
maldad! **8** He aquí tengo dos hijas que todavía
no han conocido varón: Os las sacaré, pues, y
haced con ellas como os parezca; sólo que no
hagáis nada a estos hombres, porque para esto
han venido a la sombra de mi techo.
9 Ellos respondieron:
—¡Quítate de ahí! —Y añadieron—: Este
vino aquí para residir como forastero, ¿y ahora
habrá de erigirse como juez? Ahora te hare-
mos a ti más daño que a ellos.
Forcejeaban mucho contra el hombre, contra Lot, y se acercaron para romper la puerta.
10 Entonces los hombres extendieron las manos, metieron a Lot en la casa con ellos y cer-
raron la puerta. **11** Y a los hombres que estaban junto a la puerta de la casa, los hirieron
con ceguera, desde el menor hasta el mayor,
de modo que se fatigaban por hallar la puerta.
12 Aquellos hombres dijeron a Lot:
—¿Tienes aquí a alguien más? Yernos, hijos,
hijas; cualquiera que tengas en la ciudad, sáca-
los de este lugar. **13** Porque vamos a destruir
este lugar, por cuanto el clamor de ellos ha
llegado a ser grande delante de Jehovah. Por
eso Jehovah nos ha enviado para destruirlo.

*19:5 Es decir, sexualmente

---

(2) Dios libra a Lot por amor a Abraham, 19:1-29. Los hombres que parten de Mamre, llegan a Sodoma al anochecer. Sodoma y Gomorra quedaban en la región sur del mar Salado, a unos 60 km. de Mamre. Lot, demostrando su integridad espiritual provee hospedaje para los visitantes que eran ángeles no identificados (Heb. 13:2). La destrucción se desarrolla de la siguiente manera: Primero, el criterio final de juicio se cumple cuando por la noche, todos los hombres de la ciudad, comunitariamente, van a la casa de Lot con intentos de violencia y perversión sexual para con los hospedados. Ni la intervención de Lot, ni la ceguera causada por los ángeles pueden evitar los malos intentos de los hombres. Los visitantes, reconociendo la inevitabilidad del juicio anuncian la destrucción. La razón final del juicio es la falta de arrepentimiento de los hombres ante la última advertencia (Mat. 11:20-24). Lot, al igual que Noé, sirve de testimonio contra la pecaminosidad de la ciudad (2 Ped. 2:7, 8). Segundo, los ángeles ordenan a Lot y su familia que salgan de la ciudad mostrando misericordia y salvación para con ellos. La salida se dilata a causa de la incredulidad de los yernos. Al amanecer Lot, su esposa y sus dos hijas son prácticamente "estirados" fuera de la ciudad y se les ordena correr hacia adelante para salvar sus vidas. Sólo Lot y sus dos hijas son finalmente librados. Por falta de determinación y por apego a Sodoma, la mujer de Lot no alcanza la liberación y se convierte en un objeto inservible del lugar (Luc. 17:32). Tercero, la destrucción es una acción directa de Dios. Una vez que Lot estuvo a salvo, Jehovah ejecuta su juicio sobre las ciudades de Sodoma, Gomorra, Adma y Zeboim (Deut. 29:23), la llanura, los habitantes y las plantas. Este territorio destruido está

14 Entonces salió Lo t y habló a sus yernos, los que habían de casarse con sus hijas, y
les dijo:
—¡Levantaos, salid de este lugar, porque Jehovah va a destruir la ciudad!
Pero a sus yernos les pareció que bromeaba.
15 Y al rayar el alba, los ángeles apremiaban a
Lot, diciéndole:
—¡Levántate, toma a tu mujer y a tus dos
hijas que están aquí, para que no seas destruido con el castigo de la ciudad!
16 Cuando se detenía, los hombres tomaron
su mano, la mano de su mujer y las manos de
sus dos hijas, por la misericordia de Jehovah
para con él. Lo sacaron y lo pusieron fuera de
la ciudad. **17** Y después de haberlos sacado
fuera, le dijeron:*
—¡Escapa por tu vida! No mires atrás, ni te
detengas en toda esta llanura. Escapa a la
montaña, no sea que perezcas.
18 Lot le* dijo:
—¡Por favor, no, señor* mío! **19** He aquí
que tu siervo ha hallado gracia ante tus ojos y
has engrandecido tu misericordia que has
mostrado conmigo dándome la vida. Pero yo
no podré escapar a la montaña, no sea que
me alcance el mal y muera. **20** He allí esa ciudad está cerca para escapar allá, y es pequeña.
Deja que escape allá y salve mi vida. ¿Acaso no
es pequeña?
21 Le respondió:
—He aquí que también te he atendido* con
respecto a este asunto. No destruiré la ciudad
de la cual has hablado. **22** Date prisa y escapa
allá. Nada podré hacer hasta que hayas llegado
allí.
Por eso fue llamado el nombre de la ciudad
Zoar.*
23 El sol ya había salido sobre la tierra cuando Lot llegó a Zoar. **24** Entonces Jehovah
hizo llover desde los cielos azufre y fuego de
parte de Jehovah sobre Sodoma y Gomorra.
25 Y trastornó aquellas ciudades, toda la lla-

*19:17 Según vers. antiguas; heb., *dijo*
*19:18a Heb., *les*
*19:18b Otras trads., *Señor,* o, *señores*
*19:21 Lit., *he levantado tu rostro*
*19:22 Significa *pequeña.*

cubierto hoy día por las aguas del mar Salado. El instrumento de juicio es una lluvia de azufre y fuego. El azufre es un metaloide sólido que sirve de combustible poderoso. En la Biblia es mencionado repetidamente como instrumento de castigo (Apoc. 14:10; 19:20).

Abraham comprueba la destrucción de esas ciudades por el humo que pudo ver desde Mamre. Pero Lot es librado por la intercesión de Abraham y porque ante la presencia de la última visita reconciliadora de Dios muestra una conducta justa. Sodoma y Gomorra quedan en el pensamien-

Verdades prácticas

Cuando se detenía, los hombres tomaron la mano de Lot, la mano de su mujer y las manos de sus dos hijas, por la misericordia de Jehovah para con él. Lo sacaron y lo pusieron fuera de la ciudad (19:16). Aún después que Lot se dio cuenta que Dios iba a destruir la ciudad y que debía salir inmediatamente; él y su familia estaban indecisos así que los ángeles del Señor les tomaron de las manos y los ayudaron a salir. Algunas veces, aunque nosotros sabemos lo que tenemos que hacer necesitamos un "empujoncito" que nos ponga en movimiento. Agradezcamos a Dios por esos "ángeles" que ha enviado cerca de nosotros para ayudarnos en tiempos de crisis. Por otro lado nosotros también podemos servir para animar y ayudar a otros que están en medio de una indecisión.

Los ángeles dijeron: Escapa a la montaña (19:17), pero Lot pidió ir a una pequeña ciudad a la cual se le dio el nombre de Zoar. La esposa de Lot, de quien no sabemos su nombre, volvió para mirar la destrucción de Sodoma y se convirtió en una columna de sal (19:26). En medio de nuestras aflicciones Dios nos permite salidas alternativas: ir a la montaña o ir a una ciudad pequeña; donde Dios no hace concesiones es en la obediencia. La orden era no mirar atrás, pero a la mujer de Lot se le ocurrió que ella podía hacer lo que quisiera. Ya conocemos los resultados.

nura con todos los habitantes de las ciudades y
las plantas de la tierra. **26** Entonces la mujer
de Lot miró atrás, a espaldas de él, y se convirtió en una columna de sal.
27 Abraham se levantó muy de mañana, fue
al lugar donde había estado delante de Jehovah
28 y miró hacia Sodoma y Gomorra, y hacia
toda la tierra de la llanura. Y al mirar, he aquí
que el humo subía de la tierra como el humo
de un horno. **29** Y sucedió que cuando Dios
destruyó las ciudades de la llanura, se acordó
Dios de Abraham y sacó a Lot de en medio de
la destrucción, al trastornar las ciudades
donde Lot había estado.

Las hijas de Lot conciben de su padre

30 Lot tuvo miedo de permanecer en Zoar y
se fue de allí a la región montañosa, junto con
sus dos hijas. Y habitaba en una cueva con sus
dos hijas. **31** Entonces la mayor dijo a la
menor:
—Nuestro padre es viejo, y no queda ningún
hombre en la tierra que se una a nosotras,
como es la costumbre en toda la tierra.
32 Ven, demos de beber vino a nuestro padre,
acostémonos con él y conservemos descendencia de nuestro padre.
33 Aquella noche dieron de beber vino a su
padre. Luego entró la mayor y se acostó con su
padre, pero él no se dio cuenta cuando ella se
acostó ni cuando se levantó. **34** Y aconteció
que al día siguiente la mayor dijo a la menor:
—He aquí yo me acosté anoche con mi
padre. Démosle de beber vino también esta
noche, y entra tú y acuéstate con él, y conservemos descendencia de nuestro padre.
35 También aquella noche dieron de beber
vino a su padre. Luego fue la menor y se
acostó con él, pero él no se dio cuenta cuando
ella se acostó ni cuando se levantó. **36** Así
concibieron de su padre las dos hijas de Lot.
37 La mayor dio a luz un hijo y llamó su nombre Moab,* el cual es el padre de los moabitas,
hasta hoy. **38** La menor dio a luz un hijo y
llamó su nombre Ben-amí,* el cual es el padre
de los amonitas, hasta hoy.

*19:37 Suena como la palabra hebrea que significa *del padre.*
*19:38 Significa *hijo de mi pueblo.*

to bíblico como ejemplos de iniquidad y de seguridad del juicio de Dios (Luc. 17:28; 2 Ped. 2:6). Y la palabra "sodomita" queda en el lenguaje como identificación del hombre que practica la relación homosexual.

> **Intercesión**
>
> Abraham intercedió en dos ocasiones ante Dios a favor de Lot. Primera, cuando había sido tomado cautivo por los reyes que se unieron para atacar Sodoma (Gén. 14).
>
> Segunda, cuando Sodoma y Gomorra iban a ser destruidas. Como resultado de la oración de Abraham *se acordó Dios de Abraham y sacó a Lot de en medio de la destrucción* (19:29).
>
> Nuestra oración de intercesión puede salvar a nuestros parientes y amigos aunque finalmente ellos tiene que hacer su propia decisión.

(3) Lot y sus hijas, 19:30-38. Lot y sus dos hijas quedan en una cueva. Las hijas, convencidas de que no quedaban más hombres y con la responsabilidad de descendencia, se proponen un plan para concebir de su padre. Así, emborrachando a Lot, ambas conciben del padre. Se debe notar que esta relación, que es considerada como incesto y prohibida en casi todas las culturas, fue realizada involuntariamente y sin conocimiento por parte de Lot y estrictamente con intenciones de procreación por parte de las hijas. Además fue una relación única y nunca más repetida. Su propósito era dejar descendencia. Lot (y sus hijas) no habían renunciado a la esperanza de ser partícipes de la herencia prometida por Dios a Abraham. A cada hija nace un hijo varón, quienes fueron los progenitores de los moabitas y amonitas, naciones que no formaron parte de Israel y que en varias ocasiones fueron fuentes de conflicto para Israel (Jue. 3:12-30; 10:7). En la conquista de Canaán, no se permite a Israel tomar territorio ni hacer guerra contra los moabitas ni amonitas (Deut. 3:9, 19). En cuanto a la participación en la herencia prometida, la ley

Problemas de Abraham con Abimelec

20 Abraham partió de allí hacia la tierra
del Néguev. Acampó entre Cades y
Shur y residió en Gerar. **2** Abraham dijo de
Sara su mujer: "Ella es mi hermana." Y Abimelec, rey de Gerar, mandó y tomó a Sara. **3** Pero Dios vino a Abimelec en sueños de noche y
le dijo:
—He aquí que vas a morir por causa de la
mujer que has tomado, la cual es casada.
4 Abimelec, quien todavía no se había acer-
cado a ella, dijo:
—Señor, ¿acaso has de matar a la gente
inocente? **5**¿Acaso no me dijo él: "Ella es mi
hermana", y ella también dijo: "El es mi hermano"? Con integridad de mi corazón y
con limpieza de mis manos he hecho esto.
6 Dios le dijo en sueños:
—Yo también sé que con integridad de tu
corazón has hecho esto. Yo también te detuve
de pecar contra mí, y no te permití que la to-
cases. **7** Ahora pues, devuelve la mujer a su
marido, porque él es profeta y orará por ti, y tú
vivirás. Y si no la devuelves, ten por cierto que
morirás irremisiblemente, tú y todos los
tuyos.

---

prohibe absolutamente que un moabita o amonita ingrese al pacto (Deut. 23:3). Sin embargo, la misericordia y el propósito redentor de Dios permite que Rut, la moabita, llegue a ser nada menos que la bisabuela del rey David y ascendiente de Jesucristo (Rut 4:17; Mat. 1:5).

5. Dios libra a Abraham de sus problemas con Abimelec, 20:1-18

El incidente con Abimelec nos informa de situaciones precarias y de peligro que los patriarcas enfrentaban en su peregrinación. Esta situación, similar a la de Egipto (12:10-20), se repite con Isaac (cap. 26). Aquí el problema original es la tierra. Abraham se muda de los alrededores de Hebrón hacia el Néguev, al oeste. La mudanza generalmente obedecía a situaciones de sequía, temor a la hostilidad de gente local, búsqueda de mejor pastura, ventajas comerciales o indicaciones directas de Dios.

El Néguev era una región árida al sudoeste del mar Salado, hacia Egipto. Abraham acampa entre poblados por su

Lot, el hombre del final triste

Lot tuvo miedo de permanecer en Zoar y se fue a la montaña y allí habitaba en una cueva con sus hijas (19:30). ¡Qué triste final para un hombre! Un hombre que anduvo cerca de Abraham y que tuvo muchas grandes y excelentes oportunidades en su vida. Eso no fue todo. Sus hijas planearon tener descendencia de su padre. Lo emborracharon y sin que Lot lo supiera sus hijas concibieron un hijo de él. El hijo de la mayor fue llamado Moab y llegó a ser el padre de los moabitas. El hijo de la menor fue llamado Ben-amí y llegó a ser el padre de los amonitas (19:30-38). Dios se encargó de proveer un territorio para los moabitas (Deut. 2:9). Tanto los moabitas como los amonitas causaron muchos problemas a los hebreos, el pueblo del Señor.

El final de Lot fue muy triste a pesar de todas las oportunidades que tuvo en la vida y las benéficas influencias que tuvo de su tío Abraham. Su tragedia estuvo determinada por una acumulación de factores.

1. Puso su confianza en las ganancias personales antes que en Dios (Gén. 13:5).
2. Puso su confianza en sí mismo antes que en el poder del Señor (13:10, 11).
3. Sus principios morales eran ambivalentes (1 Ped. 2:8).
4. Al final terminó sin bienes materiales, sin esposa y aún sus hijas lo avergonzaron (19:17-28).
5. Detrás de todo este escenario obscuro hay un rayo de esperanza: la misericordia del Señor. Aunque Lot fracasó en muchas maneras, muchos siglos después el apóstol Pedro usó el caso de Lot como un ejemplo de aquellos que llegan a ser justos por la maravillosa gracia de Dios (2 Ped. 2:7, 8). Lot fue una persona inconsistente, pero Dios es siempre fiel y misericordioso. Hay esperanza para todos nosotros no importa cuán negro haya sido nuestro pasado. Todo lo que debemos hacer es buscar al Dios de amor por medio de Jesucristo.

8 Entonces Abimelec se levantó muy de mañana, llamó a todos sus servidores y dijo todas estas palabras a oídos de ellos. Y los hombres temieron mucho. **9** Después Abimelec llamó a Abraham y le preguntó:

—¿Qué nos has hecho? ¿En qué te he ofendido para que hayas traído sobre mí y sobre mi reino un pecado tan grande? Has hecho conmigo cosas que no debiste hacer. **10** —Dijo además Abimelec a Abraham—: ¿Qué has visto, para que hicieras esto?

11 Abraham respondió:

—Porque pensé: "Seguramente no hay temor de Dios en este lugar y me matarán por causa de mi mujer." **12** Y a la verdad, también es mi hermana. Ella es hija de mi padre, pero no de mi madre; así que la tomé por mujer. **13** Cuando Dios me hizo salir errante de la casa de mi padre, yo le dije a ella: "Este es el favor que tú me harás: En todos los lugares a los que lleguemos dirás de mí: 'El es mi hermano.'"

14 Entonces Abimelec tomó ovejas y vacas, siervos y siervas; se los dio a Abraham y le devolvió a Sara su mujer. **15** Y le dijo Abimelec:

---

ocupación pastoril y su necesidad comercial (seminómada). Gerar, 13 km. al sur de Gaza era un centro filisteo al cual los patriarcas eventualmente se asocian comercialmente. Al residir en Gerar Abraham se confronta con una nueva situación y nueva gente en medio de la cual debe sobrevivir. A pesar de que Dios se le había manifestado como su protector (15:1), Abraham siente temor por su vida. Como estrategia de sobrevivencia, usada ya anteriormente, Abraham presenta a Sara como su hermana —en realidad media hermana— como luego explica (v. 12). Pero legalmente la relación marital era la que tenía validez. Abimelec, rey de Gerar, toma a Sara para su harén, con miras a una relación marital. Por lo general, este tipo de relación tenía propósito comercial y político como también elevar el prestigio del rey. De este modo, Abraham, por sobrevivir en el presente, hace peligrar el futuro comprometiendo la descendencia, aún después de haber recibido la firme promesa de que Sara sería la madre de su hijo.

Decir la verdad a veces es difícil

¿Por qué será tan difícil aprender las lecciones más importantes de la vida? Para protegerse Abraham mintió diciendo a Abimelec, el rey de Gerar que su esposa, Sara, era su hermana. Ya antes Abraham había hecho el mismo error (12:10-20). Abraham había caído en la mala práctica de usar las mentiras o verdades a medias para salir bien de los momentos difíciles. Sin embargo, esta práctica solamente causa problemas a todos los implicados. También demuestra cuán débil era a veces la fe de Abraham en Dios cuando confrontaba situaciones difíciles. La verdad es crucial para construir relaciones interpersonales saludables. Por otro lado, cuando decimos la verdad podemos estar seguros que Dios podrá acompañarnos a todo lo largo del camino de la vida.

Joya bíblica

Dios vino a Abimelec en sueños de noche y le dijo: "He aquí vas a morir por causa de la mujer que has tomado, la cual es casada" (20:3).

Dios, mostrando fidelidad a su propósito y misericordia, interviene ante la situación de tres maneras: Primero, directamente confronta a Abimelec en sueños y le advierte de su peligro de muerte porque la mujer tomada es casada. En la cultura y la religión de la época, Dios era el garante del matrimonio y era una institución que debía respetarse. El adulterio acarreaba venganza por lo que era mejor matar al esposo y luego se tomaba a la viuda. Segundo, Dios ordena a Abimelec que devuelva la mujer a su marido a quien identifica como profeta. La función de profeta indica la relación especial de Abraham con Dios y la dependencia de Abimelec de la intercesión de Abraham para su sobrevivencia y prosperidad. Tercero, Dios cierra toda matriz en la casa de Abimelec, lo que indica que Sara había estado ya un tiempo en el harén y Dios había extendido la esterilidad de Sara a todas las mujeres.

—He aquí mi tierra está delante de ti. Habita donde bien te parezca.
16 A Sara le dijo:
— He aquí que he dado 1.000 piezas* de plata a tu hermano. He aquí que esto constituye para ti y para todos los que están contigo una venda a los ojos. Así eres totalmente vindicada.
17 Entonces Abraham oró a Dios, y Dios sanó a Abimelec y a su mujer y a sus siervas para que dieran a luz.
18 Porque Jehovah había cerrado por completo toda matriz en la casa de Abimelec a causa de Sara, mujer de Abraham.

*20:16 Probablemente *siclos*; un total de aprox. 11 kg.

En respuesta, Abimelec hace varias cosas: Primero, comunica a sus servidores todo lo que había acontecido. Esto causa temor en los hombres y asegura protección a Abraham. Segundo, Abimelec devuelve a Sara, reprimiendo a Abraham por el pecado que había podido causar sobre Abimelec y su reino. Aquí vemos el grave problema que Abraham trajo sobre sí por no confiar en Dios. Puso en peligro a Sara, su esposa y recipiente ya de una promesa firme de tener un hijo. Además, puso en peligro la vida de Abimelec y sus hombres exponiéndole a un pecado que acarrearía el juicio de Dios. Tercero, permite a Abraham morar en la tierra otorgándole un territorio y concediéndole riquezas en ganado y siervos y una gran suma de dinero (11 kg. de plata) para demostrar públicamente su inocencia y para reivindicar a Sara.

Al final, Abraham ora por Abimelec y las mujeres afectadas, y Dios en respuesta sana a todas. Nuevamente vemos la falta de confianza en el patriarca que hacen peligrar la promesa y es causa de maldición para otros. La intervención de Dios hace posible que una vez más el plan redentor de Dios siga adelante.

6. Dios concede la descendencia prometida a Abraham, 21:1-34

Pasaron veinticinco años desde la llegada de Abraham a Canaán para el cumplimiento del inicio de una de las promesas de Dios: la de descendencia. Se confirma cla-

Semillero homilético

Dios protege el matrimonio
20:1-17

Introducción: Aunque Abimelec estaba actuando inocentemente al tomar a Sara como mujer, pues ellos habían dicho ser hermanos, Dios interviene para proteger el matrimonio.

I. Dios advierte que tomar una mujer casada es pecado (v. 6).
   1. El desconocimiento o la ignorancia no elimina la responsabilidad.
   2. La acción drástica por parte del Señor contra la casa de Abimelec debiera ser suficiente para enseñarnos que Dios castiga el adulterio.

II. Dios ordena que se respeten los derechos de los cónyuges (v. 7).
   1. Dios dice a Abimelec que debe devolver a Abraham a Sara a fin de evitar un castigo mayor.
   2. Abimelec hace lo que Dios le ordena y ofrece a Abraham un lugar para vivir y una generosa dádiva a Sara.

III. Dios perdona a quienes se arrepienten y le obedecen (vv. 17, 18).
   1. Dios había suspendido las capacidades de procreación de toda la casa de Abimelec, pero ahora los sana como señal de su perdón.
   2. Dios actuó con misericordia gracias a la oración de Abraham, quien aunque era parte de todo el problema, mantenía una relación particular con el Señor.

Conclusión: Cuando una pareja se compromete en matrimonio está haciendo un pacto cuyo testigo principal es Dios y él está atento cuando el pacto es violado y castiga a sus transgresores.

Nacimiento de Isaac

21 Jehovah favoreció a Sara, como había
dicho. Jehovah hizo con Sara como ha-
bía prometido, **2** y ella concibió y dio a luz un
hijo a Abraham en su vejez, en el tiempo que
Dios le había indicado. **3** Abraham llamó el
nombre de su hijo que le había nacido, y que
Sara le había dado a luz, Isaac.* **4** Y circuncidó Abraham a su hijo Isaac al octavo día, como
Dios le había mandado. **5** Abraham tenía 100
años cuando le nació su hijo Isaac. **6** Entonces Sara dijo:

*21:3 Proviene del verbo *reír.*

---

ramente la fidelidad de Dios a sus promesas y se concreta más aún el propósito divino de salvación al ir formando un pueblo dando descendencia a Abraham y Sara.

> **Joya bíblica**
>
> **Jehovah favoreció a Sara, como había dicho. Jehovah hizo con Sara como había prometido, y ella concibió y dio a luz un hijo a Abraham en su vejez, en el tiempo que Dios le había indicado (21:1, 2).**

(1) El nacimiento de Isaac, 21:1-8. En el nacimiento de Isaac se cumple finalmente la tan esperada promesa de Dios de que Sara tendría un hijo de Abraham. El relato del nacimiento es muy sencillo. Hasta parece que ignora toda la angustia y espera que preceden a este acontecimiento. Pero se resaltan varias cosas importantes del nacimiento de Isaac. Primero, es el resultado de la intervención de Dios. Tres veces se menciona que es Dios quien *favoreció. .. como había dicho; hizo... como había prometido; en el tiempo que... había indicado* (vv. 1, 2). Se demuestra que nada es difícil para Dios y que la edad de Abraham (100 años), la edad de Sara (90 años, 17:17) ni su esterilidad eran impedimentos para el propósito de Dios. El hijo es varón para asegurar la continuidad de descendencia en el sistema patriarcal. Segundo, Isaac es fruto de la intervención de Dios y la participación

> **Isaac**
>
> El nombre de Isaac tiene la forma de un verbo y significa: "El (Dios) ríe de gozo". Hay tres explicaciones posibles para haber nombrado así al hijo de Abraham y Sara. Primera, porque Abraham se ríe escéptico al escuchar que tendría un hijo (17:15-19). Segunda, porque Sara se sonríe al escuchar que tendría un hijo a sabiendas que ella era estéril (18:9-15). Tercera, porque Sara y sus amigos se regocijan por el nacimiento del niño (21:1-6).
>
> La biografía de Isaac se puede resumir diciendo que nació como resultado de una promesa divina dada a Abraham de que un hijo suyo sería la base de una gran nación (12:1-3; 15:1-6), pero el cumplimiento se demoró al punto que Abraham mismo llegó a dudar (16:1, 2; 17:1, 15-19; 21:1-3). Isaac es el recipiente de la promesa a pesar de tener un medio hermano mayor (16:1-6; 21:8-21).
>
> La fe de Abraham fue severamente probada cuando el Señor le pide sacrificar a Isaac (22:1-19). Dios constantemente le repite la promesa a Isaac (26:1-5), y éste se establece en la parte sudeste de Canaán después de casarse con Rebeca (26:6-33).
>
> Del matrimonio de Isaac y Rebeca nacieron Esaú y Jacob. Cuando Isaac bendijo a sus hijos un engaño hizo que el hijo menor, Jacob, recibiera la bendición mayor (27:1-40). Esto significaba que por medio de él (Jacob) se daría el cumplimiento de la promesa del Señor.
>
> Isaac murió a la edad de 180 años (35:28, 29) y fue sepultado en la tumba de la familia (49:30, 31). El nombre de Isaac, como el nombre de su hijo Jacob, se usó para designar a toda la nación hebrea (y en algunos casos) al reino del Norte (Amós 7:9, 16). El NT lo menciona (Hech. 7:8), se relaciona su nacimiento con la promesa del Señor (Rom. 9:6-11; Gál. 4:28), también es mencionado en relación con el sacrificio (Stg. 2:21).

—Dios me ha hecho reír, y cualquiera que lo oiga se reirá conmigo. **7** —Y añadió—: ¿Quién le hubiera dicho a Abraham que Sara daría de mamar a hijos? Pues yo le he dado un hijo en su vejez.

8 El niño creció y fue destetado. Y Abraham hizo un gran banquete el día que Isaac fue destetado.

Abraham despide a Agar e Ismael

9 Sara vio al hijo de Agar la egipcia, que ésta le había dado a luz a Abraham, que se burlaba.
10 Por eso dijo a Abraham:

—Echa a esta sierva y a su hijo, pues el hijo de esta sierva no ha de heredar junto con mi hijo, con Isaac.

---

humana. Es un hijo biológico (físico) de Abraham y Sara. Así como ellos recibieron la promesa de Dios y la aceptaron, a pesar de la edad, se hicieron partícipes contribuyendo con su capacidad de procreación. Se mencionan la concepción, el tiempo del embarazo, el hecho de dar a luz y que Sara diera de mamar al niño. Todo ello indica un proceso humano normal y completo en la gestación y crianza de un niño. En Hebreos 11:11 se menciona el esfuerzo físico, emocional y espiritual que apropiara Sara para engendrar al niño. Isaac, a pesar de ser hijo de la promesa, es un hijo nacido como cualquier otro. La concepción de Juan el Bautista es muy similar también a la de Isaac (Luc. 1:13-25). Tercero, se cumplen con el niño todas las indicaciones dadas por Dios anteriormente. Se le nombra *Isaac* (v. 3), indicado ya por el ángel y que significa *risa.* Hace referencia a la risa de duda de Abraham (17:17) y Sara (18:12), y a la risa de alegría y satisfacción de Sara al tener dicho hijo (20:6). Se circuncida al niño a los ocho días conforme al pacto (v. 4). Según el testimonio bíblico, Isaac es el primero en quien se cumple cabalmente la señal del pacto. Se celebra el destete del bebé, que normalmente ocurría entre los dos y tres años de vida indicando el paso a la niñez y una esperanza mayor de sobrevivencia dado el alto incidente de mortandad infantil en esa época. Por lo general, el destete indicaba también la habilitación de una madre para otro embarazo (Ose. 1:8).

(2) Agar e Ismael son despedidos, 21:9-21. Todo parece andar a la perfección. Abraham había hecho la paz con Abimelec y obtenido el usufructo de un territorio. Ahora Dios le concede un hijo de Sara. Pero surge un nuevo problema que se relaciona con la descendencia. La presencia de Ismael causa un conflicto familiar que afecta a Isaac. Sara, quien tenía a su cargo el manejo de la casa, nota dicho conflicto y toma la iniciativa en pedir a Abraham que expulse a Agar e Ismael. La acción no era sólo para solucionar un conflicto familiar entre los dos medio hermanos, sino tiene que ver con el futuro, con la herencia que tenía relación con la pro-

Semillero homilético

La realización de un propósito redentor

21:1-3

Introducción: Hay muchos matrimonios que como Abraham y Sara no han podido tener hijos y los desean fervientemente. Pensemos que cada hijo es un plan especial de Dios, en el caso de Isaac Dios tenía un propósito redentor.

I. El nacimiento de Isaac no fue solamente para satisfacer el deseo de los padres.
   1. Muchos padres desean tener hijos sólo por vanagloria.
   2. Otros quieren tener hijos para no sentirse solos.
   3. Y aun otros quieren tener hijos para que los sostengan en su vejez.

II. Isaac era parte del plan de Dios para salvar a la humanidad.
   1. Los padres tenían la responsabilidad de educarlo para el cumplimiento de esa misión.
   2. De la fidelidad de Isaac dependía humanamente el plan redentor de Dios.

Conclusión: Dios nos confía sus mejores planes por medio de nuestros hijos y debemos ser responsables al cumplir con nuestra parte. Dediquemos nuestros hijos a Dios y ayudemos a su formación con el sentido de que ellos son parte del plan especial de Dios.

11 Estas palabras preocuparon muchísimo a Abraham, por causa de su hijo. **12** Entonces Dios dijo a Abraham:

—No te parezca mal lo referente al muchacho ni lo referente a tu sierva. En todo lo que te diga Sara, hazle caso, porque a través de Isaac será contada tu descendencia. **13** Pero también del hijo de la sierva haré una nación, porque es un descendiente tuyo.

14 Abraham se levantó muy de mañana, tomó pan y un odre de agua, y se lo dio a Agar, poniéndolo sobre el hombro de ella. Luego le entregó el muchacho y la despidió.

Ella partió y caminó errante por el desierto de Beerseba. **15** Y cuando se acabó el agua del odre, hizo recostar al muchacho debajo de un arbusto. **16** Luego fue y se sentó enfrente, alejándose como a un tiro de arco, porque pensó: "No quiero ver morir al muchacho." Ella se sentó enfrente, y alzando su voz lloró. **17** Entonces Dios escuchó la voz del muchacho, y el ángel de Dios llamó a Agar desde el cielo y le dijo:

Joya bíblica

También del hijo de la sierva haré una nación, porque es un descendiente tuyo (21:13).

mesa de Dios. La reacción de Abraham ante tal posibilidad es de angustia ya que él reconocía y había aceptado a Ismael como su hijo y querría retenerlo consigo. ¿Qué hace el hombre de fe en esta circunstancia tan delicada? Acude a Dios, quien le indica que hiciera caso a Sara en referencia a Agar e Ismael. Esta indicación se basa en que la promesa de descendencia se ha de cumplir a través de Isaac. Y también en que Dios se ha de hacer cargo de Ismael de quien ya había prometido hacerle una gran nación (17:2). Así Abraham despide a Agar e Ismael proveyéndoles de todo lo necesario para el viaje hacia el sur, aparentemente hacia Egipto.

Este incidente nos provee el testimonio de varias normas para la relación con Dios y la relación familiar. Primero, jamás un plan humano ha de substituir al plan divino. La voluntad humana, por más sabia que sea, no podrá ocupar el lugar de la voluntad de Dios. Lo que el hombre debe hacer es buscar la voluntad de Dios en su Palabra y a través de la oración, y aceptarla. Dios es fiel a su propósito el cual se ha de cumplir en las condiciones y términos que él determina. Segundo, una vez más se expresa la misericordia de Dios. ¡El se hace cargo del error humano! Ismael es fruto del recurso humano que duda en la promesa y decide no esperar en Dios. En una palabra, es el resultado del pecado humano. Pero Dios escoge hacerse cargo de ello. Aquí se confirma la fidelidad y bondad de Dios que a pesar de que el hombre cometa pecado, Dios se hace cargo del pecado. El apóstol Pedro, haciendo eco del profeta Isaías (53:6) nos declara que Jesucristo en la cruz se hace cargo de todas nuestras iniquidades (1 Ped. 2:24). Ciertamente la descendencia de Abraham y el mundo entero ha tenido que soportar la consecuencia de este error humano, pero Dios, no Abraham, fue quien se hizo cargo de Ismael. Tercero, nos llama a una reflexión sobre la imperiosa necesidad de matrimonios monógamos y hogares estables para la crianza de los hijos. En América Latina el problema es grave, pues hay hombres que procrean hijos de diferentes mujeres sin compromiso matrimonial o responsabilidad paterna. Estos niños son

Verdades prácticas

Estas palabras preocuparon muchísimo a Abraham, por causa de su hijo (21:11). ¡Cuánto dolor habrá causado a Abraham el hecho de echar a su casa a su hijo Ismael! Muchas veces nos damos cuenta de nuestros errores, pedimos perdón y ciertamente Dios es misericordioso y amplio en perdonar, pero las consecuencias de los errores van más adelante del presente y nos traen dolor y sufrimiento. Actuemos de tal manera que no estemos sembrando preocupaciones para el futuro.

—¿Qué tienes, Agar?* No temas, porque Dios
ha oído la voz del muchacho, allí donde está.
18 Levántate, alza al muchacho y tómalo de la
mano, porque de él haré una gran nación.
19 Entonces Dios abrió los ojos de ella, y vio
un pozo de agua. Ella fue, llenó el odre de
agua y dio de beber al muchacho. 20 Dios estaba con el muchacho, el cual creció y habitó
en el desierto, y llegó a ser un tirador de arco.
21 Habitó en el desierto de Parán, y su madre
tomó para él una mujer de la tierra de Egipto.

*21:17 Otra trad., *¿Qué te pasa?*

producto de la desobediencia del hombre a las normas de Dios. Refleja el desenfreno sexual y la irresponsabilidad del ser humano para con la descendencia. Se crían en conflictos, privaciones y sin el privilegio de un hogar estable. El presente de esos niños es precario y el futuro peligroso. Es urgente que la iglesia atienda a este problema.

Agar parte y se pierde en el desierto de Beerseba. Las guerras devastadoras y los fenómenos climáticos frecuentemente cambian el aspecto físico de un desierto. Si se añade a esto la circunstancia poco deseable del viaje, se hace difícil a Agar reconocer las señales que indicaban el camino y los oasis ya conocidos por ella. En esta situación angustiosa, Agar se prepara para morir y dejar morir a Ismael. Aquí parecía que terminaría todo. Pero Dios interviene, de acuerdo con su promesa anterior, y permite la sobrevivencia de Ismael al cuidado de Agar. Nuevamente se nota la fidelidad y misericordia de Dios al recordar su promesa y escuchar el clamor de un ser humano en angustia. Dios concede su presencia permanente a Ismael y Agar cumple el papel de madre y padre a Ismael.

Con el correr del tiempo, Ismael crece y obtiene primero, como lugar de habitación el desierto de Parán. Esta era una zona bien determinada al noroeste del golfo de Acaba y sur del mar Muerto en el desierto del Sinaí. Segundo, Ismael se convierte en un guerrero hábil, lo que es necesario para su sobrevivencia en dicho lugar. Tercero, la madre le obtiene esposa de Egipto, lo que asegura su identidad étnica y su descendencia posterior. La revelación bíblica en Génesis se ha de ocupar varias veces más de Ismael y de sus descendientes por su cercanía a la descendencia del pacto y por su influencia en el pueblo de Dios. Se debe resaltar la fortaleza espiritual y física de Agar quien como madre soltera y en condiciones desventajosas pudo lograr, con la ayuda de Dios, que su hijo llegara a la realización prometida por Dios. Nos hace recordar de tantas madres

"¿Qué tienes Agar?"

Agar representa a muchas mujeres que han sido usadas y luego abandonadas. Van por las calles arrastrando a sus hijos sin saber a dónde ir. Dios no las ha olvidado; él les pregunta con simpatía y profundo interés: "¿Qué tienes?" Dios se interesa por las mujeres que como Agar:

1. Han sido proscritas. Agar había sido echada por su patrona y despedida por el hombre que era el padre de su hijo (vv. 10, 14).

2. Han sido empobrecidas. A Agar llegó a faltarle el pan y hasta el agua del odre (v. 15). Los recursos de la desterrada se agotan rápidamente hasta que llega el momento de no saber qué más hacer o dónde buscar algún auxilio.

3. Han perdido la esperanza. Agar se alejó de su hijo y pensó: *No quiero ver morir al muchacho* y *...alzando su voz lloró* (v. 16). Muchas mujeres como Agar no quieren ver la cara de la muerte que viene para llevarse al hijo de sus entrañas.

Agar es un cuadro vivo de la mujer que sufre, pero también es un ejemplo típico de un Dios de amor que escucha la oración del impotente, del pobre y sin esperanza para darle consuelo y decirle con claridad: "*Dios ha oído...*", "*...levántate*", "*...Dios abrió los ojos de ella, y vio...*" (vv. 17-19).

Alianza de Abraham y Abimelec

22 Aconteció en aquel tiempo que Abimelec
junto con Ficol, jefe de su ejército, habló a
Abraham diciendo:
—Dios está contigo en todo lo que haces.
23 Ahora pues, júrame aquí por Dios que no
me engañarás ni a mí, ni a mis hijos,* ni a mis
nietos; sino que conforme a la bondad que yo
he hecho contigo tú harás conmigo y con la
tierra en la que vienes residiendo.
24 Abraham respondió:
—Sí, lo juro.
25 Entonces Abraham se quejó a Abimelec
acerca de un pozo de agua que los siervos de
Abimelec le habían quitado. **26** Abimelec
respondió:
—No sé quién haya hecho esto. Tú no me lo
hiciste saber, ni yo lo había oído hasta ahora.
27 Entonces Abraham tomó ovejas y vacas, y
se las dio a Abimelec; e hicieron ambos una
alianza. **28** Luego Abraham apartó del rebaño
siete corderas. **29** Y Abimelec preguntó a
Abraham:
—¿Qué significan estas siete corderas que
has puesto aparte?
30 Y él respondió:
—Toma estas siete corderas de mi mano para
que me sirvan de testimonio de que yo cavé
este pozo.
31 Por eso él llamó a aquel lugar Beerseba,*
porque allí juraron ambos. **32** Así hicieron
una alianza en Beerseba. Luego se levantaron
Abimelec y Ficol, jefe de su ejército, y regresaron a la tierra de los filisteos.
33 Abraham plantó un árbol de tamarisco en
Beerseba e invocó allí el nombre de Jehovah,
el Dios eterno. **34** Y residió Abraham en la
tierra de los filisteos por mucho tiempo.

*21:23 Otra trad., *descendientes*
*21:31 Significa *pozo del juramento.*

solteras o sin el beneficio de los padres de sus hijos quienes con sacrificio y abnegación logran criar hijos y hacerlos en su mayoría útiles a la sociedad.

Con la salida de Ismael, la descendencia prometida queda fortalecida y sin peligro de competencia.

(3) Abimelec hace alianza con Abraham, 21:22-34. Este incidente ilustra la necesidad y responsabilidad de Abraham de mantener una relación correcta no sólo con Dios, sino también con la población local para asegurar su sobrevivencia y la realización del propósito de su vida. La alianza con Abimelec, que es la culminación de una relación pacífica ya establecida anteriormente (20:15-18), asegura a Abraham dos cosas: el usufructo de una porción de tierra y sus recursos en la zona de Beerseba y la ausencia de conflicto bélico con un grupo étnico bien identificado y bien establecido en esa zona. Los filisteos bien podían ser peligro de exterminación para la familia de Abraham. La iniciativa parte de Abimelec al reconocer que la prosperidad de Abraham se debe a la relación especial de Dios con Abraham: *Dios está contigo* (v. 22). La alianza demanda una relación de lealtad (bondad, misericordia) mutua que incluye a los descendientes y a la tierra que sirve de residencia. Al mismo tiempo se resuelve un conflicto sobre los derechos de usufructo de una fuente de agua, elemento vital en aquella zona. El arreglo es pacífico y Abimelec se esfuerza en afirmar que el conflicto no se debió a él sino a la acción exclusiva e independiente de sus siervos. No obstante, así como Abimelec quería un juramento de paz con Abraham, éste se asegura con el juramento de Abimelec que la fuente de agua es devuelta a su legítimo dueño.

Los conflictos sobre derechos de fuentes de agua en las zonas desérticas ocurren frecuentemente. En el sistema económico de los nómadas y seminómadas, las únicas propiedades aceptadas como privadas son las fuentes de aguas así determinadas y los sepulcros. La alianza finaliza con los juramentos solemnes entre ambas partes acompañados de los rituales correspondientes y la designación memorial de la fuente de agua: *Beerseba* (v. 31), que hace referencia al juramento y a las siete corderas del ritual. El resultado de esta

Dios prueba la fe de Abraham

22 Aconteció después de estas cosas que
Dios probó a Abraham, diciéndole:
—Abraham.
El respondió:
—Heme aquí.
2 Y le dijo:
—Toma a tu hijo, a tu único, a Isaac a quien
amas. Vé a la tierra de Moriah y ofrécelo allí en
holocausto sobre uno de los montes que yo te
diré.
3 Abraham se levantó muy de mañana. Enal-
bardó su asno, tomó consigo a dos de sus siervos jóvenes y a Isaac su hijo. Partió leña para
el holocausto, y levantándose, fue al lugar que
Dios le dijo. **4** Al tercer día Abraham alzó sus
ojos y divisó el lugar de lejos. **5** Entonces
Abraham dijo a sus siervos:

---

alianza es la seguridad de residencia de Abraham y sus descendientes en tierra de los filisteos por mucho tiempo.

Al principio del episodio, Abimelec es quien reconoce la dirección de Dios. Al final, Abraham planta un tamarisco como árbol memorial y dedica el lugar en adoración al *Dios eterno* (v. 33). El tamarisco es un árbol propio de esa zona desértica y de crecimiento relativamente rápido. Produce una resina que es comestible. La nota sobre este acto refleja la importancia de los árboles en el desierto y que en la religiosidad local los santuarios estaban ubicados bajo árboles y en lugares elevados. Al establecer Abraham este santuario en forma permanente en Beerseba, lo dedica al *Dios eterno (El Olam)*. Con este título se reconoce y se proclama la eternidad de Dios y que su presencia y gracia no están limitadas al tiempo (Salmo 90:1, 2; 93:2). La zona de Beerseba, en la parte norte del Neguev, se convierte en un centro residencial importante de los patriarcas. Dos rutas principales pasaban por Beerseba. Una, de norte a sur, que de Hebrón partía hacia Egipto y la otra, de este a oeste, que desde el Arabá partía hacia la costa del Mediterráneo. Se convierte en la ciudad donde más tiempo residen Abraham e Isaac. Además, se consagra como un centro de adoración muy importante para los patriarcas. Es a Beerseba donde Jacob acude para encontrar orientación de Dios en cuanto a su traslado y el de su familia a Egipto (46:1-7). En el lenguaje geográfico, Beerseba era el límite poblacional sur del territorio de Israel. De Dan (norte) a Beerseba (sur) significa "de punta a punta" o "todo el territorio".

7. El pacto y su continuación, 22:1—25:18.

Así como el llamado de Abram necesitó concretarse en el transcurso del tiempo y las circunstancias, también el pacto no era una realización instantánea ni estática. Se presentan circunstancias y situaciones que demandan decisiones trascendentes, entrega completa y por sobre todo fidelidad al propósito de Dios. Esta sección nos demuestra que Abraham permanece hasta su muerte fiel al pacto y activo en todo lo que le corresponde para la continuación de dicho pacto.

(1) Dios prueba la fe de Abraham y confirma el pacto, 22:1-19. Este es uno de los episodios más importantes en la

¿Qué prueba?

La más grande prueba de fe que Dios haya impuesto sobre algún ser humano fue la petición a Abraham de sacrificar a su hijo amado Isaac (22:1, 2). Todos los sueños que Abraham pudo haber tenido como hombre estaban acumulados en Isaac. ¿Cómo podía Dios hacerle semejante pedido? ¿No era por medio de este muchacho que Dios cumpliría su promesa de darle una gran descendencia? Abraham no cuestionó la orden del Señor, muy de mañana se levantó para cumplirla. En la mente y corazón de Abraham obedecer a Dios era más importante que sus propios sentimientos o sueños. Confiaba en que Dios iba a cumplir sus promesas aún sin Isaac. Nuestra fe en el plan y programa de Dios puede ser expuesta a semejantes pruebas y la pregunta de fondo es: ¿estamos dispuestos a obedecer al Señor?

—Esperad aquí con el asno. Yo y el muchacho iremos hasta allá, adoraremos y volveremos a vosotros.
6 Abraham tomó la leña del holocausto y la puso sobre Isaac su hijo. El tomó en la mano el fuego y el cuchillo, y se fueron los dos juntos.
7 Entonces Isaac dijo a Abraham su padre:
—Padre mío . . .
Y él respondió:
—Heme aquí, hijo mío.
Le dijo:
—He aquí el fuego y la leña, pero ¿dónde está el cordero para el holocausto?

---

vida del patriarca Abraham. Es la acción humana que más se acerca en imitación a la dádiva de Dios de su hijo unigénito en la cruz del Calvario. Varios aspectos del episodio nos orientan para tener una comprensión mejor de este acto de fe.

El Dios que provee
22:14

Jehovah-jireh literalmente significa Jehovah proveerá (22:14). La provisión del Señor en el monte Moriah es un símbolo de la escena que más tarde los Evangelios nos presentarán en el monte Calvario. En Moriah el Señor provee un cordero; en el Calvario el Señor provee a su Hijo unigénito en provisión por la culpa de nuestros pecados (vea Rom. 8:32; 1 Cor. 5:7).

Primero vemos el pedido de prueba de Dios. Viene después de la expulsión de Ismael y de la obtención de una vida pacífica y próspera para Abraham en Beerseba, fruto de la alianza con Abimelec. Abraham, al igual que Job, no sabía que era una prueba. Para él fue un pedido de Dios que se tenía que obedecer. *Prueba*, en el pensamiento bíblico, es una demanda o una experiencia que Dios asigna al creyente con el propósito de fortalecer y madurar su fe. El objeto de la prueba es claramente identificado: *Tu hijo, a tu único, a Isaac a quien amas* (v. 2). Recordemos que Isaac, nacido "fuera de tiempo", era la única posibilidad de descendencia de Abraham. Ismael ya se había ido. La cuádruple identificación de Isaac lo hace inconfundible, angustioso e insustituible. El acto de la prueba era ofrecer a Isaac en holocausto, lo que terminaría con la vida de Isaac y con toda posibilidad de descendencia de Abraham. El lugar del sacrificio quedaba a tres días de viaje de Beerseba, aunque Dios no había especificado exactamente el monte. Todo esto demanda al extremo la obediencia incondicional de Abraham quien responde sin poner excusas o pedir más explicaciones.

Segundo, vemos la respuesta de Abraham, quien toma los siguientes pasos. En primer lugar, se levanta *muy de mañana* (v. 3), indicando la prioridad del pedido de Dios. En segundo lugar, hace todos los preparativos para el viaje: el asno para la carga, dos de sus siervos jóvenes como ayudantes, y a Isaac su hijo. No queda ninguna duda de la identificación de Isaac. En tercer lugar, Abraham lleva los elementos necesarios para ejecutar el holocausto (leña, fuego, cuchillo). Finalmente, llega al lugar indicado e identifica el monte. Según 2 Crónicas 3:1, el monte del sacrificio es el monte Moriah donde luego se construye el templo en Jerusalén. El último tramo hasta el monte lo hacen Abraham e Isaac solos. La indicación dada a los siervos fue sencillamente: *Iremos... adoraremos y volveremos a vosotros* (v. 5). Abraham carga con los elementos más peligrosos —cuchillo y fuego— para el sacrificio y da a Isaac la leña. No se nos dice la edad de Isaac, pero era capaz de cargar la leña y mentalmente alerta para preguntar al padre por el cordero para el holocausto. Este diálogo es uno de los más dramáticos y la respuesta *Dios mismo proveerá* (v. 8), lejos de ser una mentira piadosa o un fácil escape de respuesta, demuestra toda la dependencia de Abraham en Dios. Al llegar al monte, Abraham ejecuta uno por uno todos los actos, hasta el último, en cumplimiento de la demanda de Dios. No se nos indica ninguna expresión de sentimientos. Las

8 Abraham respondió:
—Dios mismo proveerá el cordero para el holocausto, hijo mío.
E iban los dos juntos. **9** Cuando llegaron al
lugar que Dios le había dicho, Abraham edificó
allí un altar. Arregló la leña, ató a Isaac su hijo
y lo puso sobre el altar encima de la leña. **10**
Abraham extendió su mano y tomó el cuchillo
para degollar a su hijo. **11** Entonces el ángel
de Jehovah llamó desde el cielo diciendo:
—¡Abraham! ¡Abraham!
El respondió:
—Heme aquí.
12 Y le dijo:
—No extiendas tu mano sobre el muchacho,
ni le hagas nada, porque ahora conozco que
temes a Dios, ya que no me has rehusado tu
hijo, tu único.

---

acciones se realizan en silencio, con toda exactitud y sin cuestionamientos. La sumisión de Isaac a Abraham es imitación perfecta de la sumisión de Abraham a Dios. El holocausto o sacrificio quemado era totalmente dedicado a la divinidad. El sacrificio humano, especialmente del primogénito, era parte del culto a la fertilidad de los cananeos y otras culturas. Tanto Abraham como Isaac conocían bien esta práctica. La evidencia bíblica, sin embargo, indica que la obediencia de Abraham no se debió a la imitación de una práctica o "requisito cultural", ni a ningún otro motivo de manipular a la divinidad u obtener favores ventajosos. Fue su temor y obediencia incondicional al Dios de su fe. Los pasos tomados confirman la obediencia exacta, voluntaria y persistente de Abraham. Detrás de la obediencia está la fidelidad y el amor de Abraham hacia Dios.

Tercero, viene la respuesta de Dios que se desarrolla de la siguiente manera. En primer lugar, se manifiesta después que

Semillero homilético

Las prioridades a prueba

22:1-14

Introducción: Dios hizo muchos desafíos y pruebas a la fe de Abraham, pero sin duda la más grande fue cuando le pidió que ofreciera a Isaac. Abraham tuvo que dar un orden a sus prioridades y sobre esa base hacer su respuesta al Señor.

I. ¿A quién amas más? (vv. 1, 2, 7).
1. Sin duda Abraham amaba a Isaac, pues era el hijo nacido en su vejez y el heredero de la promesa.
2. Sin duda Abraham amaba a Dios, pues era quien le había llamado para usarlo como canal de bendición.
3. La gran pregunta que Abraham tenía que resolver era ¿A quien amas más? Su respuesta diría al mundo quién era el primer amor de su vida.

II. ¿A quién vas a obedecer? (vv. 3-6, 9, 10).
1. Después que Dios dio la orden dejó todos los detalles a cargo de Abraham.
2. Abraham se levantó muy de mañana y se dirigió al lugar que Dios le había dicho.
3. Abraham estaba decidido a obedecer al Señor, eso lo revelan sus palabras: *Iremos... adoraremos y volveremos* (v. 5).

III. ¿En quién vas a confiar? (vv. 8, 14).
1. Abraham no tenía otro recurso para su descendencia. ¿Sería posible negociar con el Señor un holocausto alternativo?
2. Ante la pregunta de su hijo se concreta a responder: *Dios mismo proveerá el cordero para el holocausto, hijo mío.*

IV. ¿A quien vas a adorar? (vv. 11-13).
1. Dios quiere una adoración basada en el temor a él (v. 12).
2. Dios quiere una adoración sin mezcla del paganismo que ofrecías sacrificios humanos.

Conclusión: Abraham estableció correctamente sus prioridades e hizo las decisiones correctas que son las que demuestran cuál es nuestra relación con Dios.

13 Entonces Abraham alzó la vista y miró, y he aquí que detrás de sí estaba un carnero trabado por sus cuernos en un matorral. Abraham fue, tomó el carnero y lo ofreció en holocausto en lugar de su hijo. **14** Abraham llamó el nombre de aquel lugar Jehovah-yireh.* Por eso se dice hasta hoy: "En el monte de Jehovah será provisto."

15 El ángel de Jehovah llamó por segunda vez a Abraham desde el cielo, **16** y le dijo:

—He jurado por mí mismo, dice Jehovah, que porque has hecho esto y no me has rehusado tu hijo, tu único, **17** de cierto te bendeciré y en gran manera multiplicaré tu descendencia como las estrellas del cielo y como la arena que está en la orilla del mar. Tu descen-

*22:14 Significa *Jehovah proveerá.*

Abraham había completado todos los pasos para ofrecer a Isaac en sacrificio. El último acto era el de degollar a Isaac con lo cual se dedicaba esa vida a Dios. En segundo lugar, *el ángel de Jehovah* (v. 11), es decir, Dios mismo, se manifiesta en forma audible y visible. La respuesta de Abraham, *heme aquí* (v. 11), es la apropiada para el hombre de fe cuando reconoce la voz de Dios. En tercer lugar, Dios queda satisfecho con la prueba. Ya no hay necesidad de seguir con la prueba hasta el final porque Dios reconoce el temor de Abraham. El temor es la actitud propia y correcta del hombre hacia Dios. Implica reverencia, dar a Dios el lugar prioritario en todo, sumisión total a Dios y es la actitud que guía a uno a no desobedecer u ofender a Dios en nada. En el libro de Proverbios, *el temor de Jehovah* es la base de una conducta correcta, ya que sin temor a Dios, ningún mandamiento o ninguna orientación divina tendría efectividad. La entrega de Isaac, hijo único, fue la demostración clara y final del temor de Abraham hacia Dios. En cuarto lugar, Dios provee un carnero, como la fe de Abraham lo había declarado anteriormente (v. 8). Abraham ofrece este animal en holocausto en lugar de su hijo. Aquí, una costumbre religiosa propia de la cultura hasta ahora no aclarada, queda para siempre fuera de la fe en el Dios verdadero. La Biblia denuncia como abominación a Dios todo sacrificio humano (Lev. 20:1-3). Todas las declaraciones de fe fueron cumplidas: *Adoraremos, volveremos, Dios mismo proveerá.* Todas las acciones que demandaban obediencia —Isaac, monte Moriah, holocausto— fueron realizadas. La demostración suprema de amor, la de ofrecer a su único hijo, fue consumada hasta el límite humano por Abraham.

Abraham y el sacrificio

La prueba trae beneficios permanentes a la vida y a la relación de todos. Dios ahora conoce que es el temor a él el que guía las acciones de Abraham. Ya no son más las motivaciones de sacar ventajas o beneficios personales o temporales. En Hebreos 11:17-19 se agrega que Abraham ofreció a Isaac en fe y en dependencia total del

dencia poseerá las ciudades* de sus enemigos.
18 En tu descendencia serán benditas todas
las naciones de la tierra, por cuanto obedeciste
mi voz.
19 Abraham regresó a sus siervos, y levantándose se fueron juntos a Beerseba. Y
Abraham habitó en Beerseba.

*22:17 Lit., *las puertas* (de ciudades)

poder de vida de Dios. Abraham también ahora conoce que el Dios que prueba es el Dios que provee. En la escasez, en la precariedad, en las situaciones extremas de necesidad material o espiritual, *Jehovah-yireh* (v. 14) es quien ha de proveer. Es interesante notar que el mismo Isaac, recipiente original de la promesa *Dios mismo proveerá* (v. 8) por lo menos en tres ocasiones recibe este beneficio. Dios provee su esposa (cap. 24), Dios provee alimento y seguridad en tiempo de hambre (cap. 26) y Dios provee esposa para su hijo (cap. 29). Otro beneficio para Isaac es que ya nunca más estará con temor a que una costumbre pagana o cultural sea una sombra sobre su vida o la de sus descendientes. Es interesante que en el desarrollo posterior de la vida de Isaac no se nota ninguna evidencia traumática como temores infundados, hostilidad, falta de confianza. Por el contrario, Isaac vive una vida de confianza plena en Dios y en su padre, pacífica y de obediencia a Dios.

Y necesariamente este episodio nos traslada a otro monte, al del Calvario. Allí, Dios el Padre por amor a la humanidad ofrece a su Hijo unigénito en sacrificio por nuestros pecados. Lo que un día el padre de nuestra fe ofreció a Dios, en forma incompleta e imperfecta, es apenas una sombra de lo que Dios luego en Cristo ofrece en perfección y en consumación total. Aprendemos también del amor de Dios por nosotros (Rom. 5:8) y de la vida eterna en Jesucristo (Juan 3:16).

Finalmente, y como resultado de la prueba, Dios renueva su pacto y promesa con Abraham. Esta renovación o reconfirmación tiene estos elementos. Primero, es el ángel de Jehovah, es decir, Dios mismo como origen y como mensajero de la revelación, quien llama a Abraham desde el cielo, esta vez para declarar la renovación del pacto. Segundo, Jehovah, el Dios que personalmente se diera a conocer a Abraham y a su pueblo, jura por sí mismo en relación al pacto. Es imposible dar al pacto más seguridad y firmeza. Tercero, los términos del pacto y la promesa son delineados nuevamente. Ellos incluyen: bendiciones, descendencia incontable, poder victorioso sobre los enemigos (nuevo elemento en el pacto y muy necesario más tarde durante la conquista) y propósito misionero universal. Cuarto, la razón de esta renovación y la base de cualquier relación con Dios es la obediencia incondicional. Abraham regresa a Beerseba donde reside por un buen tiempo.

Podemos observar muchos paralelismos cuando miramos desde la perspectiva cris-

Verdades prácticas

De esta formidable prueba en la vida de Abraham aprendemos varias lecciones importantes:

1. La fe siempre tiene sus pruebas. El hecho de ser cristianos no significa que las pruebas estarán ausentes de la experiencia diaria. Entre más grande la fe, tanto más grandes serán las pruebas.

2. La fe puede brillar a pesar de las pruebas. Quitemos de la experiencia de Abraham las pruebas y observaremos que su fe no tiene ningún sentido ni significado. La fe debe ser probada a fin de que crezca y se desarrolle bien.

3. La fe, a pesar de la prueba, debe glorificar a Dios. La historia de Abraham fue escrita con lágrimas y sangre, pero Dios lo glorificó por medio de sus pruebas. El haber triunfado sobre las pruebas le otorgó el alto privilegio de que Dios lo llamara "mi amigo". ¿Hay otro grado más alto que éste? Nosotros también tenemos la oportunidad de obedecer por medio de la fe y ser así amigos de Jesús.

Descendientes de Nacor

20 Aconteció después de estas cosas que le informaron a Abraham, diciendo: "He aquí que también Milca le ha dado a luz hijos a Nacor tu hermano: **21** Uz su primogénito, su hermano Buz, Quemu el padre de Aram, **22** Quesed, Hazo, Pildas, Jidlaf y Betuel. **23** (Betuel engendró a Rebeca.)"

Milca dio a luz estos ocho hijos a Nacor, hermano de Abraham. **24** Y su concubina, que se llamaba Reúma, dio a luz también a Tébaj, a Gajam, a Tajas y a Maaca.

Sara es sepultada en Macpela

23 La vida de Sara fue de 127 años; éstos fueron los años de Sara. **2** Sara murió en Quiriat-arba, es decir, Hebrón, en la tierra de Canaán, y Abraham vino a hacer duelo por Sara y a llorarla.

3 Abraham se levantó de delante de su difunta y se fue para hablar con los hijos de Het.* Y les dijo:

4 —Yo soy forastero y advenedizo entre vosotros. Permitidme tener entre vosotros una propiedad para sepultura,* y que sepulte allí* a mi difunta.

*23:3 Es decir, los heteos (hititas)
*23:4a Es decir, como cementerio
*23:4b Lit., *de delante de mí*

tiana. La iglesia cristiana es el resultado de un nuevo pacto, no simplemente de una renovación. El nuevo pacto está basado en la dádiva amorosa de Dios el Padre y la obediencia incondicional de Jesucristo, el Hijo unigénito. Incluye un propósito misionero universal (Hech. 1:8), poder victorioso sobre los enemigos (Mat. 16:18; Luc. 10:19) y la presencia permanente de Dios en cada generación (Mat. 28:20).

(2) Los descendientes de Nacor, hermano de Abraham, 22:20-24. Nacor, el hermano de Abraham, tuvo doce descendientes, número indicado para formar una nación. Y efectivamente, más tarde esta descendencia logra una identidad de nación (los arameos o sirios) y ubicación territorial en una amplia zona al nordeste del río Jordán. La relación entre los descendientes de Abraham y Nacor es estrecha (relación sanguínea, idiomas muy parecidos) pero también de hostilidad, especialmente durante la monarquía. Esta familia es importante al pacto porque ha de proveer las esposas apropiadas tanto para Isaac como para Jacob, que permiten a la descendencia de Abraham continuar dentro del propósito del pacto. Paralela a la fidelidad de Abraham al pacto, Dios, *(Jehovah-yireh)* estaba proveyendo los recursos humanos necesarios para evitar que la descendencia de Abraham se contaminara religiosamente o fuera asimilada por matrimonios mixtos por los habitantes de la tierra prometida.

(3) La muerte y sepultura de Sara, 23:1-20. Este episodio se relata extensamente por su significado trascendente. Por lo menos es necesario mencionar tres aspectos importantes. Primero, se relata la muerte de una madre. Sara, quien era diez años menor que Abraham (17:17) muere a los 127 años (v. 1). El lugar patriarcal de residencia en este entonces era Hebrón, lugar muy bien conocido y anteriormente ya habitado por Abraham. La reacción primera de Abraham es de pro-

Verdades prácticas

Abraham vino a hacer duelo por Sara y a llorarla (23:2). Abraham lamenta la pérdida de su esposa, Sara. La expresión de su dolor fue genuino y como buen esposo quiso hacer lo mejor a su alcance para dar digna sepultura a la compañera de su vida. El dolor, el sufrimiento y el sentimiento de pérdida de nuestros seres queridos viene tarde o temprano a nuestra vida y debemos encontrar la manera sana y normal de expresar esos sentimientos. Si no expresamos nuestro pesar y dolor personal por las vías adecuadas podemos caer fácilmente en adicciones o dependencias para tratar de esconder el sufrimiento. Si expresamos nuestros sentimientos de tristeza constructivamente, ellos no nos harán mucho daño.

5 Los hijos de Het respondieron a Abraham diciéndole:
6 —Escúchanos, señor nuestro: Tú eres un príncipe de Dios entre nosotros. Sepulta a tu difunta en el mejor de nuestros sepulcros. Ninguno de nosotros te negará su sepulcro para que sepultes a tu difunta.
7 Pero Abraham se levantó, e inclinándose ante el pueblo de aquella tierra, los hijos de
Het, **8** habló con ellos diciendo:
—Si tenéis a bien que yo sepulte allí* a mi difunta, escuchadme e interceded por mí ante
Efrón hijo de Zojar, **9** para que me dé la cueva de Macpela que está en el extremo de su campo. Que por su justo precio* me la dé como propiedad para sepultura* en medio de vosotros.
10 Efrón estaba sentado entre los hijos de Het. Y Efrón el heteo respondió a Abraham en presencia de los hijos de Het y de todos cuantos entraban por las puertas de la ciudad, diciendo:
11 —No, señor mío. Escúchame: Yo te doy el campo y te doy la cueva que hay en él. En presencia de los hijos de mi pueblo, te lo doy; sepulta a tu difunta.
12 Pero Abraham se inclinó ante el pueblo de
la tierra. **13** Y respondió a Efrón en presencia del pueblo de la tierra, diciendo:
—Más bien, te ruego que me escuches: Yo te daré dinero por el campo. Tómamelo, y yo sepultaré allí a mi difunta.

*23:8 Lit., *de delante de mí*
*23:9a Lit., *plata llena*
*23:9b Es decir, como cementerio

fundo pesar y así lo expresa abiertamente. Esta es la mujer que le acompañó en todo su peregrinaje. La mujer que puso en peligro su integridad física y moral por salvaguardar la de su esposo. Esta es la mujer que dejó a su parentela y tierra de comodidad porque comprendió y aceptó el llamado de Dios al igual que Abraham. Recordemos que Dios llama originalmente a una pareja para la realización de su plan, ya que la descendencia era central a dicho plan. Y esta es la mujer, madre del hijo de la promesa y madre de todos los hijos de Abraham por la fe (Gál. 4:31; Rom. 9:7). A pesar de su complicidad con Abraham en engañar al faraón y a Abimelec, a pesar de su apresuramiento en precipitar la promesa de Dios con Agar, a pesar de su duda y risa ante la posibilidad de maternidad, Sara, por su fidelidad y fortaleza espiritual,figura en la lista de los grandes de la fe. En Hebreos 11:11 se resalta esa fe y su esfuerzo extremo al ser la madre de Isaac. En 1 Pedro 3:2-6 se la pone como modelo de obediencia a su marido y de una conducta doméstica casta, modesta y respetuosa que debe ser imitada por las esposas creyentes. Razón suficiente tenía Abraham para hacer duelo y llorar por Sara.

Segundo, pasada la expresión del duelo, viene la necesidad de sepultar a la muerta. Y en aquella sociedad como en la nuestra, ésta es la parte más desagradable y pesada, dada la comercialización excesiva que busca obtener ganancias ventajosas a costa de esta desgracia y de la sensibilidad humana. Abraham se reconoce como forastero y sin tierra y por ello pide a los pobladores locales una parcela de tierra para sepulcro. Los hititas (*hijos de Het*, v. 3) habitaban el lugar y eran propietarios de la tierra. Este pueblo era originario de Asia Menor (actual Turquía) y se expandieron a Canaán donde se establecieron por mucho tiempo. Después de mucho diálogo y actos de negociación, Abraham solicita y compra el campo de Efrón juntamente con la cueva de Macpela, lugar ideal para sepultura. Es interesante notar la cortesía y sagacidad durante el desarrollo de la negociación. Abraham originalmente sólo quería comprar la cueva y por su precio justo, pero el dueño aprovecha y vende todo el campo por un precio bastante elevado. Abraham, ante la oferta de sepultura gratis, insiste en adquirirla como su propiedad y así dar una sepultura digna y segura a su esposa. Nuevamente en el diálogo se nota la relación correcta y pacífica que Abraham

14 Efrón respondió a Abraham diciéndole:
15 —Señor mío, escúchame: La tierra vale 400 siclos* de plata. ¿Qué es esto entre tú y yo? Sepulta, pues, a tu difunta.
16 Entonces Abraham escuchó a Efrón, y en presencia de los hijos de Het, pesó para Efrón la plata que éste le dijo: 400 siclos* de plata de buena ley entre mercaderes. 17 Así el campo de Efrón que estaba en Macpela, frente a Mamre, tanto el campo como la cueva que había en él, junto con todos los árboles que había en el campo y en sus contornos, pasó 18 a ser propiedad de Abraham, en presencia de los hijos de Het, de todos los que entraban por las puertas de su ciudad. 19 Después de esto, Abraham sepultó a Sara su mujer en la cueva del campo en Macpela, frente a Mamre, es decir, Hebrón, en la tierra de Canaán. 20 Así Abraham adquirió de los hijos de Het el campo y la cueva que había en él, como una propiedad para sepultura.*

*23:15 Aprox. 4,4 kg.
*23:16 Aprox. 4,4 kg.
*23:20 Es decir, como cementerio

mantenía con los diferentes grupos étnicos entre los cuales vivía como forastero, anclado siempre en la esperanza de la promesa de Dios. Estas relaciones hacían posible que pudiera acudir a los habitantes locales en situaciones de necesidad.

Tercero, debemos notar la trascendencia de la adquisición de esta propiedad. En primer lugar, debemos reconocer que los sepulcros y las fuentes de aguas son las únicas propiedades privadas reconocidas en una economía política nómada y de población transeúnte. En la mayoría de las culturas contemporáneas a Abraham, las leyes o costumbres permitían a un extranjero poseer su sepulcro, lo cual era muy respetado. Abraham hace uso de este derecho y en la ocasión exacta de necesidad. En segundo lugar, la adquisición de este campo indica la aceptación de la promesa de Dios de que esa tierra será posesión de la descendencia de Abraham. Este acto, más allá de llenar una necesidad temporal, mira al futuro con fe y seguridad en las promesas de Dios. Al morir los patriarcas, este campo y otro adquirido por Jacob en Siquem (33:19) son las únicas propiedades de los patriarcas en Canaán. Pese a ello, mantuvieron su fe en Dios y su fidelidad en el plan de Dios. En tercer lugar, esta cueva se convierte en sepulcro familiar. Allí fueron sepultados también Abraham, Isaac, Rebeca, Lea (49:31) y allí pide ser sepultado Jacob como un memorial de que sus descendientes volverán a la tierra prometida por Dios. Este sepulcro entonces, se convierte en señal de confianza y en lugar donde las generaciones pasadas y presentes mantienen su unidad comunal y su fidelidad en el propósito de Dios para con ellos.

Esta pasaje nos provee de algunas normas importantes para la fe cristiana. Primera, el lugar que debemos dar a las expresiones de duelo en los casos de pérdida. Por alguna razón la expresión de do-

Enfrentando el final con dignidad

La experiencia de Abraham en relación con la muerte y sepultura de su esposa nos provee varias enseñanzas que nos ayudan a pensar de ante mano y estar listos para enfrentar el final nuestro y de nuestros seres queridos con dignidad.

1. Expresemos nuestro duelo y sentimientos de tristeza. Ocultarlos o negarlos hace daño (v.2).
2. Busquemos un lugar adecuado y digno que sirva de sepulcro. La ostentación y la vanagloria son una tentación que debemos evitar (v. 4, 9).
3. Hagamos la provisión necesaria para los gastos mínimos que tal evento puede requerir (v. 13, 16).
4. Procuremos que la ceremonia y los actos en memoria de la persona muerta sean un testimonio de nuestra fe en el Señor. (Recordemos que Mamre fue un centro de adoración a Dios para Abraham. Lit. Abraham ubicó un cementerio frente al templo, v. 19.)

Rebeca llega a ser esposa de Isaac

24 Abraham era ya anciano y muy avanzado en años, y Jehovah había bendecido
a Abraham en todo. 2 Entonces Abraham dijo
a un siervo suyo, el más viejo de su casa y que administraba todo lo que tenía:

—Por favor, pon tu mano debajo de mi muslo, 3 y te haré jurar por Jehovah, Dios de los cielos y Dios de la tierra, que no tomarás para mi hijo una mujer de las hijas de los cananeos entre los cuales habito. 4 Más bien, irás a mi tierra, a mi parentela, y tomarás mujer para mi hijo Isaac.

5 Su siervo le respondió:

—Quizás la mujer no quiera venir conmigo a esta tierra. ¿He de hacer volver a tu hijo a la tierra de donde saliste?

6 Abraham le dijo:

---

lor y pesar se descuida y hasta se considera como fuera de la fe cristiana. Abraham, el padre de la fe, expresa libremente su dolor y su pesar. Segunda, de alguna manera debemos tener previsiones espirituales y materiales para un caso de pérdida. Un entierro sin previsión en nuestros días es sinónimo de una catástrofe económica. Más aún si una enfermedad extensa precede al fallecimiento. La iglesia debe buscar y obtener, o hacer posible, un plan genuino de previsión económica para estos casos. Tercera, los entierros de creyentes deben hacerse con toda dignidad y en testimonio de nuestra esperanza firme y segura de la promesa de resurrección.

Los padres y la elección del cónyuge de sus hijos

Ya no vivimos en la época ni en la cultura en que los padres "arreglaban" los matrimonios de sus hijos, sin embargo, los padres proveen el modelo, las cualidades y las aspiraciones que los hijos buscarán en el cónyuge. Esta es una tremenda responsabilidad para los padres creyentes en Jesucristo. La calidad de nuestras relaciones con nuestro esposo o esposa será el modelo que sigan nuestros hijos. Los valores que enseñamos por precepto y por la práctica, serán adoptados por los jóvenes.

(4) Abraham elige esposa para Isaac, 24:1-67. La elección de esposa para Isaac es fundamental para la continuación del pacto ya que provee seguridad de que la descendencia permanece dentro del propósito del pacto. Según la costumbre de la época, los padres debían hacer los arreglos para proveer cónyuge a sus hijos. En la ausencia de Sara, Abraham toma la iniciativa motivado por tres razones: Primera, era ya anciano y debía hacer los preparativos propios para la continuación de la descendencia. Segunda, Isaac ya tenía 40 años (25:20), edad ideal en aquella cultura para formar hogar (26:34). Tercera, se debía garantizar que la elección de la esposa de Isaac estuviera dentro de los términos de la promesa del pacto.

En la elección de esposa se combinan perfectamente estos elementos: El primer

Rebeca y el pozo

—Guárdate, no sea que hagas volver a mi
hijo allá. 7 Jehovah, Dios de los cielos, que
me tomó de la casa de mi padre y de la tierra
de mi nacimiento, y que me habló y me juró
diciendo: "A tu descendencia daré esta tierra",*
él enviará su ángel delante de ti, y tú tomarás
de allí una mujer para mi hijo. 8 Pero si la
mujer no quiere venir contigo, tú quedarás
libre de este juramento mío. Solamente que
no hagas volver allá a mi hijo.
9 Entonces el siervo puso su mano debajo del
muslo de Abraham su señor, y le juró sobre
este asunto. 10 Y el siervo tomó diez de los
camellos de su señor, y se fue llevando consigo
toda clase de cosas preciadas de su señor.
Partió y se fue a Siria mesopotámica, a la ciudad de Nacor, 11 e hizo arrodillar los camellos
fuera de la ciudad, junto a un pozo de agua.
Era la hora del atardecer, cuando las jóvenes
salían para sacar agua. 12 Y dijo:
—Oh Jehovah, Dios de mi señor Abraham,
por favor, haz que hoy ocurra algo en mi presencia. Muestra bondad para mi señor Abraham. 13 He aquí que yo estoy junto al manantial de agua, y las hijas de los hombres de
la ciudad vendrán para sacar agua. 14 Sea,
pues, que la joven a quien yo diga: "Por favor,
baja tu cántaro para que yo beba", y ella
responda: "Bebe tú, y también daré de beber a
tus camellos"; sea ella la que tú has destinado
para tu siervo, para Isaac. En esto conoceré
que has tenido misericordia de mi señor.

*24:7 Ver 13:15; etc.

elemento, una dependencia total en la dirección divina. Abraham hace jurar a su siervo de confianza quien ha de buscar esposa por Jehovah, Dios de los cielos. Abraham encomienda a su siervo al Dios de los cielos quien ha de guiar y hacer prosperar la empresa. El siervo mismo se encomienda a Jehovah en oración y pide repetidamente la dirección de Dios en todas las decisiones que deba tomar respecto a la elección de esposa. Varios factores son dignos de resaltar en la oración del siervo: Primero, la intervención de Dios sería una demostración de *bondad* y *misericordia* para con Abraham (vv. 12, 14). En su relación con Dios, el

Semillero homilético

Criterios para elegir al cónyuge

24:3, 6, 7, 12-14

Introducción: El relato de cómo ocurrió la elección de Rebeca para esposa de Isaac nos provee algunas pautas para formar los criterios para elegir un buen cónyuge.

I. Establezca de antemano lo que va a buscar (vv. 3, 6).
  1. Abraham estableció claramente que la esposa para su hijo debía ser:
    (1) De su misma familia y no una cananea
    (2) Dispuesta a vivir toda su vida en Canaán.
  2. La Biblia nos dice claramente que nuestro cónyuge debe ser:
    (1) Creyente en Cristo (2 Cor. 6:14)
    (2) Que se suscriba al "testimonio" cristiano.

II. Establezca de antemano lo que desea lograr (v. 7).
  1. Que su matrimonio sea una relación permanente y no algo temporal.
  2. Que su matrimonio sea parte de la totalidad de su vida.
  3. Que ambos estén de acuerdo con lo que desean lograr en la vida.

III. Establezca de antemano que desea seguir la voluntad de Dios (vv. 12-14).
  1. Busque la voluntad de Dios en intensa oración.
  2. Busque a alguien que también esté buscando la voluntad del Señor para su matrimonio.
  3. Busque a alguien que corresponda con el plan que usted tiene para su vida.

Conclusión: La elección del cónyuge es tan importante que requiere buscar la dirección de Dios en oración, obediencia a sus mandatos específicos y estar de acuerdo con el plan salvador del Señor.

15 Y aconteció que cuando él aún no había acabado de hablar, he aquí que con su cántaro sobre el hombro, venía Rebeca, que le había nacido a Betuel, hijo de Milca, mujer de Nacor, hermano de Abraham. **16** La joven era muy hermosa; era virgen, a quien ningún hombre había conocido.* Ella descendió al manantial, llenó su cántaro y subía. **17** Entonces el siervo corrió hacia ella y le dijo:

—Por favor, dame de beber un poco de agua de tu cántaro.

18 Y ella respondió:

—Bebe, señor mío.

Se apresuró a bajar su cántaro a su mano y le dio de beber. **19** Cuando acabó de darle de beber, agregó:

—También sacaré agua para tus camellos, hasta que acaben de beber.

20 Se dio prisa, vació su cántaro en el abrevadero y corrió otra vez al pozo para sacar agua. Y sacó para todos sus camellos. **21** El hombre la observaba en silencio para saber si Jehovah había dado éxito a su viaje o no. **22** Cuando los camellos acabaron de beber, el hombre le obsequió un pendiente de oro que pesaba medio siclo* y dos brazaletes de oro para sus brazos, que pesaban diez siclos.*

23 Y le preguntó:

—¿De quién eres hija? Dime, por favor, ¿habrá lugar en la casa de tu padre donde podamos alojarnos?*

24 Ella respondió:

—Yo soy hija de Betuel, hijo de Milca, el cual ella dio a luz a Nacor. **25** —Y añadió—: También en nuestra casa hay paja y mucho forraje, y lugar para alojarse.*

26 Entonces el hombre se inclinó y adoró a Jehovah **27** diciendo:

—¡Bendito sea Jehovah, Dios de mi señor Abraham, que no apartó de mi señor su misericordia y su verdad!* En el camino Jehovah me guió hacia la casa de los hermanos de mi señor.

28 La joven corrió y contó estas cosas en la casa de su madre. **29** Rebeca tenía un hermano que se llamaba Labán, el cual corrió afuera hacia el hombre, hacia el manantial. **30** Sucedió que cuando vio el pendiente y los brazaletes en las manos de su hermana, y oyó las palabras de su hermana Rebeca, que decía: "Así me habló aquel hombre", vino a él, y he aquí que él estaba junto a los camellos, al lado del manantial. **31** Y le dijo:

*24:16 Es decir, sexualmente
*24:22a Lit., *un beqa*, peso equivalente a medio siclo, aprox. 5,5 gramos
*24:22b Aprox. 110 gramos en total
*24:23, 25 Otra trad., *pasar la noche*
*24:27 Otra trad., *fidelidad*

hombre sólo puede apelar a la bondad y misericordia de Dios porque no tiene ningún mérito frente a Dios. Esta declaración del siervo también indica que Abraham ya había confiado totalmente a Dios la elección de la esposa de su hijo. Segundo, el siervo pide a Dios indicaciones claras y precisas dejando libertad a Dios de actuar en la vida de las personas responsables de permitir la realización de su compromiso. Tercero, su oración está llena de expresiones de alabanza y gratitud a Dios, indicando el reconocimiento de que es Dios quien prospera su tarea. Abraham, el siervo, y posteriormente la familia de la elegida, reconocen que: *¡De Jehovah procede esto!* (v. 50).

El segundo elemento es la determinación de criterios bien establecidos para la elección. Primero, la esposa no debía ser cananea, sino de la *tierra... y parentela* de Abraham (v. 4). La tierra referida es Harán o Siria mesopotámica y la parentela era la familia de Nacor. Esta condición era para asegurar el cumplimiento de la promesa y la constitución de una nación espe-

Cómo buscar la dirección de Dios para escoger a su cónyuge

Abraham estaba convencido que Dios tenía preparada una esposa para su hijo Isaac (v. 7). La gran pregunta era: ¿Cómo identificarla? El criado de Abraham Eliezer hizo dos cosas: (1) Oró a Dios. (2) Estableció señales objetivas (vv. 42-44). Isaac por su parte se mantuvo en una actitud de oración y meditación (v. 63).

—Ven, bendito de Jehovah. ¿Por qué estás
ahí fuera? Yo he preparado la casa y el lugar
para los camellos.
32 Entonces el hombre fue a la casa. Labán
descargó los camellos y les dio paja y forraje.
Luego trajo agua para lavar los pies de él y los
pies de los hombres que venían con él.
33 También puso comida delante de él, pero él
dijo:
—No comeré hasta que haya dicho lo que
tengo que decir.
Labán le dijo:
—Habla.
34 Entonces dijo:
—Yo soy siervo de Abraham. **35** Jehovah ha
bendecido mucho a mi señor, y él se ha
enriquecido. Le ha dado ovejas, vacas, plata,
oro, siervos, siervas, camellos y asnos. **36** Y
Sara, mujer de mi señor, dio a luz en su vejez
un hijo a mi señor, quien le ha dado a él todo
lo que tiene. **37** Y mi señor me hizo jurar
diciendo: "No tomarás mujer para mi hijo de
entre las hijas de los cananeos en cuya tierra
habito. **38** Más bien, irás a la casa de mi
padre, a mi parentela, y tomarás mujer para
mi hijo." **39** Yo dije a mi señor: "Quizás la
mujer no quiera venir conmigo." Entonces
40 me respondió: "Jehovah, en cuya presencia
he caminado, enviará su ángel contigo, y él
dará éxito a tu viaje. Tú tomarás una mujer
para mi hijo, de mi familia, de la casa de mi
padre. **41** Entonces, cuando hayas llegado a
mi familia, quedarás libre de mi juramento; y
aunque no te la den, también quedarás libre de
mi juramento."*
42 »Llegué, pues, hoy al manantial y dije:
"Jehovah, Dios de mi señor Abraham, por
favor, si has de dar éxito a mi viaje en el cual
ando, **43** he aquí que yo estoy junto al manantial de agua. Que la joven que venga para sacar
agua y a quien yo diga: 'Por favor, dame de
beber un poco de agua de tu cántaro', **44** y ella
me responda: 'Bebe tú, y también sacaré agua
para tus camellos', que sea ella la mujer que
Jehovah ha destinado para el hijo de mi
señor." **45** Y antes que acabase de hablar en mi
corazón, he aquí que Rebeca venía con su cántaro sobre su hombro. Luego descendió al
manantial y sacó agua. Entonces le dije: "Por
favor, dame de beber." **46** Y ella bajó rápidamente su cántaro de encima de su hombro y
dijo: "Bebe tú, y también daré de beber a tus
camellos." Yo bebí, y ella también dio de beber
a mis camellos. **47** Entonces le pregunté:
"¿De quién eres hija?" Y ella respondió: "Soy
hija de Betuel hijo de Nacor, que le dio a luz

*24:41 Otra trad., *imprecación*

cial, elegida por Dios. Esta característica de matrimonio endógamo (con los de la misma raza o fe) fue la nota sobresaliente del pueblo de Dios. Así se evitó el peligro de asimilación por otra cultura y se mantuvo una identidad clara y distintiva. Este criterio también es proclamado por Pablo para los creyentes para no hacer peligrar la fe y para no apagar el testimonio cristiano (2 Cor. 6:14—7:1). Segundo, bajo ninguna circunstancia Isaac debía volver a Harán. Dios había llamado a Abraham a dejar su tierra y su parentela e Isaac no debía revertir ese llamado. El debía permanecer en Canaán para dar cumplimiento a la promesa de Dios. Tercero, se establecen algunas cualidades óptimas que han de distinguir a la elegida (además de ser pariente de Abraham): bondadosa y servicial (vv. 14, 17-20); una doncella hermosa y sin ningún impedimento moral para poder ser esposa (v. 16) ; con capacidad de tomar decisiones importantes (vv. 54-58) y con modestia y respeto (v. 65). Todas estas cualidades eran imprescindibles para la vida familiar en Canaán.

El tercer elemento en la elección es la actuación sabia y con propósito bien definido del siervo. La elección de Eliezer, su siervo más antiguo y administrador, indica la importancia que Abraham diera a la elección de esposa. Y este siervo actúa con mucha sabiduría y fidelidad. Además de reconocer la dirección de Dios en todo, es digno de mencionar su sagacidad y corrección. Ya en Harán, se ubica en el lugar adecuado donde las doncellas han de acudir en busca de agua. Observa alertamente a las doncellas buscando las cualidades preestablecidas. Una vez identificada la doncella que llena los requisitos, expone sin tardanza y sin titubear el propósito de

Milca." Yo puse el pendiente en su nariz y los
brazaletes en sus brazos. **48** Y me incliné y
adoré a Jehovah. Bendije a Jehovah, Dios de
mi señor Abraham, que me guió por el camino
acertado para tomar la hija del hermano de mi
señor, para su hijo. **49** Ahora pues, si vosotros
vais a mostrar misericordia y verdad* para con
mi señor, declarádmelo. Si no, declarádmelo
también, y yo me iré a la derecha o a la izquierda.

50 Entonces Labán y Betuel respondieron diciendo:

—¡De Jehovah procede esto! No podemos decirte si es malo o si es bueno. **51** He aquí que
Rebeca está delante de ti; tómala y vete. Sea
ella la mujer del hijo de tu señor, como ha dicho Jehovah.

52 Y aconteció que cuando el siervo de
Abraham oyó sus palabras, se postró a tierra
delante de Jehovah. **53** Luego sacó objetos de
plata, objetos de oro y vestidos, y se los dio a
Rebeca. También dio obsequios preciosos a su
hermano y a su madre. **54** Después comieron
y bebieron él y los hombres que habían venido
con él, y pasaron la noche. Y levantándose de
mañana, dijo:

—Permitidme regresar a mi señor.

55 Entonces respondieron su hermano y su madre:

—Que la joven espere siquiera unos diez días
más con nosotros, y después irá.

56 Pero él les dijo:

—No me hagáis demorar; ya que Jehovah ha
dado éxito a mi viaje, dejadme ir para que vaya
a mi señor.

*24:49 Otra trad., *fidelidad*

su visita. En la presentación de su pedido se destaca la delicada argumentación que apela a la seguridad de bienestar familiar, económico y de propósito significativo para Rebeca. Primero, presenta la posición próspera de Abraham (bendecido por Jehovah, enriquecido con bienes materiales). Segundo, presenta al candidato conyugal, único heredero de Abraham, quien ya es dueño de toda esa riqueza. Aquí se asegura de bienestar social y económico a los parientes de Rebeca. Tercero, presenta el pedido específico de Abraham: El de escoger y llevar una esposa para Isaac ya que la continuación de la descendencia de Abraham tiene un propósito especial en los planes de Dios. Por último y como golpe de gracia, recuenta que todo lo que aconteciera para el encuentro con Rebeca, fue resultado de la intervención de Dios.

Todos estos argumentos vencieron toda resistencia que pudieran poner los parientes de Rebeca, y la conceden para esposa de Isaac. Ante esta respuesta propicia, el siervo hace lo siguiente: Primero, adora a Dios pública y visiblemente indicando gratitud. Segundo, otorga preciosos regalos a Rebeca, a su madre y a su hermano. La dote concedida indica seguridad de riqueza y cumplimiento del requisito legal en el otorgamiento de esposa. Tercero, al día siguiente el siervo pide partir para Canaán. Este pedido se debía seguramente al apresuramiento en traer las buenas nuevas a Isaac y algo también en evitar toda posibilidad de impedimento que pudiera surgir durante los diez días de despedida según la costumbre del lugar. La decisión final se la dejan a Rebeca, quien con firmeza y determinación escoge ir inmediatamente a Canaán. La familia la despide concediéndole la compañía de su nodriza y bendiciéndola.

Dios, muchas veces, nos dirige por las circunstancias.

Dios guió a Eliezer en todo por medio de las circunstancias que se fueron dando una tras otra. De la perspectiva del no creyente podrían llamarse "coincidencias", pero para Eliezer era la dirección del Señor. Esto nos demuestra que podemos encontrar la dirección de Dios en todas las circunstancias de nuestras vidas. Tres cosas son necesarias para verificar que las circunstancias son "mensajeros" de la acción del Señor:

1. Orar a Dios buscando su intervención en todos nuestros planes y actividades.
2. Obedecer su palabra en los asuntos sobre los cuales él ya ha expresado su voluntad.
3. Expresar gratitud y alabanza a Dios por lo que se ha logrado hasta el presente.

57 Ellos le respondieron:
—Llamemos a la joven y preguntémosle lo
que piensa.
58 Llamaron a Rebeca y le preguntaron:
—¿Irás tú con este hombre?
Ella les respondió:
—Sí, iré.
59 Entonces dejaron ir a Rebeca su hermana,
a su nodriza, al siervo de Abraham y a sus
hombres. **60** Y bendijeron a Rebeca diciéndole:
—Tú eres nuestra hermana. Que seas madre
de millares de decenas de millares. Que tus
descendientes posean las ciudades* de sus
enemigos.
61 Entonces se levantaron Rebeca y sus criadas, subieron a los camellos y siguieron al
hombre. El siervo tomó a Rebeca y se fue.
62 Aconteció que Isaac venía del pozo Beerlajai-roí,* porque habitaba en el Néguev.
63 Hacia el atardecer Isaac había salido al
campo para meditar,* y alzando sus ojos miró,
y he aquí unos camellos que venían. **64** También Rebeca alzó sus ojos, vio a Isaac y descendió del camello. **65** Porque había preguntado
al siervo: "¿Quién es ese hombre que viene por
el campo hacia nosotros?", y el siervo había
respondido: "El es mi señor." Entonces ella tomó el velo y se cubrió.
66 El siervo contó a Isaac todo lo que había
hecho. **67** Luego Isaac la introdujo en la tienda de Sara, su madre, y tomó a Rebeca, que vino a ser su mujer; y él la amó. Así se consoló
Isaac después de la muerte de su madre.

*24:60 Lit., *puertas* (de ciudades)
*24:62 Significa *pozo del Viviente que me ve*; comp. 16:14.
*24:63 Otra trad., *orar*

Finalmente se llega a la consumación del matrimonio entre Isaac y Rebeca. El encuentro inicial tiene lugar en el campo, cerca del pozo del Viviente donde Agar fue encontrada por el ángel en el Néguev (16:14). Rebeca demuestra respeto y modestia al encontrarse por primera vez con Isaac. El siervo informa a Isaac todo lo acontecido. Luego Isaac acepta a Rebeca como su esposa. Varios detalles que se mencionan son muy importantes como normativos en una relación marital. Primero, Isaac llevá a Rebeca a la tienda de Sara, otorgándole el lugar propio y privilegiado que corresponde a un cónyuge. Segundo, toma a Rebeca como su mujer, consumándose así físicamente el matrimonio. Tercero, Isaac se compromete a amar

Verdades prácticas

Isaac la introdujo en la tienda de su madre Sara, y tomó a Rebeca, que vino a ser su mujer; y él la amó. Así se consoló Isaac después de la muerte de su madre (24:67).

Del matrimonio entre Isaac y Rebeca hay varias enseñanzas que podemos aprender:

1. Comenzaron su matrimonio saturado de la dirección del Señor y es evidente que Isaac amó a Rebeca; ella también le correspondió por lo menos hasta que nacieron sus dos hijos: Esaú y Jacob.
2. Ellos fueron una pareja que Dios adoptó para ser recipientes de las promesas dadas a Abraham. Ese hecho les daba un sentido de misión.
3. Isaac y Rebeca con mucha frecuencia vivieron por el principio que dice que el fin justifica los medios y ese principio en términos del reino de Dios puede ser una falacia.
4. Muchas veces Isaac y Rebeca trataron de evadir las situaciones difíciles por medio de decir mentiras.
5. Ambos cometieron el error de seleccionar a uno de sus hijos como su "favorito" y eso produjo división entre ellos y entre sus hijos.
6. Dios mantuvo sus promesas y permaneció fiel a esta pareja a pesar de sus fracasos.
7. Dios tiene un plan que es más grande que nosotros y es por su gracia que llegamos a ser parte de ese plan. Debemos cuidar que desempeñemos bien nuestra parte.
8. Un estado de ánimo negativo por parte de uno de los cónyuges genera una energía negativa en las relaciones matrimoniales.

Otros descendientes de Abraham

25 Abraham tomó otra mujer cuyo nombre era Quetura. **2** Ella le dio a luz a
Zimrán, a Jocsán, a Medán, a Madián, a Isbac y
a Súaj. **3** Jocsán engendró a Seba y a Dedán.
Los hijos de Dedán fueron los asureos, los letusitas y los leumitas. **4** Los hijos de Madián
fueron: Efa, Efer, Hanoc, Abida y Eldaa. Todos
éstos fueron hijos de Quetura.

5 Abraham dio a Isaac todo lo que tenía, **6** pero a los hijos de sus concubinas les dio obsequios. Y mientras él vivía, los apartó de su hijo
Isaac, enviándolos al este, a la tierra del oriente.

Abraham es sepultado en Macpela

7 Los años de la vida de Abraham fueron 175.
8 Y falleció* Abraham en buena vejez, anciano
y lleno de años, y fue reunido a su pueblo.

*25:8 Lit., *expiró y murió*

---

a Rebeca. Esto se refiere necesariamente al amor sentimental o romántico, ingrediente importante en toda relación conyugal. Pero más que eso, se refiere a una decisión voluntaria, intencional, continua y progresiva de convivir en relaciones físicas, sociales, emocionales y espirituales apropiadas con la cónyuge escogida. Esta relación es exclusiva y substituye en lealtad y satisfacción a toda otra relación humana (Gén. 2:24, 25; Sal. 45:10, 11, 16).

Con este matrimonio, se asegura una descendencia dentro de los términos y condiciones del pacto.

(5) Los descendientes de Abraham y Quetura, 25:1-6. Aunque la continuación de la descendencia estaba asegurada ahora con el matrimonio correcto de Isaac, surge una nueva situación que pudiera presentar reclamos de herencia a Abraham. Una vez viudo, Abraham se casa nuevamente con Quetura y tiene otros hijos. La viudez de Abraham es de 37 años en total. Los hijos de Abraham y Quetura no llegan a formar una nación específica, aunque algunos de sus descendientes llegan a formar grupos étnicos bien identificables como las madianitas. Pero aún en vida, Abraham previene todo conflicto y resuelve la situación de la siguiente manera: Primero, toda la herencia y la bendición patriarcal —ligada con la promesa de Dios— concede a Isaac. A los otros hijos, los de sus concubinas (el plural se refiere a Quetura y Agar, ya que sólo los hijos de éstas se mencionan) Abraham sólo otorga obsequios. Estos son provisiones materiales y recursos que demuestran su carácter de padre correcto, previsor y bondadoso. Segundo, a estos hijos, Abraham los separa de Isaac y los envía fuera de Canaán, a la tierra del oriente, para evitar toda disputa territorial que pudiera surgir con el tiempo. Aquí vemos el aspecto de padre previsor y preocupado en el bienestar de su descendencia. Al mismo tiempo, se nota su reconocimiento y sumisión al plan redentor de Dios a través de Isaac.

(6) Muerte y sepultura de Abraham, 25:7-11. El relato de la muerte y sepultura de Abraham es breve y conciso. Sin embargo, este relato está lleno de detalles que son normativos en la fe bíblica. Primero, a pesar de una larga vida consagrada a Dios, llega el momento de morir. La vida del hombre, por más instrumento que sea en las manos y en el propósito de Dios, tiene su límite. No es inmortal. Segundo, se destaca no tanto la muerte, sino la vida llena de significado y logros dentro del propósito de Dios. Abraham tuvo una vida fructífera: Fue diligente y próspero y respetado en el trabajo. Fue un esposo fiel, un padre previsor e interesado en el bienestar de su descendencia. Mantuvo un buen testimonio y relacionamiento social. Supo actuar con decisión, valor y prudencia en todas las dificultades enfrentadas. Y por sobre todo fue un hombre que se entregó al propósito de Dios. Su vida no fue vacía ni en vana. Tercero, muere en esperanza de vida eterna: *Fue reunido a su pueblo* (v. 8). Aquí hay una rotura con los epitafios anteriores en Génesis. La muerte no es el final de la existencia del hombre. Este nuevo elemento se irá repitiendo una

9 Sus hijos Isaac e Ismael lo sepultaron en la
cueva de Macpela, en el campo que pertenecie-
ra a Efrón hijo de Zojar el heteo, que está frente a Mamre, **10** campo que Abraham había
comprado a los hijos de Het.* Allí fue sepultado Abraham con Sara su mujer.
11 Sucedió después de la muerte de Abraham, que Dios bendijo a su hijo Isaac. Y habitaba Isaac junto al pozo de Beer-lajai-roí.*

*25:10 Es decir, los heteos (hititas)
*25:11 Significa *pozo del Viviente que me ve*; comp. 16:14.

y otra vez en las muertes de los hombres de fe del pueblo de Dios. Cuarto, Abraham es sepultado en el sepulcro familiar, junto a Sara, su esposa y compañera en la vida. Quinto, sus dos hijos, Isaac e Ismael, lo sepultan indicando una relación amistosa y noble entre ambos hermanos. ¡Que bendecido sería el mundo si pudiera restablecerse esta misma relación entre los descendientes de Ismael e Isaac hoy día! Por último, con la muerte de Abraham, el hombre que respondió al llamado de Dios, no termina el propósito redentor de Dios. Dios traslada la bendición de Abraham a Isaac y fiel a su promesa continúa su pacto de redención.

(7) Los descendientes de Ismael, 25:12-18. Ismael, el hijo del apresuramiento en cumplir el propósito de Dios con recursos humanos, no queda en el olvido. Este relato tiene el propósito de demostrar el cumplimiento de la promesa de Dios a Abraham (17:20) y a Agar (21:18) de convertir la descendencia de Ismael en una nación. Y efectivamente, con el tiempo, la descendencia de Ismael se convierte

Semillero homilético

Cómo muere un hombre de fe

25:5-10

Introducción: Este pasaje nos cuenta la muerte de Abraham. Hay varias lecciones que podemos aprender:

I. Un hombre de fe arregla los asuntos de su herencia (v. 5, 6).

1. Abraham aseguró que la herencia y la promesa fueran exclusivamente para Isaac a quien dio todo lo que tenía.
2. A los hijos de sus concubinas (Agar y Quetura) dio obsequios. Cada uno recibió según la voluntad del padre.
3. Mandó lejos, al este, a la tierra del oriente a los hijos de sus concubinas a fin de evitar que hicieran alguna influencia "egipcia" sobre su hijo Isaac.

II. Un hombre de fe termina lleno de realizaciones (vv. 7, 8).

1. Abraham terminó su vida en buena vejez, anciano y lleno de años. Es decir que al momento de morir Abraham disfrutaba de buena salud y de las disposiciones que había tomado.
2. Y fue reunido a su pueblo. ¿A cuál pueblo? Aquí encontramos un concepto único en el pueblo de Dios: la muerte no es el final de la vida de un hombre, sino un traslado a una vida más plena y abundante. Al cerrar sus ojos a este mundo un hombre de fe lo hace con la esperanza y confianza en el Dios de Israel.

III. Un hombre de fe termina siendo un testimonio a las siguientes generaciones (v. 10).

1. Abraham fue sepultado en el campo que había comprado frente a Mamre, uno de sus lugares predilectos de adoración. Isaac había heredado la fe de su padre y deseaba darle continuidad.
2. Abraham fue sepultado con Sara su mujer. Un testimonio de amor y de la trascendencia del matrimonio.

Conclusión: Es algo bonito estar en la ceremonia memorial de un anciano consagrado al Señor que ha dado buen ejemplo con su vida. Es un momento de celebración porque ha entrado en el gozo del Señor.

Descendientes de Ismael

12 Estos son los descendientes de Ismael hijo
de Abraham, que le dio a luz Agar la egipcia,
sierva de Sara. 13 Estos son los nombres de
los hijos de Ismael, por sus nombres, según
sus descendientes: El primogénito de Ismael
fue Nebayot. Después nacieron Quedar, Ad-
beel, Mibsam, 14 Misma, Duma, Masá, 15 Hadad, Tema, Jetur, Nafis y Quedema. 16 Estos
fueron los hijos de Ismael y sus nombres según sus aldeas y campamentos: doce jefes según sus naciones.
17 Los años de la vida de Ismael fueron 137,
y falleció* y fue reunido a su pueblo. 18 Y sus
descendientes habitaron desde Havila hasta
Shur, que está frente a Egipto, en dirección de
Asur.
Se estableció, pues, frente a todos sus hermanos.*

Nacimiento de Esaú y de Jacob

19 Esta es la historia de Isaac hijo de Abraham. Abraham engendró a Isaac. 20 Isaac
tenía 40 años cuando tomó por mujer a Rebeca hija de Betuel el arameo, de Padanaram, y
hermana de Labán el arameo.

*25:17 Lit., *expiró y murió*
*25:18 Comp. 16:12

en una nación identificable étnica, cultural y territorialmente. Sus descendientes son doce, número requerido para la formación de una nación. Se indica la organización política de los ismaelitas: Son de vida nómada y seminómada (aldeas y campamentos). Se especifica el territorio que les fuera asignado: desde Havila hasta Shur, es decir un territorio frente a Egipto y en dirección al camino a Asiria en la península de Sinaí. Esta asignación territorial está fuera de Canaán lo que aseguraba la ausencia de disputa territorial con Isaac y sus descendientes. Se menciona también la muerte de Ismael en los términos nuevos de ser *reunido a su pueblo* (v. 17). Los ismaelitas serán mencionados varias veces en la Biblia, ya que mantuvieron una relación estrecha y muchas veces conflictiva con los israelitas.

IV. DIOS E ISAAC, 25:19—28:9

Esta sección demuestra el cumplimiento de la promesa de Dios a través de Isaac y Rebeca. Con todos los logros y arreglos de Abraham, pareciera que la continuación del pacto con la familia de Isaac sería fácil. Pero no es así. El testimonio bíblico indica que en esta generación hay también conflictos familiares, peligros de aniquilación por hambre y hostilidad, peligro de asimilación por emparentamiento y actitudes incorrectas al propósito del pacto. Sin embargo, la fidelidad de Dios y la disponibilidad humana harán posible que el pacto continúe por una nueva generación.

Doce

Los hijos de Ismael y sus nombres según sus aldeas y campamentos: doce jefes según sus naciones (25:16). Dios cumplió su palabra que daría bendición a Ismael por ser su hijo. El número doce en la Biblia tiene el símbolo de lo que es necesario para hacer algo. Israel también se formó con doce tribus. Jesús llamó a doce apóstoles. Con las doce familias de Ismael se formaron todas las naciones árabes que conocemos hasta el día de hoy.

1. La familia de Isaac, 25:19-34

El matrimonio de Isaac y Rebeca parecería ideal para el propósito patriarcal. Fue el único matrimonio patriarcal monógamo. Nunca salieron de Canaán. Pero también tuvieron muchos conflictos y luchas que al final se resuelven.

(1) Nacimiento de Esaú y Jacob, 25:19-26. Esta sección bíblica se inicia con la mención del matrimonio de Isaac y Rebeca y sus respectivos progenitores. Todo indica que la continuación de la descendencia será fácil y dentro de los términos del pacto. Pero, Rebeca era estéril y después de 20 años de matrimonio todavía no tenía hijos. Finalmente, Rebeca

21 Isaac rogó a Jehovah por su mujer, que
era estéril. Jehovah accedió a su ruego, y Rebeca su mujer concibió.
22 Como los hijos se empujaban dentro de
ella, dijo:
—Si es así, ¿para qué he de vivir?
Ella fue a consultar a Jehovah, **23** y Jehovah
le dijo:
—Dos naciones hay en tu vientre, y dos pueblos que estarán separados desde tus entrañas. Un pueblo será más fuerte que el otro, y el
mayor servirá al menor.
24 Cuando se cumplió el tiempo de dar a luz
he aquí que había mellizos en su vientre. **25** Y
salió el primero, rojizo y todo velludo como
una túnica de pieles, y llamaron su nombre
Esaú.* **26** Después salió su hermano, con su
mano asida al talón de Esaú, y llamaron su
nombre Jacob.* Isaac tenía 60 años de edad
cuando ella los dio a luz.

*25:25 Significa *velludo*; también se llama *Edom, rojo*, comp. v. 30.

*25:26 Proviene de la palabra hebrea que significa *talón*; también es parecido al verbo que significa *suplantar*, ver 27:36; Ose. 12:3.

La respuesta a la oración

Isaac rogó a Jehovah por su mujer, que era estéril. Jehovah accedió a su ruego, y Rebeca su mujer concibió (25:21). El amor a veces encuentra dificultades que parecen imposibles de superar. Isaac y Rebeca se amaban mucho, pero no podían disfrutar del gozo de tener un hijo. Isaac llevó a Dios su problema y Dios dio la respuesta. Siempre que llevamos a Dios nuestras dificultades, por difíciles y complicadas que puedan parecer, él hace algo para responder a sus hijos.

concibe, pero bajo estas condiciones: Primero, la concepción es fruto de la oración de Isaac. A pesar de todas las provisiones humanas y decisiones apropiadas en relación a la seguridad de la descendencia, ésta dependía de la voluntad de Dios. Aquí vemos a Isaac hacer uso de la oración, confiando en Dios y basado en experiencias pasadas. No hay intento de recursos humanos. Sólo la espera en Dios quien responde al pedido. Segundo, el embarazo causa disturbios físicos y emocionales. Ante esta situación, Rebeca consulta a Jehovah. La consulta y el acceso a una respuesta de Dios en las situaciones conflictivas o desconocidas es el privilegio del pueblo de Dios. En la nación hebrea, la consulta a Jehovah se hacía por lo general a través del profeta o sacerdote y en los santuarios o lugares de adoración y sacrificios.

La respuesta de parte de Dios declara que hay dos hijos, confirma el conflicto entre los no nacidos todavía y anuncia tres realidades para el futuro. Primera, de esos dos hijos se formarán dos pueblos que estarán separados, es decir, en conflicto constante y desde la matriz. Segunda, el desarrollo y progreso de ambos pueblos serán diferentes. Uno de ellos será mayor y más fuerte que el otro. Y tercera, el mayor servirá al menor, el reverso del derecho de primogenitura. La institución de la primogenitura era la estructura sociopolítica que garantizaba la estabilidad familiar, social y política de los pueblos de aquel entonces. Esto nos indica que Dios puede interrumpir y romper la estructura humana por más cerrada, inflexible o sabia que parezca. Además, hay planes o elecciones de Dios que no ofrecen ninguna opción al hombre: éste debe aceptarlos. La soberanía de Dios en la elección tiene prioridad absoluta sobre la libertad o estructuras del hombre (Rom. 9:10-16).

Finalmente nacen los niños que son gemelos fraternos o mellizos (cuates) bien distintos uno del otro. Los nombres dados a los hijos hacen alusión a sus respectivas características sobresalientes en el momento del nacimiento. Esaú (velludo), el primogénito recibe dicho nombre por su abundancia de vello. Jacob (suplantador), el segundo, recibe dicho nombre por nacer tomado del talón de su hermano. Detrás de estas diferencias físicas están diferencias de carácter y de espiritualidad que tendrán mucho que ver en el desarrollo de

Jacob compra la primogenitura de Esaú

27 Los niños crecieron, y Esaú llegó a ser experto en la caza, hombre del campo. Jacob, por su lado, era hombre tranquilo y solía permanecer en las tiendas. **28** Isaac prefería a Esaú, porque comía de su caza; pero Rebeca prefería a Jacob.

29 Cierto día Jacob preparó un guisado. Y cuando Esaú volvía del campo, cansado, **30** dijo a Jacob:

—Por favor, invítame a comer de ese guiso rojo,* pues estoy muy cansado.

Por eso fue llamado su nombre Edom.* **31** Y Jacob respondió:

— Véndeme primero* tu primogenitura.

*25:30a Lit., *del rojo, este rojo*
*25:30b Ver v. 25 con su nota
*25:31 Lit., *hoy*

esta familia y que llegan a poner en peligro la descendencia en continuación del pacto.

(2) Esaú menosprecia su primogenitura, 25:27-34. Al crecer los niños fueron de vocación y carácter muy diferentes: Esaú, cazador, del campo y el favorito de su padre; Jacob, aquietado, de la casa y el favorito de su madre. Aparentemente existía entre ellos una competencia continua. Un día, su manifestación llegó a tener trascendencia a través de la venta de la primogenitura por Esaú. La negociación por la primogenitura se desarrolla de la siguiente manera: Primero, los hermanos se encuentran en una situación especial. Jacob con un guisado que había preparado y Esaú cansado, pidiendo comer de ese guiso rojo. Esaú estaba volviendo del campo, posiblemente de un intento de caza, pero sin logro. Jacob tenía un logro concreto: un guiso rojo.

Segundo, Jacob aprovecha la oportunidad y pide comprar la primogenitura. Ambos hermanos conocían muy bien el significado de la primogenitura en el contexto cultural y especialmente en el del pacto. En el sistema patriarcal era el derecho del hijo mayor de suceder al padre como jefe de la familia o clan. Le correspondía una porción doble de los bienes y era el recipiente de la bendición paterna. En la familia de Isaac se agrega el derecho a la promesa de Dios a Abraham. Todo esto pone en juego Esaú al vender su primogenitura. El razonamiento de Esaú: *Yo me voy a morir; ¿de qué, pues, me servirá la primogenitura?* (v. 32), refleja fielmente que el pacto dependía totalmente de promesas cuyos cumplimientos estaban en el futuro, en la descendencia y no tenía re-

¿Qué fue lo que despreció Esaú?

En nuestra cultura occidental la primogenitura no tiene las mismas implicaciones que en la cultura oriental. La primogenitura daba derechos especiales al hijo mayor, precisamente por ser el primer hijo. Aunque el texto resume todo en la frase: *Así menospreció Esaú la primogenitura* (25:34), lo que Jacob pidió de Esaú se podría decir...

Esaú, a cambio de este plato de comida, tu me das lo siguiente: De los bienes de mi padre, cuando él muera, yo me quedaré con una porción que es doble que la tuya. Al morir papá yo seré el sacerdote y profeta de la familia, por lo tanto el líder espiritual con privilegios únicos delante de Dios. Dios ha prometido hacer de la descendencia de Abraham, nuestro abuelo, una nación grande; de aquí en adelante tu descendencia no contará para nada y seré yo quien ocupe el lugar de uno de los padres de la nación que Dios va a formar. Además Dios prometió darle al mundo un Mesías, y en lugar de que seas tú uno de sus progenitores, seré yo. Nuestros hijos y nietos cuando oren al Señor dirán: "Dios de Abraham, de Isaac y de Jacob" y no dirán "Dios de Abraham, Isaac y Esaú".

¿Cuál era la cantidad que Jacob ofrecía a cambio de la primogenitura? La Biblia dice: ¡un guisado de color rojo! ¡Algunos dicen que eran lentejas! Para nosotros sería como ¡un plato de frijoles o porotos!

32 Entonces Esaú dijo:
—He aquí que yo me voy a morir; ¿de qué, pues, me servirá la primogenitura?
33 Dijo Jacob:
—¡Júramelo ahora!
El se lo juró y vendió a Jacob su primogenitura.
34 Entonces Jacob dio a Esaú pan y guisado de lentejas. El comió y bebió, y levantándose, se fue. Así menospreció Esaú la primogenitura.

---

compensas inmediatas (Heb. 11:39). Además, esas promesas estaban fuera del control humano inmediato; dependían de la generosidad de Dios y demandaban confianza y espera. Aquí vemos a un hombre confiado sólo en sí mismo, en el poder de sus recursos y en recibir su recompensa. Sacrifica el futuro por el presente. Al ver la poca seriedad de Esaú respecto a su derecho de primogenitura, Jacob aprovecha aun más y solemniza la adquisición con un juramento por parte de Esaú. Esta acción equivalía a un contrato privado formal y válido legalmente. Esaú obtiene lo que desea: *el pan y guisado de lentejas* (v. 34) y Jacob el derecho de primogenitura.

Tercero, hay una evaluación de la transacción: se considera un menosprecio de la primogenitura. Los hermanos negociaron por sí solos. Esaú se sintió con la autoridad de disponer de la primogenitura sin más. Dios, los padres, la humanidad pen-

Semillero homilético

Esaú: Solamente le interesaba el presente
25:25

Introducción: El nombre Esaú [6215] significa velludo que era la apariencia física del niño al nacer (25:25). También se le dio el nombre Edom, que significa rojo (25:30). Hijo de Jacob y Rebeca. Esaú fue el primero en salir del vientre de Rebeca. Su hermano gemelo fue Jacob.

Esaú creció y llegó a ser experto en la caza y hombre del campo (25:27). Muy pronto Esaú demostró que su vida y sus intereses giraban en torno al bienestar material inmediato. Solo le interesaba el presente. Los asuntos espirituales, el nombre de su familia, el ejemplo para sus hijos, la responsabilidad histórica, no entraron en el sistema de valores de Esaú. El típico oportunista y aprovechado del momento no se dio cuenta que sus decisiones marcaban su futuro.

I. Esaú vende su primogenitura por pan y guisado de lentejas.
   1. Esaú experimentó el cansancio y el hambre (25:29, 30). Las necesidades físicas requieren la búsqueda de satisfacción.
   2. Esaú deseó satisfacer esas necesidades inmediatamente sin importarle cómo (25:32). El dilema radica en la manera en la cual se busca satisfacer esas necesidades.

II. Esaú ve el presente, pero olvida las implicaciones futuras.
   1. Fatigado por el cansancio y el hambre Esaú ve a lo concreto (el pan, el guisado, el agua) y lo que está a la mano (un guisado ya preparado, listo para ser comido).
   2. Esaú presupone que el futuro es incierto y totalmente fuera de su control y por lo tanto lo único que le importa es el aquí y ahora.
   3. Esaú presupone que con la muerte se acaba todo y echa por la borda los valores históricos y eternos (25:32).

III. Esaú obtuvo lo que quiso, pero perdió lo que le pertenecía.
   1. La primogenitura era un derecho que la sociedad le otorgaba, pero la cedió a cambio de lo que quería (25:31).
   2. La promesa que Dios había hecho a Abraham e Isaac de bendecir al primogénito era suya, pero la cambió por pan y lentejas (25:33).
   3. Esaú, siendo un experto cazador y hombre del campo, pudo resolver sus necesidades por sí mismo, pero se dejó dominar por las soluciones rápidas e inmediatas (25:34).

Conclusión: Cuando tomamos una decisión debemos reflexionar sobre las implicaciones futuras. Puede ser que resolvemos una necesidad del momento, pero comprometemos el futuro. Esaú nunca pensó en consultar a Dios o a sus padres sobre esta decisión. Hizo lo que él quería hacer y perdió la oportunidad de ser bendición a todas las naciones del mundo.

Jehovah confirma su pacto a Isaac

26 Hubo hambre en el país, además de la
primera que hubo en los días de
Abraham. E Isaac se dirigió a Abimelec, rey de
los filisteos, en Gerar. **2** Y se le apareció
Jehovah y le dijo:
—No desciendas a Egipto. Habita en la tierra
que yo te diré. **3** Reside en esta tierra. Yo
estaré contigo y te bendeciré, porque a ti y a
tus descendientes os daré todas estas tierras.
Así cumpliré el juramento que hice a tu padre
Abraham. **4** Yo multiplicaré tu descendencia
como las estrellas del cielo, y daré a tu descendencia todas estas tierras. Y en tu descendencia serán benditas todas las naciones de la tierra, **5** porque Abraham obedeció mi voz y
guardó mi ordenanza, mis mandamientos, mis
estatutos y mis instrucciones.

---

diente de ese plan redentor no contaron para nada. Aquí hay egoísmo y desprecio arrogante: Se hace que el plan redentor de Dios sea negociable, un artículo más en venta y ¡a precio de remate! (Mat. 26:15). En Hebreos 12:16, 17 se considera a Esaú inmoral y profano por vender su primogenitura y como un ejemplo de advertencia a los creyentes. Como recuerdo y característica de Esaú en esta acción, recibe una segunda identificación: Edom o "rojo" que hace referencia a su pedido del "guiso rojo". Más adelante aparecerán otros conflictos entre estos dos hermanos.

> **Verdades prácticas**
>
> ¡Qué fácil fue para Esaú vender su primogenitura! No pensó que allí estaba, en embrión, el plan redentor de Dios. La salvación de la humanidad estaba pendiente de ese privilegio, pero él, casi sin darse cuenta, la vendió. En nuestros días hay muchos "vendedores" de pan y guisos de lentejas a cambio de nuestra primogenitura. Estemos atentos de no vender las bendiciones que Dios tiene para nosotros a cambio de un momento de placer. Debemos aprender a mirar las implicaciones que los placeres o decisiones que tomamos ahora tendrán para el futuro. Generalmente es mejor sacrificar un placer del presente y avanzar con paso firme hacia una satisfacción más trascendental.

2. El pacto de Dios y las pruebas de Isaac, 26:1—28:9

El desarrollo de la vida del patriarca Isaac es muy pacífico. Sin embargo, en dos ocasiones enfrenta pruebas bastantes importantes que le obligan a tomar decisiones al respecto. Algunas son equivocadas, otras son respuestas de confianza y obediencia a Dios.

> **Joya bíblica**
>
> **Reside en esta tierra. Yo estaré contigo y te bendeciré, porque a ti y a tus descendientes os daré todas estas tierras. Así cumpliré el juramento que hice a tu padre Abraham (26:3).**

(1) Dios confirma su pacto a Isaac, 26:1-5. A pesar de que Isaac ya había recibido la bendición de Dios después de la muerte de Abraham, todavía no tuvo una confirmación personal del pacto. Esta confirmación llega en un momento bastante crítico en la vida de Isaac ya que por el hambre éste estaba a punto de abandonar la tierra de Canaán. La confirmación se desarrolla en el contexto de un hambre en la tierra que obliga a Isaac a salir de Beerseba y buscar un lugar más propicio. Su primer intento es establecerse alrededor de Gerar, pero por temor a la hostilidad de Abimelec y los filisteos (v. 7) y por la escasez generalizada, decide ir a Egipto. La situación actual y la experiencia familiar (Abraham fue a Egipto) indicaban que ese era el paso correcto.

Posiblemente en respuesta a la oración de Isaac, Dios se le aparece y le indica claramente lo siguiente: Primero, Isaac no debe descender a Egipto, sino permanecer en Gerar, aun con la presencia de los filisteos y en medio de la escasez. La ida a Egipto ponía en peligro el derecho de reclamo de la tierra y más aún con la pre-

Problemas de Isaac con Abimelec

6 Habitó, pues, Isaac en Gerar. **7** Y los hombres de aquel lugar le preguntaron acerca de su mujer. El respondió:

—Es mi hermana.

Tuvo miedo de decir: "Es mi mujer", pues pensó: "No sea que los hombres del lugar me maten a causa de Rebeca." Porque ella era hermosa.

8 Sucedió después de estar allí muchos días, que Abimelec, rey de los filisteos, miró por una ventana y vio a Isaac que acariciaba a Rebeca su mujer. **9** Entonces Abimelec llamó a Isaac y le dijo:

—¡He aquí, de veras ella es tu mujer! ¿Por qué, pues, dijiste: "Es mi hermana"?

Isaac le respondió:

—Es que pensé que quizás moriría a causa de ella.

10 Abimelec le dijo:

—¿Por qué nos has hecho esto? Por poco pudiera haber dormido alguno del pueblo con tu mujer, y hubieras traído sobre nosotros culpabilidad.

11 Entonces Abimelec dio órdenes a todo el pueblo diciendo:

—El que toque a este hombre o a su mujer, morirá irremisiblemente.

---

sencia de los filisteos que también se estaban posesionando paulatinamente de la tierra y quienes más tarde, en la época de la conquista, masivamente intentan posesionarse de Canaán. El hambre, por otro lado, hacía peligrar la sobrevivencia de la familia. Segundo, Dios le promete su presencia y su bendición en contraste con la escasez y el peligro de hostilidad. Más adelante esa presencia se manifiesta en protección y la bendición en abundancia de bienes materiales. Tercero, la razón de permanecer en Canaán es porque Dios decide confirmar el pacto a Isaac. Las bases de la transición del pacto a Isaac son el juramento de Dios a Abraham y la obediencia y fidelidad de éste a toda la revelación de Dios. Las promesas de posesión de tierra, descendencia incontable y el ser instrumento de bendición a todas las naciones son transferidas a la descendencia de Isaac. Este obedece a la indicación de Dios y permanece en Gerar, confiado en las promesas inmediatas de Dios y en el cumplimiento del propósito último de Dios para él y su descendencia.

(2) Isaac teme a Abimelec, 26:6-11. Al residir Isaac en Gerar surge el temor de ser muerto por los filisteos a causa de la hermosura de Rebeca a quien con seguridad el rey y los hombres codiciarían como candidata a su harén. Gerar era una de las ciudades de los filisteos. Estaba localizada en el extremo noroeste del Néguev, cerca de Gaza y a pocos km. del Mediterráneo. La integridad y sobrevivencia de la familia patriarcal queda expuesta así al peligro de aniquilación. Ante este temor, Isaac declara que Rebeca es su hermana, un plan de sobrevivencia usado anteriormente por Abraham en dos ocasiones (12:10-20; 20:1-18). Pero con el correr del tiempo, el rey mismo descubre que realmente Rebeca es la esposa de Isaac y lo confronta enérgicamente. La simulación de Isaac pudo haber sido ocasión de culpabilidad para los filisteos. Isaac explica el motivo de su actuación y Abimelec ordena, bajo pena de muerte, que nadie moleste a Isaac

Los hijos aprenden de los padres

Los hijos aprenden de sus padres. Desafortunadamente los hijos no son selectivos acerca de lo que deben aprender, pues no aprenden las cosas buenas y olvidan las malas. El pasaje (26:6-11) demuestra lo que Isaac aprendió de su padre, Abraham. Sin duda que Isaac había escuchado de las ocasiones cuando sus padres habían mentido para protegerse a sí mismos (12:10-20; 20:1-18). Es impresionante cómo el modelo del pecado de los padres frecuentemente se repite en nuestra vida. Muy a menudo las debilidades de nuestra familia se repiten generación tras generación. Isaac bien pudo actuar sabiamente y decirle a Abimelec la verdad y a su vez confiar en que Dios lo protegería. La confianza en Dios es una de nuestras mejores armas para pelear contra los modelos negativos que hemos recibido de nuestros mayores.

Isaac prospera en Gerar

12 Isaac sembró en aquella tierra, y aquel
año obtuvo ciento por uno. Jehovah lo bendijo, 13 y el hombre se enriqueció y continuó
enriqueciéndose hasta llegar a ser muy rico.
14 Tenía rebaños de ovejas, hatos de vacas y
abundancia de siervos, de modo que los filisteos le tenían envidia. 15 Los filisteos cegaron
y llenaron de tierra todos los pozos que habían
abierto los siervos de su padre Abraham, en
sus días. 16 Entonces Abimelec dijo a Isaac:
—Aléjate de nosotros, porque te has hecho
más poderoso que nosotros.

---

o a su esposa.

Este episodio es similar a la experiencia de Abraham (20:1-18) con Abimelec antes del nacimiento de Isaac. Es decir, tuvieron que pasar más de 60 años entre un incidente y el otro. Más adelante se repite una alianza entre Abimelec e Isaac. Muchos dudan que sea el mismo rey del tiempo de Abraham. Pero el testimonio bíblico parece indicar que es el mismo rey por las siguientes razones: Primero, ante la declaración primera de Isaac, Abimelec actúa con mucha prudencia. No se precipita en tomar a Rebeca y llevarla a su harén. Segundo, una vez conocida la verdad, Abimelec con toda energía y autoridad ordena que nadie moleste a Isaac o a Rebeca. Esto lo hace basado en la experiencia anterior con Abraham, recordando las consecuencias y reconociendo la relación especial de Abraham con Dios. Tercero, la acción de Abimelec es consecuente con el pacto que él mismo hiciera anteriormente con Abraham en el cual estaba incluida la descendencia de ambos. Cuarto, más adelante se menciona a Ficol, quien también había acompañado a Abimelec en su alianza con Abraham. La edad normal de los hombres de ese tiempo indica que Abimelec bien pudo reinar por aproximadamente 100 años o más, tiempo suficiente en cubrir los dos episodios con Abraham e Isaac.

Aunque Dios no interviene directamente en este episodio, es su presencia la que sirve a Isaac de protección y permite que la familia patriarcal mantenga su integridad y sobrevivencia.

(3) Dios prospera a Isaac, 26:12-22. Además de la hostilidad, se debía sobreponer el problema del hambre. Confiado en la promesa de bendición de Dios, Isaac toma los siguientes pasos para asegurar su sobrevivencia en el lugar de residencia. Primero, decide sembrar la tierra. La prudencia indicaba que ninguna siembra sería factible, dado la sequía que asolaba el lugar. Pero Isaac siembra. Esto indica su confianza en las promesas de Dios. Además, indica que el estilo de vida de Isaac era más sedentario y con conocimiento avanzado de agricultura, algo no visto en su padre. Aparentemente lo sembrado era para alimento de la familia y del ganado que poseían. Segundo, a falta de lluvia para regadío, Isaac busca el recurso de aguas subterráneas. Aquí él usa la experiencia adquirida en vida con su padre. Rehabilita todas las fuentes de agua que Abraham había abierto y que los filisteos habían

No temas

Aquella noche se le apareció Jehovah y le dijo: *Yo soy el Dios de tu padre Abraham; no temas, porque yo estoy contigo* (26:24). Isaac tenía muchas buenas razones para sentir temor. Estaba rodeado de vecinos hostiles que deseaban robarle todo, incluyendo los pozos que abría. Además no tenía un lugar al cual ir y decir: "me voy a casa"; todo lo que tenía era aquel cementerio que su padre había comprado y donde había sepultado a sus padres. Vivía como huésped en Gerar. Fue en esas circunstancias que Dios le dice: *No temas, porque yo estoy contigo.* Puede ser que muchas veces nos sintamos igual que Isaac de que no pertenecemos a ningún lugar ni a ninguna familia importante. Puede ser que ni siquiera conozcamos el lugar que ocupamos en la sociedad, es más puede ser que veamos a nuestros vecinos como enemigos. Pero aún cuando las cosas están de mal en peor, necesitamos hacer nuestras las palabras del Señor: *No temas, porque yo estoy contigo.*

17 Isaac se fue de allí, asentó sus tiendas junto al arroyo de Gerar y habitó allí. 18 Isaac volvió a abrir los pozos de agua que habían abierto en los días de Abraham su padre y que los filisteos habían cegado después de la muerte de Abraham. Y él los llamó con los mismos nombres con que su padre los había llamado. 19 Después los siervos de Isaac cavaron en el valle y descubrieron un pozo de aguas vivas.* 20 Y los pastores de Gerar contendieron con los pastores de Isaac, diciendo:

—El agua es nuestra.

Por eso llamó al pozo Esec,* porque allí riñeron con él. 21 Abrieron otro pozo, y también contendieron por él. Y llamó su nombre Sitna.* 22 Se alejó de allí y abrió otro pozo, y no contendieron por él. El llamó su nombre Rejobot* diciendo:

—Porque ahora Jehovah nos ha hecho ensanchar, y seremos fecundos en la tierra.

*26:19 O: *manantial*
*26:20 Significa *riña.*
*26:21 Significa *contención.*
*26:22 Significa *ensanche.*

**Rejobot,
Jehovah nos ha hecho ensanchar**

Por haber tenido que alejarse de Abimelec, Isaac tuvo necesidad de abrir pozos en busca de agua para las personas y los rebaños (v. 18). Inmediatamente que abría uno y había agua los pastores de la región venían para tomarlo. El primero fue llamado riña (v. 20); el segundo fue llamado contención. En cada caso Isaac evitó la pelea y se alejaba hacia el valle y abría otro pozo. Una linda lección para los creyentes, en aras de la paz muchas veces tenemos que ceder nuestros derechos. Isaac abrió otro pozo que tenía abundante agua. Este fue denominado pozo del juramento en memoria de la ratificación del pacto que Dios le hizo la noche anterior a Isaac y el juramento de paz hecho con Abimelec. Dios prospera a sus hijos cuando ellos son "hacedores de paz" (ver Mat. 5: 9).

cegado, posiblemente para ahuyentar a pobladores que se querían asentar en esos lugares. Es interesante que Isaac denomina a esos pozos con el mismo nombre que su padre les había puesto. Este incidente ilustra la vida de bendición de los patriarcas. Además de construir altares para fortalecer su relación con Dios y proclamar las verdades espirituales, ellos construían también obras que beneficiaban social y económicamente a la comunidad. Sus logros espirituales y sus obras sociales hacían a la tierra más habitable. Pero Isaac no se conforma con sólo rehabilitar los pozos antiguos. Se empeña también por encontrar nuevos pozos para suplir la creciente necesidad poblacional.

El resultado de la diligencia y dedicación de Isaac es la prosperidad. Dios derrama su bendición sobre el empeño y el esfuerzo del hombre. Aquí vemos que la bendición de Dios está relacionada estrechamente con el trabajo y el empeño del hombre. Vemos además que la prosperidad material y las riquezas son también bendiciones de Dios. La prosperidad de Isaac crea envidia en los filisteos quienes manifiestan su hostilidad abiertamente. Primero, piden a Isaac que se aleje de ellos. Así lo hace Isaac en procura de una vida de convivencia pacífica. Segundo, los filisteos reclaman como suyos los nuevos pozos que Isaac descubre. Isaac los concede, manteniendo una actitud pacífica y sigue buscando más pozos hasta que llega el momento en que la contención se acaba. Los nombres que da Isaac a los pozos reflejan las condiciones bajo las cuales son abiertos y la seguridad de protección y cuidado de Dios. Nuevamente vemos en este patriarca su empeño, su conocimiento y su confianza en Dios para sobrevivir en la tierra. Además, se destaca su actitud pacífica y generosa para mantener una convivencia pacífica con los pobladores locales.

(4) Isaac hace alianza con Abimelec, 26:23-33. A pesar de sus esfuerzos de

Alianza de Isaac y Abimelec

23 De allí fue a Beerseba. **24** Y aquella noche se le apareció Jehovah y le dijo:
—Yo soy el Dios de tu padre Abraham; no temas, porque yo estoy contigo. Yo te bendeciré
y multiplicaré tu descendencia por amor de mi
siervo Abraham.
25 El edificó allí un altar, invocó el nombre
de Jehovah e instaló allí su tienda. También
allí los siervos de Isaac excavaron un pozo.
26 Entonces fue a él Abimelec, desde Gerar,
acompañado por Ajuzat, amigo suyo, y Ficol,
jefe de su ejército. **27** E Isaac les dijo:
—¿Por qué venís a mí, vosotros que me habéis
aborrecido y me habéis echado de en medio de
vosotros? **28** Ellos respondieron:
—Claramente hemos visto que Jehovah está
contigo y dijimos: "Por favor, haya un juramento solemne entre nosotros, entre tú y nosotros." Hagamos una alianza contigo **29** de
que no nos harás daño, como nosotros no te
hemos tocado y como sólo te hemos hecho
bien y te despedimos en paz. Tú eres ahora
bendito de Jehovah.

---

convivencia pacífica, la hostilidad de los filisteos no cesa e Isaac tiene que alejarse de Gerar y volver a la zona de Beerseba, la zona oriental del Néguev. Ante su temor de sobrevivencia, tres acontecimientos significativos le dan la tranquilidad y la paz necesarias. Primero, Dios se le aparece asegurándole su presencia y protección constantes, su bendición y su fidelidad permanente. Aquí vemos nuevamente la dirección y orientación constante de Dios a los patriarcas, especialmente en tiempos de crisis. Aunque la Biblia no lo menciona específicamente, las manifestaciones de Dios eran respuestas a la oración y el clamor de los patriarcas. La edificación de altares indica esa actitud permanente de clamor a Dios y el reconocimiento constante de la necesidad de dirección divina. Segundo, Abimelec acude a Isaac en busca de una alianza de paz. Al igual que con Abraham, Abimelec reconoce la relación especial de Isaac con Dios y pide una alianza solemnizada con los rituales y juramentos correspondientes. La alianza se concreta y Abimelec y su comitiva regresan a su tierra. Vemos que la convivencia pacífica es resultado de la intervención de Dios y del empeño del patriarca en mantenerse en paz con todos. Tercero, los siervos de Isaac encuentran un pozo lo cual asegura la posibilidad de sobrevivencia en aquel lugar. Consistente con su práctica anterior, Isaac nombra al pozo con el mismo nombre dado por su padre Abraham anteriormente (21:25-31) y en referencia también al juramento de paz que él logra con Abimelec.

Semillero homilético

Dios pacta con Isaac

26:1-4, 12-14, 25

Introducción: El pacto de Dios con Isaac tenía ciertas condiciones y ciertas promesas. Muchas veces deseamos que las promesas del Señor sean nuestras, pero recordemos que antes hay que llenar las condiciones.

I. Isaac debía permanecer en la tierra prometida aún en medio de la crisis del hambre (26:1, 2).
   1. Este era un llamado a demostrar su confianza en Dios.
   2. Este era un llamado a demostrar su obediencia a Dios.

II. Dios reafirma su promesa a Isaac (26:3, 4).
   1. De que siempre estará con él.
   2. De bendecirlo generosamente.
   3. De darle la tierra de Canaán.
   4. De darle amplia descendencia.
   5. De hacerle de bendición a todas las naciones de la tierra.

III. Dios cumplió su pacto con Isaac (26:12-14).
   1. La cosecha fue abundante (v. 12).
   2. Isaac llegó a ser muy rico (vv. 13, 14).

IV. Isaac se somete obediente al Señor (v. 26).
   1. Edificó un altar e invocó el nombre de Jehovah (v. 25).
   2. Actuó con madurez hacia sus semejantes (26:30, 31).

Conclusión: Dios hace pactos y promete bendecir a aquellos que están dispuestos a obedecerle.

30 Entonces él les hizo un banquete, y comieron y bebieron. **31** Después se levantaron temprano, e hicieron juramento el uno al otro. Luego Isaac los despidió, y ellos se alejaron de él en paz.

32 Aconteció que aquel mismo día vinieron los siervos de Isaac y le dieron noticias acerca del pozo que habían excavado. Y le dijeron: —¡Hemos hallado agua!

33 El lo llamó Seba.* Por esta razón el nombre de la ciudad es Beerseba* hasta el día de hoy.

34 Cuando Esaú tenía 40 años, tomó por mujer a Judit hija de Beeri el heteo, y a Basemat hija de Elón el heteo. **35** Estas fueron amargura de espíritu para Isaac y Rebeca.

*26:33 Significa *juramento*; comp. 21:31.
*26:33 Significa *pozo del juramento*.

La sobrevivencia en la tierra está garantizada ahora por la posibilidad de alimento y por la alianza de paz con los pobladores locales. Asimismo, se confirman a Isaac la presencia y la promesa de Dios. Todo indica que la continuación del pacto está asegurada.

3. La continuación del pacto y sus conflictos, 26:34—28:9

Todo lo anterior hace pensar que las condiciones de cumplimiento del pacto serían fáciles. Pero tal vez en esta sección es donde surgen los conflictos más peligrosos, en el lado humano, para la continuación del pacto.

(1) Esaú emparienta con los cananeos, 26:34, 35. El primer conflicto que surge en la continuación del pacto en esta familia patriarcal es el casamiento de Esaú con mujeres heteas, es decir, de la población de Canaán. Este emparentamiento hace peligrar la identidad propia de la descendencia patriarcal por el peligro de asimilación con la población local. Además, aun en caso de que no se concrete ninguna asimilación, sería difícil la tarea de destrucción de un pueblo por otro dado el emparentamiento. Obviamente el casamiento no fue del agrado de Isaac y Rebeca por dos razones: Una, al mencionarse la edad de Esaú se indica que éste actúa por su propia cuenta sin el consentimiento ni arreglo propio de sus padres. Por la experiencia anterior de Isaac en obtener esposa (cap. 24) y por su consejo posterior a Jacob (28:1, 2), ambos casamientos de Esaú estaban en contra de la voluntad y propósito patriarcales. Además, se hace patente que las relaciones con las nueras eran muy tensas y conflictivas (27:46). Las diferencias culturales y religiosas hacen imposible un matrimonio estable y de propósito común si ambas partes se determinan a mantener su propia identidad y lealtad cultural y religiosa. Y esta es la situación de Esaú y sus esposas hititas. Se presentan otros casos de matrimonios "mixtos", pero donde la "extranjera" adopta por completo la lealtad religiosa y cultural del hebreo (Judá con Tamar, José con Asenat). Sin embargo, estos casamientos mixtos son por circunstancias especiales y permanecen como las excepciones a la norma patriarcal.

La bendición

Y yo te bendiga antes que muera (27:4). La bendición era el instrumento legal por el cual se transmitían tres elementos del padre al hijo: (1) El liderazgo, (2) la herencia o patrimonio familiar y (3) el patrimonio cultural y espiritual.

(2) Isaac decide bendecir a Esaú, su primogénito, 27:1-5. Isaac entiende que por su edad y por su condición física (estaba ciego) había llegado el momento de bendecir al hijo mayor. Llama a Esaú y lo instruye para que éste, de un animal del campo que vaya a cazar, le prepare su potaje. Aparentemente era una comida favorita de Isaac que Esaú sabía preparar. El propósito era el de identificarlo y

Jacob usurpa la bendición de Esaú

27 Aconteció que cuando Isaac había
envejecido, sus ojos se debilitaron, y
no podía ver. Entonces llamó a Esaú, su hijo
mayor, y le dijo:
—Hijo mío.
El respondió:
—Heme aquí.
2 Le dijo:
—He aquí, yo ya soy viejo y no sé el día de mi
muerte. **3** Toma, pues, ahora tu equipo, tu
aljaba y tu arco, y vé al campo a cazar algo para mí. **4** Luego hazme un potaje como a mí me
gusta. Tráemelo para que coma, y yo* te
bendiga antes que muera.
5 Rebeca estaba escuchando cuando Isaac hablaba a su hijo Esaú. Cuando Esaú fue al campo para cazar lo que había de traer, **6** Rebeca
habló a su hijo Jacob diciendo:
—He aquí, he oído a tu padre que hablaba
con tu hermano Esaú, diciendo: **7** "Caza para
mí y hazme un potaje para que coma y te bendiga en presencia de Jehovah, antes de mi
muerte." **8** Ahora pues, hijo mío, obedéceme
en lo que te mando: **9** Vé al rebaño y tráeme
de allí dos buenos cabritos; y yo haré con ellos
un potaje para tu padre, como a él le gusta.
10 Tú se lo llevarás a tu padre; y comerá, para
que te bendiga antes de su muerte.
11 Jacob dijo a Rebeca su madre:
—He aquí que Esaú mi hermano es hombre
velludo, y yo soy lampiño.

*27:4 Lit., *mi alma*

---

trasmitirle la bendición. La bendición era el instrumento por el cual se transmitía de una generación a otra tres cosas: el liderazgo de la familia o clan, la herencia o patrimonio material y el patrimonio cultural y espiritual. En la familia patriarcal la bendición incluía la transmisión de las promesas de Dios de tierra, nación y propósito misionero universal. Por costumbre legal le correspondía la bendición al hijo mayor o primogénito, aunque en casos excepcionales el padre podía elegir el recipiente libremente. Isaac con esta acción decide asegurar la continuación del pacto y cumplir acabadamente su misión en la tierra. No se tiene en cuenta el hecho que Esaú ya había vendido su primogenitura porque ello fue un arreglo privado entre los dos hermanos. Esaú se dispone a cumplir el pedido del padre. Ninguno de los dos advirtieron que Rebeca había escuchado la intención e instrucción de Isaac.

(3) Rebeca interviene a favor de Jacob, 27:6-17. En su intervención Rebeca toma los siguientes pasos: Primero, informa detalladamente a Jacob acerca de la intención de Isaac para con Esaú. Segundo, propone preparar, con la ayuda de Jacob, el potaje favorito de Isaac y dejar que Jacob lo lleve a su padre haciéndose pasar por Esaú. Rebeca conocía muy bien la receta de dicha comida. Es interesante que no se menciona ninguna razón o motivo de parte de Rebeca para este intento de sustitución. Pero aparentemente ella tenía sobradas razones para tomar ese riesgo grande a favor de uno de sus hijos y en contra de su esposo y del otro hijo. Hasta ahora, tres factores conocidos por ella podían ser mencionados como justificación o deseo de que fuera Jacob el recipiente de la bendición paterna: La profecía que ella recibiera durante su embarazo; la adquisición legal de primogenitura por parte de Jacob y el casamiento de Esaú con las cananeas. Si estos argumentos alguna vez fueron presentados a Isaac, aparentemente no tuvieron ninguna fuerza decisiva. Hasta aquí el relato bíblico sólo nos presenta a una familia dividida por intereses y preferencias distintas. Isaac prefiere a Esaú, el hijo mayor a quien quiere bendecir transmitiendo su autoridad. Rebeca prefiere a Jacob y está dispuesta a hacer todo lo que esté a su alcance para que Jacob obtenga la bendición del padre.

Jacob inicialmente resiste la propuesta no por falta de deseo sino más bien por el peligro que involucraba. Las diferencias físicas entre los dos hermanos eran muy marcadas y aunque el padre era ciego, tenía otros medios de descubrir el engaño.

12 Quizás me palpe mi padre y me tenga por
un farsante, y traiga sobre mí una maldición
en vez de una bendición.
13 Su madre le respondió:
—Hijo mío, sobre mí recaiga tu maldición.
Tú solamente obedéceme; vé y tráemelos.
14 Entonces él fue, tomó los cabritos y se los
trajo a su madre. Y ella hizo un potaje como le
gustaba a su padre. **15** Luego Rebeca tomó la
ropa más preciada de Esaú, su hijo mayor, que
ella tenía en casa, y vistió a Jacob, su hijo
menor. **16** Y puso las pieles de los cabritos
sobre las manos y sobre el cuello, donde no
tenía vello. **17** Luego puso el potaje y el pan,
que había preparado, en las manos de Jacob su
hijo. **18** Y él fue a su padre y le dijo:
—Padre mío.
El respondió:
—Heme aquí. ¿Quién eres, hijo mío?
19 Jacob respondió a su padre:
—Yo soy Esaú, tu primogénito. He hecho lo
que me dijiste. Por favor, levántate, siéntate y
come de mi caza, para que tú* me bendigas.
20 Entonces Isaac preguntó a su hijo:
— ¿Cómo es que pudiste hallarla tan pronto,
hijo mío?
El respondió:
—Porque Jehovah tu Dios hizo que se encon-
trase delante de mí.
21 E Isaac dijo a Jacob:
—Por favor, acércate y te palparé, hijo mío, a
ver si tú eres mi hijo Esaú, o no.

*27:19 Lit., *tu alma*

Pero Rebeca insiste asumiendo toda la responsabilidad del acto. El plan completo empieza entonces a desarrollarse. Primero, se prepara la comida favorita para satisfacer el requisito de Isaac. Segundo, Rebeca prepara físicamente a Jacob para que éste pudiera parecerse físicamente a Esaú. La ropa de Esaú otorgaría a Jacob el olor característico de su dueño. La piel del cabrito sobre las partes descubiertas y lampiñas de Jacob lo harían asemejar a Esaú en su aspecto externo. Estas acciones eran en previsión al uso del olfato y tacto que Rebeca sabía Isaac usaría para reconocer e identificar a su hijo. Toda esta trama deja entrever que este era un momento esperado por todos. Los intereses de todos los miembros de la familia estaban enfocados en este acto de "transmisión de mando". Los actos de previsión de Isaac, el plan magistral de Rebeca, la colaboración y ejecución perfecta de Jacob y la reacción lastimera de Esaú parecen indicar que para este acto tan solemne y significativo nunca hubo un acuerdo total entre las partes. Y se apela a toda la astucia y los recursos humanos para la obtención del fin deseado.

(4) Isaac concede a Jacob la bendición del pacto, 27:18-29. El relato del encuentro de Isaac con Jacob intentando hacerse pasar por Esaú es el más riesgoso y dramático en todo el desarrollo de estos encuentros. El encuentro de Jacob con Isaac se desarrolla de la siguiente manera: En primer lugar, Jacob se presenta a su padre. Este, que era ciego, requiere una identificación verbal. Al identificarse Jacob como Esaú, expresa la primera declaración de engaño. Segundo, le ofrece el potaje favorito para que coma y luego le bendiga. Esta declaración coincide con el requisito que Isaac diera a Esaú, aparentemente creyendo que nadie más estaba presente, de modo que la presentación del potaje daba credibilidad. Tercero, viene una serie de objeciones que Isaac presenta que dan expresión a su duda en cuanto al cumplimiento exacto del requisito de bendición (potaje e hijo correctos). El engaño no resulta fácil. Pareciera como si Isaac reconocía que este momento no era de simple resolución y que necesitaba toda la seguridad posible para obrar correctamente.

Joya bíblica

Dios te dé del rocío del cielo y de lo más preciado de la tierra: trigo y vino en abundancia (27:28).

Isaac presenta varias dudas y objeciones a Jacob y éste magistralmente satisface a todas ellas. La primera objeción es la rapi-

22 Jacob se acercó a su padre Isaac, quien le palpó y dijo:
—La voz es la voz de Jacob, pero las manos son las manos de Esaú.
23 No lo pudo reconocer, porque sus manos parecían tan velludas como las manos de su hermano Esaú, y lo bendijo. **24** Le preguntó:
—¿Eres tú realmente mi hijo Esaú?
El respondió:
—Sí, yo soy.
25 Le dijo:
—Acércamela; comeré de la caza de mi hijo, para que yo* te bendiga.
Jacob se la acercó, e Isaac comió. Le trajo también vino, y bebió. **26** Entonces le dijo su padre Isaac:
—Acércate, por favor, y bésame, hijo mío.
27 El se acercó y lo besó. Y al percibir Isaac el olor de su ropa, lo bendijo diciendo:

*27:25 Lit., *mi alma*

dez con la que se presenta la comida. Isaac sabía que la caza de un animal silvestre no era tan fácil y que la preparación del mismo requería cierto tiempo. Es un hecho que una mentira demanda otra y así sucesivamente. Y Jacob inventa rapidamente una respuesta: el "Dios de Isaac" actuó en su favor. La siguiente objeción tiene que ver con la identidad propia del hijo. Aunque no se menciona, el temor de Isaac aparentemente era que Jacob se presentara a reclamar la bendición. Ya que la ceguera de Isaac le impedía hacer una distinción visual, él usa sus otros sentidos para asegurarse de que no estaba siendo engañado. El usa el tacto para palpar y reconocer el aspecto externo (velludo) de Esaú. El usa el gusto a través del pedido de beso a su hijo y el olfato oliéndole de cerca. Rebeca había previsto con precisión para todas estas pruebas con la piel de los cabritos en las manos de Jacob y la ropa de Esaú con la "fragancia" propia a Esaú. Todas estas pruebas hacen inclinar a Isaac a

Jacob usurpa la bendición

—He aquí, el olor de mi hijo
es como el olor del campo
que Jehovah ha bendecido.
28 Dios te dé del rocío del cielo
y de lo más preciado de la tierra:
trigo y vino en abundancia.
29 Que los pueblos te sirvan,
y las naciones se postren ante ti.
Sé señor de tus hermanos,
y póstrense ante ti los hijos de tu
madre.
Sean malditos los que te maldigan,
y benditos los que te bendigan.

30 Y sucedió luego que Isaac había terminado
de bendecir a Jacob, y cuando apenas había
salido Jacob de la presencia de su padre Isaac,
que su hermano Esaú llegó de cazar. **31** El
también hizo un potaje, lo llevó a su padre y le
dijo:
—Levántate, padre mío, y come de la caza de
tu hijo, para que tú* me bendigas.
32 Entonces su padre Isaac le preguntó:
—¿Quién eres tú?
El respondió.
—Yo soy Esaú, tu hijo primogénito.
33 Isaac se estremeció fuertemente y dijo:

*27:31 Lit., *tu alma*

convencerse que el hijo presentado es Esaú, aunque la voz de Jacob permanece distintivamente: *La voz es... de Jacob* (v. 22). Finalmente y después de una última interrogación de identidad, Isaac queda satisfecho y come la comida presentada.

El requisito del potaje favorito estaba cumplido; la identificación del hijo estaba hecha. Ya nada podía impedir que el padre otorgara su bendición. La bendición contiene una promesa divina de prosperidad material, preeminencia política en el concierto de naciones, liderazgo del clan y continuidad con la bendición a Abraham. Una vez pronunciada la bendición e identificado el recipiente, ésta se vuelve irrevocable e intransferible. La conexión del pasado con el futuro estaba hecha.

Aquí debemos admitir que la bendición no fue solamente el resultado de un plan humano de engaño trazado y ejecutado magistralmente. Detrás de todo estaba el poder de Dios que obra en y a través de las circunstancias. Detrás de la moralidad está el factor religioso que hasta ese momento tiene como única referencia el pacto de Dios con Abraham con las promesas de descendencia, tierra y bendiciones. Será bueno repetir los tres factores "religiosos" detrás de este engaño. El anuncio profético durante el embarazo: *El mayor servirá al menor* (25:23); el menosprecio de Esaú por la primogenitura y su venta a Jacob; y el casamiento de Esaú con mujeres hititas arriesgando así la identidad racial y cultural del naciente pueblo escogido por Dios. Todos ellos con seguridad apuntan a un fracaso al plan redentor de Dios. Por ello, por encima de los autores humanos, hay

Semillero homilético

Hijo, yo deseo que tú...

27:27-29

Introducción: La bendición en tiempos del AT contenía los deseos que un padre anhelaba para su hijo; también lo que el hijo debía esforzarse por cumplir. En la bendición de Isaac a Jacob encontramos ambos elementos.

I. Hijo, yo deseo que tú seas prosperado (vv. 27, 28).
   1. Que Dios provea generosamente tus alimentos.
   2. Que tengas todo lo necesario para la sobrevivencia.

II. Hijo, yo deseo que tu ocupes tu lugar en la historia (v. 29a).
   1. Como ejemplo de justicia.
   2. Como ejemplo de obediencia a Dios.

III. Hijo, yo deseo que tu seas de bendición para otros (v. 29b).
   1. Dios nos seleccionó como familia y como nación para ser de bendición a todas las familias de la tierra.
   2. Tenemos un compromiso misionero que debemos cumplir (26:4).

Conclusión: Los hijos necesitan escuchar las expresiones de anhelo de parte de los padres, sin sentirse forzado a entrar en una profesión o ir en una dirección específica. Esto les inspirará para dedicarse a cumplir con las esperanzas de los padres.

—¿Quién, pues, es el que vino aquí, que cazó y me trajo de comer, y yo comí de todo antes de que tú vinieses? ¡Yo lo bendije, y será bendito!
34 Cuando Esaú oyó las palabras de su padre, profirió un grito fuerte y muy amargo. Y dijo a su padre:
—¡Bendíceme también a mí, padre mío!
35 El dijo:
—Tu hermano vino con engaño y se llevó tu bendición.
36 El respondió:
—¿No es cierto que llamaron su nombre Jacob?* Pues ya me ha suplantado estas dos veces: Se llevó mi primogenitura, y he aquí que ahora también se ha llevado mi bendición.
—Y añadió—: ¿No te queda una bendición para mí?
37 Isaac respondió y dijo a Esaú:
—He aquí, yo lo he puesto por señor tuyo, y le he dado como siervos a todos sus hermanos. Le he provisto de trigo y de vino. ¿Qué, pues, haré por ti, hijo mío?
38 Esaú dijo a su padre:
—¿No tienes más que una sola bendición, padre mío? ¡Bendíceme también a mí, padre mío!

*27:36 Ver nota sobre 25:26

una fuerza superior que permite todo este desarrollo. Esa fuerza es imposible de explicar o de justificar. Es esfera o área exclusiva a la soberanía absoluta de Dios (Rom. 9:10-16).

(5) La bendición de Isaac a Esaú, 27:30-40. Aunque Esaú no obtiene la bendición patriarcal, sin embargo el padre también le concede una bendición, diríamos, secundaria. Tanto Isaac como Esaú reconocen la necesidad de una bendición que al final llega. Pero antes, padre e hijo pasan por momentos de tristeza, amargura e impotencia. El primero en reaccionar

Semillero homilético

Esaú aprendió una difícil lección

27:34-40

Introducción: Esaú se presenta delante de su padre Isaac para recibir la bendición que le correspondía como hijo primogénito. Con amargura descubre que su hermano Jacob ha recibido la bendición y que el padre no tiene otra bendición con las mismas implicaciones.

I. Esaú aprendió que tenía sus valores en el orden equivocado.
   1. Esaú miraba a su primogenitura como un asunto de derecho propio y por lo tanto la vendió. Aquí pretende acusar a su hermano de haberse "llevado" su primogenitura. Recién ahora, Esaú capta que hizo un mal negocio al vender su derecho a la primogenitura.
   2. Esaú separaba la primogenitura de la bendición; él pensaba que eran dos cosas separadas. Se equivocó. Al despreciar su primogenitura (25:34), Dios dirige todas las cosas (aunque por caminos tortuosos) para que la bendición sea dada a Jacob.

II. Esaú aprendió que no solamente tenía que arrepentirse de haber hecho un mal negocio, sino de su pecado.
   1. Esaú pensó que aunque había perdido la primogenitura todavía podía recibir la bendición. Así que pidió a su padre una bendición de restitución pero no de perdón. Aunque Esaú lloró y pidió misericordia solamente alcanzó una bendición circunstancial, no eterna (27:38-40).
   2. Que Esaú aprendió la lección lo inferimos del hecho que cuando nacieron sus dos primeros hijos les puso por nombre: Elifaz, que significa "fuerza de Dios" y Reuel, que recuerda el "gozo de Dios" (36:2). Hasta ahora había olvidado a Dios y le había costado caro, pero ahora nombraba a sus hijos de tal manera que al llamarlos pudiera recordar que Dios es fuerte y fuente de gozo.

Conclusión: Aunque Esaú pidió con lágrimas una bendición no encontró misericordia de su padre Isaac. Nosotros podemos por la gracia de Dios alcanzar la bendición de ser llamados hijos de Dios si nos acercamos a él arrepentidos y con el sincero deseo de que él sea el Señor de nuestra vida (Juan 1:12).

Y Esaú alzó su voz y lloró. **39** Entonces respondió Isaac su padre y le dijo:

—He aquí, será favorecido el lugar que
habites
con los más preciados productos de la
y con el rocío del cielo arriba.
40 De tu espada vivirás
y a tu hermano servirás.
Pero sucederá que cuando adquieras
dominio,
romperás su yugo de sobre tu cuello.

---

ante la realidad de lo acontecido es Isaac quien se conmueve profundamente al comprobar que había otorgado la bendición a otro. Luego Esaú es quien se lamenta grandemente: *Profirió un grito fuerte y muy amargo* (v. 34). Una vez recuperado ruega a su padre reclamando también la bendición. Pero la bendición, como la primogenitura, es única. No se puede duplicar ni recuperar.

Isaac entonces admite que fue Jacob quien había suplantado a Esaú y declara que ha otorgado todo a Jacob. Nada sustancial le queda para bendecir a Esaú. Este reconoce el engaño como esperado y consistente con el carácter de Jacob. Dicha realidad llevará a una hostilidad peligrosa entre los dos hermanos y más tarde entre las dos naciones originadas por los dos hermanos. Se puede notar la persistencia de Esaú en que el padre le otorgue no ya "la" bendición, sino aunque sea "una" bendición. Para nosotros es extraña la insistencia de Esaú de no quedar sin una bendición del padre. Pero, en el mundo espiritual de los patriarcas y de la Biblia, una generación con otra estaban firmemente ligadas. La tradición, herencia, propósito de vida, es decir, el pasado, el presente y el futuro, estaban firmemente conectados con la bendición de una generación a la otra.

Finalmente Isaac concede una bendición a Esaú que consiste en prosperidad material, en un territorio propio, la realidad histórica de una sobrevivencia difícil y en base a lucha. Además implica la sumisión o inferioridad política a su hermano con la esperanza de liberación con el tiempo. La Biblia y la historia testifican del cumplimiento de esta bendición en el desarrollo del pueblo de Edom y su relación con Israel. La relación de Esaú y Jacob no termina con la resolución de la herencia. Continúa

Semillero homilético

Hijo, yo deseo que tú...

27:27-29

Introducción: La bendición en tiempos del AT contenía los deseos que un padre anhelaba para su hijo; también lo que el hijo debía esforzarse por cumplir. En la bendición de Isaac a Jacob encontramos ambos elementos.

I. Hijo, yo deseo que tú seas prosperado (vv. 27, 28).
   1. Que Dios provea generosamente tus alimentos.
   2. Que tengas todo lo necesario para la sobrevivencia.

II. Hijo, yo deseo que tu ocupes tu lugar en la historia (v. 29a).
   1. Como ejemplo de justicia a los pueblos.
   2. Como ejemplo de obediencia a Dios.

III. Hijo, yo deseo que tu seas de bendición para otros (v. 29b).
   1. Dios nos seleccionó como familia y como nación para ser de bendición a todas las familias de la tierra.
   2. Tenemos un compromiso misionero que debemos cumplir (Gén. 26:4).

Conclusión: Todo hijo necesita la bendición de su padre. Muchos de los presos en las cárceles testifican que nunca sintieron la bendición de su padre, y por eso su rebeldía les llegó a cometer actos antisociales. Es un desafío para padres de familia para asegurarles a los hijos de su amor y de su afirmación de quienes son y lo que van a hacer en el mundo.

Esaú planea matar a Jacob

41 Esaú aborreció a Jacob por la bendición con que le había bendecido su padre, y dijo en su corazón: "Se acercan los días de duelo por mi padre; entonces yo mataré a mi hermano Jacob."
42 Fueron dichas a Rebeca las palabras de Esaú, su hijo mayor. Ella envió a llamar a Jacob, su hijo menor, y le dijo:
—He aquí que Esaú tu hermano planea vengarse de ti, matándote.
43 Ahora pues, hijo mío, obedéceme: Levántate y huye a mi hermano Labán, en Harán.
44 Pasa con él algún tiempo, hasta que el enojo de tu hermano se aplaque,
45 hasta que se aplaque la ira de tu hermano contra ti y se olvide de lo que le has hecho. Entonces yo mandaré a traerte de allá. ¿Por qué habré de ser privada de vosotros dos en un solo día?

Jacob huye a Padan-aram

46 Rebeca dijo a Isaac:
— Estoy hastiada de vivir por causa de las mujeres heteas: Si Jacob toma esposa de entre las mujeres heteas,* de las mujeres de esta tierra, como éstas, ¿para qué quiero la vida?

*27:46 Lit., *hijas de Het*

en hostilidad, separación y finalmente reconciliación.

(6) Esaú planea matar a Jacob, 27: 41-45. La reacción de Esaú se manifiesta pronto y su plan de venganza se hace público. La decisión es matar a Jacob. Aquí la descendencia queda en abierto peligro por el riesgo de extinción de uno de los descendientes y la anulación del otro por la culpabilidad de homicidio. La culpabilidad de un hijo mayor lo descalificaba del derecho a la primogenitura como en el caso del homicida Caín (4:25) y del usurpador Rubén (49:4). Además, el homicida debía ser vengado. La ejecución del homicidio sería sólo después de la muerte del padre.

Mientras tanto, el odio y temor entre hermanos crece peligrosamente. Rebeca, al enterarse del plan de Esaú y al notar la relación hostil, concibe un plan de solución. Este plan es convencer a Jacob para que huya de su hermano y vaya a Harán, a la casa del tío, para librar su vida. En este plan, se manifiestan varios objetivos sabios en la resolución de sentimientos. Primero, salvaguardar a ambos hijos. Realmente ella fue la instigadora de esta situación y se siente responsable de las consecuencias. Segundo, evitar que el resentimiento y odio aumente en Esaú con la presencia de Jacob. Al eliminar la causa de un sentimiento, éste deja de ser alimentado. Tercero, dar el tiempo necesario a Esaú a que sus sentimientos de ira y odio se disipen con el correr de los días. Todo sentimiento tiene su curso y necesita tiempo para su resolución. Cuarto, restablecer la unidad familiar trayendo a Jacob de vuelta. Además de convencer a Jacob, ella convence también a Isaac de la necesidad de que Jacob vaya a Harán alegando otro objetivo de responsabilidad propia de Isaac: Conseguir una esposa apropiada. Y posiblemente Rebeca también puso todo su empeño y sabiduría de madre en apaciguar a su hijo Esaú.

Hizo lo correcto de manera incorrecta

Rebeca poseía la singular capacidad de hacer una cosa correcta de la manera incorrecta o de justificar una buena acción con una razón equivocada. Era cierto que ella estaba dolida por el hecho que Esaú se había casado con una mujer hetea (hijas de Het). Sin embargo su razón, para enviar lejos a Jacob (hacia lo que hoy es la moderna Siria), era salvarlo de la mano airada de Esaú. De nuevo manipuló a Isaac para que hiciera exactamente lo que ella deseaba.

A su crédito, debemos adelantar que los dos planes de ella dieron resultado positivo: Jacob hereda el derecho de primogenitura y Esaú y Jacob finalmente se reconcilian y mantienen una vida de convivencia pacífica (33:1-16; 36:6-8). Rebeca desaparece del testimonio bíblico después de

28 Entonces Isaac llamó a Jacob, lo bendijo y le mandó diciendo:
—No tomes esposa de entre las mujeres* de
Canaán. **2** Levántate, vé a Padan-aram, a la
casa de Betuel, padre de tu madre, y toma allí
mujer de las hijas de Labán, hermano de tu
madre. **3** Que el Dios Todopoderoso* te bendiga, te haga fecundo y te multiplique hasta
que llegues a ser multitud de pueblos. **4** Que
él te dé la bendición de Abraham, lo mismo
que a tu descendencia, para que poseas la tierra en que habitas, la cual Dios ha dado a
Abraham.
5 Así envió Isaac a Jacob, quien fue a Padan-
aram, a Labán hijo de Betuel el arameo, hermano de Rebeca, madre de Jacob y de Esaú.
6 Esaú vio que Isaac había bendecido a Jacob
y que le había enviado a Padan-aram para tomar allí mujer para sí. Vio también que cuando lo bendijo, le mandó diciendo: "No tomes
esposa de entre las mujeres de Canaán", **7** Jacob había obedecido a su padre y a su madre, y
se había ido a Padan-aram. **8** Asimismo, vio
Esaú que las mujeres de Canaán le parecían
mal a Isaac su padre. **9** Entonces él también
se fue a Ismael y tomó para sí por mujer a Ma-
jalat hija de Ismael, hijo de Abraham, hermana
de Nebayot, además de las otras mujeres que
tenía.

*28:1 Lit., *hijas*
*28:3 Heb., *El Shadai*

---

esta última intervención familiar. Sin embargo, y por más controvertida que haya sido su actuación, debemos reconocer que su firmeza de determinación en las ocasiones críticas de la familia, hace posible la continuación del pacto.

(7) Isaac envía a Jacob a Padam-aram, 27:46—28:5. En primer lugar, la decisión viene ante la presentación de Rebeca del peligro de Jacob de emparentar también con cananeas lo cual, agregado a la situación de Esaú, sería ya insoportable. Detrás de este argumento está la necesidad urgente de que Jacob huya de Esaú. Y esta razón es una huida digna y provechosa a los intereses familiares. Segundo, Isaac instruye con toda precisión a Jacob en cuanto a la obtención de esposa. No debe ser cananea. Debe ser una de las hijas de Labán, hermano de Rebeca, por lo que Jacob debe ir necesariamente a Padam-aram. Ya no es más un criado fiel el que va en busca de la mujer apropiada. Es el mismo interesado que debe ir a buscarla. Tercero, Isaac encomienda a Jacob al cuidado del *Dios Todopoderoso* (v. 3, *El Shadai*) quien es el que ha de hacer prosperar a Jacob hasta llegar a ser una nación poderosa. Y por último, Isaac transmite la bendición patriarcal a Jacob. Esta bendición es la herencia de Abraham y es la concesión de la tierra por heredad. Aquí se combinan las responsabilidades humanas de conseguir la esposa apropiada y procurar sobrevivir con las concesiones divinas (protección, fecundidad de descendencia y herencia de tierra). La bendición es muy oportuna ya que la descendencia estaba aún ausente y además el portador de la herencia de tierra estaba abandonando la tierra prometida.

Joya bíblica

Que el Dios Todopoderoso te bendiga, te haga fecundo y te multiplique hasta que llegues a ser multitud de pueblos (28:3).

(8) Esaú emparienta con Ismael, 28:6-9. Esta acción nos deja entrever algo de recapacitación de Esaú en cuanto a su situación. Aparentemente él empieza a observar algunos de los valores que son normativos para sus padres. Tal vez la intención fue la de enmendar su conducta en lo posible y adecuarse a la expectativa de la familia. Por ejemplo, se nota el casamiento endógamo que eliminaba todo casamiento con cananeas. Y ve el respeto al padre, exteriorizado en la obediencia de Jacob a las instrucciones de Isaac. Además, reconoce que las relaciones entre sus esposas actuales y sus padres eran muy

Jehovah confirma su pacto a Jacob

10 Jacob partió de Beerseba y se fue hacia
Harán. **11** Y llegó a cierto lugar y pasó allí la
noche, porque el sol ya se había puesto. Tomó
una de las piedras de aquel lugar, la puso como
cabecera y se acostó en aquel lugar. **12** Entonces soñó, y he aquí una escalera puesta en
la tierra, cuya parte superior alcanzaba el cielo. He aquí que los ángeles de Dios subían y
descendían por ella. **13** Y he aquí que Jehovah
estaba en lo alto de ella y dijo:
—Yo soy Jehovah, el Dios de tu padre Abraham y el Dios de Isaac. La tierra en que estás
acostado te la daré a ti y a tu descendencia.
14 Tus descendientes serán como el polvo de
la tierra. Te extenderás al occidente, al oriente,
al norte y al sur, y en ti y en tu descendencia
serán benditas todas las familias de la tierra.
15 He aquí que yo estoy contigo; yo te guardaré por dondequiera que vayas y te haré volver a esta tierra. No te abandonaré hasta que
haya hecho lo que te he dicho.

---

malas (comp. 26:34). Por tanto, él decide casarse con una de las hijas de Ismael, medio hermano de su padre. Desde el punto de vista de la promesa patriarcal, esta acción empeora aún más su condición ya que introduce en su genealogía, con posibilidad de reclamo de herencia patriarcal, a la descendencia de Ismael. Pero el plan de Dios ya había determinado que Ismael no heredaría la promesa (17:19; 21:12). Esta acción aleja más aún a Esaú de la posibilidad de ser el portador de la promesa a Abraham. El testimonio bíblico de aquí en adelante da más atención a Jacob en quien se centra la esperanza del cumplimiento de la promesa.

Verdades prácticas

Llegó a cierto lugar (28:11). No sabemos cuánta distancia Jacob había recorrido hasta este momento, ni cuántos días habían pasado desde el día se alejó de la casa de sus padres hasta que llegó a ese cierto lugar. Hay varias interpretaciones posibles:

1. Posiblemente pudo haber sido el lugar que su padre Isaac le había dicho que sería un buen lugar para pasar la noche. Los viajeros solían descansar en ese lugar con cierta frecuencia.
2. Una segunda posibilidad es que el escritor pudo haberse referido a este lugar como "el" lugar dando a entender que aquí tendría ocasión un evento especial.
3. Una tercera posibilidad es que el autor bíblico señala que fue Dios quien guió a Jacob a ese lugar en su infinita sabiduría para el cumplimiento de sus sabios propósitos.

Como quiera que sea, nos damos cuenta que ciertamente, Dios estaba guiando a Jacob en toda esta experiencia, incluyendo el lugar donde habría de pasar la noche.

V. DIOS Y JACOB, 28:10—37:2a

Esta sección es la más progresiva en el desarrollo de la descendencia de Abraham. En el comienzo se nota la precariedad del cumplimiento de las promesas del pacto. Jacob huye de la tierra prometida, por un lado para salvar su vida de la venganza de su hermano y por el otro, con la esperanza de encontrar esposa apropiada para el pacto. El final de la sección nos presenta al patriarca con una familia numerosa y establecida nuevamente en Canaán. Varias experiencias y conflictos demuestran la fidelidad de Dios a sus promesas y la determinación de Jacob en buscar el cumplimiento de la bendición patriarcal.

1. Dios confirma el pacto a Jacob y le promete su presencia en Harán, 28:10-22

La confirmación del pacto a Jacob viene directamente de Dios. El viaje de Beerseba a Harán cubría aproximadamente unos 600 km. Cuando Jacob logra el primer trecho de viaje, aproximadamente unos 70 km. desde Beerseba, tiene su primer encuentro significativo con Dios. El encuentro se desarrolla de la siguiente manera: Primero, Jacob se detiene en su viaje en cierto lugar, desconocido y sin importancia, al final del día ya que durante la noche no se podía viajar. El viaje lo hace sólo y lo más probable a pie. Jacob se acuesta

16 Jacob despertó de su sueño y dijo:
—¡Ciertamente Jehovah está presente en este lugar, y yo no lo sabía!

17 El tuvo miedo y dijo:
—¡Cuán temible es este lugar! No es otra cosa que casa de Dios y puerta del cielo.

---

usando una piedra como cabecera para dormir.

Segundo, Dios se le manifiesta en sueños, medio por el cual Dios muchas veces declara su voluntad a los hombres (15:1; 20:3-7). La iniciativa es de Dios y Jacob es un recipiente pasivo. La manifestación de Dios (teofanía) tiene dos partes: la visual y la auditiva. En la visual Jacob ve una escalera que une la tierra con el cielo. Esta escalera, como la conocemos de ejemplos antiguos, es una rampa ascendente cuya parte superior alcanza el cielo. Este fue el propósito en la construcción de la torre de Babel. Simboliza la unión de la tierra con el cielo. Jacob estaba desprotegido y fugitivo en una tierra desconocida y hostil. Esta visión le asegura que la tierra no está abandonada sino "conectada" con el cielo. También ve ángeles subiendo y bajando por la escalera. El ángel es un ser celestial que actúa como mensajero de

Semillero homilético

Dios dice: Yo te he dicho

28:15

Introducción: El uso del pronombre personal "yo" en el texto hebreo, como una palabra separada del verbo, señala la determinación del Señor de hacer lo que ha dicho. Es una decisión firme por parte del Señor. Hay en este versículo cinco promesas que aunque en este momento fueron dichas a Jacob, no hay ninguna razón para no hacerlas nuestras. Con toda confianza podemos creer que el Señor las cumple en nosotros.

I. *Yo estoy contigo.*
Esta es una promesa de su divina presencia. El mismo Dios que ha permitido el desarrollo de la historia de su vida está afirmando su presencia. Esta promesa está en tiempo presente "yo estoy", ahora mismo el Señor está a nuestro lado. Es un "aquí y ahora" de parte del Señor.

II. *Yo te guardaré.*
Es una promesa de su divina preservación. El cuidado amoroso de Dios es una fuente de seguridad. Esta promesa habla de la inmanencia del Señor (él está presente sustentando la creación); como también de su trascendencia (él está sobre su creación guiándola hacia sus propósitos).

III. *Yo te haré volver.*
Es una promesa de su divina restauración. El Señor hará los cambios necesarios en la vida de Esaú para que un día Jacob pueda volver a su tierra. Esta promesa habla de los cambios que hará en la vida de Jacob para formar en él las condiciones que le permitan volver y restaurar la relación con su hermano.

IV. *Yo no te abandonaré.*
Es una promesa de su divina ayuda. El Señor ha asignado la tarea, puede parecer dura y difícil, pero que importa cuando ya se sabe que él está a nuestro lado para hacerla con éxito. Esta promesa nos habla del hecho que Dios nos proporcionará los recursos necesarios y sobre todo su dirección para que las empresas en las cuales debamos participar tengan los resultados positivos.

V. *Yo te lo he dicho.*
Es una promesa de su divino cumplimiento. Dios ha empeñado su palabra y por lo tanto él velará por el total cumplimiento de lo que ha expresado. Esta promesa nos recuerda algo que dijo Jesús: *El cielo y la tierra pasarán, más mis palabras no pasarán.* Así es.

Conclusión: Podemos confiar en las promesas de Dios. Si nos promete su protección y sus bendiciones, podemos estar seguros que va a cumplir con esa promesa. Jacob tenía grandes garantías para poder seguir adelante en su misión.

18 Jacob se levantó muy de mañana, tomó la piedra que había puesto como cabecera, la puso como memorial y derramó aceite sobre ella. **19** Y llamó el nombre de aquel lugar Betel,* aunque el nombre antiguo de la ciudad era Luz.
20 Jacob también hizo un voto diciendo:
—Si Dios está conmigo y me guarda en este

*28:19 Significa *casa de Dios.*

Dios y que indica la presencia o la intervención especial de Dios. Por lo general aparece en forma humana. La segunda parte de la manifestación, el discurso de Dios, es la más importante. Esta palabra de Dios tiene los siguientes elementos: Primero, la identificación del Dios manifestado: *Jehovah, el Dios de tu padre Abraham y el Dios de Isaac* (v. 13). Este es el Señor, Dios de los patriarcas, el Dios a quien él iba encomendado por su padre. Segundo, la confirmación del pacto a Jacob. Hasta ahora, Jacob había adquirido la primogenitura, había obtenido la bendición de Isaac, los cuales legalmente le otorgaban el privilegio del pacto. Pero faltaba la palabra final y la más definitiva: la del Dios del pacto. Rebeca quiso, Jacob aceptó, Esaú vendió, Isaac concedió, pero... ¿y Dios, el que inicia y es dueño del pacto? Aquí, Dios da su palabra. La confirmación incluye las promesas de tierra a los descendientes, descendencia incontable y propósito de bendición para todas las naciones. Tercero, Dios, por palabra, le concede a Jacob una promesa especial y personal, que tiene que ver con su necesidad presente: La seguridad de su presencia continua, protección, un regreso a la tierra y una declaración de fidelidad de Dios en cumplir todas las promesas. Esta confirmación no es respuesta a los méritos de Jacob ni a las artimañas usadas para conseguir los privilegios del pacto. Se basan totalmente en el amor incondicional y la soberanía de Dios en llamar a quien él elige para su propósito (Mal. 1:2, 3; Rom. 9:10-12).

Tercero, viene la respuesta de Jacob, quien reacciona a la manifestación de Dios de la siguiente manera: Primero, reconoce la presencia de Dios y expresa temor por estar en presencia del Dios santo y en un lugar especial. En la creencia popular, las divinidades estaban limitadas a sus locales identificados. No había entonces seguridad de la presencia de Dios en el viaje. Segundo, al levantarse por la mañana, Jacob rinde culto edificando un altar con la piedra que usara como almohada y consagrando el lugar. Un altar es el lugar especial consagrado a Dios y Jacob lo consagra derramando aceite sobre él. Tercero, nombra aquel lugar *Betel* (v. 19) que significa "casa de Dios". El propósito de nombrarlo así es el de recordar la experiencia y fijarla concretamente. El encuentro de Dios y el hombre siempre es con-

Jacob y los ángeles

viaje que realizo, si me da pan para comer y vestido para vestir, **21** y yo vuelvo en paz a la casa de mi padre, Jehovah será mi Dios. **22** Esta piedra que he puesto como memorial será una casa de Dios, y de todo lo que me des, sin falta apartaré el diezmo para ti.

---

creto: en un lugar específico y en un momento definido.

Cuarto, Jacob hace un voto a Dios. Este voto contiene dos partes importantes: Primera, la aceptación de las promesas de Dios hechas en él (v. 15). Estas promesas consisten en la presencia de Dios, protección, providencia de alimento y vestido y la seguridad de regreso a Canaán y a la casa patriarcal de la cual era fugitivo. La segunda parte de la respuesta es un compromiso personal y profundo de Jacob con Dios. Este compromiso tiene las siguientes decisiones: Primera, fidelidad a Dios: *Jehovah será mi Dios.* Jacob estaría en tierra extraña donde se adoraban otros dioses quienes en el pensamiento de la gente eran los que hacían prosperar a los hombres. En medio de todas esas tentaciones, Jacob se compromete a ser fiel a Jehovah. Segunda, Jacob decide relacionarse con Dios a través de la adoración. La presencia de Dios será desde ahora reconocida y honrada en un altar y lugar permanentemente consagrado a Dios. Más adelante este compromiso se cumple (37:5). Tercera, Jacob decide reconocer a Dios como el dueño y dador de todos los bienes materiales a través de la consagración continua y disciplinada a Dios de la décima parte de lo que Dios le concede. Este compromiso de Jacob con Dios manifiesta fe, confianza y sumisión y hace una gran diferencia en su vida. El promete que el oportunismo, los engaños y el "padrinazgo" para conseguir ventajas quedan atrás. Surge un nuevo Jacob motivado por un encuentro personal con Dios. Este compromiso va a guiar a Jacob en sus múltiples conflictos en Harán donde pese a todo, permanece fiel a Jehovah y al cumplimiento del pacto.

¿Qué fue lo que prometió Jacob?
28:20-22

Los intérpretes de la Biblia no están de acuerdo acerca de lo que prometió Jacob. Unos dicen que lo que Jacob hizo fue una negociación manipuladora al Señor. El se comprometía a servir a Dios solamente si Dios lo bendecía. Señalan el hecho de que Jacob no mencionó nada acerca de la promesa del Señor de bendecir a sus descendientes y hacerlos bendición para el mundo. Creen que el encuentro con y rendición de Jacob a Dios ocurrió más tarde en Jaboc (Gén. 32:24-32).

Otros intérpretes dicen que el hecho que Jacob menciona la dirección, protección, comida y vestuario es porque esas fueron sus necesidades más urgentes. Eso no significaba que Jacob no tenía en su mente los valores más altos de lo que acababa de experimentar y que no confiara en las promesas recibidas del Señor. El razonamiento era sencillo: ¿Si Dios le podía dar lo más grande, por qué no pedir lo más pequeño?

En todo caso las tres promesas de Jacob constituyeron un fuerte compromiso.

1. La primera promesa fue profundamente personal: *"Jehovah será mi Dios"* (v.21). De aquí en adelante todos sus actos serían sometidos a la consideración y aprobación previa del Señor.
2. La segunda promesa fue profundamente testimonial: *"Esta piedra que he puesto como memorial será una casa de Dios"* (v. 22). Aquel llegó a ser un lugar de encuentro con y adoración a Dios. Betel llegó a ser un santuario al cual Jacob volvió para adorar al Señor (35:1-7).
3. La tercera promesa fue profundamente general: *"De todo lo que me des, sin falta apartaré el diezmo para ti"* (v. 22).

Muchas veces estamos tan interesados en lo que Dios puede hacer por nosotros que olvidamos lo que nosotros podemos hacer para él. Nuestro crecimiento como cristianos ocurre cuando reconocemos las razones que tenemos para servir al Señor y las sometemos a su amorosa validación y certificación. Dios bendijo a Jacob a pesar de su conducta errática.

Encuentro de Jacob con Raquel

29 Jacob emprendió su camino y llegó a la
tierra de los orientales. **2** Entonces vio
un pozo en el campo, y he aquí que tres
rebaños de ovejas estaban recostados cerca del
mismo, porque de aquel pozo daban de beber a
los rebaños. Había una gran piedra sobre la
boca del pozo. **3** Y cuando eran reunidos allí
todos los rebaños, los pastores removían la
piedra que estaba sobre la boca del pozo y
daban de beber a los rebaños. Luego volvían a
colocar la piedra en su lugar sobre la boca del
pozo. **4** Entonces Jacob dijo a los pastores:

—Hermanos míos, ¿de dónde sois vosotros?

Ellos le respondieron:

—Somos de Harán.

5 El les preguntó:

—¿Conocéis a Labán hijo de Nacor?

Ellos le respondieron:

—Sí, lo conocemos.

6 El les dijo:

—¿Está bien?

Ellos le respondieron:

—Está bien. Y he aquí que su hija Raquel viene con el rebaño.

7 El dijo:

—He aquí que todavía es temprano; todavía no es tiempo de reunir todo el rebaño. Dad de beber a las ovejas e id a apacentarlas.

8 Ellos le respondieron:

—No podemos, hasta que se reúnan todos los rebaños y sea removida la piedra de encima de la boca del pozo, para que demos de beber a las ovejas.

9 Estando él aún hablando con ellos, llegó
Raquel con el rebaño de su padre, porque ella
era la pastora. **10** Y sucedió que al ver Jacob a
Raquel hija de Labán, hermano de su madre, y
al rebaño de Labán, hermano de su madre, se
acercó Jacob y removió la piedra que estaba
sobre la boca del pozo y dio de beber al rebaño
de Labán, hermano de su madre.

11 Jacob besó a Raquel, y alzando su voz
lloró. **12** Jacob dijo a Raquel que él era pariente de su padre y que era hijo de Rebeca. Y
ella corrió y dio las noticias a su padre. **13** En
cuanto Labán oyó las noticias sobre Jacob, hijo
de su hermana, corrió a recibirlo, lo abrazó, lo
besó y lo llevó a su casa. El contó a Labán todas estas cosas, **14** y Labán le dijo:

—¡Ciertamente eres hueso mío y carne mía!

Y permaneció con él durante un mes entero.

---

2. Jacob llega a la tierra de Harán y vive con su tío Labán, 29:1—30:43

La estadía de Jacob en Harán le presenta varios desafíos y situaciones que demandan esfuerzos y sacrificios. Allí él forma su hogar, aunque no como inicialmente lo deseara. Llega a formar una familia numerosa de once hijos y una hija, factor importante para el desarrollo de la descendencia patriarcal. También Dios le permite acumular suficientes recursos humanos y materiales para establecer su identidad e independencia étnica. En Harán se presentan nuevamente dos de los peligros que han de atentar contra la continuación del propósito divino: La no vuelta de Jacob a Canaán y la desintegración de su familia. Nuevamente por encima de las decisiones humanas y circunstancias poco favorables, Dios cumple su promesa de protección y prosperidad a Jacob. Y éste permanece fiel y determinante en ser el instrumento de la bendición patriarcal.

(1) Encuentro con Raquel, hija de Labán, 29:1-14. Jacob, motivado por el encuentro con Dios, continúa su viaje hacia el exilio y cruzando el río Eufrates llega a Harán, territorio de los arameos (orientales). Hoy día es territorio de Turquía. Una vez llegado a Harán, la necesidad era encontrar a Labán. Jacob se dirige hacia un pozo de agua, donde encuentra a pastores del lugar. Allí recibe información sobre Labán y más aun se entera que su hija Raquel estaría en el pozo en breve. Este pozo era de propiedad pública y era costumbre que todos los pastores con todos sus rebaños se juntaran a ciertas horas para abrevar el ganado. De esta manera se salvaguardaban los derechos de todos. Por ello, los pastores no siguen el consejo de Jacob.

Cuando Raquel aparece con el rebaño de su padre, Jacob hace tres cosas: Primero, remueve la piedra del pozo y da de beber al rebaño de Raquel. La piedra era bas-

Jacob se casa con Lea y con Raquel

15 Entonces dijo Labán a Jacob:
—¿Por ser mi sobrino,* me has de servir de
balde? Declárame cuál será tu salario.
16 Labán tenía dos hijas: El nombre de la
mayor era Lea, y el nombre de la menor, Raquel. **17** Los ojos de Lea eran tiernos,* pero
Raquel tenía una bella figura y un hermoso
semblante. **18** Y Jacob, que se había enamora-
do de Raquel, dijo:
—Yo trabajaré para ti siete años por Raquel,
tu hija menor.
19 Labán respondió:
—Mejor es que te la dé a ti que dársela a otro
hombre. Quédate conmigo.
20 Así trabajó Jacob por Raquel siete años,
los cuales le parecieron como unos pocos
días, porque la amaba. **21** Entonces Jacob dijo
a Labán:
—Entrégame mi mujer para que conviva con
ella, porque mi plazo se ha cumplido.
22 Entonces Labán reunió a todos los hombres de aquel lugar e hizo un banquete. **23** Y
sucedió que en la noche tomó a su hija Lea y
se la trajo, y él se unió a ella. **24** (Labán dio su
sierva Zilpa a su hija Lea, como sierva.) **25** Y al
llegar la mañana, ¡he aquí que era Lea! Entonces él dijo a Labán:
—¿Por qué me has hecho esto? ¿No he trabajado para ti por Raquel? ¿Por qué, pues, me
has engañado?
26 Y Labán respondió:
—No se acostumbra en nuestro lugar dar la

*29:15 Lit., *hermano*
*29:17 Otra trad., *delicados*

tante grande y demandaba mucha fuerza removerla. Segundo, Jacob, después de haber hecho el trabajo de Raquel, saluda a ésta con intimidad y emoción. Los encuentros en las fuentes de agua con tono romántico ocurren varias veces. Así Eliezer encuentra a Rebeca (24:15) y Moisés a Séfora (Exo. 2:16, 17). Aquí no fue un beso romántico, sino de saludo oriental y expresión emocional por el encuentro. Las circunstancias, guiadas por Dios, eran muy favorables para Jacob, quien con aparente facilidad estaba encontrando a sus parientes. Tercero, Jacob se identifica como pariente del padre de Raquel. La expresión emotiva primero, luego la explicación. Raquel, sorprendida por todo, corre a su casa y da las noticias a su padre. Labán sale al encuentro de Jacob, lo saluda con mucha emoción, lo identifica como pariente y lo lleva a su casa donde Jacob permanece por un mes como huésped. Este encuentro inicial con Raquel es muy importante porque da lugar al segundo objetivo de Jacob al venir a Harán: Procurar una esposa apropiada para los fines del pacto.

(2) Jacob se casa con Lea y con Raquel, hijas de Labán, 29:15-30. Todas las circunstancias y los eventos, guiados por Dios, llevaron a Jacob al lugar donde debía encontrar esposa. Ahora, en el desarrollo del plan de Dios, entran las decisiones humanas, las cuales son guiadas por intereses y ambiciones particulares que crean conflictos múltiples. La obtención de esposas para Jacob se desarrolla de la siguiente manera: Primero, Jacob toma la iniciativa de escoger para su esposa. En un mes de estadía y luego de observar las cualidades de ambas hijas de Labán, Jacob hace su elección: Raquel. Como dote, Jacob, quien estaba solo y sin ninguna riqueza, ofrece su servicio al padre por siete años. Labán la acepta sin más explicaciones o compromiso que decir: *Mejor es que te la dé a ti* (v. 19). Así Jacob trabaja para Labán siete años motivado por el amor que sentía por Raquel. Recordemos que Jacob ya tenía más de 40 años cuando llega a Harán (26:34). Siete años es una espera disciplinada y con un firme propósito de asegurar la descendencia relacionada con el pacto.

Segundo, cuando llega el momento de concesión (los siete años), Labán entrega a Lea, la hija mayor, como esposa a Jacob, en lugar de Raquel. El casamiento, según la costumbre patriarcal, era un pacto familiar. Y el padre era quien debía entregar a menor antes que la mayor. **27** Cumple la semana de ésta,* y después se te dará también la otra por el trabajo que harás para mí durante otros siete años.

28 Jacob lo hizo así; y después de cumplir esa semana, Labán le dio también a su hija Raquel por mujer. **29** (Labán dio su sierva Bilha a su hija Raquel, como sierva.) **30** Jacob se unió también a Raquel, y la amó más que a Lea. Y trabajó para Labán otros siete años.

*29:27 Es decir, su semana nupcial

---

la novia. Además debía ser un acto público y una ocasión muy festiva, que generalmente duraba siete o más días. La novia era entregada al esposo, según la costumbre oriental, con velo. Los años de espera, la festividad de la ocasión, los tratos de confianza hechos hasta ahora, más la mujer "velada", impiden a Jacob reconocer con exactitud la identidad de la novia. Con la unión física entre los novios, el matrimonio queda consumado. No hay posibilidad de regreso. Zilpa, según la costumbre, es concedida como sierva (o asistente) de Lea. Más tarde, Zilpa tiene importancia porque también ella da hijos a Jacob. Jacob descubre el cambio a la mañana siguiente y su sorpresa es grande. El engaño aparece nuevamente en la vida de Jacob. Pero esta vez, él es la víctima. Si su sorpresa fue grande, también su ira lo fue y así confronta a Labán, reclamándole los términos del acuerdo y acusándole de engaño. Por toda respuesta, Labán informa a Jacob que realmente no es un engaño, sino el cumplimiento de una costumbre local, por encima de los acuerdos de individuos. No se nos dice el motivo real de Labán, aunque obviamente el trabajo de Jacob le era muy beneficioso, como más tarde lo reconoce (30:27). Jacob es instado a cumplir su deber conyugal con Lea, con quien está legalmente unido.

Tercero, Labán informa a Jacob que Raquel también puede ser su esposa por otra dote similar. Raquel, realmente no fue sustituida, sino "postergada" por otros siete años de servicio. Jacob acepta la situación y Labán, después de la semana de Lea con Jacob (luna de miel), concede a Raquel como esposa. Por lo menos, Jacob no debe esperar otros siete años por Raquel. Bilha es concedida como sierva o asistente de Raquel, quien más tarde también se convierte en madre de algunos de

¿Otros siete años?

Cumple la semana de ésta, y después se te dará también la otra por el trabajo que harás para mí durante otros siete años. Jacob lo hizo así. Gén. 29:27, 28.

1. Nada podía ser más doloroso para un engañador y oportunista como Jacob que ser engañado. Ahora tenía la oportunidad de saborear la amargura del engaño. Labán le había entregado a Lea en lugar de Raquel.

2. ¿Cómo fue posible que Jacob fuera engañado? Recordemos las circunstancias: Habían pasado siete días de fiesta. El cansancio, la mucha comida y la bebida estaban haciendo su efecto. Era la última noche y la novia era entregada con un velo que le cubría el rostro. La confianza de Jacob en Labán; todo se conjugó para que Jacob no pudiera identificar a la novia hasta la mañana siguiente. Recordemos que Labán no hizo un engaño total, pues echó mano de una costumbre local. Lo falso estuvo en no explicar de antemano, al forastero Jacob, esa costumbre antes que comenzara a trabajar por la hija menor.

3. El texto bíblico no aclara si Jacob trabajó antes o después para obtener a Raquel. Las costumbres de la época exigían que el esposo cumpliera sus funciones conyugales con la recién casada y después podría tener como esposa a otra mujer. En este caso, después de la semana de los deberes conyugales de Jacob hacia Lea, Labán "le dio también a su hija Raquel por mujer." Es decir que Jacob no debió esperar siete años por Raquel, aunque luego tuvo que trabajar de acuerdo a lo pedido por el padre.

Nacimiento de los hijos de Jacob

31 Viendo Jehovah que Lea era menospreciada, le concedió hijos.* Pero Raquel era estéril.
32 Lea concibió y dio a luz un hijo, y llamó su nombre Rubén,* pues dijo: "Porque Jehovah ha visto mi aflicción, ciertamente ahora me amará mi marido."
33 Concibió otra vez y dio a luz un hijo, y dijo: "Porque Jehovah ha oído que yo era menospreciada, me ha dado también éste." Y llamó su nombre Simeón.*
34 Concibió otra vez y dio a luz un hijo, y dijo: "Ahora esta vez mi marido se sentirá ligado a mí, porque le he dado tres hijos." Por eso llamó su nombre Leví.*
35 Concibió otra vez y dio a luz un hijo, y dijo: "Esta vez alabaré a Jehovah." Por eso llamó su nombre Judá.* Y dejó de dar a luz.

*29:31 Lit., *abrió su matriz*
*29:32 Significa *ved al hijo.*
*29:33 Proviene del verbo *oír.*
*29:34 Proviene del verbo *ligar.*
*29:35 Proviene del verbo *alabar.*

los hijos de Jacob. El nuevo matrimonio es consumado con la unión física y Jacob visiblemente demuestra su amor preferencial por Raquel. Luego demostrará también amor preferencial por José y Benjamín, los hijos de Raquel. Jacob acepta las circunstancias y se somete a las nuevas condiciones. Ambas hermanas se convierten en esposas de Jacob, en circunstancias donde los intereses humanos parecen prevalecer. Pero Dios quien es fiel a su propósito, no queda ajeno a estas circunstancias.

(3) Dios concede hijos a Jacob, 29:31—30:24. Una vez asentada la relación conyugal, la necesidad obvia en relación a los intereses del pacto es la obtención de descendencia. Pero la descendencia de Jacob no llega en situación óptima, sino en medio de rivalidad, esterilidad, competencia y conflictos. Todos se esfuerzan en acomodar las circunstancias a su propio interés y sacar la mayor ventaja posible. Labán "coloca" matrimonialmente muy bien a sus dos hijas y se asegura la ayuda próspera de Jacob. Este

Semillero homilético

Una retribución merecida

29:15-29

Introducción: A veces personas toman ventaja de otros y piensan que han escapado de las consecuencias negativas de tal acción. Pero la justicia de Dios es tal que arregla las cuentas al fin y al cabo, aunque puede demorar largos años antes de sentir ese arreglo. Vemos que Jacob experimentó una retribución por su engaño de Esaú, pero años después del acontecimiento.

I. Acordaron las condiciones para recibir a Raquel.
   1. Seguía las costumbres de pagar al padre por la doncella.
   2. Jacob estaba dispuesto a trabajar y le pareció poco tiempo.
II. Labán citó una costumbre que Jacob no conocía por haberle dado a Lea en vez de Raquel.
   1. Es importante entender todas las condiciones de un arreglo.
   2. Es importante estar despierto a las posibilidades de un engaño.
III. Labán logró catorce años de trabajo de Jacob con el arreglo.
   1. Jacob recordó su propia actuación con relación a Esaú.
   2. Jacob aceptó las consecuencias de su engaño.
IV. Jacob tuvo que trabajar otros años con poco sueldo.

Conclusión: Jacob experimentó la retribución por sus hechos en relación con Esaú. Muchas veces nosotros experimentamos una justicia años después de los acontecimientos.

30 Viendo Raquel que ella no daba hijos a
Jacob, tuvo envidia de su hermana y
decía a Jacob:
—¡Dame hijos; o si no, me muero!
2 Entonces se encendió la ira de Jacob contra
Raquel, y le dijo:
—¿Estoy yo en lugar de Dios, que te privó del
fruto de tu vientre?
3 Ella le dijo:
—He aquí mi sierva Bilha. Unete a ella, y que
dé a luz sobre mis rodillas, para que así yo
también tenga hijos por medio de ella. **4** Le
dio a Bilha su sierva por mujer, y Jacob se
unió a ella. **5** Y Bilha concibió y le dio a luz
un hijo a Jacob. **6** Entonces Raquel dijo: "Dios
me ha hecho justicia; también ha escuchado
mi voz y me ha dado un hijo." Por eso llamó
su nombre Dan.*
7 Concibió otra vez Bilha, sierva de Raquel, y
dio a luz un segundo hijo a Jacob. **8** Raquel
dijo: "¡Grandes conflictos he tenido* con mi
hermana, y de veras he vencido!" Y llamó su
nombre Neftalí.*
9 Viendo Lea que había dejado de dar a luz,
tomó a Zilpa su sierva y se la dio a Jacob por
mujer. **10** Zilpa, sierva de Lea, le dio a luz un
hijo a Jacob. **11** Y Lea dijo: "¡Qué afortunada!"
Y llamó su nombre Gad.* **12** Zilpa, sierva de
Lea, dio a luz un segundo hijo a Jacob. **13** Y
dijo Lea: "¡Qué felicidad la mía! Ahora las
mujeres me llamarán feliz." Y llamó su nombre Aser.*

*30:6 Proviene del verbo *hacer justicia.*
*30:8a Lit., *con luchas de Dios he luchado*
*30:8b Significa *mi conflicto.*
*30:11 Significa *fortuna.*
*30:13 Significa *felicidad.*

---

obtiene esposas y decide que ha de demostrar preferencia por Raquel, la amada de su corazón. Tal vez con esto creyó que Lea iba a quedar desplazada y con el tiempo devuelta a su padre. Pero, es Dios quien determina el curso de la historia.

Los primeros hijos que Dios concede a Jacob no son precisamente de Raquel, la amada, quien es estéril, sino de Lea. Ella da a luz los cuatro primeros hijos a Jacob. Ella atribuye a Dios la concesión de todos estos hijos. Los nombres que da a sus hijos expresan las circunstancias bajo las cuales ella vive su vida matrimonial y se convierte en madre: En aflicción, menospreciada, desplazada de la compañía de su esposo, insegura del amor de Jacob y sin la honra propia de una esposa. Con el nacimiento de cada hijo ella expresa su esperanza de ganar el amor, el aprecio, el compañerismo y la honra de su marido. Con el nacimiento de Judá, Lea alaba a Jehovah al reconocer que él la está favoreciendo a pesar de las luchas y los conflictos.

Si la rivalidad por el esposo no fuera poco, se desarrolla también una rivalidad por causa de los hijos. La envidia y la competencia se añaden al ya difícil ambiente donde se desarrolla esta descendencia especial en los propósitos divinos. Raquel, al reconocer que no podía tener hijos, apela a la costumbre legal de tener hijos del esposo a través de su sierva. La expresión *sobre mis rodillas* (30:3) alude al procedimiento legal de adopción según los códigos establecidos. Aparentemente en el caso de Hagar, Sara no adopta a Ismael como a su hijo, sino que Ismael y Hagar se relacionan legalmente con Abraham como hijo y concubina de éste. Raquel da a Jacob dos hijos a través de Bilha. Los nombres dados a sus hijos indican también la creencia de haber ganado el favor de Dios (justicia) y la competencia con su hermana (conflicto). Lea no queda atrás en la competencia y también permite a Jacob la paternidad de dos hijos a través de su sierva Zilpa. Al nombrar a estos hijos, Lea desea convencerse de su fortuna y felicidad al proveer tantos hijos a Jacob.

También se apela a medicinas "fertilizantes" y a acuerdos mutuos "de caballeros" para así proveer más hijos a Jacob. Aunque la medicina fertilizante (mandrágoras) la usa Raquel, es Lea quien nuevamente

14 Rubén fue al campo en el tiempo de la siega del trigo, halló mandrágoras y se las llevó a Lea su madre. Y Raquel dijo a Lea:
—Por favor, dame algunas de las mandrágoras de tu hijo.
15 Ella respondió:
—¿Te parece poco que hayas tomado a mi marido para que te quieras tomar también las mandrágoras de mi hijo?
Y Raquel dijo:
—Entonces que duerma contigo esta noche a cambio de las mandrágoras de tu hijo.
16 Cuando Jacob volvía del campo al atardecer, Lea salió a su encuentro y le dijo:
—¡Haz de unirte a mí, porque ciertamente yo te he alquilado a cambio de las mandrágoras de mi hijo!
El durmió con ella aquella noche. **17** Y Dios
escuchó a Lea, y ella concibió y dio a luz un quinto hijo a Jacob. **18** Y Lea dijo: "Dios me ha dado mi recompensa, porque di mi sierva a mi marido." Y llamó su nombre Isacar.*
19 Lea concibió otra vez y dio a luz un sexto
hijo a Jacob. **20** Y dijo Lea: "Dios me ha dado un buen regalo. Ahora me honrará mi marido, porque le he dado seis hijos." Y llamó su nombre Zabulón.* **21** Después dio a luz una hija y llamó su nombre Dina.*
22 Entonces se acordó Dios de Raquel. La
escuchó y le dio hijos. **23** Ella concibió y dio a luz un hijo, y dijo: "Dios ha quitado mi afrenta." **24** Y llamó su nombre José,* diciendo: "¡Jehovah me añada otro hijo!"

*30:18 Significa *hay recompensa.*
*30:20 Proviene del verbo *honrar.*
*30:21 Proviene del verbo *hacer justicia.*
*30:22 Lit., *abrió su matriz*
*30:24 Proviene del verbo *añadir.*

---

concibe y añade dos hijos a la descendencia de Jacob. Lea toma estos hijos como una recompensa de Dios y seguridad de honra por parte de su marido por haberle otorgado ya seis hijos varones y finalmente una hija.

El amor preferencial de Jacob, el ruego de Raquel por tener hijos, las mandrágoras, nada pudo abrir la matriz de Raquel sino sólo la intervención de Dios. Una vez más Dios, en medio de conflictos, guía las circunstancias favorablemente hacia su propósito. Y Raquel finalmente concibe y da a luz un hijo a quien nombra *José* (30:24) con la esperanza que Dios le siga añadiendo hijos. El nacimiento de José, además de ser el hijo de la esposa que Jacob amaba, marca el final del plazo del pago de dote por Raquel e impulsa a Jacob a iniciar planes para regresar a Canaán. Más tarde, José es el instrumento de preservación de vida de todos los otros hijos de Jacob (45:5; 50:20). Con el nacimiento de José, termina también la rivalidad y los conflictos entre las hermanas, quienes con Jacob y sus hijos forman ahora una unidad familiar diferente a la de Labán (31:14-17) y con propósito de volver a Canaán.

Este ambiente de hogar tan negativo para el nacimiento y crianza de la descendencia especial del patriarca nos invita a reflexionar en la causa. Por un lado nos hace pensar que este ambiente es consecuencia de las decisiones ambiciosas e interesadas de los hombres. Pero por el otro, debemos aceptar el designio de Dios quien para evitar jactancia humana ha demostrado preferencia por lo que los hombres consideran inapropiado, débil y menospreciado (1 Cor. 1:25-29). De cualquier manera, este ambiente de rivalidad, compe-

Los hijos son heredad de Dios

Para Jacob el tener hijos era muy importante. Las dos mujeres lo sabían y por eso sus esfuerzos para dar a su marido tantos hijos como fuera posible. Hicieron todos los esfuerzos legales y "médicos" que tuvieron a su mano para acrecentar el número de hijos, pero finalmente reconocieron que sólo Dios era el origen y el dador de la vida. En la concepción y el nacimiento de José se afirmaron fue Dios quien, "vio la aflicción", "escuchó" y "se acordó". Cuánta razón tiene el salmista cuando afirma que "heredad de Jehovah son los hijos".

Jacob prospera a expensas de Labán

25 Y aconteció que cuando Raquel dio a luz a
José, Jacob dijo a Labán:
—Déjame ir a mi lugar, a mi tierra. **26** Dame mis mujeres y mis hijos por quienes he
trabajado para ti, y déjame ir. Tú conoces el
trabajo que yo he realizado para ti.
27 Labán le respondió:
—Por favor, si he hallado gracia ante tus
ojos... He visto que Jehovah me ha bendecido
por tu causa. **28** Y añadió—: Señálame tu
salario, y yo te lo pagaré.
29 El respondió:
—Tú sabes cómo he trabajado para ti y cómo
ha estado tu ganado conmigo. **30** Pues poco
tenías antes de que yo viniera, y ha crecido
abundantemente. Jehovah te ha bendecido
con mi llegada. Ahora, ¿cuándo he de trabajar yo también por mi propia casa?
31 El le preguntó:
—¿Qué te daré?
Jacob respondió:
—No me des nada. Pero si haces para mí lo
siguiente, volveré a apacentar y a cuidar tus
ovejas: **32** Yo pasaré hoy en medio de todo tu

---

tencia, envidia y conflictos continuos deja sus huellas en los hijos de Jacob quienes se manejan de la misma manera en el transcurso de sus vidas, a tal punto de atentar contra la vida de uno de ellos. En las listas de descendencia, estos hijos están agrupados por sus madres lo que refleja varias subunidades familiares.

Debemos reconocer que muchos hogares y familias, aún de creyentes, están afectados por estas mismas circunstancias. Nos hace pensar seriamente en la urgencia de establecer matrimonios estables y relaciones sanas entre cónyuges. Nos obliga también a aceptar la gran responsabilidad de ofrecer el mejor ambiente en nuestros hogares, iglesias y sociedad para la crianza de nuestros hijos. En la fe cristiana, la oferta del fruto del Espíritu (Gál. 5:22-26) y adopción de las instrucciones sabias de los llamados "Manuales domésticos del NT" (Ef. 5:21—6:9; Col. 3:18—4:6; 1 Ped. 3:1-7), presentan la solución para evitar hogares desastrosos. Ciertamente el hogar de Jacob, por lo menos en los primeros 14 años, no fue nada ideal. Pero el Dios fiel a su propósito y lleno de misericordia, se digna ir formando a su pueblo escogido de esta descendencia.

(4) Dios prospera a Jacob, 30:25-43. Con la concreción de descendencia, la necesidad inmediata de Jacob es la de obtener los recursos humanos y materiales para llevar una vida independiente y establecer así la identidad de su propia familia. Por ello, al cumplirse el tiempo de servicio por Lea y Raquel, Jacob toma la iniciativa de volver a Canaán con sus mujeres e hijos. Recordemos que Jacob había heredado todos los bienes de su padre en Canaán. La prosperidad material de Jacob no llega fácilmente. Al igual que sus hijos, se desarrolla en medio de dificultades, conflictos, artimañas y con la intervención de Dios a favor de su propósito para con Jacob. La primera dificultad se presenta

Mandrágoras

Entonces se acordó Dios de Raquel. La escuchó y le dio hijos. Ella concibió y dio a luz un hijo, y dijo: "Dios ha quitado mi afrenta." Y llamó su nombre José. (Gén. 30:22-24a). La repetición de la palabra Dios hace énfasis sobre el hecho que fue Dios quien quitó la esterilidad de Raquel y no las mandrágoras. La palabra afrenta quiere decir la incapacidad de tener hijos. La palabra en el hebreo viene de un verbo asociado con recoger o pizcar fruta. De aquí viene la idea de seleccionar la frutas buenas y "despreciar" las que no sirven. También se usa la palabra para referirse al paso entre dos estaciones por ejemplo entre el invierno y la primavera. Raquel se sentía como "la fruta despreciada" o el invierno triste por su incapacidad para tener hijos. Ella se sentía insatisfecha consigo misma como mujer y culpable por no poder complacer a su marido. Ahora, por la gracia del Señor, Raquel se sentía "la fruta escogida", brillaba en su alma el gozo de la "primavera" y con razón al nacer su hijo lo llama "José" dando a entender: Dios me ha hecho fruta escogida. Esto es: *Dios ha quitado mi afrenta.*

rebaño, poniendo aparte toda oveja pintada o salpicada de diversos colores y todo cordero de color oscuro; y de entre las cabras las salpicadas de diversos colores y las pintadas. Eso será mi salario. **33** Así será constatada mi honradez* en el futuro, cuando tomes en cuenta mi salario: Toda cabra que no sea pintada o salpicada y toda oveja que no sea de color oscuro, que esté conmigo, será considerada como robada.

34 Labán dijo:

—¡Bien! Que sea como tú dices.

35 Aquel día Labán*apartó los machos cabríos listados o pintados, todas las cabras pintadas o salpicadas de diversos colores, todo lo que tenía en sí algo de blanco y todos los corderos de color oscuro; y los entregó en manos de sus hijos. **36** Estableció una distancia de unos tres días de camino entre sí y Jacob, pero Jacob debía apacentar las otras ovejas de Labán.

37 Entonces Jacob tomó varas verdes de álamo, de avellano y de castaño, y descortezó en ellas mondaduras blancas, descubriendo la

*30:33 Lit., *mi justicia responderá por mí*
*30:35 Lit., *él*

cuando Labán se opone a la partida de Jacob. El reconoce que su prosperidad material se debe a la bendición de Jehovah sobre el trabajo diligente y eficiente de Jacob. Como alternativa, propone a Jacob un salario para que éste permanezca en Harán. Finalmente, Jacob propone un sistema de recompensa que no depende en nada de Labán ni de sus recursos sino de la confianza de Jacob en Jehovah y de su conocimiento y diligencia en el trabajo. Jacob escoge como recompensa las ovejas y las cabras de colores menos comunes y sus crías desde ese momento en adelante. Las otras más numerosas y comunes con sus futuras crías similares, permanecen en propiedad de Labán. Esta decisión de Jacob intenta evitar toda sospecha de robo ya que el ganado será diferente para ambos. Además, Jacob sabe que esta proposición será fácilmente aceptada ya que es él quien corre todo el riesgo.

La segunda dificultad surge cuando Labán recoge todo el ganado del color escogido por Jacob y se lo entrega a su hijos. Así, Jacob queda totalmente sin ganado y más aún con una posibilidad mínima de obtener ganado del color escogido como su salario. Pero Jacob apela a tres técnicas para resolver esta dificultad. Primera, control en la concepción. Basado en la presuposición de que el color del ganado depende del color que el animal ve durante el apareamiento, Jacob provee dicho objeto con el color apropiado a su conveniencia al ganado en apareamiento. Segunda, usa la técnica de selección de ejemplares criadores. Escoge sólo a los animales más fuertes y mejores para ser los criadores de su ganado. Tercera, separa el hato del color que le pertenece para un mejor cuidado y una mayor posibilidad de reproducción igual al color escogido como su salario. Todo esto en el transcurso de seis años permite a Jacob una prosperidad abundante. Llega a poseer recursos humanos (personal capacitado), medios de transporte (camellos y asnos) y riquezas materiales (ganado lanar).

Detrás de este logro está el trabajo sacrificado, diligente y eficiente de Jacob. El describe gráficamente todo el sacrificio y esfuerzo denodado que puso en el trabajo (31:38-42). Además debemos considerar que Jacob era un pastor con experiencia

Confianza en Dios y trabajo diligente

El relato de Jacob y su suegro nos deja la impresión de que Jacob se enriqueció "a costillas de Labán" por medios dudosos e inadecuados, pero realmente, la única razón fue su confianza en Dios y su trabajo diligente. El confió en Dios porque aceptó el propósito de Dios y decidió volver a Canaán. No fue el engaño, no fueron ciertas acciones mágicas, sino Dios, quien guió las circunstancias en la vida de alguien que confió en él y estuvo dispuesto a cumplir su voluntad.

parte blanca de las varas. **38** Después puso las varas que había descortezado frente a las ovejas, en las pilas de los abrevaderos de agua donde iban a beber las ovejas, porque éstas se apareaban allí cuando iban a beber. **39** Las ovejas se apareaban delante de las varas, y después parían corderos listados, pintados y salpicados de diversos colores. **40** Entonces Jacob apartaba los corderos y dirigía la vista del rebaño hacia lo listado y a todos los que en el rebaño de Labán eran de color oscuro. Así hizo para sí un rebaño propio, y no los ponía con el rebaño de Labán. **41** Y sucedía que cada vez que se apareaban los animales robustos, Jacob ponía las varas delante de ellos, en las pilas, para que se aparearan mirando las varas. **42** Pero cuando venían los animales débiles, no ponía las varas. De este modo, los débiles eran para Labán, y los robustos para Jacob. **43** Así prosperó muchísimo el hombre; y tuvo muchas ovejas, siervas, siervos, camellos y asnos.

Jacob parte secretamente para Canaán

31 Jacob escuchó las palabras de los hijos de Labán, que decían: "Jacob ha tomado todo lo que era de nuestro padre; de lo que era de nuestro padre ha adquirido toda esta riqueza." **2** Observaba también Jacob la mirada de Labán, y he aquí que ya no era para con él como antes* **3** Entonces Jehovah dijo a Jacob:

—Vuelve a la tierra de tus padres, a tu parentela, y yo estaré contigo.

4 Jacob mandó llamar a Raquel y a Lea al campo donde estaban sus ovejas, **5** y les dijo:

—Veo que la mirada de vuestro padre ya no es para conmigo como era antes.* Pero el Dios de mi padre ha estado conmigo. **6** Vosotras sabéis que he trabajado para vuestro padre con todas mis fuerzas, **7** y que vuestro padre me ha engañado y que ha cambiado mi salario diez veces. Pero Dios no le ha permitido que me hiciera daño. **8** Si él decía: "Los

*31:2 , 5 Lit., *como ayer y antes de ayer*

---

recogida de por lo menos tres generaciones. Tanto su padre Isaac como su abuelo Abraham fueron muy prósperos con el ganado. De modo que Jacob disponía de los mejores conocimientos y las mejores técnicas para el éxito. Pero el factor más importante en la prosperidad es la confianza de Jacob en Dios quien interviene a su favor (31:10-13) y la fidelidad de Jacob en cumplir con el propósito del pacto. Con la descendencia establecida y los recursos materiales adquiridos, Jacob parece estar listo para iniciar su propia vida independiente y regresar a Canaán.

3. Dios ordena a Jacob a regresar a Canaán, 31:1-55

El peligro todavía persistente en el cumplimiento del pacto era la imposibilidad de Jacob de regresar a Canaán. Su permanencia en Harán haría reversible y nulo el llamado de Dios a Abraham (12:1). La descendencia, la prosperidad material, la hostilidad continua entre Jacob y Labán y sus hijos no fueron suficientes motivos para que Jacob saliera de Harán. La palabra

> **Joya bíblica**
>
> **Así prosperó muchísimo el hombre; y tuvo muchas ovejas, siervas, siervos, camellos y asnos (30:43).**
>
> Dios siempre trató a Jacob mucho mejor de lo que se merecía. Dios lo bendijo a pesar de su conducta manipuladora y oportunista. Dios también lo hace así con nosotros. El está dispuesto a bendecirnos de muchas maneras aunque nosotros realmente no lo merecemos, pues hemos fallado en muchas maneras; sin embargo, Dios nos provee su ayuda y nos restaura cuando lo buscamos con fe.

final para la partida viene de Dios quien en su momento oportuno llama a Jacob a regresar a la tierra prometida.

(1) Jacob y su familia deciden partir para Canaán, 31:1-16. En la decisión de regresar a Canaán intervienen varios factores. Primero, Jacob reconoce la hostilidad que los hijos de Labán expresan hacia él. La acusación era grave ya que culpaban a Jacob de despojo de la riqueza material

pintados serán tu salario", entonces todas las
ovejas parían pintados. Y si decía: "Los listados
serán tu salario", entonces todas las ovejas
parían listados. **9** Así Dios quitó el ganado de
vuestro padre y me lo dio a mí. **10** Y sucedió
que en el tiempo en que se apareaban las ovejas, alcé mis ojos y vi en sueños que los
machos que cubrían a las hembras eran listados, pintados y jaspeados. **11** Entonces el
ángel de Jehovah me dijo en sueños: "Jacob."
Yo dije: "Heme aquí." **12** Y él dijo: "Por favor,
alza tus ojos y mira cómo todos los machos
que cubren a las ovejas son listados, pintados y
jaspeados; porque yo he visto todo lo que
Labán te ha hecho. **13** Yo soy el Dios de Betel,
donde tú ungiste la piedra y me hiciste un voto.
Levántate, sal de esta tierra y vuelve a la tierra
de tu nacimiento."
14 Raquel y Lea le respondieron diciendo:
—¿Acaso tenemos todavía parte o heredad
en la casa de nuestro padre? **15** No nos considera él ya como extrañas, puesto que nos vendió y se ha comido del todo nuestro precio?*
16 Toda la riqueza que Dios ha quitado a
nuestro padre es nuestra y de nuestros hijos.
Ahora pues, haz todo lo que Dios te ha dicho.

*31:15 Lit., *plata*; ver 29:20, 27

de Labán. Por más que Labán procuraba mantener pobre a Jacob y enriquecerse más él, Jacob seguía prosperando. Segundo, Jacob reconoce que el mismo Labán muestra una actitud diferente y poco favorable hacia él. Tercero, Jehovah mismo ordena a Jacob a regresar a Canaán. Este último factor es el decisivo y el determinante.

Por el aspecto de descendencia, la familia de Jacob era fundamental para su regreso.

Joya bíblica

Entonces Jehovah dijo a Jacob: "Vuelve a la tierra de tus padres, a tu parentela, y yo estaré contigo" (Gén 31:3).

Y ahora, ¿qué hago?

Jacob encara una situación difícil con Labán, su suegro, y con toda la familia (v. 1). Labán mismo ya no lo miraba con agrado. Jacob estaba en medio de una crisis. En esas condiciones aparece el Señor de nuevo. Es interesante observar que durante todas las crisis en la vida de Jacob, Jehovah se le aparece. Dios le da instrucciones acerca de lo que tiene que hacer. Dios le da a conocer a Jacob el siguiente paso de su divino programa como si fuera una necesidad. Dios siempre está presente para ayudarnos durante nuestras crisis, sin embargo, necesitamos aprender a dejar de hacer lo que estamos haciendo y escuchar lo que él tiene que decirnos.

Por ello Jacob procura obtener el respaldo y la lealtad total de sus esposas en la decisión de regresar a Canaán. Note que Jacob no ordena a sus esposas. El usa la persuasión basado en estos argumentos: Primero, consulta en forma conjunta a Lea y a Raquel y en forma privada. Aquí se declara la unidad familiar y la separación del clan de Labán. Segundo, Jacob expone su relación con Labán y el cuidado de Dios en todo momento. La relación familiar con Labán se caracterizaba por hostilidad ya que éste había cambiado radicalmente con Jacob desde la mención del regreso a Canaán. Pero esa hostilidad lo supo soportar por la presencia de Dios con él. En cuanto a relación laboral, Jacob les recuerda que había trabajado con todas sus fuerzas para Labán. En los vv. 38-41, Jacob describe detalladamente su trabajo. Todos sus esfuerzos resultaron en mucha prosperidad y riqueza. Labán, sin embargo, no le correspondía en igualdad, ya que le engañaba repetidamente con el salario establecido. Cuando Labán veía que los animales acordados como salario de Jacob nacían en más cantidad, cambiaba el criterio de recompensa sucesivamente. Sin embargo, al final Jacob no sufre ningún daño ya que la intervención de Dios fue siempre providencial y de apoyo a Jacob en su lucha por hacerse de bienes materiales para su regreso a Canaán. Jacob se esfuerza en explicar a sus esposas que no fue una acción engañosa ni egoísta la que él realizó,

17 Entonces Jacob se levantó e hizo subir a
sus mujeres y a sus hijos sobre los camellos.
18 Luego condujo todo su ganado y todas las
posesiones que había adquirido, el ganado de
su propiedad que había adquirido en Padan-
aram, para ir a su padre Isaac en la tierra de
Canaán. 19 Labán se había ido a esquilar sus
ovejas, y Raquel hurtó los ídolos* de su padre.
20 Además Jacob engañó* a Labán el arameo
al no decirle que se iba.

Labán persigue y alcanza a Jacob

21 Huyó, pues, Jacob con todo lo que tenía.
Y levantándose cruzó el Río* y se dirigió a la

*31:19 Heb., *terafim*
*31:20 Lit., *le engañó el corazón*
*31:21 Es decir, el Eufrates

sino que Dios le estaba cuidando y dirigiendo en todo. Fue su confianza en Dios y su decisión firme de volver a Canaán, cumpliendo con el propósito de Dios, la que lo había llevado a prosperar materialmente.

Tercero, Jacob anuncia a sus esposas que "el Dios de Betel", el Dios de su experiencia personal y a quien se había comprometido con un voto, era quien le ordenaba regresar. Era un llamamiento en medio de una situación hostil y en medio de circunstancias desfavorables para Jacob. Pero el llamamiento de Dios era claro y final.

Semillero homilético

"No temas al mañana, Dios estará allí"

31:1-16

Introducción: Se cuenta que un cristiano iba hacia el hospital afligido por una crisis en su salud. En el camino leyó un rótulo que estaba frente a un templo. El rótulo decía: "No temas al mañana, Dios estará allí". Aquellas palabras le fueron de mucha inspiración y lo animaron. Un año después, cuando el problema había pasado, decidió ir al templo que tenía el rótulo para dar gracias a Dios. Por una extraña coincidencia, el rótulo decía las mismas palabras. Aquel hombre pensó: "¡Qué gran mensaje! En los días buenos como en los malos, las promesas de Dios permanecen. El estará con nosotros."

La experiencia de Jacob nos enseña que Dios puede utilizar varios medios para afirmarnos su presencia a fin de que podamos cumplir con lo que él nos ha ordenado hacer. A Jacob le había ordenado volver a la tierra de Canaán.

I. Dios nos habla por medio de las circunstancias (vv. 1-4).
   1. Las relaciones con su suegro y con sus cuñados eran de hostilidad y peligro (vv. 1, 2).
   2. Dios ordenó a Jacob que volviera a la tierra de Canaán, la tierra de sus padres y de su nacimiento (v. 3).
   3. Jacob decide obedecer la orden del Señor (v. 4).

II. Dios habla por medio de la familia (4, 13-16)
   1. Jacob tuvo la sabiduría de consultar con sus esposas (v. 4).
   2. Jacob explicó todo, diciendo la verdad y cuáles eran sus planes (v. 13).
   3. Jacob recibió el apoyo de su familia (vv. 14-16).

III. Dios habla por medio del trabajo esforzado (vv. 6-12)
   1. Jacob trabajó "con todas sus fuerzas". La palabra hebrea traducida como "fuerzas" quiere decir: "amarrarse bien los pantalones" señalandolo que uno es capaz de hacer (v. 6).
   2. Jacob había sido engañado diez veces en cuanto al salario por su trabajo (v. 7).
   3. Jacob reconoce que Dios es quien lo ha prosperado por medio de su trabajo (v. 9).

Conclusión: Dios puede utilizar muchos medios para hablarnos y reafirmar su presencia con nosotros. Tenemos razón para vivir y actuar con confianza, sabiendo que Dios nos cuida y guía hoy y sin duda lo hará mañana.

región montañosa de Galaad. **22** Al tercer día
le informaron a Labán que Jacob había huido.
23 Entonces tomó consigo a sus parientes y
fue tras él en el camino, por siete días, y lo
alcanzó en la región montañosa de Galaad. **24**
Pero aquella noche Dios vino en sueños a
Labán el arameo, y le dijo: "Ten cuidado, no
sea que hables a Jacob bruscamente."*
25 Alcanzó, pues, Labán a Jacob, quien había
instalado su tienda en el monte. Y Labán también instaló sus tiendas* en el monte Galaad.

Jacob y Labán se reconcilian

26 Entonces Labán dijo a Jacob:

—¿Qué has hecho? ¡Me has engañado* al traer a mis hijas como cautivas de guerra!*
27 ¿Por qué has huido a escondidas, engañándome, sin avisarme? Yo te habría despedido con alegría y cantares, con tamborín y con arpa. **28** Ni siquiera me has dado la oportunidad de besar a mis hijos y a mis hijas. Ahora pues, has actuado locamente. **29** Yo tengo poder para haceros mal, pero el Dios de tu padre me habló anoche diciendo: "Ten cuidado, no sea que hables a Jacob bruscamente."*
30 Y ya que te ibas definitivamente porque tenías tanta nostalgia por la casa de tu padre, ¿por qué me has robado mis dioses?

*31:24, 29 Lit., *de bien a mal*
*31:25 Según prop. Stutt.; heb., *sus parientes*
*31:26 Lit., *me has engañado el corazón*; comp. v. 20
*31:26 Lit., *de la espada*

Las esposas responden positivamente a Jacob decidiendo la separación legal y emocional de la casa de sus padres. Además, ellas deciden ser leal y apoyar en todo a Jacob en respuesta al llamado de Dios. Así, la decisión de regresar a Canaán es ahora una decisión familiar que es muy importante en la continuación de la descendencia patriarcal.

> **La familia ante las decisiones importantes**
>
> En uno de los momentos más críticos de su vida, Jacob consultó con sus esposas. Su decisión de volver a Canaán encontró oposición en su suegro y mucho peligro por parte de sus cuñados, pero fue firmemente apoyado por su familia directa. Qué hermoso ejemplo. La familia que consulta entre sí las grandes e importantes decisiones, no sólo hará decisiones sabias, sino quedará más unida y así alcanzarán lo que se propongan.
>
> **Nuestra familia es primero**
>
> Evidentemente la familia de Jacob no había logrado funcionar adecuadamente por causa de las constantes intervenciones de Labán, su suegro. Las mujeres de Jacob se dieron cuenta que a menos que se separaran de su padre, su familia seguiría con conflictos. Así que animaron a Jacob a alejarse. Algunas veces la familia en la cual nacimos y crecimos es fuente de problemas, dolor y confusión para nuestra propia familia. En tales casos, es prudente que nos alejemos físicamente a fin de poder construir nuestra nueva familia en una atmósfera más saludable y positiva.

(2) Jacob parte secretamente para Canaán, 31:17-21. Aunque Jacob tenía todo el respaldo de las esposas, toma todas las precauciones necesarias para concretar su regreso a Canaán. En primer lugar, parte en secreto, sin avisar a Labán quien con toda seguridad impediría que sus hijas partieran con Jacob como un medio de retenerlo (v. 31). Segundo, aprovecha que Labán estaba lejos, por lo menos a tres días de distancia, esquilando sus ovejas. Tercero, se asegura de llevar consigo a sus esposas, sus hijos, su ganado y todas sus posesiones adquiridas, incluyendo los siervos y las siervas. Sin saberlo Jacob, Raquel hurta los ídolos de la casa paterna, cuya posesión, además de su significado religioso, implicaba ciertos derechos de herencia. Labán luego acusa a Jacob del robo de estos ídolos.

(3) Dios protege a Jacob de la persecución de Labán, 31:22-55. Tan pronto como Labán se entera de la huida de Jacob, toma provisiones para ir tras él y lo

31 Jacob respondió a Labán y dijo:
—Yo tuve miedo, pensando que quizás me
arrebatarías a tus hijas. **32** La persona en cuyo poder halles tus dioses, que muera. Reconoce en presencia de nuestros parientes lo que
yo tenga que sea tuyo, y llévatelo.
Jacob no sabía que era Raquel quien los había
robado. **33** Entró, pues, Labán en la tienda de
Jacob, en la tienda de Lea y en las tiendas de
las dos siervas, y no los halló. Saliendo de la
tienda de Lea, fue a la tienda de Raquel. **34** Pero Raquel había tomado los ídolos,* los había
puesto en la montura de un camello y se había
sentado encima de ellos. Labán, pues, rebuscó
toda la tienda y no los halló. **35** Entonces ella
dijo a su padre:
—No se enoje mi señor porque no pueda le-
vantarme delante de ti, pues estoy con la regla
de las mujeres.
Buscó, pues, los ídolos, pero no los encontró.
36 Entonces Jacob se enojó y recriminó a
Labán; respondió Jacob y dijo a Labán:
—¿Cuál es mi transgresión? ¿Cuál es mi
pecado para que me hayas perseguido con
tanto ardor? **37** Ya que has rebuscado todas
mis cosas, ¿qué has hallado de todas las
cosasde tu casa? Ponlo aquí delante de mis
parientes y de los tuyos, para que ellos
juzguen entre nosotros dos. **38** Estos veinte
años que he estado contigo nunca han aborta-
do tus ovejas ni tus cabras; ni yo comí ningún
carnero de tu rebaño. **39** Jamás te traje los

*31:34 Heb., *terafim*

alcanza en la región montañosa de Galaad, al este del río Jordán. Pero la protección de Dios prometida a Jacob al regresar a Canaán hace posible que Labán no impida el viaje en unidad familiar a la tierra prometida. La protección de Dios se manifiesta, primero, en que Dios se le aparece en sueños a Labán y le advierte que no haga daño a Jacob. Segundo, aunque Labán acusa a Jacob de haber huido a escondidas, de llevar a sus hijas cautivas y de haber robado los ídolos, no le hace ningún daño. Al contrario, acepta la advertencia de Dios y la explicación de la huida en secreto: El temor de que no permitiera a sus hijas acompañar a Jacob. En cuanto a los ídolos o cualquier otra cosa robada, el que lo haya hecho sería culpable de muerte. Jacob no sabía que Raquel lo había hecho. Y ella misma actuando con astucia los esconde, de modo que Labán no puede probar esta acusación. Tercero, Jacob tiene la oportunidad de afirmar que su protección y prosperidad se deben a la presencia continua del Dios de los patriarcas. Dios hizo posible que Jacob no cometiera transgresión en su relación con Labán por los 20 años que le sirviera. Sin embargo, Labán había actuado engañosamente con él. Además, Dios prosperó a Labán a través de Jacob y su trabajo diligente, responsabilidad impecable y sacrificio extremo.

Finalmente, Labán explica que en el sistema patriarcal, todo lo de Jacob, sus esposas, hijos, bienes, le pertenece, pero él renuncia a todo ello y propone un pacto de reconciliación y compromisos mutuos a Jacob. Cabe notar una característica pacífica en Labán. En ocasiones de ira por parte de Jacob y por las circunstancias, él siempre toma la iniciativa de encontrar una solución pacífica y que salvaguarde la integridad de todos. Para sellar el pacto, establecen un testimonio visible, el cual recibe doble nombre: en hebreo y en arameo, indicación de la diferencia político-étnica presente y futura. Luego participan de un sacrificio y una comida ceremonial. Los términos del pacto, jurados bajo la

¿Podemos cambiar?

Raquel hurtó los ídolos de su padre. Además Jacob engaño a Labán el arameo al no decirle que se iba (Gén. 31:19, 20). Aunque Dios estaba muy activo y presente en la vida de Jacob y de Raquel, los viejos hábitos aún persistían. Las malas costumbres no se pueden cambiar de la noche a la mañana, ni siquiera los nuestros. El cambiar un estilo de vida defectuoso por uno virtuoso es un proceso que exige consciencia de los defectos y la búsqueda intencional del Señor para que él nos ayude y facilite el cambio paso a paso.

restos del animal despedazado;* yo pagaba el
daño. Lo robado, tanto de día como de noche,
tú lo reclamabas de mi mano. 40 De día me
consumía el calor, y de noche la helada; hasta
el sueño huía de mis ojos. 41 Así he pasado
veinte años en tu casa: catorce años trabajé
por tus dos hijas y seis por tu ganado; y tú has
cambiado mi salario diez veces. 42 Si el Dios
de mi padre, el Dios de Abraham y el Temor de
Isaac,* no estuviera conmigo, de cierto me de-
jarías ir ahora sin nada. Pero Dios ha visto mi
aflicción y el duro trabajo de mis manos; por
eso te reprendió anoche.
43 Labán respondió y dijo a Jacob:
—Las hijas son mis hijas, los hijos son mis
hijos y las ovejas son mis ovejas. ¡Todo lo que
tú ves es mío! ¿Qué puedo hacer hoy a estas
hijas mías o a sus hijos que ellas han dado a
luz? 44 Ven, pues, ahora, hagamos un pacto
entre tú y yo, y sirva de testimonio entre tú y
yo.
45 Entonces Jacob tomó una piedra y la
erigió como memorial. 46 Y Jacob dijo a sus
parientes:
—Recoged piedras.
Ellos tomaron piedras e hicieron un montón, y comieron allí junto al montón. 47 Labán lo llamó Yegar-sahaduta;* y Jacob lo llamó Galed.* 48 Y Labán dijo:
—Este montón es hoy testigo entre tú y yo.
Por eso llamó su nombre Galed 49 o
Mizpa,* pues dijo:
—Vigile Jehovah entre tú y yo, cuando nos
apartemos el uno del otro. 50 Si tú maltratas

*31:39 Es decir, por las fieras
*31:42 Alusión a Dios; comp. v. 53
*31:47a En arameo significa *montón de testimonio.*
*31:47b En hebreo significa *montón de testimonio.*
*31:49 Significa *puesto de vigilancia.*

---

garantía del Dios de los patriarcas, consisten en acuerdos de carácter político y familiar, ambos de sumo interés para Labán. Políticamente, ambos se comprometen a un tratado de no agresión y reconocimiento de soberanía territorial. Este acuerdo se hace mirando al futuro, cuando ambas descendencias se constituyan en naciones poderosas. Los arameos vienen de la descendencia de Labán y los israelitas de la de Jacob. La historia bíblica confirma la estrecha relación entre israelitas y arameos.

Conflicto y conciliación

1. *Hagamos un pacto entre tú y yo* (v. 44). Labán toma la iniciativa en llegar a una conciliación familiar en el presente y territorial en el futuro (entre arameos y hebreos, vv. 51, 52). El pacto era un compromiso mutuo entre dos partes y tenía en sí una obligación religiosa que no se debía quebrantar. Tenía elementos visibles que servían de testimonio a ambas partes (en este caso un montón de piedras, vv. 45, 46). También se participaba en comidas ceremoniales (v. 54), y se especificaban los términos y alcances del pacto invocando a Dios como testigo y garante de los juramentos hechos (v. 53).

2. *Si tu maltratas a mis hijas, o si tomas otras mujeres además de mis hijas, aunque nadie esté con nosotros, recuerda que Dios es testigo entre tú y yo* (v. 50). Vemos una sana preocupación de Labán por sus hijas. Sin embargo, es muy elocuente el hecho que Labán reconoce que nada se puede esconder del Señor y que por lo tanto la fidelidad conyugal es un pacto entre tres: Dios, el esposo y la esposa. A todos nos hace bien recordar cada día que: Dios es testigo entre tú y yo.

3. Labán acaba de enseñar a Jacob una gran lección acerca de la reconciliación. Labán tomó la iniciativa, estableció condiciones que Jacob sí podía cumplir y luego celebraron con alegría la experiencia de la unidad familiar. Más tarde Jacob tendrá que reconciliarse con Esaú, su hermano; tendrá que animar a José a reconciliarse con sus hermanos en Egipto. Sin duda que aquella lección, valía la pena aprenderla de una buena vez, le fue muy útil a lo largo de su vida.

4. Es interesante que Pablo en 2 Corintios 5:18-20 dice que a nosotros, los creyentes, nos fue dado el ministerio de la reconciliación. Asumamos con responsabilidad nuestra oportunidad de ser "embajadores en nombre de Cristo".

a mis hijas, o si tomas otras mujeres además de mis hijas, aunque nadie esté con nosotros, recuerda que Dios es testigo entre tú y yo.
51 —Además, Labán dijo a Jacob—: He aquí este montón, y he aquí el memorial que he levantado entre tú y yo. **52** Testigo sea este montón,* y testigo sea el memorial, que ni yo pasaré de este montón hacia ti, ni tú pasarás de este montón y de este memorial hacia mí, para mal. **53** El Dios de Abraham, Dios de Nacor y Dios de sus padres juzgue entre nosotros.

Jacob juró por el Temor de Isaac,* su padre.
54 Entonces Jacob ofreció un sacrificio en el monte y llamó a sus parientes a comer. Ellos comieron y pasaron aquella noche en el monte. **55*** Y levantándose muy de mañana, Labán besó a sus hijos y a sus hijas,* y los bendijo. Luego partió Labán y regresó a su lugar.

*31:52 Es decir, para marcar límites
*31:53 Alusión a Dios; comp. v. 42
*31:55 En heb. es 32:1
*31:55 Es decir, nietos y nietas

Este pacto histórico no siempre fue respetado. El acuerdo familiar consiste en que Labán compromete a Jacob a no maltratar a sus esposas —hijas de Labán— ni a tomar otras esposas que pongan en peligro la fidelidad conyugal. Con esto Labán reconoce la identidad familiar de Jacob y que sus hijas estarán ya sin la protección de él. Finalmente, Labán se despide emotivamente de sus hijas y nietos y los bendice al partir nuevamente hacia Harán.

4. Jacob continúa hacia Canaán, 32:1—33:20

El regreso de Jacob a Canaán no se presenta con facilidad. Además de la distancia y el peligro de hostilidades de pobladores locales, Jacob tenía que encontrarse con Esaú de quién había huido 20 años antes. Esta situación complicaba la posibilidad de que Jacob llegara a Canaán y ponía en serio peligro la sobrevivencia de la familia. Pero, una vez más, Dios permite que su propósito se cumpla.

(1) Jacob teme el encuentro con su hermano Esaú, 32:1-23. El mayor obstáculo ahora en hacer concreto el regreso a Canaán es Esaú. En este tiempo, Esaú se había trasladado a la región de Seir, territorio al sudeste del mar Muerto, donde se une con los horeos y forma una unidad político-étnica importante: Edom (36:6-8). Jacob no estaba seguro de la reacción de Esaú de quien había huido 20

Reconciliación entre familiares

Las peleas más amargas a veces acontecen entre familiares. Puede ser por asuntos económicos, como la herencia, o puede ser por diferencias ideológicas, políticas o de religión. Es triste ver a una familia dividida por asuntos que no son tan importantes como los lazos familiares.

Hace varios años había un señor que se casó y tuvieron tres hijos. La señora murió y después de otros tres años se casó de nuevo. Compró dos lotes más en el cementerio, y dijo que al morirse quería ser enterrado entre las dos esposas. Tuvieron diez hijos en el segundo matrimonio. Murió a los setenta y cinco años. Pero su viuda no quiso enterrarlo en el lote que él había escogido. Los hijos de la primera esposa insistieron, pero la viuda y los hijos de ella se opusieron. Se dividió la familia, y al fin compraron otros lotes en el cementerio para enterrar al señor, con un puesto a su lado para la segunda esposa. Durante años había rencor entre los hermanos, pero con el tiempo se iba menguando. Al morirse la segunda esposa, ya los hijos eran más unidos, y decidieron desenterrar al padre, enterrarlo en el lugar que él había indicado, y con la segunda esposa al otro lado. Todos los hijos quedaron contentos.

Si tenemos conflictos con los hermanos o con los suegros, vale la pena ir, conversar y tomar las medidas necesarias para buscar la reconciliación inmediata.

Jacob teme el reencuentro con Esaú

32 * Jacob continuó su camino, y le salieron al encuentro unos ángeles de Dios.
2 Cuando los vio, Jacob dijo:
¡Este es un campamento de Dios!
Y llamó el nombre de aquel lugar Majanaim.*
3 Después Jacob envió mensajeros delante de
sí a su hermano Esaú, a la tierra de Seír, en los
campos de Edom. **4** Y les mandó diciendo:
—Así diréis a mi señor Esaú: "Así dice tu
siervo Jacob: 'He residido con Labán, con
quien he permanecido hasta ahora. **5** Tengo
vacas, asnos, ovejas, siervos y siervas; y envío a
decírselo a mi señor, para hallar gracia ante
sus ojos.' "
6 Los mensajeros volvieron a Jacob, y dijeron:
—Fuimos a tu hermano Esaú. El también
viene a recibirte acompañado de 400 hombres.
7 Entonces Jacob tuvo mucho temor y se angustió. Luego dividió en dos campamentos la
gente que tenía consigo, así como las ovejas,
las vacas y los camellos, **8** pues dijo: "Si Esaú
viene contra un campamento y lo ataca, el
otro campamento podrá escapar." **9** Luego dijo
Jacob:
—Dios de mi padre Abraham, Dios de mi padre Isaac, oh Jehovah, que me dijiste: "Vuelve
a tu tierra y a tu parentela, y yo te prosperaré",
10 yo no soy digno de todas las misericordias y
de toda la fidelidad con que has actuado para
con tu siervo. Con sólo mi cayado pasé este
Jordán, y ahora tengo dos campamentos. **11** Líbrame, por favor, de la mano de mi hermano,
de la mano de Esaú, porque le temo. No sea
que venga y me mate a la madre junto con los
hijos. **12** Tú has dicho: "Yo te prosperaré y
haré que tu descendencia sea como la arena
del mar, que por ser tan numerosa no se
puede contar."

*32:1 En heb. es 32:2 y así sucesivamente a través del cap.
*32:2 Significa *dos campamentos.*

años antes ante la amenaza de muerte de éste. Por ello, Jacob se prepara muy bien para intentar el reencuentro con Esaú. La primera preparación es de orden espiritual. Al continuar su camino, y posiblemente en respuesta a la oración de Jacob a Dios, unos ángeles divididos en dos grupos o campamentos salen al encuentro de Jacob. Esta experiencia indica la presencia protectora de Dios. Encuentros con la divinidad son frecuentes en las experiencias de hombres escogidos antes de iniciar importantes misiones en cumplimiento al propósito divino (Moisés, Exo. 4:24; Josué, Jos. 5:13-15; Jesús, Luc. 9:30,31). Jacob fija la experiencia nombrando memorialmente al lugar y se siente fortalecido, protegido y animado a seguir adelante. Más tarde usa esta experiencia como modelo de estrategia de protección. La segunda acción preparatoria es la de enviar mensajeros a Esaú. Con esto él busca adelantarse a la reacción de Esaú y prevenir cualquier intento destructivo. La diplomacia de Jacob se inicia al ver en la forma que indica que se exprese su relación con Esaú: Siervo, lleno de riquezas (no sería carga a Esaú) y buscando hallar gracia. Es decir, sin reclamar mérito o deuda.

Verdades prácticas

Y le salieron al encuentro unos ángeles de Dios (Gén. 32:1) Después de hacer la paz con su suegro Jacob siguió su camino. No sabemos cuánta distancia había recorrido cuando le salen al encuentro estos seres celestiales. El texto no nos dice con claridad la función que vinieron para cumplir, pero su presencia conduce a Jacob a reafirmar cuando menos tres cosas: (1) Que la victoria que acababa de celebrar en las relaciones con su suegro se debió a la intervención del Señor. (2) Que mientras iba por el camino, en obediencia a la orden dada por Jehovah, el Señor iba cuidándolo paso a paso. (3) Que de esa manera recibía una "alegre bienvenida" al volver a su tierra. Recordemos que cuando salió para Padam-Aram unos ángeles lo despidieron, ¿no serían los mismos que ahora le daban la bienvenida? Solamente aquellos que han estado lejos de su patria o de la tierra donde nacieron pueden comprender el gozo inefable que se siente, la noche anterior, a estar de nuevo en su terruño.

Jacob envía presentes a Esaú

13 Jacob pasó allí aquella noche, y tomó de
lo que tenía a mano un presente para su hermano Esaú: **14** 200 cabras y 20 machos
cabríos, 200 ovejas y 20 carneros, **15** 30 came-
llas que estaban dando de mamar y sus crías,
40 vacas y 10 toros, 20 asnas y 10 borriquillos.
16 Entregó cada rebaño a sus siervos por separado, y les dijo:
—Id delante de mí guardando cierta distancia entre rebaño y rebaño.

El informe de los mensajeros que regresan dan una indicación a Jacob del peligro que significa el encuentro con Esaú. Este responde al informe de la venida de Jacob adelantándose a dicho encuentro. Y seguramente después de informarse del tamaño del grupo humano que viene, escoge una escolta de 400 hombres, suficiente para convencer a Jacob que corre peligro de aniquilación. Para Jacob hubiera sido fácil volver hacia Harán o mantenerse suficientemente alejado de Esaú. Pero aunque ello significaría la seguridad de sobrevivencia, sería renunciar a la bendición del pacto y la promesa patriarcal. Fiel a este pacto, Jacob apela a recursos extraordinarios para vencer una de las muchas y grandes dificultades en su vida patriarcal. Y en su fidelidad y riqueza de recursos radica la grandeza de este hombre. Y a pesar del temor y de la angustia, Jacob toma la firme decisión de enfrentarse con Esaú y

Semillero homilético

Cuando Dios aprieta por una conciencia perturbada

32:1-12

Introducción: Hace un tiempo las noticias informaron de una señora que participó en un robo de un banco perpetrado hacía veinticinco años atrás; en el robo su compañero en el crimen mató a un policía. Ella manejaba el auto de escape, y logró eludir a los oficiales. Pero su conciencia no le dejó tranquila. Al fin confesó el crimen y fue condenada a la cárcel por varios años. En su testimonio dijo que aunque había eludido a los oficiales de la ley, no podía vivir más con su conciencia perturbada.

Jacob, después de varios años, reconoce que tiene que encararse con el hermano a quien había engañado hace tantos años. Hay lecciones de esta experiencia.

I. Jacob tomó la iniciativa para reconciliarse con su hermano.
Jacob envió mensajeros delante de sí a su hermano Esaú. (v. 3). Fortalecido por la presencia de los ángeles (v. 1) Jacob toma la iniciativa de enviar mensajeros a Esaú hasta Seír, territorio al Sudeste del mar Muerto, para informarle de su retorno y el deseo de hallar gracia delante de él. Este hecho nos ilustra que cuando tomamos la iniciativa para reconciliarnos con nuestro hermano, hemos dado el primer paso hacia nuestro crecimiento espiritual.

II. Jacob buscó a Dios en oración y puso manos a la obra.
Entonces Jacob tuvo mucho temor y se angustió (v. 7). Cuando los mensajeros volvieron con el informe de que Esaú venía a encontrarlo con 400 hombres (vv. 4-6), Jacob siente profundamente atemorizado, pero sin perder la sobriedad decide hacer dos cosas: (1) Divide su gente, ganado y posesiones en dos campamentos previendo un posible ataque. (2) Ora a Dios reclamando las promesas del pacto (vv. 9-12).

III. Jacob expresó otra oración que puede ser la nuestra.
Los versículos 9-12 contienen toda la oración de Jacob. Esta oración contiene tres elementos que quizá podemos incorporar en nuestras propias oraciones:
1. Recuerda la promesa que Dios le había hecho de prosperarlo en todos los aspectos de su vida.
2. Jacob con toda humildad reconoce que él no es digno. La expresión hebrea usada aquí lit. dice: "soy muy pequeño" o "soy insignificante y sin valor alguno".
3. Hace una petición concreta: "Líbrame, por favor, de la mano de mi hermano... "

Conclusión: Si tenemos la conciencia perturbada, debemos imitar a Jacob.

17 Mandó al primero diciendo:
—Cuando Esaú mi hermano te encuentre y
te pregunte diciendo: "¿De quién eres tú? ¿Y
adónde vas? ¿De quién es eso que llevas delante de ti?", **18** le dirás: "De tu siervo Jacob;
es un presente que envía a mi señor Esaú. Y he
aquí que él también viene detrás de nosotros."
19 Mandó también al segundo, al tercero, y a
todos los que iban detrás de los rebaños, diciendo:
—Así hablaréis a Esaú cuando lo encontréis.
20 También le diréis: "He aquí que tu siervo
Jacob viene detrás de nosotros."
Pues pensó: "Apaciguaré su ira con el presente que va delante de mí, para que después pueda yo verle;* quizás él me acepte."*

*32:20 Lit., *ver su cara*
*32:20b, Lit. *levante mi cara*

continuar hacia Canaán. El temor y la angustia parecen ser comunes en los hombres de Dios al enfrentar los grandes desafíos. A Josué Dios le exhorta a no temer ni desmayar al enfrentar el desafío de la conquista. Jesús se angustia antes de enfrentar la cruz.

Para enfrentar este encuentro Jacob apela a estos recursos: Primero, divide su gente y su ganado en dos campamentos, imitando la aparición de los ángeles en Majanaim. Así, en el evento de un ataque, un campamento podría escapar y librarse.

Segundo, acude a la oración, la que presenta varios elementos: Una invocación donde identifica a Dios como el Dios Patriarcal (de los padres), del pacto y sus promesas. Y como Jehovah, el Dios de su experiencia personal en Betel y en Harán. Aquí se combina el Dios recibido de la transmisión paterna con el Dios de la experiencia personal. Ambos son imprescindibles en la vida del creyente (2 Tim. 1:5). Luego recuerda a Dios que su regreso a Canaán, el que está causando esta situación de peligro, se debe a su obediencia a la orden de Dios y a la promesa de prosperidad. También hay una confesión: Su

Semillero homilético

Una vida transformada

32:24-30

Introducción: La Biblia proclama enfáticamente que Dios tiene poder para transformar vidas. Jacob es sólo un ejemplo de muchas vidas cambiadas por el poder de Dios. Pablo afirma que "si alguno está en Cristo, nueva criatura es" (2 Cor. 5:17). Para tener una vida transformada usted necesita:

I. Un encuentro personal con Dios (vv. 24, 25).
1. Jacob se quedó solo para encontrarse con Dios.
2. Jacob tuvo un encuentro personal, genuino y único.
3. Dios le ofrece a usted un encuentro personal por medio de Cristo (Juan 14:6).

II. Un reconocimiento de que le falta algo (v. 26).
1. Jacob no estaba contento consigo mismo.
2. Jacob pidió al Señor una bendición especial y persistió en ella.
3. Jesús nos invita a una vida abundante (Juan 10:10).

III. Una evidencia permanente del encuentro (vv. 27-30).
1. Implica renunciar a nuestros logros y méritos.
2. Implica confesar nuestros pecados.
3. Implica abrirse a la gracia y el perdón de Dios.
4. Implica aceptar por la fe a Jesucristo como Señor y Salvador (Ef. 2:8).

Conclusión: Jacob fue transformado por el poder de Dios y así estuvo en condiciones de dar origen y nombre al pueblo israelita. Usted necesita ser transformado por el poder de Dios hoy. El mundo necesita de personas transformadas por el evangelio de Jesucristo para tener un testimonio vivo de lo que significa creer en Cristo como Salvador y Señor.

21 Jacob hizo pasar el presente delante de sí,
y él se quedó a pasar aquella noche en el campamento. **22** Pero levantándose aquella
noche, tomó a sus dos mujeres, a sus dos siervas y a sus once hijos, y pasó el vado del Jaboc.
23 Los tomó y los hizo cruzar el río junto con
todo lo que tenía.

---

prosperidad actual se debe no a sus méritos sino exclusivamente a las misericordias y fidelidad de Dios para con él. La iniciativa fue de Dios que por su gracia obró un cambio en la condición de Jacob: De la pobreza y desamparo ahora posee dos campamentos. Sólo el propósito de Dios permitió a Jacob lograr lo que tenía. Por último, una petición clara y directa: *Líbrame... de la mano... de Esaú* (v. 11). El peligro concreto era la destrucción de la descendencia. Esta acción le afectaría directamente en su instrumentalidad en el plan de Dios. Esta oración demuestra el recurso más importante en la vida de Jacob: su relación personal con Dios, su dependencia y confianza en él.

Tercero, envía a Esaú sucesivamente varios presentes significativos como señal de cortesía y homenaje a un gran personaje, según la costumbre oriental. En su encuentro con Esaú, los siervos debían decir que era un presente a Esaú de su siervo Jacob y que éste venía detrás para un encuentro. Esta estrategia indica la voluntad de Jacob de perder una riqueza material y temporal a cambio de una seguridad futura. Además explota al máximo las debilidades humanas de Esaú: su deseo de superioridad y riqueza material inmediata. Todo esto es reminiscente de la compra de la primogenitura. El propósito último era el de buscar apaciguar la ira de Esaú y encontrar la reconciliación para asegurar el futuro. Más adelante usará esta misma estrategia para tratar de apaciguar la ira de *aquel hombre* (43:11-15). Por la noche cruza el río Jaboc con toda su gente y ganado. Este río corría en una garganta profunda y por lo general servía de una buena defensa natural en caso de enfrentamientos bélicos. Al cruzarlo, Jacob renuncia a una defensa humana y se expone a dos cosas al mismo tiempo: al ataque de Esaú y a la protección única de Dios.

(2) El encuentro de Jacob con el ángel en Peniel, 32:24-32. Antes del reencuentro con Esaú, Jacob, quedando sólo, tiene un encuentro personal con Dios que se desarrolla de la siguiente manera: Primero, una lucha física con un hombre que se le aparece. Al principio no se da la identidad del contendedor, pero muy pronto se da a entender que el encuentro no es con un ser humano. La lucha dura toda la noche indicando la tenacidad y fuerza de Jacob. Como resultado de la lucha física y prueba de que no fue sólo un sueño, Jacob queda afectado del nervio ciático o tendón de la pierna. Esto le causa una cojera que limita permanentemente su fuerza física. Segundo, se desarrolla un

Jacob y el ángel de Peniel

Jacob y el ángel en Peniel

24 Jacob se quedó solo, y un hombre luchó
con él hasta que rayaba el alba. **25** Como vio
que no podía con Jacob, le tocó en el encaje de
la cadera, y el encaje de la cadera se le dislocó
mientras luchaba con él. **26** Entonces el hombre* le dijo:

—¡Déjame ir, porque ya raya el alba!

Y le respondió:

—No te dejaré, si no me bendices.

27 El le dijo:

—¿Cuál es tu nombre?

—Y él respondió:

—Jacob.

28 El le dijo:

—No se dirá más tu nombre Jacob,* sino Israel;* porque has contendido con Dios y con los hombres, y has prevalecido.

*32:26 Lit., *él*

*32:28 Proviene de la palabra hebrea que significa *talón*; también es parecido al verbo que significa *suplantar;* ver 25:26; 27:36; Ose. 12:3.

*32:28 Significa *príncipe de Dios*; o, *quien lucha con Dios.*

---

diálogo de tres intercambios, al final del cual, Jacob sale transformado espiritualmente, con una nueva identidad y con la bendición pedida. En la primera y segunda conversación, el ángel toma la iniciativa y pide una liberación de la lucha. Quiere así dar por terminada la lucha y también intenta proteger su identidad. Jacob no le niega la libertad sino le condiciona: *No te dejaré, si no me bendices* (v. 26). Seguro de la identidad divina de su contendedor, Jacob pide una bendición. El ángel cambia el tema y pregunta a Jacob por su nombre. El nombre, más que una identidad convencional o diferenciativa, refleja la personalidad. *Jacob*, implicaba todo lo que él había sido hasta entonces. Aquí hay una confesión de reconocimiento de que realmente Jacob era un "suplantador", y que el engaño había sido su arma en las dificultades de su vida. Tras esta confesión, viene la transformación e identidad nueva: *No se dirá más... Jacob, sino Israel* (v. 28). Este nombre, que significa "el que lucha", no sólo identifica a Jacob, sino será la identidad de la nación escogida por Dios. La tenacidad y persistencia de Jacob en ser el instrumento humano del pacto, pese a las adversidades, le hace acreedor de la victoria. En la tercera conversación, Jacob toma la iniciativa y pide conocer el nombre de su contendiente. Conocer el nombre personal de la divinidad significa privilegio de invocar su ayuda, su presencia. Es penetrar en la naturaleza misma de la deidad. (Los judíos hasta hoy día no pronuncian el nombre personal de Dios.) En vez del nombre, Jacob recibe la bendición.

El final del encuentro es marcado por el nombramiento memorial del lugar: Peniel, que significa "cara de Dios" y que refleja la experiencia real y personal de Jacob con Dios y su sobrevivencia (v. 30). En el pensamiento bíblico, nadie puede ver a Dios y permanecer con vida, excepto por la misericordia y propósito especial de Dios.

Dos aspectos significativos resultan de

Un gran testimonio personal

1. *Jacob llamó el nombre de aquel lugar Peniel, diciendo: Porque vi a Dios cara a cara y salí con vida* (v. 30). Este es un gran testimonio: "He visto a Dios". Ninguna persona puede seguir siendo el mismo de antes después que se ha encontrado cara a cara con el Señor. Hoy nosotros logramos la misma experiencia de relación con Dios por medio de Jesucristo. El dijo: *El que me ha visto a mí, ha visto al Padre* (Juan 14:9).

2. *... y cojeaba de su cadera* (v. 31) De aquí en adelante el caminar de Jacob no sería igual. Ahora su andar le recordaba a él y a quienes lo veían que era una persona tocada por el Señor. ¿Son nuestro andar, conversar y estilo de vida evidencias de que hemos sido tocados por el amor de Dios a través de Jesucristo?

3. Cambia su nombre de Jacob (suplantador) a Israel (príncipe de Dios).

29 Entonces Jacob le preguntó diciendo:
—Dime, por favor, ¿cuál es tu nombre?
Y él respondió:
—¿Por qué preguntas por mi nombre?
Y lo bendijo allí.
30 Jacob llamó el nombre de aquel lugar
Peniel,* diciendo: "Porque vi a Dios cara a cara
y salí con vida." 31 El sol salió cuando él había
partido de Peniel, y cojeaba de su cadera.
32 Por eso los hijos de Israel no comen hasta
el día de hoy el tendón del muslo, que está en
el encaje de la cadera, porque tocó a Jacob en
el encaje de la cadera, en el tendón del muslo.

*32:30 Significa *cara de Dios.*

este encuentro: Uno, la transformación espiritual de Jacob por la gracia de Dios. Con esta transformación da nombre a la nación escogida y con la descendencia de sus hijos hace a esa nación escogida una realidad histórica. El otro, la nación de Israel nace de un encuentro con Dios. Su identidad está ligada a ese encuentro con Dios, consistente con el llamamiento de Dios a Abraham, la confirmación a Isaac y

Semillero homilético

La lucha del alma

32:24-32

Introducción: La experiencia de Jacob con el ángel puede ser la experiencia de toda persona tarde o temprano en su vida.

I. Es precedida por un descanso físico que Jacob necesitaba.
Jacob pasó allí aquella noche (v. 13). Esta expresión ha sido interpretada por algunos estudiantes de la Biblia de manera interesante. Dicen que la expresión equivale a "se quedó para descansar y dormir allí toda la noche". Si esa lectura del texto es correcta, es fácil concluir que el resultado de dejar las cargas en las manos del Señor produce quietud y tranquilidad. Además, ese descanso después de varios días de viaje le venía muy bien antes de encontrarse con su hermano Esaú.

II. Aprende las lecciones que solamente enseña el Señor y que Jacob necesitaba aprender.
Jacob se quedó solo, y un hombre luchó con él hasta que rayaba el alba (v. 24).
Se ha dicho y escrito mucho acerca de quién era el "hombre" que luchó con Jacob. Algunos sugieren que fue literalmente una pelea con otro ser humano. Otros dicen que fue un sueño y por lo tanto algo simbólico de la experiencia de la oración. El profeta Oseas dijo: *En el vientre suplantó a su hermano y en su edad viril contendió con Dios. Contendió con el ángel y prevaleció* (Ose. 12:3, 4a). En esa época, era necesario que Dios hiciera sus revelaciones de una manera visible y corporal; fue una teofanía.

III. Se puede dividir en tres movimientos:
1. La lucha física que dura toda la noche. Jacobo no solo gastó su energía física, sino su energía mental y emocional. Al reconocer el caracter celestial de su adversario, la lucha tuvo consecuencias espirituales.
2. El diálogo entre Jacob y el ángel. Este se da en dos etapas. En la primera el ángel toma la iniciativa y le dice: ¿Cuál es tu nombre? En segunda etapa es Jacob quien toma la iniciativa al preguntar: ¿Cuál es tu nombre? El resultado de aquel diálogo fue la transformación espiritual de Jacob. Salía de esta experiencia con una nueva identidad y con la bendición que había pedido.
3. El nombre del lugar: Peniel. La palabra significa: "cara de Dios" o " Dios vuelve su rostro hacia mí". Peniel traduce la experiencia personal, extraordinaria y única que Jacob acababa de experimentar con el Señor: lo vio cara a cara.

Conclusión: Aquí la lucha del alma es "luchar con Dios"; es decir, perseverar en la oración. Por medio de esta experiencia uno puede aprender mucho de sí mismo y a la vez reflexionar acerca de su pasado y su futuro. Para Jacobo significó su conversión. Para nosotros, Dios nos transforma por medio de estas experiencias.

Reencuentro de Jacob y Esaú

33 Alzando Jacob sus ojos miró, y he aquí
que Esaú venía con los 400 hombres.
Entonces él repartió sus hijos entre Lea,
Raquel y sus dos siervas. **2** Puso a las siervas y
a sus hijos delante, después a Lea y a sus hijos,
y al final a Raquel y a José. **3** El mismo pasó
delante de ellos y se postró en tierra siete
veces, hasta que se acercó a su hermano.
4 Esaú corrió a su encuentro, le abrazó, se
echó sobre su cuello y le besó. Y lloraron.
5 Alzó sus ojos, vio a las mujeres y a los niños
y preguntó:
—¿Quiénes son éstos para ti?
Y él respondió:
—Son los hijos que Dios, en su gracia, ha
dado a tu siervo.
6 Entonces se acercaron las siervas y sus
hijos, y se postraron. **7** También se acercaron
Lea y sus hijos, y se postraron. Finalmente se
acercaron José y Raquel, y se postraron.
8 Entonces Esaú le preguntó:
—¿Cuál es el propósito de todos esos grupos
que he encontrado?
Y él respondió:
—Hallar gracia ante los ojos de mi señor.
9 Esaú le dijo:

---

la experiencia de Jacob. De aquí en adelante, las actuaciones, decisiones e iniciativas de Jacob, seguirán las pautas recogidas en este encuentro con Dios. Al final, el encuentro con Esaú no es lo más prioritario para Jacob, sino su propio encuentro con Dios. El enemigo no estaba tanto en Esaú sino en el mismo Jacob quien siempre apelaba a sus recursos y fuerzas en descuido de su comunión y dependencia de Dios. Obviamente el encuentro en Peniel fue la respuesta a la oración de Jacob.

(3) Jacob se encuentra con Esaú, 33:1-16. Después de todos los preparativos defensivos, estratégicos y espirituales, Jacob se encuentra con Esaú. El reencuentro por parte de Jacob es muy medido, cauteloso y respetuoso. Los 400 hombres de Esaú eran todos guerreros y con capacidad de destruir a Jacob y a su familia. Para evitar una destrucción familiar total, Jacob dispone a sus hijos con sus respectivas madres en orden de estimación: Primero y en la posición más vulnerable, las siervas y sus respectivos hijos. Estos son Bilha y Zilpa; Dan, Neftalí, Gad y Aser. Después a Lea, una de las esposas y a sus hijos: Rubén, Simeón, Leví, Judá, Isacar, Zabulón y Dina. Y al final a Raquel, la esposa amada, y José, a quien Jacob consideraba en ese momento lo más apreciado y heredero de las promesas. Todo esto era en previsión a un ataque por parte de Esaú y con esperanza de huida. Finalmente Jacob mismo se acerca a Esaú con mucho respeto, humildad y deferencia especial. Esto lo hace en reconocimiento de la jerarquía de Esaú y de condición de siervo del mismo.

La reacción de Esaú es totalmente opuesta a la de Jacob: corre, le abraza y le besa. Estas acciones reflejan afecto, perdón y reconocimiento de que ambos son herma-

Nacemos de nuevo

Encontrarnos de nuevo con una persona con quien hemos tenido dificultades es siempre difícil. El paso de los años, la falta de comunicación, y los recuerdos del enojo, las palabras ásperas que se dijeron y las emociones sentidas, todo crea una tremenda ansiedad que deseamos evitar. Aun cuando podamos haber tenido algún contacto por medio de otras personas, todavía existe una tensión muy fuerte. La única manera de librarnos de tales sentimientos es encontrarnos con esa persona cara a cara, y suplicarle con lágrimas, que por favor nos perdone. ¡Nacemos de nuevo! Esa es la verdad preciosa que aprendemos en el reencuentro de Jacob con su hermano Esaú.

El inmenso temor de Jacob se transformó en tranquilidad. La última vez que vio a su hermano Esaú, Jacob, sabía que su hermano lo odiaba a muerte, pero pasó el tiempo, ambos habían tenido otras experiencias, ambos habían crecido y madurado en lo emocional. Ambos habían cambiado. Cuando Jacob se encontró con su hermano, se dio cuenta que entre ambos existía un afecto fraternal hermoso a pesar de que ambos recordaban con pena lo que había ocurrido entre ellos.

—Yo tengo suficiente, hermano mío; sea para ti lo que es tuyo.
10 Y Jacob respondió:
— No, por favor. Si he hallado gracia ante tus ojos, toma mi presente* de mis manos, pues el ver tu cara ha sido como si hubiera visto el rostro de Dios, y me has mostrado tu favor.
11 Acepta, pues, mi presente* que te ha sido traído, pues Dios me ha favorecido, porque tengo de todo.
El insistió, y Esaú lo aceptó. **12** Luego éste dijo:
—¡Vamos, partamos! Yo te acompañaré.
13 Jacob le dijo:
—Mi señor sabe que los niños son tiernos y que tengo a mi cuidado ovejas y vacas que están criando. Si se los fatiga, en un día morirá todo el rebaño. **14** Por favor, pase mi señor delante de su siervo. Yo avanzaré como convenga, al paso del ganado que va delante de mí y al paso de los niños, hasta que alcance a mi señor, en Seír.
15 Esaú dijo:
—Permite que deje contigo algunos de los hombres que están conmigo.
Y él dijo:
— ¿Para qué esto? Sólo que halle yo gracia ante los ojos de mi señor.
16 Aquel día regresó Esaú por su camino a Seír.

*33:10, 11 Lit., *mi bendición*

nos. Finalmente, la emoción se apodera de ambos hermanos y la expresan a través del llanto. Después de 20 años de separación Jacob demuestra mucho cambio: No es ya el agresivo, el demandante, el "ventajita", sino ahora demuestra humildad, respeto y reconocimiento. Esaú tampoco es el mismo. El tiempo, los logros y la madurez alcanzados, tal vez la influencia de Rebeca, la emoción de ver a un hermano y principalmente la acción de Dios, habían cambiado su odio en afecto, su deseo de venganza en perdón. Así como Dios estuvo guiando las circunstancias a favor de su propósito, ahora también cambia a las personas para cumplir ese buen propósito.

Después de las expresiones emotivas, viene la identificación de todos los miembros de la familia de Jacob, quienes también saludan con respeto y honor a Esaú. Además, Jacob explica el propósito de los presentes los que insiste sean aceptados por Esaú como señal de otorgamiento de gracia. Jacob atribuye a Dios todos sus logros y especialmente el encuentro reconciliador con Esaú.

La hora de partir llega y Esaú ofrece acompañar a Jacob hasta que lleguen a Seir, pero Jacob rechaza la oferta alegando lentitud de movilidad por los niños y ganado (Esaú sólo tenía hombres de guerra). Tal vez el verdadero motivo era el de no abusar de la reconciliación evitando cualquier incidente que pudiera revivir el resentimiento. También Jacob rechaza la oferta de una "escolta" ya que lo único que deseaba de Esaú era hallar gracia, es decir, una reconciliación, la que fue ya lograda. Detrás de todo esto estaba la intención firme de Jacob de no ir a Seír, sino a

¿Cómo llegó Jacob a Canaán?

Los traductores han hecho cuando menos tres versiones de este versículo que nos cuenta acerca de cuando Jacob salió de Sucot, al Este del Jordán, donde probablemente se quedó por varios años, y entra de nuevo a la tierra prometida, Canaán.

1. La versión RVR-60 traduce así: Jacob llegó sano y salvo a la ciudad de Siquem.
2. Mientras que RVA dice que Jacob llegó en paz a la tierra de Siquem.
3. Algunas versiones siguiendo la traducción del inglés rezan: "Y Jacob llegó a Shalom, una ciudad de Siquem".

La mayoría de los estudiantes del AT están de acuerdo en que la palabra shalom no es un nombre propio, cuando mucho, la palabra puede ser usada como un adverbio, que en cualquier caso significa paz. Entonces, ¿cuál es la diferencia? (1) Que shalom no es un lugar geográfico. (2) Que no es lo mismo llegar físicamente "sano y salvo" (que es una alusión al estado físico de la persona); que llegar emocionalmente en paz a pesar de los trabajos que haya tenido que pasar para llegar hasta el lado Este de la ciudad de Siquem.

Jacob llega a Siquem

17 Entonces Jacob se dirigió a Sucot y edificó allí una casa para sí. Hizo también cabañas para su ganado, por eso llamó el nombre de aquel lugar Sucot.*
18 Al volver de Padan-aram, Jacob llegó en paz a la ciudad de Siquem, en la tierra de Canaán, y acampó frente a la ciudad. **19** Y la parte del campo donde instaló su tienda compró de manos de los hijos de Hamor, el padre de Siquem, por la suma de 100 piezas de dinero.*
20 Allí levantó un altar y llamó su nombre El-Elohei-Israel.*

*33:17 Significa *cabañas.*
*33:19 Heb., *quesitas*, unidad de cambio de valor ahora desconocido; comp. Jos. 24:32; Job 42:11
*33:20 Significa *Dios, el Dios de Israel.*

Canaán, cumpliendo el propósito de Dios. Finalmente Esaú parte para Seír dejando a Jacob.

(4) Jacob llega a Canaán y reside en Siquem, 33:17-20. Jacob reinicia su viaje y llega a un lugar apropiado para sus ganados sobre el río Jaboc y construye allí casa y cabañas, de carácter temporal, llamándolo Sucot. Este lugar está a 8 km. antes de la desembocadura del Jaboc en el Jordán. Finalmente llega en paz a Canaán, cumpliéndose así la promesa de Dios en Betel y Harán. El lugar que escoge para vivir en Canaán es Siquem, ciudad habitada por los cananeos y ubicada a unos 60 km. al norte de Jerusalén entre los montes Ebal y Gerizim. A esta misma zona Abram llega por primera vez al dejar Harán recibiendo aquí la indicación de la tierra a heredar (12:6, 7). Jacob compra un campo cerca de la ciudad. Este campo juntamente con el de la cueva de Macpela son las dos únicas propiedades adquiridas por los patriarcas. José será declarado el heredero de esta propiedad (48:22). Lo primero que Jacob hace allí es edificar un altar a Dios, identificándole como *El-Elohei-Israel* (Dios, Dios de Israel, v. 20), es decir su Dios personal y aceptando la transformación y nueva identidad recibida en Peniel. Por el momento, la descendencia está establecida y a salvo. Y nuevamente Jacob, heredero de la promesa patriarcal, reside en la tierra prometida esperando el cumplimiento de las promesas de Dios.

Jacob y sus inversiones

Aunque Jacob se movió de Siquem posteriormente, mientras estuvo en Siquem, hizo varias inversiones que nos parecen interesantes por las lecciones que podemos aprender.

1. Jacob hizo una inversión al comprar un terreno (v. 19).

Y la parte del campo donde instaló su tienda compró de los hijos de Hamor. Esta fue la segunda propiedad comprada en Canaán por uno de los patriarcas. Con motivos diferentes a los de su abuelo, Jacob, necesitaba espacio para el crecimiento y desarrollo de su familia.

Hamor, el padre de Siquem. Los hijos de Hamor evidentemente constituían una de las tribus más fuertes en la región. Observemos que "Siquem" era el nombre de un príncipe de esas tierras (34:2) como también el nombre del área geográfica misma. Al hacer el negocio de compra y venta, Jacob hacía una inversión en sus relaciones personales y también protegía sus propios intereses.

2. Jacob hizo una inversión espiritual (v. 20).

Allí levantó un altar y llamó su nombre El-Elohei-Israel. Siguiendo el ejemplo de su abuelo Abraham (Gén. 12:8), Jacob adoró a Dios en este lugar.

El nombre dado al altar es un testimonio a la fuerza y capacidad de su Dios. Probablemente, Jacob tuvo dos razones para no usar la palabra "Jehovah": Primero, sin duda sus vecinos, y quizá algunos de los miembros de su grupo, no poseían un conocimiento personal del Dios del pacto. Segundo, su propósito era exaltar el poder de Aquel que lo había traído a esta nueva tierra.

Siquem viola a Dina

34 Entonces Dina, la hija que Lea había dado a luz a Jacob, salió para ver a las jóvenes del lugar. **2** Y la vio Siquem, el hijo de Hamor el heveo, príncipe de aquella tierra. El la tomó, se acostó con ella y la violó. **3** Pero se sintió ligado* a Dina hija de Jacob; se enamoró de la joven y habló al corazón de ella. **4** Y Siquem habló con Hamor su padre, diciendo:

—Tómame a esta joven por mujer.

*34:3 Lit., *su alma se apegó a*

---

5. Conflictos de Jacob en Siquem, 34:1-31.

La llegada y la estadía en paz en Siquem llega a su final y aparecen nuevos conflictos que ponen en peligro la sobrevivencia de la descendencia de Jacob y su asentamiento en la tierra de Canaán. El primer conflicto es de carácter moral y religioso con Dina, la hija de Jacob. Este conflicto, sin embargo, da lugar a otro más grave que es el de la posibilidad de asimilación con los cananeos del lugar, perdiéndose así la identidad y el propósito patriarcal. Finalmente, surge el peligro de aniquilación o necesidad de un nuevo "exilio" fuera de Canaán para sobrevivir.

(1) Siquem viola a Dina, 34:1-4. Dina es la última hija de Lea. Jacob queda establecido en Siquem por varios años, de tal manera que ahora sus hijos son adultos y su hija ya está en edad matrimonial. Las relaciones con los de Siquem son pacíficas y con deseos de socializar con las jóvenes, Dina va a la ciudad de Siquem. Allí, Siquem, el hijo del rey de la ciudad, toma a Dina y la viola. Pero el joven se siente ligado a Dina, se enamora de ella y pide al padre que la procure como su esposa. Desde un punto de vista social, aquí hay un intento de este hombre de enmendar el error cometido. No es el sentido de culpa moral o religiosa, sino el enamoramiento que lo motiva a buscar matrimonio. Es interesante notar que en otro incidente similar, en vez de amor, surge odio hacia la violada (2 Sam. 13:12-15).

(2) Los de Siquem proponen emparentar con Jacob, 34:5-24. Pero el deseo de Siquem tiene obstáculos. Jacob comparte las malas noticias con sus hijos,

Semillero homilético

El pecado que no se menciona

34:1-31

Introducción: Hoy en día se escucha con frecuencia la noticia dramática de la violación sexual que acontece con niñas pequeñas tanto como con mujeres. Más personas están anunciando públicamente malos tratos de familiares y extraños en los primeros años de la vida. Esto nos hace pensar en la gravedad de la violación sexual.

I. Es más común de lo que pensamos, 35:21, 22.
   1. Muchos no informan de la violación por temor.
   2. Muchos no informan de la violación porque no quieren que la noticia se propague.

II. Perturba a multitud de personas.
   1. Abarca a hermanos mayores y menores en la familia.
   2. Abarca a los padres.

III. Trae consecuencias trágicas, vv. 5-31.
   1. Enojo de parte de los hermanos, v. 7
   2. Actitud vengativa, vv. 24, 25
   3. Una rivalidad perpetua, v. 30

Conclusión: El dolor que resultó de la violación de Dina se extendió a todos los familiares y los ciudadanos del pueblo. Los pecados pueden tener consecuencias mucho más graves y extensas de lo que pensamos.

Los hermanos de Dina toman venganza

5 Cuando Jacob oyó que Siquem había mancillado a Dina, su hija, sus hijos estaban en el
campo con su ganado. Por ello Jacob calló hasta que ellos regresaran. 6 Entonces Hamor,
padre de Siquem, fue para hablar con Jacob.
7 Cuando los hijos de Jacob lo supieron, regresaron del campo. Los hombres se indigna-
ron y se enfurecieron mucho, porque él había
cometido una vileza en Israel, acostándose con
la hija de Jacob, cosa que no se debía haber
hecho.
8 Hamor habló con ellos y les dijo:
—Mi hijo Siquem se siente atraído* por vuestra hija. Os ruego que se la deis por mujer. 9 Por
favor, emparentad con nosotros. Dadnos vuestras hijas, y tomad vosotros las nuestras. 10 Habitad con nosotros; la tierra está delante de vosotros. Habitad en ella, negociad y estableceos
en ella.
11 También Siquem dijo al padre y a los hermanos de ella:
—Halle yo gracia ante vuestros ojos, y os daré lo que me pidáis. 12 Aumentad a cuenta
mía el precio matrimonial* y muchos regalos.
Yo os daré cuánto me pidáis, pero dadme la joven por mujer.
13 Los hijos de Jacob respondieron a Siquem
y a su padre Hamor, hablando con engaño,
porque Siquem había violado a Dina, la hermana de ellos. 14 Les dijeron:

*34:8 Lit., *su alma desea*
*34:12 Comp. Exo. 22:16, 17; Deut. 22:28, 29

quienes consideran el acto de violación una afrenta familiar y reaccionan con indignación y furia. La violación, lejos de ser un simple desliz moral o social, es evaluada por los hijos de Israel con fuertes términos de corrupción moral y religiosa: Amancillamiento o impureza ritual (vv. 5, 13, 27); vileza o violación de algo no permitido entre los de Israel (v. 7. Ver también Deut. 22:21; 2 Sam. 13:12); prostitución o perversión sexual (v. 31).

¡Rompe el ciclo!

El acto de violación sexual es siempre horrible. Las consecuencias son dolorosas física y emocionalmente para los participantes, tanto para el agresor como para la persona agredida. En el caso de Siquem, el hijo de Hamor, y Dina, la hija de Jacob, los resultados tuvieron consecuencias multifamiliares y finalmente condujeron al asesinato.

Los patrones de disfunción en la conducta sexual, y los actos que ella produce se generan en ciclos. Por experiencia hemos aprendido: "La violencia engendra más violencia."

Alguien tiene que romper el ciclo de violencia y comenzar el proceso de perdón, de recuperación y de curación dejando que Dios con su infinito amor sane totalmente las heridas que otros nos han causado o que nosotros hemos provocado a alguien.

A propuesta de Siquem, Hamor propone formalmente a Jacob una integración étnica-política a través de matrimonios mixtos, convivencia pacífica y transacción comercial. Siquem mismo ofrece una dote matrimonial cuantiosa como intento de persuasión.

Nuevamente surge el peligro de asimilación y pérdida de identidad étnica y religiosa en la descendencia patriarcal. Pero en esta situación Jacob permanece pasivo. Son sus hijos quienes actúan con una intención bien determinada: vengarse de los de Siquem.

La condición que ponen los hijos de Jacob es la circuncisión de todos los hombres de Siquem. Esta condición, según explican ellos, está basada en una profunda convicción religiosa. Para los israelitas, aun las relaciones de más intimidad entre los seres humanos están bajo el control de Dios y deben realizarse en las condiciones impuestas por Dios. La violación de estas normas es una ofensa contra Dios. Hamor y Siquem aceptan esta condición sin sospechar que simplemente era un engaño. Para convencer a los hombres de la ciudad de la circuncisión, Hamor y Siquem usan toda su influencia y argumentos que evidencian ventajas políticas, sociales y económicas en esta alianza. Con la inte-

—No podemos hacer eso de dar nuestra hermana a un hombre incircunciso, porque entre nosotros eso es una abominación. **15** Sólo con esta condición accederemos: que seáis como nosotros, al circuncidarse todos vuestros varones. **16** Entonces os daremos nuestras hijas, y tomaremos nosotros las vuestras. Habitaremos con vosotros y seremos un solo pueblo. **17** Pero si no nos hacéis caso en circuncidaros, tomaremos a nuestra hermana* y nos iremos.

18 Sus palabras parecieron bien a Hamor y a su hijo Siquem. **19** No tardó el joven en hacerlo, porque la hija de Jacob le había gustado. Además, él era el más distinguido de toda la casa de su padre. **20** Entonces Hamor y su hijo Siquem fueron a la puerta de la ciudad y hablaron a los hombres de la ciudad, diciendo:

21 —Estos hombres son pacíficos para con nosotros. Que habiten ellos en la tierra y que negocien en ella, pues he aquí la tierra es amplia para ellos también. Nosotros tomaremos sus hijas por mujeres y les daremos nuestras hijas. **22** Pero con esta condición accederán estos hombres para habitar con nosotros, de modo que seamos un solo pueblo: que se circuncide todo varón de entre nosotros, así como ellos son circuncidados. **23** Sus rebaños, sus posesiones y todo su ganado, ¿no serán así nuestros? Sólo accedamos a su condición, y ellos habitarán con nosotros.

24 Todos los que salían por las puertas de la ciudad hicieron caso a Hamor y a su hijo Siquem. Circuncidaron a todo varón, a cuantos salían por las puertas de la ciudad. **25** Pero sucedió que al tercer día, cuando ellos aún sentían dolor, dos de los hijos de Jacob, Simeón y Leví, hermanos de Dina, tomaron cada uno su espada, fueron contra la ciudad que estaba desprevenida y mataron a todo varón. **26** También mataron a filo de espada a Hamor y a su hijo Siquem, y tomando a Dina de la casa de Siquem, se fueron. **27** Y los hijos de Jacob pasaron sobre los muertos y saquearon la ciudad, porque habían mancillado a su hermana. **28** Tomaron sus ovejas, sus vacas, sus asnos, lo que había en la ciudad y lo que había en el campo. **29** Llevaron cautivos a todos sus niños y a sus mujeres, y saquearon todos sus bienes y todo lo que había en las casas. **30** Entonces Jacob dijo a Simeón y a Leví:

34:17 Lit., *hija;* otra trad., *joven*

---

gración vendrá una extensión poblacional que ha de traer paz y cooperación entre estos dos grupos. Además una opción matrimonial amplia y lo más importante, grandes ventajas económicas. Así, no por convicción religiosa sino por las ventajas sociales y económicas a ganar, los hombres de Siquem son circuncidados, y quedan totalmente vulnerables a cualquier ataque.

(3) Los hijos de Jacob destruyen a Siquem, 34:25-31. Simeón y Leví, dos de los hermanos completos de Dina, junto con sus hombres aprovechan la vulnerabilidad de Siquem y atacan matando, destruyendo y confiscando los bienes materiales. Esta acción refleja la práctica de redención o venganza como responsabilidad del pariente más cercano (el redentor o *go'el*), institución bien establecida en la vida social y religiosa de Israel (Rut 4:4). Pero también detrás de la venganza se nota la codicia de obtener un botín de guerra. Una acción que en su inicio se podría considerar como un acto de justicia, se vuelve un acto vandálico y de vulgar robo. Esta desviación parece ser común en todos los seres humanos en todos los lugares y tiempos. Tantos cambios de gobiernos pacíficos y violentos en América Latina se hacen con el propósito de restaurar la justicia

Dos ideas importantes

1. Siquem aprendió muy tarde que, a pesar de sus buenos deseos de enmendar su falta hacia Dina por medio del matrimonio, las relaciones sexuales antes del matrimonio traen consecuencias dolorosas a las familias de ambos.

2. Los hermanos de Dina no buscaron a quien le debía una restitución por el daño hecho a su hermana, específicamente de Siquem, sino que emprendieron un asesinato en masa. El resultado fue que tuvieron que abandonar aquel lugar.

—Me habéis arruinado, haciendo que yo sea odioso* entre los habitantes de esta tierra, entre los cananeos y los ferezeos. Teniendo yo pocos hombres, se juntarán contra mí, me herirán y me destruirán a mí y a mi casa.

31 Y ellos respondieron:

—¿Había de tratar él a nuestra hermana como a una prostituta?

Jacob regresa a Betel

35 Entonces Dios dijo a Jacob:
—Levántate, sube a Betel y quédate allí. Haz allí un altar a Dios, que se te apareció cuando huías de tu hermano Esaú.

2 Entonces Jacob dijo a su familia y a todos los que le acompañaban:

—Quitad los dioses extraños que hay entre vosotros. Purificaos y cambiad vuestros vestidos.
3 Levantémonos y subamos a Betel; allí haré un altar a Dios, que me respondió en el día de mi angustia y ha estado conmigo en el camino que he andado.

4 Así entregaron a Jacob todos los dioses extraños que tenían en su poder, y los aretes de sus orejas, y Jacob los escondió al pie de la encina que había junto a Siquem.
5 Cuando partieron, el terror de Dios se apoderó de los habitantes de las ciudades de sus alrededores, y no persiguieron a los hijos de Jacob.

*34:30 Lit., *que yo apeste*

y el bienestar para todos, pero terminan en despojos que sólo benefician a los que gobiernan.

El peligro de asimilación desaparece, pero surge otro más grave: El de ser aniquilado por los pobladores locales quienes se sienten amenazados por Jacob y su familia. Jacob, quien no tuvo parte en esta acción, protesta a sus hijos y presenta el nuevo problema surgido. Y la solución a este peligro recae en él, quien con la riqueza de recursos debe enfrentar esta nueva situación en fidelidad al pacto.

¡Purificaos!

La expresión purificaos es muy interesante. Una traducción literal podría ser: "Límpiese cada uno a sí mismo." En todo el AT llega a tener una connotación relacionada con la limpieza ceremonial. No se trata solamente de una limpieza física o del cambio de ropa, sino de limpiar las manchas morales que cada persona tenía sobre su conciencia. Además lleva la idea de la responsabilidad que cada uno tiene de tomar la iniciativa y hacer su parte para estar limpio. Antes de acercarnos a Dios tenemos que ponernos en condiciones aceptables. El corazón debe humillarse, limpiarse y estar con hambre y sed de Dios.

Entonces, el cambio de ropa en la Biblia está asociado con el cambio moral que todos debemos estar dispuestos a hacer. Lea Zacarías 3:1-7 y Apocalipsis 19:8. Simboliza una nueva vida en el Señor, una nueva relación con el Creador.

6. El pacto y su continuación, 35:1—37:2a.

La pregunta obvia es como queda el pacto ante esta nueva situación de peligro. Humanamente hay varias opciones: El exilio, la búsqueda de alianza con algún grupo étnico como lo hicieran Abraham e Isaac, la resistencia armada con esperanza de victoria o la renuncia a las promesas del pacto. Consistente con su transformación espiritual, Jacob busca la solución que más conviene a la continuación del pacto.

(1) Dios ordena a Jacob que resida en Betel, 35:1-15. Ante la situación de peligro, Jacob acude a Dios, quien en esta situación tan crítica manifiesta su misericordia y fidelidad proveyendo protección a Jacob y confirmándole el pacto. Para protección ante alguna represalia de los cananeos, Dios le indica ir a Betel, lugar donde por primera vez Dios se le había aparecido. Una de las promesas del voto de Jacob al huir de Esaú fue el de volver a Betel y establecer allí un santuario a Dios. Ahora Dios específicamente le pide el cumplimiento de dicho voto.

Al partir para Betel, Jacob reconoce que va a un encuentro de adoración a Dios. La adoración a Dios implica siempre consa-

6 Jacob y toda la gente que le acompañaba
llegaron a Luz, es decir, a Betel, en la tierra de
Canaán, **7** y allí edificó un altar. Llamó al lugar El-betel,* porque allí se le había revelado
Dios cuando huía de su hermano.*
8 Entonces murió Débora, nodriza de Rebeca, y fue sepultada al pie de Betel, debajo de
una encina, la cual fue llamada Alón-bacut.*

Jehovah ratifica su pacto a Jacob

9 Dios se apareció otra vez a Jacob después
de haber regresado de Padan-aram, y le bendijo. **10** Le dijo Dios: "Tu nombre es Jacob, pero
no se llamará más tu nombre Jacob.* Tu nombre será Israel."* Y llamó su nombre Israel.

*35:7a Significa *Dios de Betel.*
*35:7b Ver 28:19
*35:8 Significa *encina del llanto.*
*35:10a Proviene de la palabra hebrea que significa *talón*; también es parecido al verbo que significa *suplantar*, ver 27:36; Ose. 12:3.
*35:10b Significa *príncipe de Dios;* o, *quien lucha con Dios.*

gración y fidelidad. No es un simple acto externo y formal sino incluye serios compromisos que abarcan la totalidad del ser humano. En reconocimiento al verdadero acto de adoración, Jacob prepara a su gente moral y ritualmente. La preparación moral consiste en un renunciamiento a una vida infiel y pecaminosa a Dios evidenciada por los dioses extraños en poder de ellos. Raquel había traído los ídolos de su padre y seguramente otros siervos habrían traído sus ídolos y amuletos religiosos que servían de ocasión a actos pecaminosos. La lealtad suprema a Dios fue siempre el primer requisito de relación con Dios. El primer mandamiento del decálogo lo especificaría muy bien más tarde (Exo. 20:3). Y siempre la infidelidad es la tentación más grande del hombre. La preparación ritual, propia para un acercamiento de adoración a Dios, consiste en una purificación y cambio de vestidos indicando así una disposición completa a Dios. Siempre la pureza ritual complementa y evidencia la pureza espiritual. En el acercamiento al Dios verdadero y Santo, las personas deben prepararse física, moral, mental y espiritualmente. La purificación ritual, además de servir de distinción al pueblo de Dios, servía también para recordar la seriedad del pecado y mantener reverencia en la relación con Dios. Uno no podía acercarse a Dios de cualquier manera. Jacob identifica a Dios como *el que me respondió en el día de mi angustia y ha estado conmigo* (v. 35). Jacob había pasado ya muchas angustias. Pero su Dios personal y de relación permanente lo había librado de todas ellas. La gente responde positivamente. Aquí vemos la influencia de un líder en su familia y su gente. Jacob deja escondido todo lo recogido en Siquem.

En su viaje a Betel desde Siquem, unos

Condiciones y compromisos

Treinta años antes Jacob le había hecho una promesa a Dios. Esta promesa incluía cinco condiciones y tres compromisos (28:20-22).

Cinco condiciones...

1. Si Dios está conmigo
2. Y me guarda en este viaje que realizo
3. Si me da pan para comer
4. Y vestido para vestir
5. Y yo vuelvo en paz a la casa de mi padre

Entonces...

6. Jehovah será mi Dios
7. Esta piedra que he puesto como memorial será una casa de Dios
8. Y de todo lo que me des, sin falta apartaré el diezmo para ti

Indudablemente que Jacob había cumplido cuando menos con el primer y tercer "entonces", pero le quedaba una promesa por cumplir: hacer una casa para Dios en Betel. Es interesante que Dios toma en serio nuestras palabras y especialmente lo que le prometemos. En medio de las circunstancias, Dios le recuerda a Jacob que vaya a Betel y haga el altar que había quedado sin hacer.

11 También le dijo Dios: "Yo soy el Dios Todopoderoso.* Sé fecundo y multiplícate. De ti procederán una nación y un conjunto de naciones; reyes saldrán de tus lomos. **12** La tierra que he dado a Abraham y a Isaac, te la daré a ti; a tus descendientes después de ti, les daré la tierra."

13 Dios se apartó* de él, del lugar donde había hablado con él. **14** Entonces Jacob erigió una piedra en el lugar donde Dios había hablado con él, una piedra memorial. Sobre ella derramó una libación,* y echó sobre ella aceite. **15** Jacob llamó Betel al lugar donde Dios había hablado con él.

*35:11 Heb., *El Shadai*
*35:13 Lit., *subió*
*35:14 Es decir, ofrenda ritual de un líquido

30 km. al sur, Jacob recibe la protección de Dios. *El terror de Dios* (v. 5) que se apodera de los cananeos es un término de la "guerra santa" o "guerra de Jehovah". Significa que es Dios quien protege y lucha por su pueblo. Esta vez fue sólo de protección y seguridad en contra de toda acción hostil.

Finalmente, llegan al lugar llamado *Luz*, el nombre cananeo que fue cambiado a *Betel* (v. 6). Y allí edifica Jacob un altar, como había prometido antes. Dios prometió a Jacob que le haría regresar y que edificaría un altar una vez de vuelta al lugar. *El-betel*, "el Dios de Betel", identifica al Dios que se había revelado a Jacob anteriormente (v. 7). Nuevamente este lugar es renombrado y consagrado a Dios.

La confirmación del pacto viene una vez cumplida la promesa de Jacob de consagrar Betel y a su gente a Dios. Allí Dios se aparece nuevamente y ratifica su pacto con Jacob. La ratificación tiene tres promesas muy importantes: Primera, la confirmación del cambio de nombre de Jacob a Israel. Este nombre es muy significativo porque identificará a la nación escogida por Dios. Segunda, se confirma la promesa de nación. Dios se identifica como el *Dios Todopoderoso* (v. 11, *El Shadai*). Isaac usó esta identidad cuando había encomendado a Jacob en su camino a Harán. En esta confirmación la realidad de nación es más cercana y concreta, indicando ya

Semillero homilético

¿Cómo debemos acercarnos a Dios?
35:1-7

Introducción: Jacob recibe la orden del Señor de ir a Betel y construir un altar allí. El proceso que Jacob siguió, los preparativos que pidió de su familia y de todos sus acompañantes, nos proveen una lección objetiva de cómo debemos acercarnos a Dios.

I. Debemos acercarnos a Dios en actitud de obediencia (v. 1).
1. Dios había ordenado a Jacob que fuera a Betel (v. 1).
2. Cada persona tiene que responsabilizarse de sí misma (v. 2).
3. La obediencia es el primer paso para acercarnos a Dios (v. 3).

II. Debemos acercarnos a Dios en actitud de arrepentimiento y fe (vv. 2-5).
1. Arrepentirse significa dejar los "dioses extraños" (vv. 2, 4).
2. Debe haber un renunciamiento a las cosas materiales que nos separan del Señor (v. 4).
3. Tengamos la fe que el Señor nos guía y protege en nuestra peregrinación hacia él (v. 5).

III. Debemos acercarnos a Dios en actitud de adoración (vv. 6, 7).
1. Aceptando el lugar que Dios ha escogido (v. 6).
2. Haciendo exactamente lo que Dios ha pedido que hagamos (v. 7).
3. La adoración genuina es el sometimiento a la soberanía del Señor (v. 7).

Conclusión: La crisis en la familia de Jacob le hizo ver la necesidad de acercarse a Dios y encaminar a la familia en las cosas de Dios. Esto es algo que todo padre de familia debe hacer.

Raquel muere al nacer Benjamín

16 Partieron de Betel, y faltando aún cierta distancia para llegar a Efrata, Raquel dio a luz tras un parto muy difícil. **17** Y aconteció que como había dificultad en su parto, le dijo la partera:

—No temas, porque también tendrás este hijo.

18 Pero sucedió que al dar el último suspiro* (porque murió), llamó el nombre de su hijo Benoní.* Pero su padre lo llamó Benjamín.*

19 Así murió Raquel y fue sepultada en el camino de Efrata, es decir, Belén. **20** Jacob puso sobre su sepulcro una piedra memorial. Este es el memorial del sepulcro de Raquel hasta hoy.

*35:18a Lit., *que al salírsele el alma*
*35:18b Significa *hijo de mi aflicción.*
*35:18c Significa *hijo de mi mano derecha.*

---

una organización política más completa. Tercera, la posesión de la tierra prometida a los patriarcas es transferida a Jacob. Así se confirma que Jacob, ahora Israel, es el heredero aceptado del pacto. Y no sólo él, sino también su descendencia es heredera del pacto. Se confirma la continuación del propósito de Dios en la descendencia de Jacob. Todas estas confirmaciones son hechas en Canaán, en medio de un ambiente hostil, pero en un entorno de adoración al Dios verdadero y actos que manifiestan fidelidad a ese Dios. Notamos aquí una solución espiritual al problema presentado. Esto es consistente con el nuevo Jacob, ahora Israel, instrumento de Dios en el propósito redentor.

(2) Dios completa la familia de Jacob, 35:16-20. Con el nacimiento de un nuevo hijo, Dios completa la descendencia de Jacob. El nacimiento de Benjamín es muy importante porque completa a doce los hijos varones de Jacob. Este número es sinónimo de capacidad de formar una nación por su simbolismo de completo. Benjamín es el único hijo de Jacob que nace en Canaán. Pero la complementación de descendencia no llega sin su conflicto ya que muere Raquel, la esposa favorita.

Jacob y los suyos dejan Betel y se dirigen hacia el sur, hasta llegar a Efrata. Este territorio al sur de Jerusalén, y luego identificado como Belén, es muy apto para ganado y por lo tanto conveniente para las ovejas y cabras de Jacob, su actividad principal. En este lugar Raquel da a luz tras un parto difícil. Recordemos que éste era su segundo parto. El parto es asistido por una partera, la que anima a Raquel con la esperanza de tener un hijo. Al tener su primer hijo, Raquel le había nombrado José, como expresión de su deseo de que Dios le añadiera otro hijo. Ahora ese deseo se estaba cumpliendo, pero a un costo muy elevado. La partera tuvo razón: Raquel tiene ese hijo, pero muere apenas sabe que es un hijo varón. Con su atención concentrada en el hijo y con su último suspiro, lo llama *Benoní* (Hijo de mi aflicción). El nombre señala la experiencia de Raquel. Recordemos que el nombre en el pensa-

Regresemos a Betel
35:6

Betel ocupaba un lugar de significado especial para Jacob. Siempre recordó la primera noche que pasó allí, luego de salir del círculo familiar huyendo de su hermano Esaú (cap. 28).

Durante la noche, tuvo un sueño que determinó su peregrinaje con Dios en los años futuros. Se comprometió con Dios para reconocerlo como Dios y dar el diezmo de todo lo que Dios le daba.

Ahora, con la familia en cr isis, Jacob llama a todos para reconsagrarse a Dios y quitar los dioses ajenos que habían adquirido durante los años anteriores. Dirige a la familia otra vez a Betel, lugar donde habían de tomar lugar muchos acontecimientos en el futuro para los descendientes de Jacob.

Rubén y la concubina de su padre

21 Israel partió e instaló su tienda más allá de Migdal-eder. **22** Y sucedió mientras habitaba Israel en aquella tierra, que Rubén fue y se acostó con Bilha, concubina de su padre. Y lo llegó a saber Israel.

Los doce hijos de Israel*

Ahora bien, los hijos de Israel fueron doce:
23 Los hijos de Lea: Rubén, el primogénito de Jacob, Simeón, Leví, Judá, Isacar y Zabulón.
24 Los hijos de Raquel: José y Benjamín.

*35:22t Ver 29:31—30:24

miento bíblico señala el carácter de la persona o apunta a algún acontecimiento especial. Jacob interviene y cambia el nombre de Benoní (Hijo de mi aflicción) por el de *Benjamín* (Hijo de mi mano derecha). Con esta acción, Jacob libra al niño de tener un sentido de culpabilidad permanente por la muerte de su madre. Esto nos indica el peligro que involucra cuando se nombra a un niño o niña con nombres que les pueden dar la sugerencia de cierta culpabilidad.

Así muere Raquel, la esposa amada de Jacob, y es sepultada en el mismo lugar. En demostración de amor, Jacob erige una piedra memorial sobre su sepulcro, la cual sirve de señal de camino. Las experiencias de cautividad y muerte de los hijos del pueblo de Israel aludidas en Jeremías 31:15 y Mateo 2:18 se identifican con la amargura y tristeza vivida por Raquel en esta experiencia. Jacob mostrará especial amor por José y Benjamín, sus dos hijos huérfanos de madre, lo que acarreará graves conflictos familiares.

(3) Los hijos de Israel, 35:21-26. Se narra un incidente en la vida de Rubén, hijo de Israel, ya que dicha acción lleva una consecuencia trascendente. *Migdal-eder* significa "torre del rebaño", indicando que Israel moraba en un campo pastoral fuera de Belén. Lo que Rubén hace, más que una acción inmoral es, en el sistema patriarcal, un reclamo político de autoridad patriarcal. Es una usurpación de derecho de jefe de clan. Aunque no hay una reacción de Jacob o castigo inmediato, el hecho no queda olvidado. En la bendición patriarcal y distribución de herencia, Jacob sanciona esta acción como una profanación. Por ello, Rubén es desechado del derecho a la primogenitura (49:4).

La genealogía de los hijos de Israel se agrupa por sus madres y no en orden de nacimientos. Este orden se vuelve normativo en todas las listas genealógicas. Primero los hijos de Lea, luego los dos de Raquel, los de Bilha y los de Zilpa. No se menciona a Dina, por ser mujer, y por no tener herencia o descendencia tribal. Más adelante, y en ausencia de un hijo varón, la hija también adquiere el derecho de heredar de su padre (Jue. 1:12-15). Estos doce hijos dieron origen a las doce tribus con las cuales fue organizada la nación de Israel.

Inestable como el agua

Muchas de las familias en el libro de Génesis parecen haber tenidos serios problemas de conducta entre sus miembros. El engaño y la mentira fueron utilizados frecuentemente para provecho y ventaja personal. La comunicación entre los miembros de las familias fue generalmente pobre. La incidencia del incesto fue alta. En este caso encontramos a Rubén, el hijo mayor de Jacob, acostándose con una de las concubinas de su padre. Este pecado, como otros, traen sus consecuencias serias. Para Rubén significó la perdida del lugar preferencial que como hijo primogénito le correspondía (lea Gén. 49:1-4). Cambió el lugar de honor por un momento de placer sexual. Rubén, al igual que muchos jóvenes hoy, necesitan mantener en mente que su futuro puede ser seriamente afectado por las desviaciones sexuales que cometan. Por otro lado, si pueden vencer la tentación, tendrán un digno ejemplo para presentar a sus hijos y a la sociedad.

25 Los hijos de Bilha, sierva de Raquel: Dan y Neftalí.

26 Los hijos de Zilpa, sierva de Lea: Gad y Aser.

Estos fueron los hijos de Jacob que le nacieron en Padan-aram.

Muerte de Isaac

27 Entonces Jacob fue a Isaac su padre, a Mamre, a Quiriat-arba, es decir, Hebrón, donde habían habitado Abraham e Isaac.

28 Fueron 180 los años de Isaac. **29** E Isaac falleció* y fue reunido con su pueblo, anciano y lleno de años. Y sus hijos Jacob y Esaú lo sepultaron.

Los descendientes de Esaú

36 Estos son los descendientes de Esaú, el cual es Edom. **2** Esaú tomó a sus esposas de entre las mujeres* de Canaán: a Ada hija de Elón el heteo, a Oholibama hija de Aná, hijo* de Zibeón el heveo, **3** y a Basemat hija de Ismael, hermana de Nebayot.

*35:29 Lit., *expiró y murió*
*36:2a Lit., *hijas*
*36:2b Según Pent. Sam., LXX y Peshita; TM, *hija*

(4) La muerte y sepultura de Isaac, 35:27-29. Brevemente se relata la muerte de Isaac y su sepultura. El relato es importante por la confirmación de la continuación del pacto a pesar de la muerte de Isaac. Se indica que éste estaba residiendo en Hebrón hasta donde llega Jacob. La edad, bastante avanzada, y el epitafio común a los patriarcas señalan una vida completa, importante y con el límite natural: la muerte. Los dos hijos, Jacob y Esaú, lo sepultan en el sepulcro familiar de Macpela. Este hecho demuestra una completa y continua reconciliación entre Esaú y Jacob, que se extiende al arreglo de herencia que se hace después de la muerte de Isaac.

(5) Identidad política-étnica y territorial de Esaú, 36:1-43. Esta sección es importante porque se resuelve una situación de peligro para la continuación del pacto en Jacob. A la muerte de Isaac, nuevamente se abre la posibilidad que Esaú reclame la herencia patriarcal. Además, la reconciliación de los hermanos aparentemente resolvía la acción cometida, pero no la consecuencia de esa acción. Es decir, en el encuentro reconciliador con Esaú, no se resuelve la concesión final de la herencia ya que Isaac estaba todavía vivo. Otro interés que surge es la reacción de Esaú después de la muerte de Isaac: ¿Se vengaría de Jacob? El desarrollo de Esaú y su descendencia en una identidad política-étnica, aunque no se mencione específicamente en Génesis, es fruto de la intervención de Dios, quien controla el curso de la historia. Este capítulo presenta desarrollos que permiten al plan redentor de Dios —el pacto— continuar en la línea ya escogida.

En primer lugar, el capítulo presenta el arreglo amistoso y final que Jacob y Esaú hacen en cuanto a ubicación territorial. La nobleza parte de Esaú (como antes partiera de Abraham con Lot). Es Esaú quien renuncia a la posesión de la tierra prometi-

Esaú es Edom

El evento de la muerte de Isaac hizo que los dos hijos: Jacob y Esaú se reuniera para dar sepultura a su padre. El escritor del libro aprovecha el momento para insertar los nombres de los descendientes de Esaú dentro de la historia del programa redentor de Dios.

El relato condensado de la historia de Esaú, cuyos descendientes formaron el pueblo de Edom, muestra el amor de Dios hacia toda persona. Si Edom hubiera mostrado, en cualquier momento de su historia, tener algún interés en las cosas espirituales sin duda Dios lo habría utilizado para ser de bendición al mundo. Así como Dios permitió a personas como Rajab, Betseba, y Rut entrar en la línea mesiánica, bien pudo usar a un edomita. Desafortunadamente, Edom nunca se acercó a Jehovah, al contrario, siempre fue un acérrimo enemigo de Israel.

4 De Esaú, Ada dio a luz a Elifaz; Basemat dio
a luz a Reuel, **5** y Oholibama dio a luz a Jeús, a
Jalam y a Coré. Estos son los hijos de Esaú que
le nacieron en la tierra de Canaán.
6 Esaú tomó a sus mujeres, a sus hijos, a sus
hijas, a todas las personas de su casa, sus rebaños, su ganado y todas las posesiones que había adquirido en la tierra de Canaán, y se fue a
una tierra, lejos de Jacob su hermano; **7** porque los bienes de ellos eran muchos, y no podían habitar juntos. Tampoco podía mantener-
los la tierra en que habitaban, a causa de sus
ganados. **8** Así habitó Esaú en la región montañosa de Seír. Esaú es Edom.
9 Estos fueron los descendientes de Esaú,
padre de los edomitas, en la región montañosa
de Seír; **10** éstos son los nombres de los hijos
de Esaú: Elifaz, hijo de Ada, mujer de Esaú;
Reuel, hijo de Basemat, mujer de Esaú.
11 Los hijos de Elifaz fueron: Temán,
Omar, Zefo, Gatam y Quenaz. **12** Timna fue
concubina de Elifaz hijo de Esaú, y ella le dio
a luz a Amalec. Estos fueron los hijos de Ada,
mujer de Esaú.
13 Los hijos de Reuel fueron: Najat, Zéraj,
Sama y Miza. Estos fueron los hijos de
Basemat, mujer de Esaú.
14 Los hijos de Oholibama, mujer de Esaú e
hija de Aná, hijo* de Zibeón, que ella dio a
luz de Esaú, fueron: Jeús, Jalam y Coré.
15 Estos fueron los jefes de entre los hijos
de Esaú:
Los hijos de Elifaz, primogénito de Esaú,
fueron: los jefes* Temán, Omar, Zefo,
Quenaz, **16** Coré, Gatam y Amalec. Estos
fueron los jefes de Elifaz en la tierra de
Edom, los cuales fueron hijos de Ada.

*36:14 Según Pent. Sam., LXX y Peshita; TM, *hija*
*36:15, 17 En heb. la palabra *jefe* se antepone a cada nombre de esta lista.

---

da y decide permanecer en el territorio de Seír. Este territorio abarca los valles y la región montañosa en el Arabá al sur del

Los descendientes de Esaú

mar Muerto hacia el golfo de Elat (Gen. 14:6; 1 Rey. 9:26). El arreglo de la separación parece ser exclusivamente comercial. Al igual que Abraham y Lot, ambos eran muy prósperos y con ambiciosos planes de expansión que el territorio de Canaán no sería suficiente para ambos.

Segundo, se menciona el desarrollo de la descendencia de Esaú hasta un periodo muy avanzado pero fijo, que abarca hasta después del éxodo. Aunque no alcanzara la bendición patriarcal de primogenitura, se permite a Esaú desarrollarse hasta llegar a ser nación al igual que Ismael. Esta nación se identifica como Edom, nombre adoptivo de Esaú.

Tercero, se explica la relación entre la descendencia de Esaú y los horeos. Los horeos eran descendientes de un grupo étnico no semítico, originarios del valle superior del Eufrates. Los horeos llegaron a establecer un imperio en esa región conocido como Mitani. Invadieron Palestina y se mezclaron con otros grupos como los amorreos, heteos y jebuseos. Se establecieron en el territorio de Seír, conservando su identidad étnica. Esaú conquista este territorio (Deut. 2:12) y luego, a través de

17 Estos fueron los hijos de Reuel hijo de Esaú: los jefes* Najat, Zéraj, Sama y Miza. Estos fueron los jefes de la línea de Reuel en la tierra de Edom. Estos hijos le nacieron a Basemat, mujer de Esaú.

18 Estos fueron los hijos de Oholibama, mujer de Esaú: los jefes* Jeús, Jalam y Coré. Estos fueron los jefes que nacieron a Oholibama, mujer de Esaú, hija de Aná.

19 Estos fueron, pues, los hijos de Esaú, el cual es Edom; y éstos fueron sus jefes.

Los descendientes de Seír el horeo

20 Estos fueron los hijos de Seír el horeo, habitantes de aquella tierra: Lotán, Sobal, Zibeón, Aná, **21** Disón, Ezer y Disán. Estos fueron los jefes de los horeos, hijos de Seír, en la tierra de Edom.

22 Los hijos de Lotán fueron Hori y Hemam. Timna fue hermana de Lotán.

23 Los hijos de Sobal fueron: Alván, Manajat, Ebal, Sefo y Onam.

24 Los hijos de Zibeón fueron Ayías y Aná. Este Aná fue el que descubrió las aguas termales* en el desierto, cuando apacentaba los asnos de su padre Zibeón.

25 Los hijos de Aná fueron Disón y Oholibama hija de Aná.

26 Los hijos de Disón fueron: Hemdán, Esbán, Itrán y Querán.

27 Los hijos de Ezer fueron: Bilhán, Zaaván y Acán.

28 Los hijos de Disán fueron Uz y Arán.

29 Estos fueron los jefes de los horeos: los jefes* Lotán, Sobal, Zibeón, Aná, **30** Disón, Ezer Y Disán. Ellos fueron los jefes de los horeos, según sus jefaturas en la tierra de Seír.

*36:18 En heb. la palabra *jefe* se antepone a cada nombre de esta lista.
*36:24 Según Vulgata; comp. Peshita; algunos traducen *mulos*.
*36:29 En heb. la palabra *jefe* se antepone a cada nombre de esta lista.

matrimonios mixtos (vv. 18, 25) los dos grupos étnicos quedan asimilados en la nación de Edom con el predominio político y étnico de Esaú.

Cuarto, se presenta la organización política más avanzada de Edom en relación con Israel. La monarquía aparece más temprano en Edom que en Israel. Esta organización da a Edom una estabilidad política más fructífera y una identidad étnica más destacada. Además, estos desarrollos explican la relación estrecha que los edomitas e israelitas mantienen a través de la historia. Durante la conquista Dios prohíbe a los israelitas hacer guerra o confiscar territorio de Edom (Deut. 2:4-6). Además, no se le permite al israelita aborrecer a los edomitas, sino al contrario, éstos en su tercera generación pueden ser totalmente integrados a la congregación de Israel (Deut. 23:7, 8). Durante la monarquía y el regreso del exilio las relaciones entre Israel y Edom son hostiles. En el tiempo del NT los idumeos son los descendientes de Edom. Finalmente, la identidad étnica de los edomitas se pierde

¡Estamos muy apretados!

Esaú y su familia no pudieron vivir en la misma región con la familia de Jacob y su familia. Esaú se fue a una tierra, lejos de Jacob su hermano... Así habitó Esaú en la región montañosa de Seír. Jacob por su parte se estableció en la tierra de Canaán (ver 37:1). La excusa que dieron para separarse de nuevo fue que "estamos muy apretados y ya no cabemos". Algunas familias, no importa el espacio que tengan disponible, nunca será suficiente para que puedan vivir juntas y en paz. La bella reconciliación que estos dos hermanos habían tenido, parece que nunca fue lo suficientemente fuerte y comprometida.

Nosotros debemos darnos cuenta que arreglar las relaciones con otras personas, puede requerir tiempo, cuidado intencional, tolerancia de las diferencias y un esfuerzo por "vivir juntos" hasta que las grietas se sanen y la ruptura se cierre. La reconciliación no ocurre en una fiesta de la noche a la mañana. Necesita ser cultivada, a veces, por muchos años en las situaciones normales de la vida.

La monarquía temprana en Edom

31 Estos fueron los reyes que reinaron en la tierra de Edom, antes que hubiese rey de los hijos de Israel:
32 Bela hijo de Beor reinó en Edom. El nombre de su ciudad fue Dinaba.
33 Murió Bela, y reinó en su lugar Jobab hijo de Zéraj, de Bosra.
34 Murió Jobab, y reinó en su lugar Husam, de la tierra de los temanitas.
35 Murió Husam, y reinó en su lugar Hadad hijo de Bedad, el que derrotó a Madián en el campo de Moab. El nombre de su ciudad fue Avit.
36 Murió Hadad, y reinó en su lugar Samla, de Masreca.
37 Murió Samla, y reinó en su lugar Saúl, de Rejobot, que está junto al Río.*
38 Murió Saúl, y reinó en su lugar Baal-janán hijo de Acbor.
39 Murió Baal-janán hijo de Acbor, y reinó en su lugar Hadad.* El nombre de su ciudad fue Pau, y el nombre de su mujer fue Mehetabel, hija de Matred, hija de Mezaab.

Jefes del clan de Esaú

40 Estos fueron los nombres de los jefes de Esaú, según sus familias, sus localidades y sus nombres: los jefes* Timna, Alva, Jetet,
41 Oholibama, Ela, Pinón, **42** Quenaz,
Temán, Mibzar, **43** Magdiel e Iram. Estos fueron los jefes de Edom, según las áreas de la tierra de su posesión. Este es Esaú, padre de los edomitas.

*36:37 Probablemente el Eufrates
*36:39 Según Pent. Sam., muchos mss. más y Peshita; comp. 1 Crón. 1:50; TM, *Hadar*
*36:40 En heb. la palabra *jefe* se antepone a cada nombre de esta lista.

y se asimilan con los árabes. Así vemos que el plan de Dios para Jacob y para Esaú llega a desarrollarse en cumplimiento a sus promesas y gracias a su intervención.

Acerca de José

1. En esta época del relato, José tenía 17 años y era un joven en la transición de la adolescencia a la juventud. Como tal, enfrentaba las mismas tentaciones, oportunidades y toma de decisiones que los jóvenes de hoy.
2. Apacentaba las ovejas con sus hermanos. Aunque tenía muchos privilegios por ser el hijo más querido de su padre, igual se dedicó a trabajar con sus manos para atender a las necesidades de la familia.
3. Estaba con los hijos de Bilha y los hijos de Zilpa, mujeres de su padre. Uno se pregunta: ¿por qué no con los hijos de Lea, quien al fin y al cabo, era su tía natural? Probablemente la rivalidad entre las hermanas habría hecho la vida aún más difícil para quien recién había perdido a su madre.
4. José informaba a su padre de la mala fama de sus hermanos. Por lo visto, los hermanos de José no eran conocidos como modelos. José se diferenciaba de sus hermanos por no participar con ellos en la mala fama y por ser el hijo de confianza de su padre. Es evidente que se puede ser joven, pero diferente.

(6) Jacob reside en Canaán, 37:1, 2a. En contraste con Esaú, Jacob permanece en la tierra de Canaán, la tierra prometida a los patriarcas. Aunque hasta ahora no exista una posibilidad concreta de poseer la tierra, Jacob obedece el llamamiento de Dios y cumple la condición de permanecer en la tierra. Esta obediencia se debe a que él está plenamente convencido que es el instrumento humano del plan redentor de Dios. Como Jacob, un ser humano con intereses y necesidades propias tal vez podría tener otras opciones mejores. Pero como Israel, futura nación escogida por Dios, su opción única era obedecer y esperar en Dios. Así la continuación del pacto se hace posible. Aunque Jacob todavía llega a aparecer en la narrativa de los siguientes capítulos de Génesis, la atención primaria es con José, el instrumento de Dios para proveer la sobrevivencia al pueblo de Israel en formación.

VI. DIOS Y JOSE, 37:2b—50:26

Una vez asentado Jacob en Canaán, la familia de Jacob se desarrolla y se organiza en la descendencia patriarcal prometida.

37 Jacob se estableció en la tierra donde había residido su padre, en la tierra de Canaán. 2 Esta es la historia de la familia de Jacob:

Los sueños de José

José, siendo de 17 años, apacentaba las ovejas con sus hermanos; y el joven estaba con los hijos de Bilha y los hijos de Zilpa, mujeres de su padre. Y José informaba a su padre de la mala fama de ellos. **3** Israel amaba a José más que a todos sus otros hijos porque le había nacido en la vejez, y le hizo una túnica de diversos colores. **4** Al ver sus hermanos que su padre lo amaba más que a todos ellos, le aborrecían y no podían hablarle pacíficamente.

5 José tuvo un sueño y lo contó a sus hermanos, quienes llegaron a aborrecerle todavía más. **6** Les dijo:

—Por favor, escuchad lo que he soñado: **7** He aquí que atábamos gavillas en medio del campo. Y mi gavilla se levantaba y se mantenía erguida, mientras que vuestras gavillas la rodeaban y se inclinaban ante la mía.

8 Sus hermanos le respondieron:

—¿Has de reinar tú sobre nosotros y nos has de dominar?

Y le aborrecieron todavía más a causa de sus sueños y de sus palabras. **9** Entonces tuvo otro sueño y lo contó a sus hermanos, diciendo:

Gran parte de la atención bíblica es en algunos de los miembros de la familia de Jacob por los conflictos que hacen peligrar seriamente la sobrevivencia como unidad familiar y potencial de nación. La tierra también presenta sus dificultades para la sobrevivencia. Varios conflictos experimentados por los patriarcas anteriores se repiten, algunos con más gravedad. El hambre, la desintegración familiar, el exilio que hace abandonar la tierra prometida, la dependencia de un país extranjero —Egipto— que siempre es precaria y amenazante aparecen en los últimos años del patriarca Jacob. Pero no es él el instrumento de resolución. El instrumento principal en esta sobrevivencia es José, el hijo mayor de Raquel y de sentimiento el primogénito de Jacob. José se distingue de entre sus hermanos y, por su confianza en Dios, su sabiduría y su fidelidad al propósito divino, es usado por Dios en la continuación de su plan redentor.

1. José tiene conflictos con sus hermanos, 37:2b-11

El primer problema de unidad familiar viene por los conflictos de José con sus hermanos. Varias son las causas de estos conflictos que se agravan más con el tiempo. Primera, José era muy responsable y el hombre de confianza de su padre. La actividad principal de Jacob y su familia era la cría de ovejas. José desde muy joven participaba de dicha actividad, pero con un papel diferente. Daba información a su padre referente a las acciones de sus hermanos. Los hijos de Jacob no eran conocidos como hijos modelos, pero por lo visto, Jacob intentaba controlarlos. José se diferenciaba de sus hermanos por no participar con ellos en la mala fama y por ser el

José y la túnica de colores

—He aquí, he tenido otro sueño: que el sol, la luna y once estrellas se inclinaban ante mí.
10 El contó este sueño a su padre y a sus hermanos, pero su padre le reprendió diciendo:
—¿Qué sueño es éste que has tenido? ¿Hemos de venir yo, tu madre y tus hermanos a postrarnos a tierra ante ti?
11 Sus hermanos le tenían envidia, pero su padre guardaba en mente el asunto.

---

hijo de confianza del padre.

Segunda, Jacob mostraba visible y determinadamente su amor y preferencia por José. Varias eran las razones por las que Jacob tuviera tal inclinación: La conducta fiel y correcta de José para con su padre; era el hijo de Raquel, la esposa de amor de Jacob; además su nacimiento fue tardío y algo muy especial y juntamente con Benjamín, el otro hijo de Raquel, eran huérfanos de madre. La distinción de túnica de diversos colores es señal de privilegio y posición jerárquica en la familia. Era la ropa propia de un príncipe, elegido para reinar.

Actitudes sobre las cuales reflexionar

1. Tratar a todos de la misma manera. Hay personas a quienes parece que nos resulta amar más fácilmente que a otras. El favoritismo que Jacob demostró hacia uno de sus hijos, José, resultó en graves y profundos daños emocionales entre todos los miembros de su familia.

2. Tener sensibilidad hacia los sentimientos de otros. Tanto Jacob como su hijo José son ejemplo de cuanto daño puede causar la falta de sensibilidad hacia los sentimientos de otros, especialmente cuando esos otros son los miembros de nuestra familia.

3. Evitar ser controlados por la envidia. Permitir que la envidia y sus primos hermanos, los celos, pueden producir peligrosos y aun trágicas consecuencias. Los hermanos de José actuaron movidos por ese sentimiento de envidia y celos que tanto dolor les trajo el resto de su vida.

4. Ser leales a pesar de todo. Fue ese sentimiento de lealtad familiar la que actuó para impedir que los hermanos de José lo mataran. Rubén intervino oportunamente y apela al hecho de ser hermanos como el último recurso para salvar a José. Un sano sentido de lealtad hacia nuestra familia, hacia nuestra iglesia, hacia nuestra sociedad, nos provee la búsqueda de alternativas para contribuir antes que para destruir.

Tercera, José relataba sus sueños, lo que le concedía un lugar de prominencia política en la familia. Estos sueños se repetían, dando así claridad y solidez a su mensaje. El sueño desde la perspectiva bíblica es un vehículo de revelación que Dios usa con personas a quienes escoge como instrumento o mensajero de su propósito. Por ello la interpretación de estos sueños es un don de Dios y no una técnica humana que puede ser adquirida o desarrollada. Jacob conocía por experiencias propias el poder de los sueños en hacerse realidad cuando esos sueños son causados por Dios.

Es interesante notar que tanto la túnica como los sueños de José apuntan a un desarrollo progresivo de la promesa de Dios de hacer una nación de esa descendencia. Parecía que el tiempo estaba parado y que nada pasaba hacia ese objetivo. En esta túnica y en los sueños se expresa una visión de futuro que muchas veces ayuda a mantener viva la esperanza frente a una realidad estática.

La reacción de los hermanos es clara y enfática. Resisten toda idea de subordinación a José y alimentan odio y envidia hacia él. El mismo Jacob intenta reprimir a José, pero aun así no desecha estas visiones. Hasta aquí parece ser el desarrollo normal de una familia con sus propios conflictos. Y si ahí quedaba todo, no habría razón de preocupación. Pero la vulnerabilidad de la familia patriarcal aparece nuevamente.

2. José es vendido y llevado a Egipto, 37:12-36

El odio y la envidia, al igual que en Caín, crecen en los hermanos de José impulsán-

Sus hermanos planean matar a José

12 Sus hermanos fueron a apacentar las ovejas de su padre cerca de Siquem, **13** e Israel dijo a José:

—Tus hermanos apacientan las ovejas cerca de Siquem. Ven, te enviaré a ellos.

Y él le respondió:

—Heme aquí.

14 El le dijo:

—Anda, por favor, y mira cómo están tus hermanos y cómo están las ovejas, y tráeme la respuesta.

Lo envió desde el valle de Hebrón, y él llegó a Siquem. **15** Andando él extraviado por el campo, un hombre lo encontró. Y aquel hombre le preguntó diciendo:

—¿Qué buscas?

16 Y él respondió:

—Busco a mis hermanos. Dime, por favor, dónde están apacentando.

17 Aquel hombre le respondió:

—Ya se han ido de aquí. Yo les oí decir: "Vámonos a Dotán."

Entonces José fue tras sus hermanos y los encontró en Dotán. **18** Cuando ellos lo vieron desde lejos, antes de que se acercase, actuaron engañosamente contra él para matarle. **19** Se dijeron el uno al otro:

—¡Ahí viene el de los sueños! **20** Ahora pues, venid; matémoslo y echémoslo en una cisterna. Después diremos: "Alguna mala fiera lo devoró." ¡Veamos en qué van a parar sus sueños!

21 Cuando Rubén oyó esto, lo libró de sus manos diciendo:

—No le quitemos la vida. **22** —Y Rubén añadió—: No derraméis sangre. Echadlo en esta cisterna que está en el desierto, pero no pongáis la mano sobre él.

---

doles a obrar con violencia. La ocasión se presenta fácilmente en el transcurso rutinario del trabajo (ver 4:8). En la cría de ovejas, el rebaño es llevado a diferentes lugares por ciertos períodos de tiempo en busca de pastura y mejor comercialización. Es así que los hijos de Jacob con sus rebaños van de un lugar a otro. Jacob envía a José de Hebrón a Siquem, unos 80 km., a buscar a sus hermanos y traer informes sobre ellos. José los halla en Dotán, unos 25 km. al norte de Siquem. Cuando los hermanos lo reconocen, movidos por el odio y la envidia, deciden eliminar al soñador y deshacerse así de la molestia de los sueños.

Para la eliminación de José se traman tres planes: Primero, el de matarlo, tirarlo en una cisterna y culpar la muerte a una fiera. Segundo, Rubén sugiere echarlo en la cisterna y dejarlo allí sin atentar contra la vida. Rubén, como primogénito sentía la responsabilidad de librarlo de la muerte y enviarlo más tarde de vuelta a Jacob. Este plan se acepta y se lleva a cabo de la siguiente manera: Primero, despojan a José de su túnica, distintivo que lo identificaba como el hijo favorito. Segundo, lo echan en la cisterna o aljibe que tenía el propósito de acumular el agua de lluvia. Esta cisterna estaba sin agua por lo cual servía sólo como prisión. Por la forma de botella y la profundidad de la cisterna, era prácticamente una trampa de la cual no se podía

El amor en concreto

Jacob, el padre de José, demostró su amor en concreto hacia su hijo al regalarle una túnica de colores y al asignarle ciertas tareas especiales. Los hijos necesitan no solamente palabras que les expresen amor, sino también demostraciones concretas: regalos, tratos especiales, tareas especiales, que los harán sentirse amados y afirmados como individuos.

Sus hermanos le tenían envidia, pero su padre guardaba en mente el asunto (37:11).

Jehovah obra en las circunstancias
(37:25-28)

Aunque el relato no menciona la presencia de Jehovah, o "Adonai" que era la manera favorita de José de referirse al Señor, es un hecho que Dios estaba obrando en las circunstancias para salvar la vida de José y dar continuación al plan que tenía para él. La intervención de Rubén, la aparición de los ismaelitas, la propuesta de Judá, todo fue usado por Dios para cumplir su propósito en la formación y desarrollo de la nación hebrea.

José es vendido y llevado a Egipto

23 Sucedió que cuando José llegó hasta sus hermanos, ellos despojaron a José de su túnica, la túnica de diversos colores que llevaba puesta. **24** Lo tomaron y lo echaron en la cisterna. Pero la cisterna estaba vacía, sin agua. **25** Después se sentaron a comer, y alzando los ojos miraron, y he aquí que una caravana de ismaelitas venía de Galaad con sus camellos cargados de perfumes, bálsamo y mirra para llevarlos a Egipto. **26** Entonces Judá dijo a sus hermanos:

—¿Qué provecho hay en matar a nuestro hermano y en encubrir su sangre? **27** Venid, vendámoslo a los ismaelitas. No pongamos nuestra mano sobre él, porque es nuestro hermano, nuestra carne.

Sus hermanos estuvieron de acuerdo con él. **28** Y cuando pasaban los mercaderes madianitas, sacaron a José, subiéndolo de la cisterna, y lo vendieron a los ismaelitas por 20 piezas* de plata. Estos se llevaron a José a Egipto.

*37:28 Posiblemente *siclos*; aprox. 220 gramos

salir. En 42:21, se relata la angustia de José y su pedido de compasión estando en la cisterna. Tercero, los hermanos se sientan a comer, mostrando una total indiferencia hacia la angustia de José.

Pero luego se añade un tercer plan a sugerencia de Judá. Con la llegada de una caravana de ismaelitas y madianitas, mercaderes que con sus productos iban a

José es vendido como esclavo

Egipto, Judá propone vender a José a los mercaderes por el precio de un esclavo. Este plan cumpliría el propósito de eliminar a José, pero sin matarlo, en consideración fraternal. Así José es vendido y llevado a Egipto destino final de la caravana de mercaderes.

Cuando Rubén, quien no estuvo en la venta de José, vuelve con la intención de librar a José, reclama a sus hermanos reconociendo su responsabilidad de tener que dar cuenta a Jacob de él. Los hermanos, para ocultar el hecho y tener una explicación de la desaparición de José, tiñen la túnica de José con sangre y la llevan a Jacob, diciéndole que la encontraron sin declararle nada. Jacob reconoce que es la túnica de José y dicha túnica sirve de evidencia para pronunciar legalmente la muerte de José. Más adelante la esposa de Potifar usará también el manto de José como evidencia para que se pronuncie el destino de José. La desaparición de José afecta profundamente a Jacob quien reconoce que el peso de esa pérdida lo llevará toda su vida. Nadie puede consolarlo de su duelo. Una vez más, el engaño aparece en la familia de Jacob. Esta vez causando mucho dolor en Jacob, un sentimiento de culpa profundo en los hermanos de José (42:21, 22), esclavizando a José y poniendo en peligro la formación de la nación escogida. Pero José no fue muerto. Llega a Egipto y un funcionario del faraón lo adquiere como esclavo.

Ocultan a Jacob lo sucedido a José

29 Cuando Rubén volvió a la cisterna y no
halló a José allí, rasgó sus vestiduras. **30** Volvió a sus hermanos y les dijo:
—¡El joven ha desaparecido! Y yo, ¿a dónde
iré?
31 Entonces ellos tomaron la túnica de José,
degollaron un cabrito del rebaño y empaparon
la túnica en la sangre. **32** Después enviaron la
túnica de diversos colores, la trajeron a su
padre y le dijeron:
—Esto hemos encontrado. Reconoce, pues, si
es o no la túnica de tu hijo.
33 El la reconoció y exclamó:
—¡Es la túnica de mi hijo! ¡Alguna mala fiera
lo ha devorado! ¡Ciertamente José ha sido despedazado!
34 Entonces Jacob rasgó sus vestiduras, se
cubrió con cilicio* y guardó duelo por su hijo
muchos días. **35** Todos sus hijos y todas sus
hijas fueron para consolarle, pero él rehusó
ser consolado. Y decía:
—¡Enlutado descenderé hasta mi hijo, al
Seol!*
Y su padre lo lloraba.
36 Pero los madianitas lo vendieron en Egipto a Potifar, funcionario* del faraón, capitán
de la guardia.

---

*37:34 Lit., *cubrió sus espaldas con cilicio* (en señal de suma tristeza)
*37:35 O sea, la morada de los muertos
*37:36 Otra trad., *eunuco* *

Semillero homilético

Cuando el pecado nos hunde

38:1-30

Introducción: El pecado de Judá parecía algo insignificante y sin trascendencia para nadie, pero no fue así. El pecado se descubrió y Judá tuvo que confesar lo que había hecho: no había cumplido su palabra con Tamar y había tenido relaciones sexuales con su propia nuera.

I. El pecado siempre está en cualquier vuelta del camino.
   1. Con razón o sin ella, Judá se había negado a cumplir la promesa de dar a su hijo Sela a Tamar (v. 11). Una palabra no cumplida puede parecer poca cosa, especialmente cuando se trata de una mujer, viuda y sin muchos recursos.
   2. A Judá le pareció poca cosa tener relaciones sexuales con alguien que le parecía una prostituta. Pensó que con la paga por los servicios prestados todo quedaba arreglado.
   3. Cuando Judá escuchó que Tamar estaba embarazada, vio una salida al incumplimiento de su palabra acerca de su hijo Sela. El pecado siempre tiene la perfidia para sugerirnos salidas falsas a nuestras verdaderas faltas.

II. El pecado se descubre tarde o temprano.
   1. En el caso de Judá, tuvo que compartir con su amigo el adulamita que se llamaba Jira su falta al pedirle que llevara la paga (v. 20).
   2. Judá se dio cuenta que alguien se había burlado de él, y que su buen nombre estaba en entredicho. Ahora lo sabían los habitantes de Enaim (v. 23).
   3. Tres meses después, cuando Judá recibe la noticia del embarazo de Tamar y ella tiene que presentar las pruebas en su defensa pública, todos supieron que Judá había cometido varios pecados graves.

III. El pecado debe ser confesado y perdonado.
   1. Judá no pudo más y confesó que él era el único culpable de todo aquello.
   2. Se mostró genuinamente arrepentido y *no volvió a tener relaciones con ella* (v. 26).
   3. Trató de reparar el daño y la sospecha que había traído sobre Tamar al declarar: *Más justa es ella que yo, porque no se la he dado a mi hijo Sela* (v. 26).
   4. El hecho que Dios usó a uno de esos mellizos, a Fares, para continuar la línea y formación del pueblo hebreo nos da buena base para saber que Dios le perdonó.

Conclusión: Cuando uno peca, debe correr a Dios y a las personas más cercanas para confesarlo y pedirles perdón. De otra manera la situación se complica.

Judá y Tamar

38 Aconteció en aquel tiempo que Judá
dejó a sus hermanos y se dirigió a residir con un hombre adulamita que se llamaba
Jira. **2** Judá vio allí a la hija de un hombre
cananeo llamado Súa, y la tomó y se unió a
ella. **3** Ella concibió y dio a luz un hijo, y él*
llamó su nombre Er. **4** Ella concibió otra vez
y dio a luz otro hijo, y ella llamó su nombre
Onán. **5** Volvió a concebir y dio a luz otro
hijo, y ella llamó su nombre Sela. El* estaba
en Quezib cuando ella lo dio a luz.
6 Judá tomó una mujer para Er, su primogénito; ésta se llamaba Tamar. **7** Pero Er, el primogénito de Judá, era malo ante los ojos de
Jehovah, y Jehovah le quitó la vida. **8** Entonces Judá dijo a Onán:
—Unete a la mujer de tu hermano; cumple
así con ella tu deber de cuñado,* y levanta descendencia a tu hermano.
9 Pero sabiendo Onán que el hijo* que le
naciera no sería considerado suyo, sucedía que
cada vez que se unía a la mujer de su hermano, vertía en tierra para no dar descendencia a
su hermano. **10** Pero lo que hacía era malo
ante los ojos de Jehovah, y también a él le quitó la vida. **11** Entonces habló Judá a Tamar su
nuera, diciendo:
—Permanece viuda en la casa de tu padre
hasta que crezca mi hijo Sela.
Porque pensaba: "No sea que muera él también como sus hermanos."
Y Tamar se fue y permaneció en la casa de su
padre.

*38:3 Algunos mss. y vers. antiguas tienen *ella.*
*38:5 Es decir, Judá
*38:8 Sobre la ley del matrimonio levirático véase Deut. 25:5.
*38:9 Lit., *la simiente*

---

3. Judá y su familia, 38:1-30

En esta historia que concierne a Judá, la integridad de la descendencia corre peligro. Pero la acción arriesgada de una mujer previene que la descendencia de Judá sea cortada. El hecho es significativo porque de esta descendencia viene el rey David y Jesucristo.

No se nos dice el tiempo exacto en que Judá se aparta de sus hermanos y forma su propia familia independientemente. Pero todos los incidentes narrados en la historia indican que transcurren en un tiempo de por lo menos dos a tres décadas. El problema surge ante el impedimento de continuación de la descendencia. En un sistema patriarcal, la descendencia del primogénito es crucial para la identificación y dirección del clan. Para proveer en casos en que el primogénito moría sin dejar hijo se establece la ley del levirato. Esta ley permitía que el hermano del primogénito muerto sin hijo, le hiciera concebir a la viuda. El hijo nacido era entonces la cabeza del clan (Deut. 25:5-10). Y este es el caso de Judá. Su hijo mayor muere sin hijos. Y aunque él aplica la ley del levirato con su segundo hijo, éste también, por razones egoístas, muere sin dejar hijos. Judá teme que el mal está en la mujer y engañosamente le promete su tercer hijo, aunque ya decide no darlo en casamiento.

Al final Judá también queda viudo, poniendo en peligro aun más la sobrevivencia de su línea patriarcal. Aquí es donde aparece Tamar, la dos veces viuda y personaje principal en el desarrollo de esta historia. Ella hace varias cosas para ser el instrumento de descendencia de este patriarca. Primero, espera un tiempo suficiente para el cumplimiento de la promesa de casamiento con el tercer hijo. Pero pronto se da cuenta que ello no ocurriría. Segundo, toma la decisión de quedar encinta del mismo Judá. El relato bíblico no menciona la motivación de esta decisión tan riesgosa y de dudosa moralidad. La explicación que se desprende de la historia es que ella toma el privilegio de la descendencia con mucha seriedad y responsabilidad, mucho más que el propio Judá, recipiente directo de la promesa patriarcal. Ella, aunque extranjera, acepta que esta es una descendencia especial y necesaria en los

12 Pasados muchos años, murió Bat-súa,* la
mujer de Judá. Cuando Judá se había consolado,* subió a Timnat, a los esquiladores de sus
ovejas, él y su amigo Jira el adulamita. **13** Y
avisaron a Tamar diciendo:
—He aquí que tu suegro sube a Timnat a
esquilar sus ovejas.
14 Entonces ella se quitó su vestido de viudez, se cubrió con un velo, se envolvió con un
manto y se sentó a la entrada de Enaim, que
está junto al camino de Timnat, porque veía
que Sela había crecido, pero que ella no le
había sido dada por mujer. **15** Entonces la vio
Judá y pensó que era una prostituta, porque
había cubierto su cara. **16** Y se apartó del camino hacia ella y le dijo:
—Por favor, deja que me una a ti.
Pues no sabía que ella era su nuera. Y ella dijo:
—¿Qué me darás si te unes a mí?
17 El respondió:
—Yo te enviaré un cabrito del rebaño.
Ella le dijo:
—Tienes que darme una prenda hasta que
me lo envíes.
18 Y él le dijo:
—¿Qué prenda te daré?
Ella le respondió:
—Tu anillo,* tu cordón y el bastón que llevas
en la mano.
El se los dio y se unió a ella, y ella concibió
de él.
19 Luego ella se levantó y se fue. Después se
quitó el velo que tenía sobre sí y se vistió de
nuevo con su vestido de viudez. **20** Judá envió
el cabrito del rebaño por medio de su amigo el
adulamita, para que recuperase la prenda de
mano de la mujer, pero él no la halló. **21** Entonces preguntó a los hombres de aquel lugar
diciendo:
—¿Dónde está la prostituta de Enaim, junto
al camino?
Ellos le dijeron:
—Aquí no hay ninguna prostituta.
22 El se volvió a Judá y dijo:
—No la he hallado. También los hombres del
lugar dijeron: "Aquí no hay ninguna prostituta."
23 Y Judá dijo:
—¡Que se quede con la prenda! No seamos
objeto de burla. He aquí yo le he enviado este
cabrito, pero tú no la has hallado.
24 Aconteció que después de unos tres meses
le informaron a Judá diciendo:
—Tu nuera Tamar ha cometido adulterio y
está encinta a consecuencia del adulterio.
Y Judá dijo:
—¡Sacadla, y que sea quemada!

*38:12a O: *hija de Súa*; ver v. 2
*38:12b Es decir, cuando pasó su luto
*38:18, 25 Es decir, un anillo con sello personal

---

planes de Dios. Es aquí, como en el caso de Abraham al ofrecer a Isaac, que un valor supremo se antepone ante otro de menor trascendencia. Hay similaridad de decisión en la aceptación de embarazo de María arriesgando toda su integridad moral y social y aún su misma vida al convertirse en instrumento del plan de Dios (Luc. 1:30-38). Para llevar a cabo su decisión se disfraza de prostituta ritual, costumbre social y religiosamente sancionada en la cultura cananea. Así logra tener relación con Judá, de quien concibe hijos mellizos, uno de los cuales (Fares) continúa la línea de descendencia de Judá hasta el mismo Jesucristo (Mat. 1:1-14).

Es importante aclarar varios detalles para comprender bien esta historia. Primero, la relación de Judá y Tamar fue hecha como parte de un ritual religioso, aceptable social y moralmente entre los cananeos. Entre los hebreos se considera una abominación. Aunque el uso del término "prostituta" en un lugar es el de la prostituta sagrada y en otro el de la prostituta social, la diferencia se puede explicar desde la perspectiva de ambos participantes. Desde el punto de vista hebreo estos actos "religiosos" son considerados perversión social simplemente. Segundo, Tamar queda disfrazada y Judá nunca descubre su identidad. No hay aquí una relación incestuosa intencional o consciente por parte de Judá. Tercero, ambas partes son viudos y disponibles para entablar una relación marital legal. Es cierto que Tamar estaba

25 Cuando era sacada, ella envió a decir a su suegro:
—Del hombre a quien pertenecen estas cosas estoy encinta. —Y añadió—: Mira, pues, de quién son estas cosas: el anillo,* el cordón y el bastón.
26 Entonces Judá los reconoció y dijo:
—Más justa es ella que yo, porque no se la he dado a mi hijo Sela.
Y no volvió a tener relaciones* con ella.
27 Aconteció que al tiempo de dar a luz, he aquí que había mellizos en el vientre de Tamar.
28 Y cuando ella daba a luz, sucedió queuno de ellos sacó la mano. La partera la tomó y ató a su mano un hilo rojo diciendo:
—¡Este salió primero!
29 Pero sucedió que cuando él volvió a meter la mano, he aquí salió su hermano. Y ella exclamó:
—¡Cómo te abriste brecha!
Y llamó su nombre Fares.*
30 Después salió su hermano, el que tenía en su mano el hilo rojo, y llamó su nombre Zéraj.*

*38:26 Lit., no la conoció más
*38:29 Significa brecha.
*38:30 Significa rojizo, como el rayar del alba.

legalmente "desposada" con el hijo de Judá. Pero dicha relación matrimonial nunca fue consumada y obviamente Judá había anulado ya ese acuerdo legal. Cuarto, Tamar se asegura de la identidad de su pareja tomando como prenda el anillo y bastón, los que servían de documento de identificación personal. Quinto, al ser descubierto todo, Judá reconoce su error (no de relación sexual sino de rehusar su hijo a Tamar) y la acción justificada de Tamar. Esta acción justa es en referencia al empeño de Tamar en conseguir descendencia a Judá. Este empeño es similar al de las

Tragedias amontonadas
38:1-30

Este capítulo nos presenta una serie de acontecimientos, todos los cuales terminan en tragedia. Así podemos ver:

1. Los hijos de Judá y su pecado:
   (1) Er, hijo mayor, quien se casó muy joven con Tamar, era malo ante los ojos de Jehovah y murió joven (v. 7).
   (2) Onán, segundo hijo, no quiso tener hijos en nombre de Er; vertió su simiente en tierra para evitarlo; murió porque hizo lo malo ante los ojos de Jehovah (v. 10).
2. Tamar, la nuera, y su pecado:
   (1) Resentía al suegro porque no quiso darle el tercer hijo, Sela, para tener prole (v. 11).
   (2) Engañó al suegro, portándose como una ramera (vv. 14, 15).
   (3) Consideró que el fin justifica los medios. Su deseo de tener prole le llevó al extremo del pecado del incesto.
3. Judá y sus pecados:
   (1) Se alejó de su familia y tomó por esposa a una cananea (v. 2).
   (2) Al morirse la esposa, decidió ceder a la tentación de adulterio o fornicación para saciar sus deseos carnales (v. 16).
   (3) Estaba listo a castigar severamente a su nuera, sin reconocer que él mismo era culpable también (v. 24). La ley levítica posteriormente condenaba tales actos (Deut. 22:20-24; Lev. 20:14; 21:29).
   (4) Reconoció que su pecado era mayor que el de la nuera (v. 26).

José como administrador de Potifar

39 Llevado José a Egipto, Potifar, un hombre egipcio, funcionario del faraón y capitán de la guardia, lo compró de mano de los ismaelitas que lo habían llevado allá. **2** Pero Jehovah estuvo con José, y el hombre tuvo éxito. El estaba en la casa de su señor, el egipcio, **3** quien vio que Jehovah estaba con él y que todo lo que él hacía, Jehovah lo hacía prosperar en su mano. **4** Así halló José gracia ante los ojosde Potifar y le servía. Potifar le puso a cargo de su casa y entregó en su poder todo lo que tenía. **5** Y sucedió que desde que le puso a cargo de su casa y de todo lo que tenía, Jehovah bendijo la casa del egipcio por causa de José. Y la bendición de Jehovah estaba sobre todo lo que tenía, tanto en la casa como en el campo. **6** El dejó todo lo que tenía en mano de José, y teniéndole a él no se preocupaba de nada, excepto del pan que comía.

---

hijas de Lot (19:30-38). Sexto, nunca más tienen relaciones sexuales. La única que Tamar permitió fue con propósito generacional y nada más. Tamar fue la madre de los dos hijos de Judá, pero nunca fue su esposa. La relación fue única y con total intención de progenitura. El nombre de Tamar es mencionada en la genealogía de Jesucristo (Mat. 1:1-14).

Joya bíblica

Pero Jehovah estuvo con José, y el hombre tuvo éxito. El estaba en la casa de su señor, el egipcio, quien vio que Jehovah estaba con él y que todo lo que él hacía, Jehovah lo hacía prosperar en su mano (39:2, 3).

No sólo en esta ocasión la descendencia de Judá corre el peligro de extinción. En el tiempo de los Jueces, nuevamente esta línea casi se corta. Y nuevamente la acción fiel y arriesgada de una mujer extranjera permite a la descendencia continuar (ver el libro de Rut). Desde la perspectiva cristiana, todas estas amenazas de extinción de la descendencia de Judá son intentos de impedir el plan redentor de Dios en Jesucristo. Esa amenaza se intensifica con el decreto de Herodes de matar a todos los niños de Belén y sus alrededores (Mat. 2:16-18). Y en el intento del dragón contra la mujer se aclara que detrás de todos estos incidentes históricos estaba Satanás en su lucha por impedir la salvación del hombre (Apoc. 12:1-9).

4. Dios está con José en casa de Potifar el egipcio, 39:1-18

El primer lugar, donde se establece a José, se determina su carácter y se lo prepara para su papel futuro. Lo destacado de la estadía de José en casa de Potifar es su fidelidad a Dios y su diligencia como esclavo. Las circunstancias al principio favorecen a José. Pero luego se torna en contra de él.

(1) Dios prospera a José, 39:1-6a. Dos factores, el uno humano, el otro divino, se unen para proveer a José el ambiente y las circunstancias necesarias para su sobrevivencia y bienestar en Egipto. El primero, un alto funcionario del faraón lo adquiere como esclavo y lo asigna a su propia casa reconociendo la capacidad de José. Este hecho provee a José de casa y de oportunidades para desarrollar sus actividades y nuevamente su condición de preeminencia. En esta nueva circunstancia José pone de sí todo su empeño, diligencia y buena voluntad. Su trabajo prospera y él cumple con sus responsabilidades de una manera excelente. El otro factor es la presencia constante, visible y fructífera de Jehovah con José. Este factor será la clave de todo el desarrollo de la historia de José. Esta presencia de Jehovah es, en primer lugar, fruto del propósito divino de Dios para con José. El causante de los sueños no ha sido eliminado ni su propósito anulado, pese a la circunstancia adversa causada por el pecado humano. Pero también esa presencia es el resultado de la fidelidad de José a Dios y a su compromiso indeclinable de mantener comunión con

La mujer de Potifar calumnia a José

José era de bella presencia y de hermoso semblante. **7** Y sucedió después de estas cosas,
que la mujer de su señor puso sus ojos en José
y le dijo:
—Acuéstate conmigo.
8 El rehusó y dijo a la mujer de su señor:
—He aquí que mi señor, teniéndome a mí,
no se preocupa de nada de cuanto hay en la casa. Ha puesto en mis manos todo cuanto tiene.
9 No hay otro superior a mí en esta casa; y
ninguna cosa se ha reservado, sino a ti, porque
eres su mujer. ¿Cómo, pues, haría yo esta
gran maldad y pecaría contra Dios?
10 Sucedió que ella insistía a José día tras
día, pero éste no le hacía caso para acostarse
con ella, ni para estar con ella. **11** Y sucedió
que él entró un día en la casa para hacer su
trabajo, y ninguno de los hombres de la casa
estaba allí en casa. **12** Entonces ella le agarró
por su manto, diciendo:
—Acuéstate conmigo.
Pero él dejó su manto en las manos de ella, se
escapó y salió afuera. **13** Y aconteció que al
ver ella que el manto había quedado en sus
manos y que él había escapado afuera, **14** llamó a los de su casa y les habló diciendo:

Dios y guardarse para el propósito divino.

La presencia de Dios en José se traduce en dos resultados concretos: Primero, Potifar reconoce la relación especial de José con Dios. Obviamente esta relación, como la de Daniel (Dan. 6:10) no es secreta, sino visible y abierta. Segundo, la presencia de Dios en José causa bendición a Potifar. El éxito de la prosperidad de Potifar es el resultado de la bendición de Dios. Aquí vemos dos cosas: el cumplimiento de la promesa patriarcal de ser de bendición a todas las familias. Además, la humildad de José, quien seguramente ante preguntas o alabanzas por su trabajo, atribuye todo a Dios. La presencia de Jehovah en José que le daba éxito en sus tareas y el reconocimiento de ello por parte de Potifar, resultan finalmente en el nombramiento de José como administrador de la casa y los recursos materiales del egipcio. En la antigüedad asignaban responsabilidades importantes a los esclavos que demostraban lealtad, conocimientos y habilidades especiales. Dos áreas importantes quedaban fuera de la autoridad de José: Por razones rituales y ceremoniales él no podía encargarse del alimento del capitán (43:32), y la esposa del egipcio, la que ha de ser causa de tragedia a José.

(2) La mujer de Potifar calumnia a José, 39:6b-18. Todo parece ir bien para José. Pero una nueva tragedia se le presenta debido a su fidelidad a Dios y la lealtad a su amo. La diligencia de José en su trabajo, su hermosura física y su presencia continua en la casa despiertan deseos físicos en la esposa de Potifar, quien ordena a José que tenga relaciones sexuales con

Fidelidad sexual como fidelidad a Dios
39:9

En nuestros tiempos, especialmente fuera de la comunidad cristiana, es conocido que las relaciones sexuales son solamente un asunto de consentimiento entre los participantes. La conveniencia, el placer, y las relaciones sociales minimizan la gravedad del asunto, pero qué diferente fue la actitud de José. El consideró que el adulterio era un pecado mayúsculo en contra de Dios. Esta dimensión es tan necesaria si esperamos salvaguardar la familia y a nuestra sociedad.

Cuando los inocentes sufren...
39:20

La experiencia de José cuando fue echado a la cárcel por las calumnias de la mujer de Potifar (39:20) nos enseña que algunas veces una persona inocente es victima de los poderosos y tiene que sufrir. Desafortunadamente esta historia se repite con mucha frecuencia hasta el punto que los inocentes comienzan a preguntarse, ¿dónde está la justicia de Dios? La Biblia nos recuerda que el Señor no deja pasar por alto estos actos de opresión y que él tiene un propósito que está llevando a cabo. Al fin, los justos serán vindicados y los opresores puestos en evidencia y desgracia.

—¡Mirad, nos han traído un hebreo para que se burle de nosotros! Vino a mí para acostarse conmigo, pero yo grité a gran voz. **15** Y él, viendo que yo alzaba la voz y gritaba, dejó a mi lado su manto, se escapó y salió afuera. **16** Ella puso junto a sí el manto de José hasta que su señor volvió a casa. **17** Entonces ella le repitió a él las mismas palabras diciendo:

—El esclavo hebreo que nos trajiste vino a mí para burlarse de mí. **18** Pero cuando yo alcé la voz y grité, él dejó su manto a mi lado y escapó afuera.

---

ella. El lenguaje usado es directo y en forma de orden. La diferencia de posición social, señora del amo y esclavo doméstico, sería más que suficiente para que la orden fuera cumplida, aunque dicha acción era penada con la muerte. Pero José rehúsa y confronta a la mujer exponiendo dos razones por las que dicho acto está fuera de su posibilidad. La primera tiene que ver con la lealtad a su amo y esposo de la mujer. Contestando seguramente a argumentos usados por la mujer, José reconoce que Potifar le dio un lugar de autoridad y confianza. Pero aclara que ella, por ser mujer del amo, estaba fuera de su esfera de acción. La afirmación de José es: *¿Cómo, pues, haría yo esta gran maldad?* (v. 9). Desde el punto de vista social, era inconcebible para José la propuesta de la mujer. Pero la segunda razón es más determinante aún: Dicha acción sería pecado contra Dios. José reconoce que la fidelidad a Dios se demuestra en una conducta de pureza y santidad. Estas dos razones son muy importantes y complementarias: la razón social y la razón teológica o religiosa. El apóstol Pablo une las dos razones en su exhortación a los tesalonicenses (1 Tes. 4:1-6).

Pero, no termina aquí el peligro. La mujer insiste con su orden. La determinación se vuelve firme y sin inhibiciones. Los argumentos de José no hacen efecto en ella, ya que estaba acostumbrada a otro sistema de valores. La reacción de José es tan firme como la determinación de la mujer: *No le hacía caso para acostarse con ella* (v. 10). Aquí se refleja la convicción de José que no estaba orientada por circunstancias o ganancias ventajosas, sino por su fidelidad a Dios. La mujer cambia de método e intenta una relación de compañía o amistad que pudiera ser más aceptable para José. José interpreta este cambio como simplemente un medio astuto de ganar su confianza para luego llegar a su deseo original. Tampoco responde a este pedido, evitando todo contacto con la mujer.

Finalmente, el cumplimiento del trabajo de José se vuelve la ocasión para su perjuicio. A pesar del riesgo, José seguía cumpliendo sus responsabilidades y se encuentra a solas con la mujer. No se aclara si el hecho de que ningún hombre estuviera en el lugar fue una casualidad o algo previamente arreglado. La mujer intenta su de-

Si desea ascensos en su trabajo, comience por aquí

Ciertamente la presencia de Dios hacía prosperar a José, pero es innegable la diligencia y responsabilidad que José dio a sus tareas.

1. José, en lugar de lamentar su situación de soledad y malos tratos, se dedicó a hacer bien lo que tenía a mano para hacer. Y eso era lo que pasaba: *Jehovah lo hacía prosperar en su mano* (v. 3).
2. José no abusó de la autoridad y confianza que se le había entregado. Mantuvo muy claros sus privilegios y sus responsabilidades (vv. 8, 9).
3. José comprendió que su buena presencia y apariencia física no fueron la base de su reputación, sino su honestidad, integridad y temor al Señor.
4. José trabajó con dedicación y pronto fue reconocido por el encargado de los presos como un hombre digno de confianza. José se dedicó a sus tareas laborales y a cuidar de sus compañeros antes que a buscar posiciones por la vía fácil u oportunista.
5. José mantuvo su confianza en Dios a pesar de las circunstancias. No claudicó de su fe ni negó sus convicciones como hijo del pueblo de Dios.

José es metido en la cárcel

19 Sucedió que cuando su señor oyó las palabras que le hablaba su mujer, diciendo: "Así me ha tratado tu esclavo", se encendió su furor. **20** Tomó su señor a José y lo metió en la cárcel, en el lugar donde estaban los presos del rey, y José se quedó allí en la cárcel.
21 Pero Jehovah estaba con José; le extendió su misericordia y le dio gracia ante los ojos del encargado de la cárcel. **22** El encargado de la cárcel entregó en manos de José a todos los presos que había en la cárcel; y todo lo que hacían allí, José lo dirigía. **23** El encargado de la cárcel no se preocupaba de nada de lo que estaba en sus manos, porque Jehovah estaba con José.* Lo que él hacía, Jehovah lo prosperaba.

*39:23 Lit., *con él*

seo con más osadía: A la orden verbal añade un intento físico de seducción. El manto era una camisa larga, atada con cinto por la cintura y usada como prenda de entrecasa. José reacciona con firmeza y prontitud haciendo dos cosas: Primero, deja su manto en las manos de la mujer. Esta decisión vino seguramente después de intentos de librarse de la mujer sin que ella le soltara. Más tarde, la mujer usa este manto como evidencia para calumniar a José. Segundo, se escapa y se aleja de ella. Ya no era momento de argumentar o dar razones. José interpreta muy bien la gravedad de la situación y actúa acorde con ello. No había otra salida sino la de escapar y alejarse de la mujer. Los consejos del sabio Salomón (Prov. 5:1-14) son claros en insistir que la única manera de evitar este pecado es alejándose de la

Semillero homilético

Lo que pasa cuando dependemos de Dios

39:1-21

Introducción: José fue una persona que tuvo muchas razones para vivir amargado con sus semejantes o resentido con Dios por causa de todas las injusticias de las cuales fue blanco. Sin embargo, el éxito de su vida se basaba en un gran secreto: confiaba en Dios. Veamos pues, lo que pasa cuando dependemos de Dios aun en medio de circunstancias adversas.

I. Lo que pasa cuando dependemos de Dios para nuestras tareas (vv. 1-6).
   1. José buscaba agradar a Dios en todas sus tareas diarias.
   2. José encomendaba a Dios cada una de sus tareas diarias.
   3. El resultado fue que Dios prosperó todo lo que José hacía.

II. Lo que pasa cuando dependemos de Dios para nuestra vida afectiva (vv. 7-16).
   1. La mujer de Potifar tenía poder sobre las tareas de José, pero no sobre su conducta.
   2. La mujer intentó continuamente seducirlo y las circunstancias parecían proteger bien a la mujer.
   3. José dependió de Dios para resistir la tentación de relacionarse afectiva y sexualmente con aquella mujer.
   4. Dios lo libró de pecar con aquella mujer.

III. Lo que pasa cuando dependemos de Dios para nuestro futuro (vv. 19-21).
   1. José siendo un esclavo, no pudo defenderse contra las acusaciones y calumnias de la mujer.
   2. José confió en Dios y fue enviado a la cárcel y no a la muerte.
   3. Dios estuvo con José en la cárcel, *le extendió su misericordia y le dio gracia ante los ojos del encargado de la cárcel* (v. 21).

Conclusión: Constantemente se nos dice que *Jehovah estaba con José* y *Jehovah lo prosperaba.* Estas son las dos más grandes bendiciones que una persona puede recibir cuando depende y confía en Dios.

seducción. El apóstol Pablo también aconseja con autoridad no caer en el pecado de fornicación (1 Cor. 6:12-20).

Joya bíblica

Pero Jehovah estaba con José; le extendió su misericordia y le dio gracia ante los ojos del encargado de la cárcel (39:21).

La reacción de José humilla a la mujer quien hasta ese momento estaba acostumbrada a conseguir todo lo que deseara. Y desde ese momento decide vengarse de José planeando una calumnia de intento de violación. El hecho de que José dejara su manto en las manos de ella le provee de una supuesta evidencia. Además, para darle un toque de más realismo, ella grita llamando la atención de los de su casa para respaldarse más en su falsa información. Así, los de su casa se convierten en testigos circunstanciales del supuesto hecho. Pero el golpe de gracia lo da cuando el esposo regresa. Apenas llega el capitán, ella le transmite la mentira y le muestra el manto de José como evidencia de sus palabras. Lo único de verdad que dice es que la violación no se llevó a cabo. Pero según ella, no fue por la negativa de José, sino porque ella gritó y los de la casa acudieron, causando la huida de José. Nuevamente la vida de José corre enorme peligro, ya que depende de la reacción del funcionario militar egipcio.

5. Dios está con José en la cárcel del faraón, 39:19—40:23

Las circunstancias cambian radicalmente para José. Su fidelidad a Dios, su lealtad a su amo y su diligencia en el trabajo causan que se encuentre en una situación precaria. Es encarcelado en una prisión de máxima seguridad y pendiente no de un juicio justo, sino del capricho de personas con poder y autoridad de decisión sobre su vida. Esta sección, por encima de las circunstancias humanas, testifica de la presencia e intervención de Dios.

(1) Dios prospera a José en la cárcel, 39:19-23. Una reacción más común de parte de Potifar hubiera sido la muerte de José. Pero Dios, quien guía el curso de la historia humana, aunque no libra a José, le preserva la vida. Llevan a José a la cárcel donde estaban los presos que directamente ofendían al faraón y atentaban contra el poder imperial (presos políticos). Posiblemente tan "digno" destino se debió al deseo de venganza de Potifar, o a que la supuesta transgresión de José era considerada un atentado contra las estructuras político-sociales.

A juzgar por lo que acontece al panadero, el estar vivo en esa cárcel no era garantía segura de sobrevivencia. Cualquier día podía llegar sentencias de muerte. De ahí que la única garantía era la presencia de Dios. Y una vez más, esa presencia se manifiesta en José. En contraste con la injusticia humana, Dios concede a José misericordia. En contraste con la situación de sobrevivencia precaria, Dios concede a José gracia ante los ojos del director de la cárcel. Se ve que la presencia de Dios actúa no sólo en José, su instrumento escogido, sino en el carcelero para que éste no elimine a José, sino lo beneficie según las posibilidades. Es bueno resaltar que la

Joya bíblica

Preguntó a los funcionarios del faraón que estaban con él bajo custodia en la casa de su señor diciendo: "¿Por qué están tristes vuestras caras hoy?" (40:7).

Aquí vemos como la vida consistente de José le otorgó el respeto y confianza de los otros prisioneros. Uno puede verlo como cualquier otro prisionero, pero la calidad de su vida y su actuación, pronto lo colocan como un personaje sobresaliente. La conducta de José para con sus compañeros de prisión nos ilustra que José reconocía que su situación era tan difícil como la de ellos; que él se sentía impotente para resolver el problema; que a pesar de todo, estuvo dispuesto a dejar su situación en las manos de Dios.

José interpreta sueños en la cárcel

40 Aconteció después de estas cosas que
el copero y el panadero del rey de
Egipto ofendieron a su señor, el rey de Egipto.
2 El faraón se enfureció contra sus dos
funcionarios,* el jefe de los coperos y el jefe de
los panaderos, **3** y los puso bajo custodia
en la casa del capitán de la guardia, en la cárcel donde José estaba preso. **4** El capitán de la
guardia se los encargó a José, y él les servía.
Estuvieron algunos días bajo custodia. **5** Y en
una misma noche ambos, el copero y el panadero del rey de Egipto que estaban presos en
la cárcel, tuvieron un sueño; cada uno su
propio sueño, y cada sueño con su propia
interpretación. **6** Por la mañana José vino a
ellos y los vio, y he aquí que ellos estaban tristes. **7** Preguntó a los funcionarios del faraón
que estaban con él bajo custodia en la casa de
su señor, diciendo:
—¿Por qué están tristes vuestras caras hoy?

*40:2 Otra trad., *eunucos*

Cuando los sueños nos quitan el sueño

Los sueños que tenemos mientras nuestro cuerpo descansa pueden ser usados por nuestro "ser interior" para recordarnos que en la vida consciente hemos actuado indebidamente. También se dice que los sueños pueden expresar ciertos anhelos o deseos que llevamos muy dentro de nosotros. Otras veces pueden ser vehículos que Dios utiliza para comunicar un mensaje especial a alguien. Los consejeros nos dicen que el mejor intérprete de un sueño es la persona que tuvo el sueño y por lo tanto debemos tomar el tiempo para analizar nuestros sueños y su posible implicación.

1. Tanto el panadero como el copero *ofendieron a su señor*, no se nos cuenta el motivo, pero ellos sabían que su vida estaba en peligro. Tenían una muy buena razón para soñar.
2. José afirma que en última instancia los sueños que tenemos también Dios los conoce y él sabe su perfecto significado (v. 8).
3. José con mucha sensibilidad humana y en igualdad de condiciones escucha el relato de ambos sueños y su interpretación. Sin duda en este caso, más importante que el futuro del copero o del panadero es la mano de Dios que providencialmente está guiando la historia para el bien de José y de todos los habitantes de su época.
4. El cumplimiento o no de la interpretación del sueño es la última manera de validar el significado del sueño mismo o el mensaje que puede contener.

intervención de Dios no es directa. Es a través de las acciones y decisiones de otras personas. Similar es el caso del centurión quien, contrario a la ley romana, impide que maten a Pablo en el naufragio (Hech. 27:42-44). Es muy posible que el carcelero, colega de Potifar, tuviera informaciones y referencias favorables sobre el desempeño administrativo anterior de José. De cualquier manera, el carcelero delega a José la dirección y servicio, primero de los presos, y luego de todo el manejo de la cárcel. Y Dios prospera la responsabilidad, diligencia y sabiduría administrativa de José. Y así, el escogido por Dios para un lugar de preeminencia, surge una vez más por encima de las circunstancias adversas.

(2) Dios concede a José interpretar sueños, 40:1-23. La cárcel, instrumento de castigo injusto a José, se vuelve el medio en el cual José ha de surgir definitivamente a un lugar de prominencia en los planes de Dios. Por el lugar de confianza que ocupaba en la cárcel, José tiene acceso y contacto con todos los otros presos. Entre ellos se encuentran también presos el copero y el panadero del faraón. El copero era un cargo de mucha importancia. Era la persona confidente del rey y el responsable de la seguridad de la vida del rey. Uno de los medios de eliminación más usado era el envenenamiento de la bebida o comida del rey. El copero, y en este caso el jefe de los coperos, era el

8 Ellos le dijeron:
—Hemos tenido un sueño, y no hay quien
nos lo interprete.
Entonces José les dijo:
—¿Acaso no son de Dios las interpretaciones?
Por favor, contádmelo a mí.
9 Entonces el jefe de los coperos contó su
sueño a José, diciendo:
—En mi sueño veía delante de mí una vid.
10 En la vid había tres ramas. Parecía que ella
brotaba, florecía y sus racimos de uvas
maduraban. **11** La copa del faraón estaba en
mi mano, y yo tomaba las uvas, las exprimía
en la copa del faraón y ponía la copa en la
mano del faraón.
12 Y José le respondió:
—Esta es su interpretación: Las tres ramas
son tres días. **13** Dentro de tres días el faraón
te hará levantar cabeza* y te restituirá a tu
puesto. Volverás a poner la copa en la mano
del faraón, como solías hacerlo anteriormente,
cuando eras su copero. **14** Pero cuando te
vaya bien, acuérdate tú de mí. Por favor, actúa
con misericordia para conmigo; haz mención
de mí al faraón y hazme sacar de esta casa.
15 Porque yo fui secuestrado de la tierra de los
hebreos, y nada he hecho aquí para que me
pusieran en la cárcel.
16 Viendo el jefe de los panaderos que la
interpretación había sido favorable, dijo a José:
—También yo soñaba que había tres cestas
de pan blanco sobre mi cabeza. **17** En la cesta
superior había toda clase de manjares de pas-
telería para el faraón, pero las aves se los comían de la cesta que estaba sobre mi cabeza.

*40:13 Otra trad., *te enaltecerá*

encargado de asegurar que la comida era apropiada. Y generalmente el método que usaban era el de probar primero antes que el rey. Nehemías llega a ocupar dicho cargo ante el rey Artajerjes (Neh. 1: 11). El panadero también era una profesión muy importante por ser el pan artículo de primera necesidad. En un atentado contra el faraón, el acuerdo de ambos funcionarios sería más que suficiente para el éxito de la conspiración.

Estos presos estaban pendientes de sentencias que darían destino a sus vidas. Ambos sabían que en el cumpleaños del faraón que se acercaba, se podía determinar las sentencias. Seguramente ello causó preocupación en ellos y Dios permite que ambos tengan un sueño que ellos sabían se relacionaba con sus vidas. Los sueños y su interpretación eran muy importantes en la cultura antigua. Eran considerados un vehículo de orientación presente y anticipación futura. José, atento al ánimo de ellos les nota preocupados y así se entera de sus sueños y la ansiedad al no tener intérprete. José se ofrece, aclarando primero que las interpretaciones son de Dios y no de ningún ser humano. Como los

Semillero homilético

Cuando viene la adversidad

40:1-23

Introducción: Hay varias enseñanzas prácticas en las experiencias adversas que vivió José en la cárcel. Aunque es fácil expresarlas, no lo es siempre vivir convencidos de ellas.

I. Los hijos de Dios a veces, a pesar de su inocencia, se encuentran en circunstancias adversas. Esto puede dejarlos perplejos, pero no deben olvidar que el bien siempre vencerá sobre el mal.

II. Dios puede, y la mayoría de las veces lo hace, obrar por medio de la historia para convertir los males materiales en bienes espirituales.

III. La fidelidad a Dios no garantiza que los hijos de Dios siempre tendrán prosperidad y seguridad material. Generalmente Dios nos llama a ser fieles a él en medio de apreturas físicas.

IV. La sensibilidad a los sufrimientos de otros que están a nuestro lado nos proveen la oportunidad para servir y ministrar en nombre del Señor.

Conclusión: Muchas personas que cuando pasaban por una crisis no entendían el por qué, pero un tiempo después se daban cuenta que Dios estaba haciendo una obra maravillosa por medio de las adversidades.

18 Entonces José respondió:
—Esta es su interpretación: Las tres cestas
son tres días. **19** Dentro de tres días el faraón
quitará* tu cabeza de encima de ti. Te hará
colgar en la horca, y las aves comerán tus car-
nes.
20 Y sucedió que al tercer día fue el
cumpleaños del faraón, y él dio un banquete a
todos sus servidores. Entonces levantó la cabeza del jefe de los coperos y la cabeza del jefe de
los panaderos, en medio de sus servidores.
21 Al jefe de los coperos lo restituyó en su
cargo de copero, y éste volvió a poner la copa
en la mano del faraón. **22** Pero hizo ahorcar
al jefe de los panaderos, como José les había
interpretado. **23** Sin embargo, el jefe de los
coperos no se acordó de José, sino que se olvidó de él.

*40:19 Lit., *levantará*

presos sabían de la relación especial de José con Dios, cuentan sus sueños a José.

El primero en relatar su sueño fue el copero. José interpreta el sueño al copero, anunciándole libertad y restauración en su cargo. Y como garantía del cumplimiento, José ruega al copero que interceda por él ante faraón. José afirma dos cosas en cuanto a su condición. Primero, que él fue secuestrado de su tierra. Aquí él aclara que no es un esclavo. La razón de su situación actual se debe a una violación del derecho más básico del hombre: su dignidad humana. El fue robado (vendido) como un objeto comercial. El tiene familia, una identidad étnica y un lugar establecido al que pertenece. Muchos piensan que el término *hebreo* en ese entonces era usado para identificar a personas de vida marginada o despreciada. Si así fuera, José no se avergüenza de ello, sino afirma su identificación. Segundo, él se declara inocente de la ofensa por la que se le acusa. Pero, la palabra de un hebreo y esclavo no podría nunca tener valor frente a las estructuras imperantes. Nadie oye el clamor del marginado o del oprimido. Por ello José, en vez de reclamar justicia, pide que el copero actúe con misericordia para con él. Sólo un acto de misericordia, de solidaridad básica entre seres humanos, daría posibilidad a la liberación de José.

El panadero, esperando también una interpretación favorable, relata su sueño. Pero Dios revela que será ahorcado al tercer día. José sin engaños o falsas promesas de esperanzas declara este inminente final trágico. Aquí se nota la consistencia de José en su reconocimiento que Dios es quien está en control de la vida de todos los seres humanos. El mensajero no puede cambiar la realidad.

Ambas interpretaciones que declaran el futuro inmediato, dadas por quien no tiene voz de autoridad en las estructuras sociopolíticas del presente, se cumplen con toda exactitud. Y sería lo mínimo de esperar que el copero retribuyera a José intercediendo por él ante faraón. Pero, las posiciones y cargos políticos son sólo sinónimos de avances personales y de promoción individualista. Es ajeno al sistema el actuar con misericordia y mostrar solidaridad humana. Estas no son herramientas de progreso y recompensa en el sistema. Una vez más, el factor humano falla. El copero se reintegra a las estructuras y olvida a José en la cárcel.

Olvidado, pero no resentido

Después que el copero salió de la cárcel, José debe haber sentido algo de tristeza por haber sido olvidado por aquel a que le debía un gran favor. Sin embargo, José, no jugó el papel de víctima. No envenenó su vida con las lamentaciones y el resentimiento. No se echó para atrás, por el contrario, reorientó su fe hacia Dios y continuó confiando en que a su debido tiempo Dios lo sacaría de esa situación. Es fácil perder el placer de servir cuando pensamos en la posible falta de gratitud o de memoria de muchas personas, pero el motivo debe ser mucho más alto y sublime: ser útiles mientras proclamamos la grandeza de Dios.

José interpreta los sueños del faraón

41 Aconteció después de dos años completos que el faraón tuvo un sueño: He
aquí que él estaba de pie junto al Nilo; **2** y del
Nilo subían siete vacas de hermoso aspecto y
gordas de carne, y pacían entre los juncos. **3** Pero he aquí que otras siete vacas salían del Nilo,
detrás de ellas, de mal aspecto y flacas de carne. Estas se pusieron junto a las otras vacas a
la orilla del Nilo. **4** Entonces las vacas de mal
aspecto y flacas de carne devoraron a las siete
vacas de hermoso aspecto y gordas. Y el faraón
se despertó.
5 Se durmió de nuevo y soñó por segunda
vez; y he aquí que siete espigas subieron de un
solo tallo, gruesas y hermosas. **6** Pero he aquí
que detrás de ellas brotaron otras siete espigas
delgadas y quemadas por el viento del oriente.
7 Entonces las espigas delgadas devoraron a
las siete espigas gruesas y llenas. El faraón se
despertó, y he aquí que había sido un sueño.

---

6. Dios concede a José librar a Egipto del hambre, 41:1-57

En esta sección se relata la misericordia de Dios para con José, Egipto y los pueblos cercanos. Resalta asimismo la fidelidad de Dios en guiar todas las circunstancias para el cumplimiento de su propósito de salvación. José es el instrumento de información del plan futuro de Dios y de previsión para la sobrevivencia. La abundancia de Egipto beneficia primeramente a la población egipcia pero también a la población de las regiones de alrededor donde el hambre se había extendido. La prominencia de Egipto en esta crisis y el papel directivo de José son preparativos indispensables para la sobrevivencia de la familia y descendencia de Jacob.

(1) Los sueños del faraón, 41:1-8. Mientras José permanece en la cárcel por dos años después de la liberación del copero, Dios interviene en la vida de otra persona para traer a José en prominencia y usarle como instrumento de sobrevivencia.

El faraón, cargo hereditario, era el rey de Egipto y se le atribuía divinidad. Tenía mucho poder político e influencia en el mundo conocido, ya que tenía dominio so-

Semillero homilético

Dios, Señor de la providencia

41:1-57

Introducción: Detrás de los personajes y del escenario de este hermoso relato descubrimos a un Dios soberano que controla y dirige la historia y la vida de los hombres y las naciones para llevar a cabo sus planes de salvación. Cuando menos hay cinco momentos significativos en esta historia que nos hacen reconocer sin lugar a duda que Dios es el Señor de la providencia.

I. Dios hace que el faraón sueñe porque desea mostrarle sus planes y su voluntad (v. 25). Este es un buen ejemplo de cuando los sueños son un vehículo que Dios utiliza para dar a conocer su voluntad a fin de preparar a la persona, a una familia o a una nación para un evento especial.

II. Dios hizo que el copero se recordara de José (v. 9). Habían pasado dos años desde que el copero había vuelto a su puesto de servicio y ahora bajo las condiciones, recuerda su falta de gratitud y su falta de memoria.

III. Dios dio a José la interpretación y el significado correcto de los sueños del faraón (v. 16). José no se atribuye a sí mismo la capacidad de interpretar los sueños y con toda humildad confiesa: *No está en mí. Dios responderá para el bienestar del faraón.*

IV. Dios sacó a José de la cárcel y lo llevó a ser el primer ministro del faraón. Es impresionante que el faraón mismo reconoce la mano de Dios en todo este asunto (v. 39).

V. Dios concede a José la sabiduría para administrar los productos de la tierra para salvar a los egipcios, a otras naciones y en especial a la propia familia de José (vv. 56, 57).

Conclusión: ¿Tuvo usted alguna experiencia que no entendía en el momento, pero posteriormente se daba cuenta que Dios estaba dirigiendo todo en su providencia? Es maravilloso saber que nuestro Dios nos cuida en toda experiencia.

8 Sucedió que por la mañana su espíritu
estaba perturbado, por lo que mandó llamar a
todos los magos de Egipto y a todos sus sabios.
El faraón les contó sus sueños, pero no había
quien se los interpretase al faraón. **9** Entonces
el jefe de los coperos habló al faraón diciendo:
—Ahora haré mención de una falta mía.
10 El faraón se enojó contra sus siervos y me
echó en la cárcel de la casa del capitán de la
guardia, junto con el jefe de los panaderos.
11 En una misma noche él y yo tuvimos un
sueño, y cada sueño tenía su propia interpretación. **12** Y estaba allí con nosotros un
joven hebreo, esclavo del capitán de la guardia.
Se lo contamos, y él interpretó nuestros
sueños; a cada uno le interpretó su propio sueño. **13** Y aconteció que tal como él nos lo interpretó, así sucedió: A mí el faraón* me res-
tableció en mi puesto y al otro lo hizo colgar.
14 Entonces el faraón mandó llamar a José, y
le hicieron salir apresuradamente de la cárcel.
Se afeitó, se cambió de ropa y vino al faraón.
15 Entonces el faraón dijo a José:
—He tenido un sueño, y no hay quien me lo
interprete. Pero he oído hablar de ti, que
escuchas sueños y los interpretas.
16 José respondió al faraón diciendo:
—No está en mí. Dios responderá para el
bienestar del faraón.

*41:13 Lit., *él*

bre territorios fuera de Egipto. El faraón tiene dos sueños sucesivos en una misma noche que le causan disturbio por su rareza, sentido horrífico y similaridad. Los sueños eran considerados de mucha importancia en la cultura egipcia y más cuando el recipiente era una persona importante. El faraón política y religiosamente tenía bajo su responsabilidad el destino de la nación. Los tres elementos que se mezclan en el sueño —el río Nilo, el ganado y las espigas de cereal— eran elementos fundamentales en la economía del pueblo. El Nilo, el río más largo del mundo (6.670 km.), hace de Egipto un gran oasis en medio de un gran desierto. Los egipcios lo consideraban un dios y la historia y el desarrollo cultural de Egipto están ligados al río. En sus crecidas periódicas el Nilo proveía irrigación y fertilización a una vasta zona productiva de Egipto. La necesidad de predecir dichas crecidas y utilizarlas al máximo llevó a los egipcios a desarrollar la astronomía, adoptar un calendario anual, inventar la escritura y descubrir avanzadas técnicas de agricultura. La ganadería y el cultivo de cereal eran prominentes en Egipto y servían de base a la subsistencia de la población y al comercio externo. Y justo el mismo faraón es el recipiente del sueño, que con el Nilo, el ganado y el cereal, indican y aseguran el futuro. El imperio poseía siempre sabios y magos (los técnicos) quienes se especializaban en la interpretación de sueños. Por la importancia de este sueño, el faraón pide la ayuda de ellos. Pero pese a la abundancia de consejeros y la avanzada técnica que lograron desarrollar, nadie puede interpretar esos sueños. Faraón tiene en su poder la información del futuro, pero no la técnica para interpretarla. La razón sencillamente es que no era una información tecnológica producto de la sabiduría y planeamiento humano, sino revelación de Dios. Y las revelaciones de Dios sólo se entienden por técnicas "espirituales" (1 Cor. 2:14).

(2) Sacan a José de la cárcel, 41:9-14. Ningún intérprete fue capaz de explicar el sueño del faraón. Todo hubiera terminado nada más que en sueño si no fuera por la intervención del jefe de los coperos, quien recuerda su experiencia con José en la cárcel e informa al faraón de la posibilidad de interpretación del sueño. El copero admite su falta que consiste en no haber intercedido ya por José ante el faraón (40:14, 15). Con mucha precisión relata la experiencia resaltando los siguientes puntos. Primero, el copero recuerda que anteriormente el faraón había ordenado su encarcelamiento juntamente con el jefe de los panaderos. Segundo, le relata que ambos prisioneros tuvieron un sueño que deman-

17 Entonces el faraón dijo a José:
—En mi sueño yo estaba de pie a la orilla del
Nilo. **18** Y he aquí que del Nilo salían siete vacas gordas de carne y de hermoso aspecto, y
pacían entre los juncos. **19** Pero he aquí que
otras siete vacas subían detrás de ellas, delgadas, de muy feo aspecto y flacas de carne. Jamás he visto otras tan feas como aquéllas en
toda la tierra de Egipto. **20** Entonces las vacas
flacas y feas devoraron a las siete primeras vacas gordas. **21** Estas entraron en su interior,
pero no parecía que hubiesen entrado en ellas,
porque su apariencia seguía siendo tan mala
como al comienzo. Y me desperté. **22** Vi también en mi sueño siete espigas que subieron de
un solo tallo, llenas y hermosas. **23** Pero he
aquí que detrás de ellas brotaron otras siete
espigas, secas, delgadas y quemadas por el
viento del oriente. **24** Entonces las espigas
delgadas devoraron a las siete espigas hermosas. Se lo he contado a los magos, pero no
hay quien me lo interprete.

---

daba su interpretación correcta. Tercero, identifica a José con exactitud: *un joven hebreo* y *esclavo del capitán de la guardia.* Esta identificación de edad, de raza y de condición social no es precisamente una buena referencia de presentación para la solución de un problema tan grave. En Egipto, como en nuestros países, la técnica y el poder de decisión estaban bien controlados y aun monopolizados por gente bien establecida y de un grupo político-social privilegiado. Cuarto, el copero admite que tanto él como el jefe de los panaderos contaron a José sus respectivos sueños y que la interpretación de éste fue cumplida con exactitud. Y justamente el cumplimiento de esos sueños fue instrumentado por el mismo faraón quien con su acción inicial de encarcelamiento y final de liberación y sentencia, queda conectado y responsable en todo este episodio. Este aspecto habrá llamado poderosamente la atención del faraón: ciertas acciones que él realizara dos años atrás fueron "dictaminadas" por un joven esclavo hebreo, desde una cárcel egipcia.

El faraón entonces hace llamar a José quien con urgencia es sacado de la cárcel. Una vez más Dios interviene en la vida de José quien no queda permanentemente olvidado en la cárcel. Lo hace indirectamente haciendo recordar al jefe de los coperos de su experiencia con José. Para ir ante faraón, José se prepara para presentarse en forma digna y respetable.

(3) José interpreta los sueños del faraón, 41:15-32. El encuentro de José con el faraón se desarrolla de la siguiente manera: Primero se establece la relación correcta. El faraón declara que no hay quien interprete sus sueños, pero que tiene noticias que José es un "probado" intérprete de sueños. José responde precisa y categóricamente que no es él sino Dios quien ha de responder al sueño del faraón. La práctica de interpretación de sueños no era novedad. La novedad era que se establece que la interpretación de sueños no depende de técnicas humanas sino de una intervención de Dios. Ya en la cárcel José había establecido esta verdad. Segundo, se relata el sueño con precisión y sin interrupción. El relato es similar a los vv. 1-7, excepto que el faraón agrega su impresión a lo horroroso de las siete vacas flacas (*jamás he visto otras* y *su apariencia seguía siendo tan mala*, vv. 19b, 21). El faraón admite que a pesar de haber relatado su sueño a los magos (los tecnócratas de la época) nadie los pudo interpretar. He aquí un hombre poderoso sin recurso técnico ante un sueño.

Tercero, José responde al faraón interpretando los sueños. Varios aspectos son resaltantes en la interpretación de José. Primero, se establece que es Dios quien está detrás de todo este sueño. Culturalmente los sueños son atribuidos a recursos, fuerzas o impulsos internos de la persona humana. Por tanto su interpretación depende de una técnica humana especial. Pero en este caso es Dios quien está mostrando al faraón lo que va a acontecer. Aun más, Dios está en total y único control de ejecutar el futuro. Segundo, se explica el significado del sueño. Ya no es una

25 Entonces José respondió al faraón:
—El sueño del faraón es uno solo. Dios ha
mostrado al faraón lo que va a hacer: 26 Las
siete vacas hermosas son siete años; y las siete
espigas hermosas también son siete años. Se
trata de un mismo sueño. 27 Las siete vacas
flacas y feas que salían detrás de las primeras
son siete años, y las siete espigas delgadas y
quemadas por el viento del oriente son siete
años de hambre. 28 Como dije al faraón, Dios
ha mostrado al faraón lo que va a hacer. 29 He
aquí que vienen siete años de gran abundancia
en toda la tierra de Egipto, 30 pero después de
ellos vendrán siete años de hambre. Toda la
abundancia anterior será olvidada en la tierra
de Egipto. El hambre consumirá la tierra,
31 y aquella abundancia pasará desapercibida
en la tierra, debido al hambre que vendrá
después, porque será muy grave. 32 El hecho
de que el sueño del faraón haya sucedido dos
veces significa que la cosa está firmemente de-
cidida de parte de Dios, y que Dios se apresura
a ejecutarla.

interpretación basada en una técnica sino una revelación asignada a una persona de especial relación con Dios. José ya no es un simple practicante de interpretación de sueños, sino un profeta del Dios de la historia. El foco de atención no es el sueño en sí sino es Dios quien al ejecutar su plan se preocupa del bienestar del ser humano y ya teniendo en cuenta a la descendencia de Abraham, su escogido. El significado de los sueños no es muy complejo. Los sueños tienen un mismo mensaje e indican la determinación inalterable y urgente de Dios. Habrá siete años de gran abundancia productiva seguidos de siete años de grave escasez. La causa directa y final es Dios. La causa natural no se menciona, pero se comprende que esto es posible y debido al comportamiento del río Nilo. Aquí hay una declaración importante para el faraón: el futuro de Egipto no depende del Nilo, sino de Dios.

(4) José urge al faraón tomar acción para enfrentar la situación futura, 41:33-36. Aunque importante la correcta interpretación, la revelación de Dios demanda una respuesta humana. José aconseja dicha respuesta basándola en lo siguiente: Primero, su certeza de que Dios va a ejecutar su propósito. Nada hay más para discutir. Las revelaciones de Dios son finales y deben ser aceptadas por el hombre. Segundo, José anuncia que ahora hay una responsabilidad grande en el faraón. El debe tomar las medidas y precauciones necesarias a la situación. La misericordia de Dios se extiende en la revelación del futuro. El cuidado y resguardo del mismo está a cargo del ser humano. Según la Biblia, el bienestar y sobrevivencia de toda la nación es la responsabilidad intransferible del poder político. El apóstol Pablo afirma que la autoridad política legítimamente constituida (*constituido por Dios*) es servidor de Dios para el bien del ciudadano (Rom. 13:1-4; 1 Tim. 2:1, 2). Tercero, José expone la necesidad de un plan nacional completo e integral que incluye estos elementos: Primero, el nombramiento de una autoridad administrativa centralizada y responsable ante el faraón de toda la política a ejecutarse. Las cualidades de esta persona se especifican claramente: con conocimientos técnicos (entendido) y capacidades administrativas (sabio). Segundo, que se adopte una organización política dividiendo el país en territorios con gobernantes locales quienes se encarguen de la ejecución del plan nacional. Tercero, la adopción de un plan de almacenamiento que incluya una recaudación del 20% del producto como un impuesto nacional y la preservación adecuada de los productos recaudados en los años de abundancia como previsión para los años de escasez. Los funcionarios o gobernantes territoriales serán los responsables ante el faraón de la recaudación y almacenamiento de los productos en lugares estratégicos. El propósito final de todo este plan es el de evitar la ruina del país y asegurar la sobrevivencia poblacional. Si la interpretación de sueños destaca a José como profeta, el consejo de un plan nacional lo destaca

33» Por tanto, provéase el faraón de un hombre entendido y sabio y póngalo a cargo de la tierra de Egipto. 34 Haga esto el faraón: Ponga funcionarios a cargo del país que recauden la quinta parte del producto de la tierra de Egipto durante los siete años de abundancia. 35 Que ellos acumulen todos los alimentos de estos años buenos que vienen, que almacenen el trigo bajo la supervisión* del faraón, y que los guarden en las ciudades para sustento. 36 Sean guardados los alimentos como reserva para el país, para los siete años de hambre que vendrán sobre la tierra de Egipto. Así el país no será arruinado por el hambre.

José es hecho señor de todo Egipto

37 El plan le pareció bien al faraón y a todos sus servidores. 38 Entonces el faraón dijo a sus servidores:

—¿Podremos hallar otro hombre como éste, en quien esté el espíritu de Dios?

39 El faraón dijo a José:

—Puesto que Dios te ha hecho saber todo esto, no hay nadie tan entendido ni sabio como tú. 40 Tú estarás a cargo de mi casa, y todo mi pueblo será gobernado bajo tus órdenes. Solamente en el trono seré yo superior a ti. 41—El faraón dijo además a José—: He aquí,

*41:35 Lit., *mano*

como un hombre sabio y prudente. Es interesante reflexionar que sus capacidades administrativas las aprendió como "ayudante" o "mano derecha" de su padre. Seguro que por la recurrencia de escasez en Canaán, una política de prevención y una estrategia de sobrevivencia era muy necesaria. A ello se debe agregar su desarrollo como mayordomo exitoso en la casa de Potifar y luego en la cárcel. No

Dependencia en Dios

La primera cualidad que el faraón mencionó acerca de José fue su dependencia de Dios. El faraón ignoró el hecho de que José tenía un pasado cuestionable, olvidó los rumores que corrían por los pasillos del palacio acerca de sus intereses con la esposa de uno de sus generales. También hizo a un lado el que José fuera un "recién salido de la cárcel" donde había estado por varios años. Faraón solamente vio que el espíritu de Dios estaba sobre José y que eso lo convertía en un hombre sabio. Así que sin pensarlo más, el faraón promueve a José a la primera magistratura de Egipto.

Algunas veces nosotros pensamos que por causa de algunos pecados o faltas cometidas en el pasado no hay ninguna esperanza de que podamos prosperar en el futuro. Sin embargo, cuando nos dejamos modelar por la mano amorosa de Dios, le pedimos su dirección y confiamos a él la totalidad de nuestro ser, el pasado queda atrás y las victorias y nuevas oportunidades están adelante, esperándonos.

está demás insistir que la diligencia y responsabilidad humana complementan necesariamente a la elección de Dios como instrumento de bendición. José ofrece todo el beneficio de su relación con Dios (espiritual) al interpretar el sueño y su capacidad intelectual al ofrecer un plan de acción. El cumplimiento de la promesa patriarcal de bendición a todas las familias de la tierra se cumple en este escogido.

(5) El faraón nombra a José gobernador de Egipto, 41:37-45a. No se discute ni se mide el valor del plan presentado por José. Simplemente se acepta y se propone ejecutarlo. El faraón hace recaer la responsabilidad del plan en José argumentando tres razones: Primera, el plan presentado por José era la respuesta correcta a la nueva realidad revelada en la interpretación del sueño. Aquí se nota la aceptación del faraón y sus servidores de la sabiduría superior de José. Segunda, el faraón reconoce la relación especial de José con Dios. Esta dimensión espiritual es transcendental y se reconoce que por más preciso y correcto el plan, la crisis necesita de una persona que actúa con el beneficio de una relación íntima con Dios. Puede aclararse que el Dios mencionado en la conversación para José claramente es el verdadero Dios, el Dios de relación personal de los patriarcas y quien interviene con soberanía y autoridad en las actividades humanas. Desde el punto de vista del fa-

yo te pongo a cargo de toda la tierra de Egipto.
42 Entonces el faraón se quitó el anillo de su
mano y lo puso en la mano de José. Le vistió
con vestiduras de lino fino y puso un collar de
oro en su cuello. **43** Luego lo hizo subir en su
segundo carro, y proclamaban delante de él:
"¡Doblad la rodilla!" Así lo puso a cargo de toda
la tierra de Egipto, **44** y el faraón dijo a José:
—Yo soy el faraón, y sin tu autorización*
ninguno alzará su mano ni su pie en toda la
tierra de Egipto.
45 El faraón llamó a José Zafenat-panéaj,* y
le dio por mujer a Asenat hija de Potifera, sacerdote de On.* Y José salió a recorrer toda la
tierra de Egipto.

*41:44 Lit., *sin ti*
*41:45 Significa en egipcio *Dios habla; él vive.*
*41:45 O sea, Heliópolis

raón, Dios es la referencia o realidad trascendente que de pronto se "adueña" del imperio con soberanía e independencia. El reconoce que la crisis necesita de una continua relación con este Dios quien causa esta situación. Tercera, el faraón reconoce que ningún recurso humano disponible podía llenar la necesidad surgida por la crisis: *No hay nadie tan entendido ni sabio* (v. 39). En su consejo José nunca se "promocionó" como candidato, sino simplemente evaluó los requerimientos necesarios para la persona a nombrarse. Tanto José como el faraón actuaron con humildad guiados ya por los designios de Dios. No está demás mencionar que en tan importante decisión, el faraón habrá tenido también a mano un informe exacto de la trayectoria exitosa de José en la casa de Potifar y en la cárcel (sus cartas de recomendación). Sin duda, nuevamente se combinan perfectamente la elección de Dios y la probada diligencia del hombre ante responsabilidades dadas.

El faraón ofrece a José los siguientes cargos: Primero, Mayordomo del Palacio del faraón, cargo que otorga a José autoridad imperial. Segundo, Gobernador de Egipto, cargo político que otorga a José autoridad legal y poder centralizado. Normalmente este cargo era reconocido como el de Gran Visir o Vice rey, similar al de Primer Ministro de nuestros días. Esta posición era superior a todos los otros cargos y sólo inmediatamente inferior al faraón. Tercero, representante del faraón en todos los territorios bajo su dominio. Este era un cargo administrativo que concede a José autoridad directa sobre las autoridades locales en todo Egipto. En acuerdo con la necesidad de una política integral centralizada y bien coordinada, el faraón concede a José todos los cargos representativos, políticos y administrativos del imperio que harán posible el éxito del plan.

Tu Dios habla

El faraón llamó a José Zafenat-panéaj (41:45). El nombre egipcio dado a José por el faraón puede significar "Dios dice que está vivo"; o como anota RVA "Dios habla; él vive". El contenido da a entender que Dios ha comunicado su palabra con tal firmeza y certeza que es una clara evidencia de que él está presente en medio de nosotros.

La manera como los hijos de Dios nos comportamos y hablamos da a conocer al Dios en el cual creemos y confiamos. Dichosos los que pueden hacer exclamar a otros: "¡Tu Dios habla!", "¡tu Dios vive!"

Parentela distinguida

Y le dio por mujer a Asenat hija de Potifera, sacerdote de On (41:45). El nombre de la esposa de José significa algo parecido a "propiedad de la diosa Neit"; probablemente la diosa egipcia Neit o el dios Ra que eran la pareja de dioses solares. El padre de Asenat es nada menos que el sacerdote de On o Heliópolis que era el centro del culto solar. El suegro de José es por lo tanto un hombre de mucha influencia en la vida política y religiosa de Egipto.

José, el que no tenía familia en Egipto, llega a emparentar con la más alta nobleza de todo el imperio.

46 José tenía 30 años cuando empezó a servir al faraón, rey de Egipto. Saliendo José de la presencia del faraón, recorrió toda la tierra de Egipto. **47** La tierra produjo a montones en aquellos siete años de abundancia. **48** El juntó todas las provisiones de aquellos siete años en la tierra de Egipto y almacenó los alimentos en las ciudades, llevando a cada ciudad las provisiones de los campos cercanos. **49** José acumuló trigo como la arena del mar, tantísimo que dejó de calcularlo, porque era incalculable.

José acepta los nombramientos sin discutir. Su vocación de servicio y su convicción de hombre de un futuro especial en los planes de Dios (sus sueños de preeminencia) le animan a enfrentar esta nueva y gran responsabilidad. Su confianza en Dios lo lleva de un joven pastor soñador a ser el señor del mayor imperio de ese tiempo. Cabe destacar que este cargo no era para grandeza personal, sino de servicio y su propósito fue *para preservación de vida* (45:5). Dios escogió a José y él respondió a esa elección. Bien podía el pedir su libertad, una recompensa material acorde con el trabajo de su "consultora internacional". Inclusive él pudo haber pedido el castigo de aquellos que causaron su sufrimiento. Pero José reconoce que por su elección no es un simple espectador de la historia, sino un instrumento protagonizador de la historia, ya escogido por Dios de antemano. Pese a todo, fue necesario un nombramiento "oficial" por parte de faraón en perfecto equilibrio entre la soberanía de Dios y el libre albedrío del hombre.

Los nombramientos van acompañados de las ceremonias apropiadas de proclamación y reconocimiento oficial. El faraón entrega a José su anillo personal, lo cual concede autoridad legal para promulgar decretos y establecer las políticas necesarias a la situación. El vestido y las joyas dan a conocer su nueva condición de realeza y autoridad imperial, las cuales permitirán una esfera de acción sin impedimentos. El segundo carro del faraón otorga a José movilidad y autoridad administrativa en representación directa del faraón en todo el territorio egipcio. Finalmente, en un acto público se proclama la investidura oficial de José y su inicio en la vida pública. La población reconoce con gesto de sumisión a esta nueva autoridad imperial.

El siguiente paso obligatorio es el de integrar a José a la vida social y cultural de Egipto. Para ello el faraón le concede un nuevo nombre egipcio que expresa la característica sobresaliente de José. Ademas, le otorga una esposa de posición social privilegiada. Es muy importante notar que ella pertenece a una familia sacerdotal (religiosa). No sabemos si fue a pedido de José o una concesión libre del faraón. De cualquier manera, esta determinación juzga el factor religioso de más afinidad con José y de más importancia para este nuevo cargo.

(6) José planifica para los años de hambre, 41: 45b-57. A los 30 años, 13

Comienzan los siete años de plenitud

50 Antes del primer año de hambre, le nacieron a José dos hijos, los cuales le dio a luz Asenat hija de Potifera, sacerdote de On.*
51 José llamó el nombre del primogénito Manasés,* porque dijo: "Dios me ha hecho olvidar todo mi sufrimiento y toda la casa de mi padre." **52** Al segundo lo llamó Efraín,* porque dijo: "Dios me ha hecho fecundo en la tierra de mi aflicción."

Comienzo de los años de hambre

53 Se terminaron los siete años de abundancia que hubo en la tierra de Egipto, **54** y comenzaron a llegar los siete años de hambre, tal como José había anunciado. Había hambre en todos los países, pero en toda la tierra de Egipto había qué comer. **55** Pero cuando el hambre se sentía en toda la tierra de Egipto, el pueblo clamaba al faraón por alimentos. Entonces el faraón dijo a todos los egipcios: "Id a José y haced lo que él os diga."
56 El hambre se extendió a todos los rincones del país. Entonces José abrió todos los depósitos de grano y vendía provisiones a los egipcios, porque el hambre se había intensificado en la tierra de Egipto. **57** También de todos los países venían a Egipto para comprar provisiones a José, porque el hambre se había intensificado en toda la tierra.

*41:50 O sea, Heliópolis
*41:51 La palabra en hebreo suena parecida a la que significa olvidar.
*41:52 La palabra en hebreo es parecida a la que significa ser fecundo.

años después de haber estado en Egipto, se inicia José como el gobernador de Egipto. De acuerdo con el plan propuesto, él desarrolla todas sus actividades. Recorre toda la tierra para tener un conocimiento exacto y correcto de los recursos materiales y humanos disponibles. Con los datos obtenidos determina áreas de cultivo, distribuye el trabajo en la forma más apropiada e imparte las responsabilidades necesarias. Estas acciones aseguran una producción agrícola abundante, aprovechando las condiciones favorables de la tierra. De la producción cuantiosa durante los siete años fácilmente se almacena en cada ciudad todo el excedente. Se resalta que el almacenamiento no fue en un lugar centralizado para asegurar una distribución rápida y equitativa.

Pese a su excesiva ocupación, José no descuida su vida familiar. Durante estos primeros siete años nacen sus dos hijos, asegurándose la continuación de la descendencia, tan importante en relación con el pacto. Los nombres puestos son muy significativos porque reflejan el cambio favorable de su situación concedida por Dios en la tierra de Egipto, pero al mismo tiempo su deseo y añoranza por su tierra y la casa de su padre. Aquí se mantiene una fidelidad a la promesa patriarcal.

Los siete años de abundancia terminan y llegan los de hambre. El pueblo clama por alimento al faraón. Este puede responder a dicho clamor, gracias al plan desarrollado e indica a José como el responsable de proveer de alimentos. Los graneros de Egipto están preparados para proveer alimento para el pueblo. Como el hambre estaba extendido a otras regiones, de otros países también vienen a comprar trigo de Egipto. José dirige la venta del producto tanto al pueblo egipcio como a los extranjeros que acudían a él. Aquí no hay mono-

Manasés

José llamó el nombre del primogénito Manasés, porque dijo: *Dios me ha hecho olvidar.* La expresión: *todo mi sufrimiento y toda la casa de mi padre* parece un complemento natural que el autor expresa en una identificación propia y justa con el sufrimiento que José había soportado y el abandono por parte de sus hermanos. El concepto expresa más la idea de perdón, de haber superado un sentimiento por la gracia sanadora de Dios.

Manasés fue el hijo de José que más tarde Jacob adopta (aunque no como primogénito (Gén. 48:13-20)) para que reciba sus bendiciones. Así llega a ser el padre de una de las tribus de Israel y por lo tanto heredó una parte de la tierra prometida.

Los hijos de Jacob acuden a Egipto

42 Viendo Jacob que había provisiones en
Egipto, dijo a sus hijos:
—¿Por qué os estáis mirando unos a otros?
2—Y añadió—: He aquí, he oído que en Egipto hay provisiones. Descended allá y comprad
para nosotros de allí, para que vivamos y no
muramos.
3 Diez de los hermanos de José descendieron
a comprar trigo en Egipto. 4 Pero Jacob no
envió con sus hermanos a Benjamín, hermano
de José, porque dijo:
—No suceda que le acontezca alguna desgracia.
5 Fueron, pues, los hijos de Israel entre los
que iban a comprar provisiones, porque había
hambre en la tierra de Canaán. 6 Y José era el
gobernador de la tierra, el que vendía provisiones a todos los pueblos de la tierra. Entonces
llegaron los hermanos de José y se postraron
ante él con el rostro a tierra. 7 Y al ver José a
sus hermanos los reconoció, pero simuló ser-
les extraño y les habló con dureza. Luego les
preguntó:
—¿De dónde habéis venido?
Ellos le respondieron:
—De la tierra de Canaán, para comprar alimentos.

---

polio o deseo excesivo de poder; simplemente hay una vocación de servicio e instrumentación de sobrevivencia a la humanidad en crisis.

Varias lecciones útiles se pueden entresacar de este incidente bíblico. Hay muchos lugares donde existe escasez y hambre en el mundo de hoy día, mientras que en otros hay abundancia. En el caso de Egipto, Dios reveló al gobernante del inminente hambre. Un hombre de Dios interpretó ese problema y ejecutó un plan previsor y con el propósito de asegurar la sobrevivencia humana. Hoy día también se pueden evitar situaciones penosas de hambre si hombres de Dios y naciones con capacidad de producción abundante, en su mayoría identificadas como cristianas, se hacen responsables de desechar la codicia de poder y el enriquecimiento desmedido en perjuicio de la vida de tantos seres humanos. No es la escasez mundial la causante de hambre, sino el abuso de recursos por algunos, la mala distribución y la codicia ilimitada de unos pocos.

7. José se reencuentra con sus hermanos, 42:1—45:14

Esta sección se relaciona nuevamente con Canaán y la familia de Jacob. Mientras José gana prominencia, poder y fecundidad, su familia pasa por varias crisis. La más aparente es la del hambre, aunque también están presentes el sufrimiento de Jacob por la pérdida de José y el apego excesivo por Benjamín. El sentimiento de culpabilidad no resuelto de los demás hijos y el temor de ser descubiertos controlan todas las relaciones familiares, las que ciertamente causan desconfianza y ansiedad en todos. La familia de la promesa estaba paralizada en el cumplimiento de su propósito patriarcal. La unidad familiar estaba rota, la vocación redentora sin impulso y ahora la misma sobrevivencia estaba en peligro.

En los encuentros entre hermanos, que tienen lugar en los dos primeros años de hambre, se cumplen parcialmente los sueños de preeminencia de José, aunque reconocido sólo por él. José tuvo que "reinar" sobre todo un imperio, antes de ser permitido "reinar" sobre su familia. En estos encuentros se pueden notar acciones de manipulación de poder y dureza como también de extrema generosidad y ternura. Aparecen expresiones apasionadas de temor, tristeza, ansiedad y culpabilidad como asimismo de confianza, alivio, perdón y alegría.

(1) Los hermanos de José van a comprar trigo de Egipto, 42:1-6. La atención del testimonio bíblico vuelve a Canaán, la tierra de la promesa patriarcal. Esta tierra, como todas las otras regiones, padece el hambre que afecta a Jacob y su familia. Este toma la iniciativa de enfrentar la situación buscando lo necesario. A diferencia de Abraham quien descendió a Egipto (12:10), o de Isaac quien intentó ir a

8 José reconoció a sus hermanos, pero ellos
no le reconocieron a él. 9 Entonces José se
acordó de los sueños que había tenido acerca
de ellos y les dijo:

—¡Sois espías! Para ver los lugares desprotegidos del país habéis venido.

10 Ellos le respondieron:

—No, señor nuestro. Tus siervos hemos
venido para comprar alimentos. 11 Todos
nosotros somos hijos de un mismo hombre.
Somos hombres honestos; tus siervos no
somos espías.

12 El les dijo:

—No, sino que para ver los lugares desprotegidos del país habéis venido.

13 Ellos respondieron:

—Tus siervos somos doce hermanos, hijos de un mismo hombre de la tierra de Canaán; pero el menor se ha quedado ahora con nuestro padre, y el otro ya no está con nosotros.

14 José les dijo:

—Eso es lo que he dicho al afirmar que sois
espías. 15 En esto seréis probados: ¡Vive el
faraón que no saldréis de aquí, sino cuando
venga aquí vuestro hermano menor! 16 Enviad a uno de vosotros y que traiga a vuestro
hermano, y vosotros quedad presos. Así se
comprobarán vuestras palabras, si la verdad
está en vosotros. Y si no, ¡vive el faraón, que
sois espías!

Egipto en tiempo de hambre (Gén. 26:2), Jacob no va a Egipto ni piensa en mudarse allá. Envía a sus hijos tan sólo para comprar alimentos para la sobrevivencia.

Jacob retiene a Benjamín consigo, para salvaguardarle de cualquier desgracia. Aquí se nota el dolor que todavía Jacob guarda por José y el apego extremo que siente

José es primer ministro de Egipto

por Benjamín, único sobreviviente conocido de Raquel, su esposa favorita. Es interesante notar que estos 10 hermanos que parten para Egipto fueron los que vendieron a José justamente a Egipto.

Los hijos de Jacob se unen a la caravana de personas que acuden a Egipto en busca de alimentos. Sin saberlo, llegan a Egipto y se enfrentan con José, ahora gobernador y el responsable de la venta de todos los alimentos. Asimismo, sin saberlo, los hermanos se postran ante el gobernador, rindiéndole honor, cosa que habían rehusado reconocer anteriormente y que causara la desgracia de José.

(2) José reconoce y trata con hostilidad a sus hermanos, 42:7-25. A diferencia de la ignorancia de los hermanos, José reconoce enseguida a sus hermanos y a su memoria vienen sus sueños acerca de ellos. Justamente el relato de esos sueños fueron factores decisivos en desencadenar odio y envidia que tanta angustia causara a la familia. Varias son las reacciones posibles en un encuentro de esta naturaleza, desde una venganza cruel hasta un reconocimiento feliz. Sin embargo, José aparentemente siguiendo un plan, actúa de la siguiente manera. Primero, evita ser reconocido. Habían pasado más de 20 años desde que se apartaron los hermanos. Los años, seguramente el vestido y afeite de José, su posición inverosímil y lo imposible de encontrar a un hermano perdido, hicieron difícil la posibilidad de reconocimiento

17 Los puso en la cárcel por tres días, **18** y al
tercer día José les dijo:
—Haced esto y viviréis. Yo temo a Dios. **19** Si
sois hombres honestos, quede preso en vuestra
celda uno de vuestros hermanos. El resto id,
llevad las provisiones para saciar el hambre de
vuestras casas. **20** Pero habéis de traerme a
vuestro hermano menor. Así serán verificadas
vuestras palabras, y no moriréis.
Ellos lo hicieron así. **21** Y se decían el uno al
otro:
—Verdaderamente somos culpables con respecto a nuestro hermano, pues a pesar de ver la angustia de su alma cuando nos pedía compasión, no le escuchamos. Por eso ha venido sobre nosotros esta desgracia.

---

por parte de los hermanos. José se asegura de su simulación, hablando a través de un intérprete, preguntándole de donde venían y tratándoles con hostilidad y desconfianza. Segundo, les acusa de espías, falta que en todo país y generación es muy grave y castigada con la muerte. El límite de Egipto con Canaán era el más vulnerable de invasión y el lugar por donde normalmente atacaban los imperios de Mesopotamia. De allí que la acusación de espías, actividad imperdonable, era lógica y de esperar al saber que ellos eran de Canaán.

Los hermanos se defienden de esta acusación identificando a la familia con mucha precisión y asegurando su honestidad. Se reconocen como siervos del gobernador, una sumisión completa a José, y mencionan a los demás miembros de la familia ausentes: un mismo padre en Canaán, un hermano menor que ha quedado y uno desaparecido. Más adelante los hermanos explican a Jacob que la razón de dar todos los datos familiares se debió a las insistentes y precisas averiguaciones de José (43:6, 7). De cualquier manera, los hermanos respondieron esta vez con honestidad.

Tercero, aprovechando todos los datos familiares recibidos, José los apresa a todos con la condición de que uno de ellos regrese a Canaán y traiga el hermano menor como prueba de veracidad y garantía de vida. Aparentemente, este plan no se llevó a efecto tal vez por la solidaridad fraternal y el reconocimiento que el pedido por Benjamín era difícil de cumplirse (44:20-23). Lejos de que esto irrite más al gobernador, éste finalmente adopta una propuesta más benigna que permite una salida condicional y honorable para ambas partes. Sólo uno de ellos quedará preso y el resto podrá regresar a Canaán con los alimentos con el compromiso de traer al hermano menor y así verificar su honestidad. El hermano que es escogido como rehén es Simeón, quien a la vista de todos ellos es sometido al encarcelamiento. Es

Paralelos

Es posible ver tres paralelos hermosos entre el pan que Dios proveyó por medio de José y la salvación que Dios nos ofrece por medio de Jesucristo.

Paralelo uno: Dios proveyó el pan por medio de la administración de José aún antes que comenzara el hambre. Dios hizo provisión para nuestra salvación por medio de Jesucristo aún antes de que nosotros naciéramos.

Paralelo dos: Los hermanos de José tuvieron que descender a Egipto para conseguir el pan. Nosotros tenemos que seguir las instrucciones de Dios para ser salvos.

Paralelo tres: Dios utilizó a José como instrumento para bendecir a otros. Dios bendice a la humanidad por medio de Cristo.

Sí, pero todavía no...

Cuando José reconoció a sus hermanos, tomó el tiempo y las medidas necesarias para probarlos. Necesitaba reconciliar sus propias emociones antes de darse a conocer a ellos. En el proceso de reconciliarnos con las personas que desempeñan un papel importante en nuestra vida necesitamos la sabiduría del Señor para hacerlo de tal manera que nosotros y ellos quedemos totalmente sanos y rehabilitados para la nueva relación. Correr para recibir el abrazo de la otra persona puede que no nos acerque tanto a su corazón o al nuestro como el tomar los pasos adecuados y restauradores aunque tome un poco más de tiempo.

22 Entonces Rubén les respondió diciendo:
—¿No os hablé yo, diciendo: "No pequéis contra el muchacho", y no me escuchasteis? He aquí, también su sangre nos es demandada.
23 Ellos no sabían que José les entendía, porque él hablaba con ellos por medio de un intérprete.
24 Y apartándose de ellos, lloró. Después volvió a ellos y les habló; y tomando de entre ellos a Simeón, lo tomó preso a la vista de ellos.
25 Después José ordenó que llenaran sus costales de trigo y que a cada uno le devolviesen su dinero, colocándolo en su costal. También ordenó que les diesen comida para el camino. Y así se hizo con ellos

---

interesante notar que José basa esta propuesta en dos principios fundamentales: primero su temor a Dios. Esta actitud de reverencia y responsabilidad de todo ser humano, en toda posición social o política ante el Ser Supremo, es básica y orientadora en toda relación humana que pueda ser beneficiosa. Los hermanos de José, conocedores del verdadero Dios, no habían actuado anteriormente en el temor de Dios. El segundo principio mencionado es el humanitario: el hambre de la familia de estos hombres. Hay una responsabilidad ineludible en el bienestar de la humanidad por parte de esta autoridad gubernativa. Lastimosamente hoy día ninguno de estos principios son los que guían a gobiernos y naciones en posición privilegiada de recursos. ¡La humanidad sigue esperando a un rey justo!

Antes de la resolución de esta situación se produce un reconocimiento de culpa por parte de los hermanos. A su memoria viene la acción cruel de haber vendido a su hermano ignorando la súplica de angustia del joven. Pero más que reconocimiento de una acción, viene el sentimiento de culpabilidad y el efecto de desgracia que esta culpa acarrea en ellos. El sentimiento de culpabilidad se agrava con la mención de Rubén, quien trató de persuadir a sus hermanos de no cometer tal acto malicioso. Aquí el reconocimiento no es simplemente en su perjuicio familiar o social sino en su efecto religioso. El acto es identificado como pecado y ni el hecho de haber ocultado tan cuidadosamente ni el paso de los años ha eliminado el castigo que el pecado lleva consigo: ¡su sangre nos es demandada! Hace veinte años que están soportando esta carga tan pesada y que hasta ahora no deciden resolver con su padre. El efecto de este sentimiento de culpabilidad ha de acompañar a estos patriarcas hasta aún después de la muerte de Jacob (50:15, 16).

Este reconocimiento de culpabilidad afecta profundamente a José, quien no reprime sus sentimientos, sino que los expresa a espaldas de sus hermanos para evitar ser

¿Perdonar? ¡Jamás!

Después de muchos años los hermanos de José aún vivían prisioneros de sus sentimientos de culpa. Ellos habían vendido a su hermano pensando que nunca más volverían a saber de él; por lo tanto, nunca imaginaron que habría alguna oportunidad para el perdón ni la reconciliación. Alguien ha dicho que quién sabe cuántas veces Rubén habría dicho a sus hermanos: "Yo se los dije." Los hermanos de José habían sufrido mucho.

Muchas veces esperamos que quienes nos han ofendido den el primer paso de venir a buscar nuestro perdón, pero la experiencia de José nos ilustra que los puentes hacia la reconciliación los debemos poner nosotros con iniciativa y deseo.

Joya bíblica

¿Qué es esto que nos ha hecho Dios? (42:28).

Los hermanos de José habían encontrado su dinero dentro de los costales en la primera parada que hicieron en el camino para descansar y dar de comer a sus animales de carga. El descubrimiento les conduce a sospechar que la mano de Dios está actuando de alguna manera. Desde luego no es una expresión de gozo, sino de temor reverente ante un hecho misterioso que unido a los eventos anteriores tenía que venir de parte de Dios.

Benjamín es llevado a Egipto

26 Ellos pusieron sus provisiones sobre sus asnos y se fueron de allí. **27** Pero al abrir uno de ellos su costal en la posada, para dar comida a su asno, vio su dinero en la boca de su costal, **28** y dijo a sus hermanos:

—¡Mi dinero me ha sido devuelto! ¡He aquí, está en mi costal!

Se les sobresaltó el corazón y temblando se dijeron unos a otros:

—¿Qué es esto que nos ha hecho Dios?

29 Habiendo venido a Jacob su padre, en la tierra de Canaán, le contaron todo lo que les había acontecido, diciendo:

30—Aquel hombre, el señor de la tierra, nos habló con dureza y nos tomó por espías del país. **31** Nosotros le dijimos: "Somos hombres honestos; no somos espías. **32** Somos doce hermanos, hijos de un mismo padre; uno ya no está con nosotros, y el menor está hoy con nuestro padre en la tierra de Canaán." **33** Y aquel hombre, el señor de la tierra, nos dijo: "En esto conoceré si sois hombres honestos: Dejad conmigo a uno de vuestros hermanos, tomad provisiones* para saciar el hambre de vuestras casas e id. **34** Pero traedme a vuestro hermano, el menor, para que yo sepa que no sois espías sino hombres honestos. Entonces os devolveré a vuestro hermano, y podréis negociar en el país."

*42:33 Según vers. antiguas; heb. omite *provisiones*.

reconocido y continuar así con su plan original que hasta ahora no es revelado.

Finalmente, José ordena que generosamente se les conceda las provisiones no tan sólo para sus casas sino también lo necesario para el camino. La generosidad se extiende en hacer devolución secreta de todo el dinero pagado por los alimentos. Así culmina este primer encuentro entre José y sus hermanos. El problema del hambre se resuelve temporalmente, pero surge un problema más grave a esta familia: un hermano está de rehén y la vida del hermano menor queda en peligro.

(3) Los hermanos regresan a Canaán con los alimentos, 42:26-38. El regreso a Canaán, lejos de ser un evento de satisfacción y alivio, trae sobresaltos, conflictos y temores que no pueden ser resueltos fácilmente. El primer incidente de sobresalto ocurre en la posada cuando uno de los hermanos descubre el dinero de compra devuelto en su costal. Este hecho lo ponía en falta ante el gobernador. Por causa del fuerte sentimiento de culpa que arrastran, reconocen que esta acción es causada por Dios. Una vez en la casa paternal, cuentan detalladamente a Jacob todo lo ocurrido y conversado. Con fuerza se identifica al gobernador como "aquel hombre, el señor de la tierra" y a Benjamín cuya presencia en Egipto es condición insustituible para libertar a Simeón y seguir comprando alimentos. Los dos hijos favoritos de Jacob están en juego y en situaciones opuestas: José, el que creen estar muerto, está vivo y con poder de vida sobre todos ellos. Benjamín, el que está vivo, está en peligro de muerte.

Con la conciencia perturbada

Los hermanos de José nos ilustran cómo se pueden agolpar de repente sobre nuestra conciencia todos aquellos actos pecaminosos que hemos cometido. Es entonces cuando la agonía del alma no encuentra otra salida sino aceptar la justicia y el castigo de Dios. El cuadro es triste y por lo tanto una advertencia que debemos evitar llegar a esa condición antes que sea demasiado tarde.

1. Tenían la conciencia perturbada por no haber escuchado a su hermano cuando les pedía compasión (v. 21).
2. Tenían la conciencia perturbada por no haber escuchado a su hermano Rubén cuando intercedía a favor de su hermano (v. 22).
3. Tenían la conciencia perturbada por haber tenido que dejar a su hermano Simeón en Egipto (v. 25).
4. Tenían la conciencia perturbada por causa del dolor que todo ésto había provocado a su padre ya anciano (v. 36-38).
5. Tenían la conciencia perturbada porque no aceptaron completamente el perdón que José les ofreció (50:15-17).

35 Y aconteció que al vaciar ellos sus costales, he aquí en el costal de cada uno estaba su bolsa de dinero. Al ver ellos y su padre las bolsas de dinero, tuvieron temor. 36 Entonces Jacob su padre les dijo:

—Vosotros me estáis privando de mis hijos: José ya no está con nosotros, ni Simeón tampoco. Y ahora os llevaréis a Benjamín. ¡Contra mí son todas estas cosas!

37 Rubén habló a su padre diciendo:

—Haz morir a mis dos hijos si no te lo traigo de vuelta. Entrégalo en mi mano, que yo te lo traeré de vuelta.

38 Y él dijo:

—No irá mi hijo con vosotros; pues su hermano está muerto, y sólo éste me ha quedado. Si le aconteciera alguna desgracia en el camino por donde vais, haríais descender mis canas con dolor a la sepultura.*

*42:38 Lit., *Seol*

Pero el temor se apodera de ellos al descubrir, juntamente con Jacob, que todos tienen en su poder el dinero de la compra. No podían entender cómo había ocurrido esto, pero sí comprendían que ello podría significar una situación más precaria todavía frente al gobernador. Jacob se apresura no precisamente a explicar, sino a hacerles responsable a los diez hijos por la vida de los tres hijos con peligro. Menciona primero a José, a quien lo pronuncia como desaparecido en una ocasión pasada, luego a Simeón cuya vida en el presente está en grave peligro y finalmente a Benjamín quien en un futuro cercano estaría en el mismo peligro. Reconoce que el efecto final de todas estas desgracias es contra él. Es interesante que Jacob señala como responsables de la desaparición de José a los hermanos. Tal vez esta mención no se debió a la sospecha en contra de ellos, sino al hecho de que José había sido enviado por Jacob justamente para encontrarse con sus hermanos y traerle noticias de ellos. De cualquier manera, esta fue una apertura y oportunidad para que los diez hermanos confesaran la verdad y solucionaran por lo menos en parte el problema de culpabilidad que arrastraban. Pero nada de eso ocurre. Por el contrario, Rubén elude esta oportunidad, desviando el problema a la provisión futura de alimento que implicaría la ida de Benjamín a Egipto. Como garantía de la vida de Benjamín ofrece a Jacob la vida de sus dos hijos.

Jacob reafirma su posición de no permitir que Benjamín vaya con ellos. La desaparición de José antes y la perspectiva de la pérdida de Benjamín causarían un daño y sufrimiento desconsolador e irreparable en Jacob.

Joya bíblica

¡Contra mí son todas estas cosas! (42:36).

¡Pobre Jacob! Cuánta soledad y amargura expresa en esos años de la vida cuando debía hablar de sus victorias y triunfos en su vida y en la de sus hijos. Habían sido muchos años de amargura y resentimiento. El mismo había construido la relación con sus hijos sobre la deshonestidad y las mentiras. Nadie confiaba en nadie. Todos se cuidaban de todos.

Jacob tenía miedo de perder un tercer hijo. José, Simeón, y ahora Benjamín, ¡imposible! No lo podría soportar. En tal estado de ánimo Dios usa a sus propios hijos para mostrarle una nueva posibilidad. Jacob no imaginaba que Dios estaba para darle una maravillosa experiencia de reencuentro con su amado José.

Nunca somos demasiado viejos para solo lamentarnos con lo que pudo ser y no fue. Dios está cerca y actuando. Creamos y confiemos en él, pues hace cosas maravillosas aún en nuestra senectud.

8. José se da a conocer a sus hermanos, 43:1—45:14

Esta sección contiene algunos de los pasajes más significativos y tiernos del libro de Génesis. La forma literaria que nos presenta estos episodios es una excelente narrativa. Los diálogos que se desarrollan,

43 El hambre era grande en la tierra. **2** Y
aconteció que cuando acabaron de
consumir las provisiones que trajeron de Egipto, les dijo su padre:
—Volved y comprad para nosotros un poco
de alimento.
3 Y Judá le respondió diciendo:
—Aquel hombre nos advirtió enfáticamente
diciendo: "No veréis mi cara a no ser que vuestro hermano esté con vosotros." **4** Si dejas ir a
nuestro hermano con nosotros, iremos y te
compraremos alimentos. **5** Pero si no lo dejas
ir, no iremos; porque aquel hombre nos dijo:
"No veréis mi cara a no ser que traigáis a vuestro hermano con vosotros."
6 Y dijo Israel:
—¿Por qué me habéis hecho tanto mal,
declarándole a aquel hombre que teníais otro
hermano?
7 Ellos respondieron:
—Aquel hombre nos preguntó expresamente
por nosotros y por nuestra familia, diciendo:
"¿Vive aún vuestro padre? ¿Tenéis algún otro
hermano?" Nosotros respondimos conforme a
estas preguntas. ¿Cómo podíamos saber que nos
iba a decir: "Haced venir a vuestro hermano"?

---

los detalles que se mencionan, el orden de los acontecimientos narrados enriquecen pronunciadamente la revelación bíblica. Las explosiones emotivas toman sus cursos libremente y las rememoraciones fluyen con facilidad. Todo apunta hacia un propósito final que promete resolver todos los misterios y conflictos pasados, presentes y futuros.

En el momento preciso, cuando todas las circunstancias y condiciones requeridas por José de sus hermanos se cumplen, él se da a conocer. Hasta ahora, nadie sino José sabía esos requisitos y ese momento. Obviamente resalta el cambio de actitud de los hermanos, expresado representativamente por Judá, en cuanto a Jacob y Benjamín. Otros reconocimientos como el sentimiento de solidaridad fraternal, el pronunciamiento de culpabilidad ante Dios y la humildad ante José contribuyeron para un desenlace feliz.

(1) Los hermanos con Benjamín vuelven a Egipto, 43:1-34. La decisión de Jacob de dejar ir a Benjamín no fue fácil. Aparentemente tardaron todo lo que pudieron sin tener que ir en busca de alimentos. Pero al final, los alimentos se acabaron y fue necesario otro viaje. Jacob mismo toma la iniciativa en pedir a sus hijos que vuelvan a Egipto, pero sin Benjamín. Judá le recuerda que no pueden ir así. Ante la protesta de Jacob, los hermanos explican que ningún dato familiar pudieron esconder del hombre de Egipto ya que éste preguntaba con mucha insistencia y precisión justamente acerca del padre y del hermano menor. Finalmente, Judá pide que Benjamín vaya con ellos comprometiéndose él mismo de fiador. Además de la garantía que su vida significa, Judá apela a dos argumentos principales para convencer al padre. Primero, le dice que la vida de los demás, especialmente la del mismo Jacob y la de los niños, están en peligro de extinción por la falta de alimento. Aquí Jacob debe sopesar el valor dado a la vida de Benjamín en oposición a la vida de los demás. Hasta ahora, lo único de valor para él fue la seguridad de vida de Benjamín. Segundo, le indica que se ha dejado pasar mucho tiempo y ya se perdieron dos oportunidades de provisiones por causa de la intransigencia paterna.

> **Joya bíblica**
>
> **... Aquel hombre nos preguntó expresamente por nosotros y por nuestra familia, diciendo: "Vive aún vuestro padre? ¿Tenéis algún otro hermano?" Nosotros respondimos conforme a estas preguntas. ¿Cómo podíamos saber que nos iba a decir: "Haced venir a vuestro hermano"? (43:7).**

Finalmente Jacob decide enviar a Benjamín, pero tomando todas las precauciones y dando todas las orientaciones necesarias. Primero aconseja que le lleven como presente los mejores productos de Canaán, mostrando así buena voluntad. Esto indica que aparentemente los árboles y algunos vegetales todavía producían algo. En su

8 Entonces Judá dijo a Israel su padre:
—Deja ir al muchacho conmigo. Así nos le-
vantaremos e iremos, para que vivamos y no
muramos nosotros, tú y nuestros niños pequeños. **9** Yo saldré como fiador. A mí me pedirás
cuentas de él. Si no te lo traigo y lo pongo delante de ti, seré ante ti el culpable para siempre. **10** Si no nos hubiéramos detenido, ahora
ya habríamos vuelto dos veces.
11 Entonces Israel su padre les respondió:
—Si tiene que ser así, haced esto: Tomad de
lo mejor del país en vuestros equipajes y lle-
vadlo a aquel hombre como un presente: un
poco de bálsamo, algo de miel, perfumes, mirra, nueces y almendras. **12** Tomad con vosotros* el doble del dinero, y devolved personalmente* el dinero que os fue devuelto en la boca de vuestros costales; quizás fue un error.
13 Tomad también a vuestro hermano. Levantaos y volved a aquel hombre. **14** ¡Que el Dios
Todopoderoso* os conceda hallar misericordia
delante de aquel hombre, y libere a vuestro
otro hermano y a Benjamín! Y si yo he de ser
privado de mis hijos, que lo sea.
15 Entonces los hombres tomaron el presente. Tomaron también con ellos* el doble del
dinero, y a Benjamín. Se levantaron y descendieron a Egipto, y se presentaron ante José.

*43:12a, b Lit., *en vuestra mano*
*43:14 Heb., *El Shadai*
*43:15 Lit., *en su mano*

encuentro con Esaú, Jacob apaciguó la ira de su hermano enviando una serie de presentes. Sin saberlo, estos presentes serían también para “apaciguar la ira de otro hermano ofendido”. Los productos nativos habrán tenido un impacto muy favorable en José, quien aparentemente hasta entonces no se había preocupado de su familia ni de su tierra. Segundo, les ordena que lleven el doble del dinero necesario para adquirir los granos. Tercero, les señala que ellos mismos deben devolver el dinero que encontraron en sus costales y que debía pertenecer al gobernador. Esto probaría honestidad y buena intención. Cuarto, y tal vez lo más resaltante de sus acciones, les encomienda al Dios Todopoderoso (*El Shadai*). En la fe en el Dios quien se le apareció por primera vez en Betel y quien estuvo con él en todas sus

Semillero homilético

El consejo de un padre afligido

43:11-15

Introducción: Frente a la difícil decisión de dejar ir a Benjamín con sus otros hijos, y el temor de perderlo o que algo malo le fuera a suceder, Jacob echó mano de sus experiencias anteriores y aconseja a sus hijos:

I. Llevar el dinero que les había sido devuelto por el pago de la comida. Siempre existía la posibilidad de un error o de un mal entendimiento. En todo caso, había que traer las cuentas al día para tener una plataforma adecuada para negociar con quien en aquel momento ostentaba el poder.

II. Llevar el doble del dinero para pagar la nueva comida que debían traer. La comida había que pagarla y comerla con dignidad.

III. Que llevaran un presente "de lo mejor del país" para aquel hombre. Aparte de ser un acto de cortesía muestra la buena voluntad y el deseo de tener relaciones de amistad con quien se intercambia el presente.

IV. Ruega al Dios Todopoderoso que les conceda hallar misericordia delante de aquel hombre. Hacía muchos años, cuando Jacob tuvo que encontrarse con su hermano Esaú, se había encomendado al Señor y Dios lo había sacado con bien.

Conclusión: Jacob no podía pensar en perder a otro hijo, y por eso, tomó las medidas para agradar al faraón con recompensas adecuadas por el trigo. Dios estaba obrando para proteger a Jacob y su familia en Egipto.

Los hijos de Jacob en casa de José

16 Cuando José vio a Benjamín con ellos, dijo al administrador de su casa:

—Lleva a esos hombres a casa. Mata un animal y prepáralo, porque estos hombres comerán conmigo al mediodía.

17 El hombre hizo como dijo José y llevó a los hombres a la casa de José. 18 Los hombres tuvieron temor cuando fueron llevados a la casa de José, y decían:

—Por el dinero que fue devuelto en nuestros costales la primera vez nos han traído aquí, para buscar ocasión contra nosotros, para caer sobre nosotros y tomarnos como esclavos, junto con nuestros asnos.

19 Entonces se acercaron al administrador de la casa de José y le hablaron a la entrada de la casa, 20 diciendo:

—¡Por favor, señor mío! Nosotros en verdad vinimos la primera vez para comprar alimentos. 21 Y aconteció que cuando llegamos a la posada, abrimos nuestros costales, y he aquí el dinero de cada uno estaba en la boca de su costal: nuestro dinero en su justo valor.* Lo hemos traído de vuelta con nosotros.* 22 También hemos traído más dinero con nosotros* para comprar alimentos. Nosotros no sabemos quién puso nuestro dinero en nuestros costales.

23 El respondió:

—Paz a vosotros; no temáis. Vuestro Dios, el Dios de vuestro padre, os puso el tesoro en vuestros costales, puesto que vuestro dinero llegó a mi poder.

*43:21 Lit., *peso*
*43:21, 22 Lit., *en nuestra mano*

experiencias, él puede desprenderse de Benjamín. Jacob pide a Dios misericordia para sus hijos y liberación para Simeón y Benjamín. Finalmente, Jacob afirma su resignación de aceptar si fuera necesario la privación de sus hijos, mayormente refiriéndose a Simeón y Benjamín.

Con todos estos elementos y con Benjamín, los hijos de Jacob vuelven a Egipto y se presentan ante José. Por indicaciones de éste, los hermanos se encontrarán ante varias situaciones que les causan sorpresa, temor y expectativa. Primero, son llevados a la casa del gobernador. La reacción inmediata fue de temor, ya que se interpreta esta acción como un encarcelamiento masivo. Queriendo solucionar la causa supuesta de dicho castigo, ellos ofrecen devolver todo el dinero del pago anterior. Pero al intentarlo se encuentran con la segunda situación sorprendente. El mayordomo les informa que él había recibido el pago anterior. Además les dice que si ellos encontraron dinero en sus costales, debió haber sido obra del Dios de ellos. Lejos de aliviarles, esta información reafirma en ellos el temor de que Dios está causando ocasión para que ellos reciban el pago por la culpabilidad de sangre que tienen. Tercero, Simeón es liberado y todos ellos son provistos de todo lo necesario para estar preparados de ver al gobernador y comer con él al mediodía. Este fue un trato digno de los mejores huéspedes y los hermanos se disponen a hacer lo mejor que pueden.

En el encuentro inicial con José hay reacciones paralelas pero diferentes por ambas partes. En los hermanos dos acciones sobresalen: Primera, le entregan personalmente el presente que habían traído. Este era una arma importante en ganar la simpatía o el favor del gobernador. Segunda, se resalta los actos de sumisión y homenaje que brindan a José. En estos actos, ellos reconocen la posición que José ocupa y la que le toca a ellos. Esta misma actitud demostró Jacob en su encuentro ante Esaú. En las reacciones de José también sobresalen su interés íntimo en la familia. Su pregunta en cuanto al padre de ellos y la bendición que pronuncia sobre Benjamín una vez que éste es propiamente identificado por los diez. La otra reacción es la profunda emoción que siente que le obliga a buscar un lugar privado para descargarse. En verdad José, pese a su posición y dura experiencia en la vida política, no perdió su ternura ni su amor hacia su familia.

Luego les sacó a Simeón. **24** Así que el hombre llevó a los hombres a la casa de José. Les
dio agua, y ellos se lavaron los pies. Luego dio
forraje a sus asnos. **25** Por su parte, ellos pre-
pararon el presente mientras José venía al mediodía, porque habían oído que iban a comer
allí.
26 Cuando José llegó a casa, ellos le llevaron
el presente que habían traído personalmente*
a la casa y se postraron a tierra ante él. **27** El
les preguntó cómo estaban y les dijo:
—Vuestro padre, el anciano que mencionas-
teis, ¿está bien? ¿Vive todavía?
28 Ellos respondieron:
—Tu siervo, nuestro padre, está bien. El vive
todavía.
Ellos se inclinaron ante él y se postraron. **29** Y
alzando sus ojos, él vio a su hermano Benjamín, hijo de su madre. Y les preguntó:
—¿Es éste vuestro hermano menor de quien
me habíais hablado? —Y añadió—: Dios tenga
misericordia de ti, hijo mío.
30 Entonces José se dio prisa, porque se conmovió profundamente a causa de su hermano
y estuvo a punto de llorar. Entró en su habitación y lloró allí. **31** Luego se lavó la cara, salió
fuera y conteniéndose dijo:
—Servid la comida.
32 A José le sirvieron aparte. Y sirvieron por
separado a ellos y a los egipcios que habían de
comer allí, pues los egipcios no pueden comer
con los hebreos, porque esto a los egipcios les
es una abominación.
33 Se sentaron en su presencia de esta manera: el primogénito de acuerdo con su rango*
hasta el más jóven de acuerdo con su edad.* Y
los hombres se miraban atónitos unos a otros.
34 El tomó porciones de delante de sí para
ellos, e hizo que la porción de Benjamín fuese
cinco veces mayor que la de los demás. También bebieron y se alegraron con él.

*43:26 Lit., *en su mano*
*43:33a Lit., *primogenitura*
*43:33b Lit., *juventud*

La fortaleza de su personalidad le permitía seguir soportando esta relación de no identificarse con sus hermanos. Esto refuerza la idea de que él estaba siguiendo un plan específico para revelarse a los suyos.

Joya bíblica

Entonces José se dio prisa, porque se conmovió profundamente a causa de su hermano y estuvo a punto de llorar. Entró en su habitación y lloró allí (43:30).

La última situación sorprendente fue el arreglo y la distribución de acuerdo al rango de nacimiento o jerárquico de todos los hermanos en la mesa. Ninguno de ellos se podía explicar cómo el gobernador u otro allí sabía exactamente el orden de nacimiento de ellos. Contrario a la costumbre del sistema patriarcal, a Benjamín le sirvieron la "porción doble" que normalmente le debía tocar al primogénito. Las costumbres rituales de egipcios y hebreos se mantienen estrictamente. Pero, finalmente, todos se relajan y comparten animadamente la comida.

(2) José hace prisionero a Benjamín, 44:1-17. Para lograr este propósito José prepara un complot con su mayordomo quien ejecuta con precisión todas las órdenes superiores necesarias. Primero, se despide a los hermanos para que regresen a Canaán. Para ello se les provee de abundante alimento a todos, nuevamente con el dinero de pago en sus respectivos costales. Además, específicamente José ordena que su copa de plata sea puesta en la boca del costal de Benjamín. Este objeto serviría de ocasión irrefutable de procedimiento de arresto.

En segundo lugar, José, quien personalmente estaba dirigiendo el complot, ordena a su mayordomo a ir a apresar a Benjamín bajo la pena de robar la copa de plata del gobernador. Esta orden no fue tan simple en cumplirse con precisión, ya que los hermanos protestan vehementemente

José toma prisionero a Benjamín

44 Después ordenó José al administrador
de su casa diciendo:
—Llena de alimentos los costales de estos
hombres, todo lo que puedan llevar. Pon el dinero de cada uno en la boca de su costal. **2** Pon
también mi copa, la copa de plata, en la boca
del costal del menor, junto con el dinero de su
trigo.
El hizo como le dijo José. **3** Cuando rayó el
alba, fueron despedidos los hombres con sus
asnos. **4** Cuando ellos habían salido de la ciudad y antes de que se alejaran mucho, José dijo al que estaba a cargo de su casa:
—Levántate y sigue a esos hombres. Cuando
los alcances, diles: "¿Por qué habéis pagado
mal por bien? ¿Por qué me habéis robado la
copa de plata?* **5** ¿No es ésta la copa que mi
señor usa para beber y por la que suele adivinar? Habéis actuado mal al hacer esto."
6 Cuando él los alcanzó, les repitió estas palabras; **7** y ellos le respondieron:
—¿Por qué dice mi señor tales cosas? ¡Tus
siervos jamás harían tal cosa! **8** Si el dinero
que hallamos en la boca de nuestros costales
te lo volvimos a traer desde la tierra de Canaán, ¿cómo, pues, íbamos a robar plata u oro
de la casa de tu señor? **9** Aquel de tus siervos
en cuyo poder sea hallada la copa, que muera;
y nosotros seremos esclavos de mi señor.

*44:4 Según LXX; comp. Peshita y Vulgata; heb. omite esta segunda pregunta.

su inocencia. No pueden admitirse culpable de tal acción después de haber demostrado fehacientemente su honestidad y buena intención. Para reafirmar su inocencia, los hermanos pronuncian un castigo extremo si son hallados culpables: el que robó la copa sería muerto y los demás serían convertidos en esclavos. El mayordomo acepta el desafío pero lo suaviza: sólo el que tiene la copa será hecho esclavo; el resto podrá irse libre. Finalmente, la copa es hallada en el costal de Benjamín. Pero no abandonan a Benjamín. Todos regresan con él a la ciudad, sumidos en profundo pesar y disponiéndose a enfrentar la situación solidariamente.

Al llegar ante José, expresan su culpabilidad postrándose en tierra, acto propio de reos y esclavos. Ante la acusación de José, Judá, quien había salido de fiador por Benjamín, reconoce que es Dios quien ha descubierto la culpabilidad de ellos. Aquí no sólo se reconoce la culpa por la copa, sino una culpa mucho más grave y que les ha estado persiguiendo todo este tiempo: es la culpa por su acción contra el hermano

En medio de las crisis
44:1-17

Llega el momento cuando José decide enviar a sus hermanos con los alimentos de regreso a Canaán. Cuando todos pensaban que las cosas se habían mejorado, José tenía otro plan que pone a sus hermanos en medio de una nueva crisis. Esta crisis pone en evidencia que cuando no hemos resuelto adecuadamente los asuntos espirituales y la relación con Dios, nuestros valores se confunden y aunque deseamos hacer lo mejor no siempre es posible.

1. Están seguros que son inocentes y por lo tanto afirman que en quien se encuentre la copa, debe morir y ellos se ofrecen como esclavos. Lo que no sabían es que efectivamente la copa estaba en el costal de Benjamín. Eran inocentes, pero no podían negar el hecho (v. 11).

2. El administrador de José les dijo que solamente debía volver Benjamín y que los otros estaban libres, sin embargo deciden regresar todos a Egipto para sufrir las consecuencias por el "robo" de la copa (v. 13).

3. Frente a José confiesan que son culpables, aunque en verdad eran inocentes (v. 16). Esto nos recuerda cuando en el caso de José, insistieron delante de su padre que eran inocentes, cuando en realidad eran culpables.

4. Judá, quien anteriormente había propuesto que José fuera vendido, ahora se presenta como fiador por su hermano (v. 18).

10 El dijo:
—Sea también ahora conforme a lo que
decís: Aquel en cuyo poder se halle será mi
esclavo. Los demás quedaréis libres.*
11 Entonces ellos se apresuraron a bajar a
tierra cada uno su costal, y cada uno abrió su
costal. **12** El buscó, comenzando por el del
mayor y terminando por el del menor, y la
copa fue hallada en el costal de Benjamín.
13 Ellos rasgaron sus vestiduras, y después de
cargar cada cual su asno, volvieron a la ciudad.
14 Judá vino con sus hermanos a la casa
de José, quien aún estaba allí, y se postraron a
tierra ante él. **15** Y José les dijo:
—¿Qué es esto que habéis hecho? ¿No sabéis
que un hombre como yo ciertamente sabe
adivinar?
16 Entonces dijo Judá:
—¿Qué podemos decir a mi señor? ¿Qué ha-
blaremos? ¿Con qué nos justificaremos? Dios
ha descubierto la culpa de tus siervos. He aquí,
somos esclavos de mi señor, tanto nosotros
como aquel en cuyo poder fue hallada la copa.
17 El respondió:
—¡Nunca haga yo tal cosa! Aquel en cuyo poder fue hallada la copa será mi esclavo. Los demás volveos en paz a vuestro padre.

*44:10 Lit., *sin culpa*

José, 22 años antes. Judá ofrece la esclavitud incontestable de todos y especialmente de aquel en cuyo poder se halló la copa.

José, buscando una reacción más de sus hermanos, les propone que sólo Benjamín quede como esclavo y los demás regresen a Canaán con los alimentos. Posiblemente esta es la prueba final que José estaba buscando en su relacionamiento con sus hermanos antes de identificarse.

(3) Judá intercede por Benjamín, 44:18-34. El discurso de Judá es uno de los más conmovedores de toda la Biblia. Constituye una pieza genial de la narrativa, llena de informaciones precisas y cargada de emociones profundas. El inicio es muy respetuoso y apelativo y el final crea un impacto conmovedor. Los argumentos escogidos son precisos y siguen el siguiente orden para llegar a su propósito final: Primero, recuerda a José que en el primer encuentro cuando éste insistía en que el hermano menor viniera, ellos habían explicado que el joven era muy querido por su padre, quien le amaba entrañablemente por esta circunstancia especial: Su madre y un hermano habían desaparecido y este hijo le había nacido en la vejez. Ni aun así, el gobernador desistió de su pedido.

Segundo, explica la reacción firme y apelativa del padre de no desprenderse de su hijo menor, pues era lo único que le restaba de una de sus esposas. La pérdida de uno de sus hijos le había causado ya un dolor inconsolable. La perspectiva de la pér-

Ni mago, ni exorcista, ni adivino, ni hechicero
44:15

Es importante observar cómo el autor de este relato protege a José de ser acusado de practicar la adivinación. Cuando el administrador dice a los hermanos de José: *¿... y por la que suele* (mi Amo) *adivinar?* (v. 5). Fue parte del drama para confundir a los hermanos. Luego, José dice: *¿No sabéis que un hombre como yo ciertamente sabe adivinar?* (v. 15) evitando de manera cuidadosa decir que usa la copa para hacer sus actos de adivinación. Todo lo que dijo fue *un hombre como yo...* De esa manera el autor guarda armonía con la prohibición estricta sobre la práctica de la adivinación que encontramos en Deuteronomio 18:10.

En nuestros días se ha renovado el deseo por conocer las cosas ocultas por medio de objetos a los cuales se les atribuyen propiedades milagrosas. No hay ninguna justificación para que una persona temerosa de Dios practique la adivinación o busque a alguien para que le diga alguna cosa acerca de su futuro o pasado. La Palabra de Dios se expresa con claridad contra tal práctica. Dios espera que sus hijos confiemos solamente en él y nos mantengamos fieles a su Palabra.

Judá sale como fiador por Benjamín

18 Entonces Judá se acercó a él y le dijo:
—¡Ay, señor mío! Permite que hable tu siervo una palabra a oídos de mi señor. No se encienda tu ira contra tu siervo, puesto que tú eres como el mismo faraón.
19 Mi señor preguntó a sus siervos diciendo: "¿Tenéis padre o hermano?"
20 Y nosotros respondimos a mi señor: "Tenemos un padre anciano y un muchacho pequeño que le nació en su vejez. Un hermano suyo murió. Sólo él ha quedado de su madre, y su padre lo ama."
21 Tú dijiste a tus siervos: "Traédmelo para que lo vea."
22 Y nosotros dijimos a mi señor: "El joven no puede dejar a su padre; porque si le deja, su padre morirá."
23 Y dijiste a tus siervos: "Si vuestro hermano menor no viene con vosotros, no veréis más mi cara."

dida de este otro hijo sería de una aflicción permanente y hasta la muerte.

Tercero, describe el impacto trágico y horroroso que causaría el no regreso del hijo menor. El padre moriría con profundo dolor y los demás serían culpables para siempre de haber causado tal aflicción. Toda una familia quedaría desintegrada espiritual, social y emocionalmente.

Cuarto, aceptando la culpabilidad, pide no el perdón, sino que se ofrece a sí mismo a sustituir al culpable por las siguientes razones: primera, él salió de fiador a su padre y es el responsable de que el menor regrese a su casa. Segunda, no podría ver sufrir a su padre la ausencia de su hijo menor. En otras palabras, Judá estaba dispuesto a hacer todo lo posible para evitar el sufrimiento de su padre.

Es interesante pensar en el significado de

Semillero homilético

Una secuela trágica

44:17

Introducción: ¿Habrá tenido la experiencia de ser acusado de algo que no hizo? Las noticias relatan experiencias de muchas personas que han sido acusadas y posteriormente declaradas inocentes de tales acusaciones. Pero la vida nunca sigue igual como antes. La injusticia les afecta durante el resto de la vida.

Evidentemente, Benjamín era una víctima de las circunstancias. El había sido el motivo de discusión entre sus hermanos y su padre a fin de poder volver a comprar comida en Egipto. Ahora los eventos habían producido que la copa de José se encontrara en su costal y sin ser culpable recibe una sentencia: *será mi esclavo.*

I. Fue una sentencia severa para alguien que verdaderamente era inocente. Llegó a ser esclavo, igual que su hermano José lo había sido también por la insensatez de sus hermanos.

II. Fue una sentencia basada en las apariencias que daban las circunstancias. Muchas veces las circunstancias elaboran una falaciá que a primera vista parece la verdad. Benjamín era una víctima de las circunstancias al igual que muchos inocentes no tienen manera de probar que son inocentes; las circunstancias están en su contra.

III. Fue una sentencia inmerecida. A todo lo largo y ancho de la situación, Benjamín era inocente. Su única razón era ser hermano de aquellos insensibles malhechores. Nosotros como hermanos mayores podemos acarrear dolor sobre nuestros hermanos menores y por lo tanto debemos mirar con cuidado lo que hacemos.

IV. Fue una sentencia sin fundamento, porque Benjamín era inocente. El muchacho no tenía de qué arrepentirse y con toda libertad podía decir que en este caso él no era culpable. En cierto sentido la elección de José al poner la copa en la bolsa de Benjamín fue una elección sabia, pues José podía relacionarse con su hermano menor sin ningún resentimiento mientras esperaba la oportunidad de volver a ver a su padre.

Conclusión: Cuando nos pasa una experiencia como le pasó a José y después a Benjamín, el único recurso es confiar en Dios y su poder para obrar para traer la justicia en su tiempo. Estas pruebas nos refinan para ser siervos más útiles en su reino.

24» Aconteció, pues, que cuando fuimos a tu siervo, mi padre, le contamos las palabras de mi señor. **25** Y nuestro padre dijo: "Volved a comprarnos un poco más de alimentos." **26** Nosotros respondimos: "No podemos ir, a menos que nuestro hermano menor vaya con nosotros. Porque no podemos ver la cara de aquel hombre si nuestro hermano menor no está con nosotros." **27** Entonces tu siervo, mi padre, nos dijo: "Vosotros sabéis que mi mujer me dio dos hijos, **28** y que uno de ellos partió de mi presencia y pienso que de cierto fue despedazado,* pues hasta ahora no lo he vuelto a ver. **29** Si tomáis también a éste de mi presencia y le acontece alguna desgracia, haréis descender mis canas con aflicción a la sepultura."*

30»Ahora pues, cuando llegue yo a tu siervo, mi padre, si el joven no está conmigo, como su vida está tan ligada a la de él, **31** sucederá que cuando vea que no está con nosotros el muchacho, morirá. Así tus siervos habremos hecho descender las canas de tu siervo, nuestro padre, con dolor, a la sepultura.* **32** Como tu siervo salió por fiador del joven ante mi padre, diciendo: "Si no te lo traigo de vuelta, entonces yo seré culpable ante mi padre para siempre", **33** permite ahora que tu siervo quede como esclavo de mi señor en lugar del muchacho, y que el muchacho regrese con sus hermanos. **34** Porque, ¿cómo volveré yo a mi padre si el muchacho no está conmigo? ¡No podré, para no ver la desgracia que sobrevendrá a mi padre!

*44:28 Es decir, por una fiera
*44:29, 31 Lit., *Seol*

este discurso. Primero, refleja que los hermanos tienen un gran respeto y consideración por su padre Jacob. Segundo, que habían aceptado a Benjamín como hermano y en los términos y relación que Jacob, el padre había determinado (no ya con aborrecimiento, hostilidad y envidia, como a José anteriormente). Tercero, que no estaban poniendo su bienestar personal (específicamente en el caso de Judá) en primer lugar, sino el de Jacob y toda la familia. Cuarto, se reconoce la culpabilidad

Semillero homilético

La prueba de la copa

44:1-17

Introducción: José recurre a una creencia egipcia muy difundida en su tiempo que por el sonido del agua al caer en la copa, o la forma que en ella tomaban algunas gotas de aceite, se interpretaban como señales. La copa le sirve como un recurso para probar a sus hermanos. ¿Qué deseaba José probar en sus hermanos? Cuando menos dos cosas: 1. Si ellos abandonarían a Benjamín como lo habían hecho con él. 2. Si ellos habían madurado en su afecto hacia su padre o estarían dispuestos a mentir con toda indiferencia hacia su profundo dolor.

En muchas ocasiones Dios utiliza ciertos elementos, a veces casi tan insignificantes como una copa de plata, para probarnos. Así es como a veces...

I. Prueba los sentimientos que tenemos hacia las personas. Desea conocer si estamos dispuestos a dejar que el bienestar de nuestro hermano prevalezca por sobre nuestra propia seguridad o intereses.

II. Prueba nuestra capacidad de ser instrumentos de sus bendiciones para nuestro prójimo. Es decir que Dios nos capacita y hace aptos para ser útiles en base a ciertas pruebas. Esto sin duda es lo que tenía en mente el hermano Santiago cuando escribió en su carta (1:12). Sin pruebas no hay templanza, sin sumisión y humildad no habría manera de entregarnos totalmente a la voluntad de Dios.

III. Prueba el grado de madurez que hemos alcanzado. Más importante aún, es la manera por la cual Dios aprueba o no nuestra calidad de hijos suyos.

Conclusión: Piense en alguna prueba que ha tenido últimamente. ¿Será que Dios le está probando su sinceridad y/o fidelidad por medio de esta experiencia?

José se da a conocer a sus hermanos

45 José ya no podía contenerse más delante de todos los que estaban en su presencia, y gritó:

—¡Que salgan todos de mi presencia!

Nadie quedó con él cuando se dio a conocer a sus hermanos. 2 Entonces se puso a llorar a gritos, y lo oyeron los egipcios. Y fue oído también en la casa del faraón. 3 José dijo a sus hermanos:

—Yo soy José. ¿Vive aún mi padre?

ante lo que hicieron con José (42:21, 22) y que Dios finalmente les estaba recompensando por esa maldad (44:16).

Todos estos cambios de actitud, de reconocimiento y el impacto conmovedor del discurso convencen intelectual y emotivamente a José que las condiciones se han cumplido y que ha llegado el momento de identificarse plenamente a sus hermanos.

(4) José se identifica a sus hermanos, 45:1-15. Este relato también está cargado de emociones, informaciones precisas y profundas interpretaciones de acciones pasadas y planes futuros a la luz de la revelación de Dios. La identificación de José sigue un proceso natural y emotivo muy peculiar. Primero, José despide a todos para quedar él solo con sus hermanos. Esta identificación era un asunto familiar, de mucha intimidad y emotividad. Ni siquiera se necesitará intérprete porque el discurso será en el idioma hebreo *(es mi boca la que os habla)*. Segundo, José da expresión libre a sus sentimientos tantas veces contenidos y aplazados. Otra vez vemos a un hombre íntegro, tierno y emotivo. Su lloro fue sin inhibición de cargo ni cuidado ante las autoridades egipcias quienes lo escucharon. Tercero, se identifica familiarmente a sus hermanos enfatizando su interés en su padre. No es la identificación como gobernador lo importante ahora, sino el de hermano e hijo del mismo padre. En el discurso anterior el centro de interés ocupaba el padre. José igualmente indica que su mayor interés es en su padre. Ante el terror e incredulidad de sus hermanos, José apela a una identificación física y sentimental. Se elimina la distancia que los estaba separando y José pronuncia la frase tan temida cuya realidad había perseguido a sus hermanos: *José, vuestro hermano, el que vendisteis para Egipto.* Cuarto, les tranquiliza y les explica el verdadero significado de aquella acción. El incidente del costal de dinero, el de la copa y la venta en esclavitud ponían en alto riesgo de castigo y venganza a los hermanos.

Pasos hacia la madurez
44:18-34

El Judá que encontramos aquí resulta ser muy diferente de aquel que hasta ahora hemos conocido. Sus palabras y su disposición de ser el fiador por su hermano muestran el enorme progreso de Judá hacia la madurez.

1. *Humildad* (v. 18). Las palabras usadas son de respeto y deferencia. Casi cada palabra exalta y alaba a José y hace notoria la indignidad de Judá.

2. *Sencillez* (vv. 19-26). Sin palabras retóricas ni muy elaborados pensamientos Judá expone con simplicidad y puntualmente los hechos y la verdad. José conocía los mismos hechos y podía corroborar su veracidad. Judá no explica ni razona, simplemente expone con sencillez.

3. *Responsabilidad* (vv. 27-32). Judá se da cuenta que su padre ha sufrido mucho por la muerte de su amada esposa, por la desaparición de su hijo José y que por lo avanzado de su edad, podría morir al no ver a su hijo Benjamín. El asume el papel de protector de su padre y de su hermano pequeño.

4. *Sacrificio personal* (vv. 33, 34). Con tal que Benjamín pueda volver a su padre, Judá está dispuesto a permanecer como esclavo por el resto de su vida. Judá prefiere terminar sus días como esclavo antes que presenciar el dolor de su padre por la ausencia de su amado hijo. Noble sacrificio personal con el propósito de proveer un poco de felicidad a su anciano padre.

En este ejemplo aprendemos que en algunas personas el proceso de la conversión puede ser lento y gradual, pero como quiera que sea, siempre se van dando cambios en el carácter y en la vida de la persona.

Sus hermanos no pudieron responderle, porque estaban aterrados delante de él. 4 Entonces José dijo a sus hermanos:
—Acercaos a mí, por favor.
Ellos se acercaron, y él les dijo:
—Yo soy José vuestro hermano, el que vendisteis para Egipto. 5 Ahora pues, no os entristezcáis ni os pese el haberme vendido acá, porque para preservación de vida me ha enviado Dios delante de vosotros. 6 Ya han transcurrido dos años de hambre en medio de la tierra, y todavía quedan cinco años en que no habrá ni siembra* ni siega. 7 Pero Dios me ha enviado delante de vosotros para preservaros posteridad en la tierra, y para daros vida mediante una gran liberación. 8 Así que no me enviasteis vosotros acá, sino Dios, que me ha puesto como protector* del faraón, como señor de toda su casa y como gobernador de toda la tierra de Egipto.

9»Apresuraos, id a mi padre y decidle: "Así dice tu hijo José: "Dios me ha puesto como señor de todo Egipto. Ven a mí; no te detengas. 10 Habitarás en la zona de Gosén, y estarás cerca de mí, tú, tus hijos, los hijos de tus hijos, tus rebaños, tus vacas y todo lo que tienes. 11 Allí proveeré para ti, pues todavía faltan cinco años de hambre; para que no perezcáis de necesidad tú, tu casa y todo lo que tienes.'"

*45:6 Lit., *arada*
*45:8 Lit., *padre*

Y más en la ausencia del padre quien pudiera mediar. Pero José les consuela, aceptando los hechos como la voluntad de Dios. Fue Dios quien envió a José de antemano a Egipto y le puso en el cargo de responsabilidad para preservación de vida de la descendencia de Jacob. Les provee así un alivio al sentimiento de culpabilidad, consecuencia de aquella acción. Es interesante que José pronuncia que es del pesar o la consecuencia de la acción que ellos deben olvidarse, y no de la acción en sí, la que todavía fue un acto de venta de su hermano. Quinto, dirige la atención ahora hacia Canaán y hacia el futuro. Quedan cinco años más de hambre y se hace nece-

Semillero homilético

Mi vida por la de mi hermano

44:30-34

Introducción: Judá está dispuesto a servir como esclavo el resto de su vida con tal que su hermano pueda volver a su padre. Una cosa es hablar y otra es actuar. Judá había prometido a Jacob traer a Benjamín (43:9) y deseaba ser leal a su palabra y a su compromiso. Aquí encontramos unas lecciones sobre las cuales haríamos bien en reflexionar y disponernos a ponerlas en práctica.

I. Ocupemos el lugar de Judá y comprometamos nuestra palabra, seguida con nuestras acciones, que vamos a hacer nuestros mejores esfuerzos para que nuestros hermanos regresen al Padre celestial.

II. Ocupemos el lugar de Judá y doblemos nuestras rodillas suplicando e intercediendo a favor de nuestro hermano. Digamos al Señor que estamos dispuestos a hacer lo que sea necesario, pero que por favor salve a nuestro hermano.

III. Ocupemos el lugar de Judá hasta la agonía con tal de hacer todo cuanto podamos para salvar a nuestro hermano.

IV. Sin duda que Jesucristo es nuestro mejor modelo, pues él hizo exactamente lo que era necesario por salvarnos: Ocupó nuestro lugar, intercedió por nosotros y dio su vida para salvarnos. José no pudo más y resolvió hacer lo único que debía hacer, darse a conocer con toda claridad y perdonar a sus hermanos.

Conclusión: De vez en cuando leemos noticias de una o más personas que han sacrificado sus vidas para salvar a otros. Hace algún tiempo leímos de personas que se tiraron al agua helada cerca del aeropuerto en Nueva York, para ayudar a rescatar a los sobrevivientes de un avión que se estrelló allí. Esto nos conmueva, pero cuánto más la muerte de Cristo por todos los pecadores.

12»He aquí que vuestros ojos y los ojos de mi hermano Benjamín ven que es mi boca la que os habla. **13** Informad a mi padre acerca de toda mi gloria en Egipto y de todo lo que habéis visto. Apresuraos y traed a mi padre acá.

14 Entonces se echó sobre el cuello de Benjamín su hermano y lloró. También Benjamín lloró sobre su cuello. **15** Besó a todos sus hermanos y lloró sobre ellos. Después de esto, sus hermanos hablaron con él.

---

sario que Jacob y toda la familia se trasladen a Egipto para sobrevivir. Se garantiza territorio y sustento suficiente para las personas y los rebaños. La tierra de Gosén ofrecida es la zona del delta del Nilo, al norte y apta para la ganadería, ocupación a la que se dedicaban Jacob y sus hijos.

José urge a sus hermanos este traslado, demostrando nuevamente su interés extremo en su padre. Finalmente, reanuda su expresión emocional, esta vez con más intimidad con Benjamín y luego con todos sus demás hermanos restableciéndose la relación fraternal quebrantada 22 años atrás.

José nuevamente demuestra un espíritu justo y misericordioso. Algunos de sus actos anteriores para con sus hermanos parecían rudos y calculados. Pero todos ellos estaban guiando hacia una reconciliación en donde el perdón sería completo y amplio. El les ofrece olvido de la acción pasada, alivio para el presente y sobrevivencia para el futuro. No hay ni hubo intento de venganza o de abuso de poder, característica sobresaliente en José.

9. Dios permite a Jacob ir a Egipto, 45:16—47:12

En esta sección entran en juego varios intereses y situaciones que afectan la vida de la familia patriarcal y el propósito concretado en el pacto. Provisoriamente se soluciona el problema del hambre, es decir, se asegura la sobrevivencia de la descendencia patriarcal. Pero surge un nuevo problema: para sobrevivir la descendencia debe abandonar la tierra prometida y emigrar a Egipto. La experiencia negativa de Abraham al ir a Egipto habrá quedado como advertencia en contra de dicha emigración (2:10-20). Además, Dios específicamente impide que Isaac descienda a Egipto ni siquiera para sobrevivir al hambre (26:1-3). Tres factores fueron influyentes en la decisión final de Jacob de aceptar la emigración a Egipto: (1) El hambre muy extendido y duradero; (2) la

> Semillero homilético
>
> **La prueba del perdón**
>
> 45:5
>
> *Introducción*: La cuestión de perdonar o no a otra persona una ofensa surge con frecuencia entre matrimonios, en negocios que fracasan por culpa de otro y en relaciones entre jóvenes. José nos da buen ejemplo de uno que tiene la capacidad de perdonar.
>
> I. *No os entristezcáis.* El ofendido José pide a sus hermanos que no se entristezcan. Ahora él los tenía en sus manos y podía hacer con ellos lo que quisiera. El verdadero hijo de Dios junto con su perdón da consuelo y ánimo a aquellos que le han ofendido.
>
> II. *Ni os pese haberme vendido.* José se daba cuenta que todos los sentimientos de culpa, de tristeza y de arrepentimiento brotaban como cataratas dentro de la mente y los corazones de sus hermanos. José les ha otorgado su perdón y no es tiempo de lastimar más las heridas, sino de aliviarlas y sanarlas con el cariño y el amor.
>
> III. *Para preservación de vida me ha enviado Dios.* José ayuda a sus hermanos a ver aquella circunstancia desde otra perspectiva: ellos eran instrumentos en las manos de Dios. El consuelo y la bendición que aquellas palabras dieron a aquellos sorprendidos hermanos es incalculable. La mejor manera de ayudar a la persona que nos ha ofendido a restaurar la relación es guiarla a ver cómo, en cierto modo, estamos agradecidos de su instrumentalidad para el bien de nuestra vida.
>
> *Conclusión*: Las experiencias que en el momento parecen trágicas con el tiempo llegan a entenderse. Así fue con José. Supo que todo lo que le pasó anteriormente estaba dentro de los planes de Dios.

El faraón llama a Jacob a Egipto

16 Se oyó la noticia en el palacio del faraón: "Los hermanos de José han venido." Esto agradó al faraón y a sus servidores, 17 y el faraón dijo a José:

—Di a tus hermanos: "Haced lo siguiente: Cargad vuestros animales y volved a la tierra de Canaán. 18 Tomad a vuestro padre y a vuestras familias y venid a mí. Yo os daré lo mejor de la tierra de Egipto, y comeréis sus productos más preciados." 19 Y tú dales la orden siguiente: "Haced esto: Tomad de la tierra de Egipto carretas para vuestros niños y para vuestras mujeres. Y tomad a vuestro padre y venid. 20 No echéis de menos vuestras pertenencias, porque lo mejor de toda la tierra de Egipto será vuestro."

---

interpretación de José de su posición privilegiada en Egipto *(para preservaros vida)* y (3) la revelación personal de Dios a Jacob en Beerseba. De ahí que la ida de Jacob a Egipto no fue un impulso espontáneo ni por un interés físico solamente. Otros temas que se desarrollan en esta sección tienen que ver con los problemas de migraciones, asilados y refugiados, tan agudos en nuestro mundo actual. En la migración de Israel a Egipto, dirigidos y administrados magistralmente por las autoridades políticas de entonces, se tienen en cuenta los intereses más elevados de ambas partes desde las perspectivas humanitaria, política social y religiosa. Se podría afirmar que este movimiento migratorio bíblico beneficia ampliamente a ambos pueblos porque no busca tomar ventaja ni provecho. Es hasta más tarde que la relación se vuelve tensa y problemática, causada por la ausencia de autoridades políticas capaces de saber manejar estas situaciones correctamente (Exo. 1:8).

(1) El faraón sugiere a José que Jacob vaya a Egipto, 45:16-24. El reencuentro de José con sus hermanos causó impacto en el faraón y su corte. Ellos reciben la noticia con agrado y el faraón toma la iniciativa de proveer la venida de la fami-

La providencia de Dios asombra
45:1-14

Llega el momento cuando José no puede más y en medio de lágrimas y gritos de emoción se da a conocer a sus hermanos. Ellos por su parte se quedan aterrados de asombro pues ahora venían a descubrir cómo la providencia de Dios actúa.

1. Están asombrados porque la providencia de Dios guardó la vida de su hermano (vv. 1-3).
2. Están asombrados porque la providencia de Dios tomó a un muchacho de las manos de sus hermanos que querían matarlo y lo llevó a un sitio de influencia (vv. 5-6).
3. Están asombrados porque la providencia de Dios fue quien envió a José delante de ellos para preservar la vida de su familia y la de muchas naciones (v. 7).
4. Están asombrados porque la providencia de Dios les provee la fértil tierra de Gosén para que la habiten (vv. 8-14) .
5. Judá, quien anteriormente había propuesto que José fuera vendido, ahora se presenta como fiador por su hermano (v. 18).

José y sus hermanos en Egipto

21 Así lo hicieron los hijos de Israel. José les
dio carretas, conforme a las órdenes del faraón,
y les dio provisiones para el camino. **22** A
cada uno de ellos les dio un vestido nuevo; y a Benjamín le dio 300 piezas de plata y 5
vestidos nuevos. **23** Para su padre envió lo siguiente: 10 asnos cargados de lo mejor de
Egipto y 10 asnas cargadas de trigo, pan y
otros alimentos para su padre, para el camino.
24 Cuando despidió a sus hermanos, y ellos se
iban, José les dijo:
—No riñáis en el camino.

---

lia de José a Egipto. No sabemos si esta decisión fue espontánea o si fue a sugerencia de José u otros, pero de cualquier manera la autoridad final de una decisión tan importante resta sólo en el faraón. Aquí notamos el respeto y comportamiento fiel de José, quien no sobrepasa la autoridad superior, aun cuando se trata de la sobrevivencia de su propia familia. Este acto, y posteriormente el permiso que solicita para ir a sepultar a su padre, lo señala a él como un político justo quien nunca comete abuso de poder o autoridad y mucho menos en beneficio propio. Cuán diferente es la situación actual de nuestras autoridades políticas, que buscan y crean ocasiones para abusar de sus cargos y beneficiarse codiciosamente. El mismo comportamiento de José tiene el gobernador Nehemías en tiempos del regreso de la cautividad (Neh. 5:14-19).

Faraón comunica a José su decisión y las provisiones necesarias para la venida de su familia a Egipto. Primero, que los hermanos regresen a Egipto con el "permiso oficial de migración". Segundo, les otorga la seguridad de un territorio para habitar permanentemente y les promete el sustento necesario. El faraón menciona que el territorio ofrecido y el alimento prometido son de lo mejor de Egipto. Aquí no hay oferta de "sobras" ni perspectivas de "ciudadanía de segunda" o discriminación racial. Tercero, el faraón concede que José envíe los alimentos necesarios para el sustento temporal y los medios de transporte suficientes para el traslado de toda la familia. Faraón por último envía un mensaje personal y de ánimo a Jacob y a su familia para no dejar que el apego a la tierra natal o a pertenencias locales sean impedimentos para la venida a Egipto.

No podemos saber exactamente las motivaciones de faraón en permitir esta migración de una manera tan fácil y generosa. Pero se podrían señalar algunos factores importantes. Primero, una demostración de gratitud hacia José, quien realmente era el que hizo posible que Egipto no tuviera escasez. Segundo, tal vez con la venida de la familia de José, el faraón se aseguraba más la permanencia de José al servicio de Egipto. En un mundo de competencia y de intereses complejos, tanto en la antigüedad como en la actualidad, no es fácil retener a una persona tan capacitada y dedicada como José. Tercero, está el factor elemental de ayuda humanitaria. El énfasis en todas estas decisiones era la preservación de vida. Hay una responsabilidad fundamental en todo hombre y en toda institución humana, ya sean gobiernos, empresas o iglesias, de no permitir que grupos de seres humanos pasen a la extinción por falta de alimento. La concienti-

Verdades prácticas

Observemos cómo "lo mejor" es el tema dominante de este pasaje (Gén. 45:16-24):

1. *Esto agradó al faraón* (v. 16).
2. *Yo os daré lo mejor de la tierra* (v. 18).
3. *Comeréis sus productos más preciados* (v. 18).
4. *Lo mejor de toda la tierra de Egipto será vuestro* (v. 20).
5. *Y les dio provisiones para el camino* (v. 21).
6. *A cada uno de ellos les dio un vestido nuevo* (v. 22).

Aquí nos encontramos frente a un cuadro de restauración y generosidad de parte de Dios. No solamente es la generosidad de los bienes materiales y el bienestar para Jacob y su familia, sino es un cuadro de afirmación y cumplimiento de las bendiciones que Dios había prometido a Jacob y a toda su descendencia.

Jacob y su familia van a Egipto

25 Subieron de Egipto y llegaron a la tierra de Canaán, a su padre Jacob. **26** Y le dieron la noticia diciendo:
—¡José vive aún! El es el gobernador de toda la tierra de Egipto.
Pero él* se quedó pasmado, porque no les podía creer. **27** Ellos le contaron todas las cosas que José les había dicho. Y al ver las carretas que José enviaba para llevarlo, el espíritu de Jacob su padre revivió. Entonces dijo Israel:
—Basta. ¡José, mi hijo, vive todavía! Iré y le veré antes de que yo muera.

46 Así partió Israel con todo lo que tenía y llegó a Beerseba, donde ofreció sacrificios al Dios de su padre Isaac. **2** Y Dios habló a Israel en visiones de noche y le dijo:
—Jacob, Jacob.
Y él respondió:
—Heme aquí.
3 Le dijo:
—Yo soy Dios, el Dios de tu padre. No temas descender a Egipto, porque allí yo haré de ti una gran nación. **4** Yo descenderé contigo a Egipto y ciertamente yo también te haré subir de allí. Y la mano de José cerrará* tus ojos.

*45:26 Lit., *su corazón*
*46:4 Lit., *pondrá su mano sobre*

zación de esta responsabilidad está muy disminuida en nuestros días y su consecuencia es gravísima, mirando las estadísticas de grupos de personas, especialmente niños, que mueren diariamente de hambre en diferentes partes del mundo.

José mismo se encarga de ejecutar las indicaciones del faraón y como un regalo personal suyo provee a sus hermanos de vestidos nuevos. El trato preferencial hacia Benjamín es una acción que podría despertar envidia y quizás serviría de prueba en cuanto a la seriedad y permanencia de cambio de actitud de los hermanos. Por las dudas, José exhorta a sus hermanos a no reñir por el camino. Aquí se rememora el peligro de los tiempos anteriores de relacionamiento. Se resalta asimismo la provisión especial que José hace para su padre, que en un sentido será para toda la familia, pero bajo la administración de Jacob.

Una amonestación apropiada

José conocía muy bien a sus hermanos. El recordaba que eran muy inclinados a pelearse entre sí. Aunque era evidente que sus hermanos habían madurado mucho desde la última vez que los había visto, todavía tenían un largo camino que recorrer. Las actitudes y hábitos son difíciles de desarraigar. Toma tiempo y trabajo consciente. Dadas las circunstancias, uno podría pensar que las palabras de José están cargadas de un fraternal sentido de humor, pero también nos enseña que José aceptaba a sus hermanos tal como eran, con sus pleitos y debilidades, tanto como con sus temores y alegrías.

(2) Jacob decide ir a Egipto, 45:25—46:7. La decisión final de Jacob de ir a Egipto no fue tan fácil ni inmediata. Muchos factores y situaciones debían resolverse antes. La consideración determinante que guía en esta decisión es la fe de Jacob en Dios y su fidelidad al pacto. Dos decisiones se debían tomar: Una la de Jacob, un ser humano deseoso de ver a su hijo y proveer a su familia. Otra la de Israel, un hombre comprometido con Dios e instrumento de un pacto redentor. La conveniencia humana y el llamado divino una vez más se entremezclan profundamente; sólo el hombre de profunda fe puede resolverlo apropiadamente.

Esta decisión se desarrolla de la siguiente manera. Primero, los hijos de Jacob regresan a Canaán y cuentan a Jacob acerca de José. La expresión subir de o descender a Egipto es común de los viajes Egipto-Canaán por la diferencia de altitud de terreno. Jacob temía perder a algunos de sus hijos, pero ahora, todos los que fueron a Egipto regresan. La noticia resaltante era acerca de José a quien hacía más de 22 años Jacob había dado por muerto. Pero ahora sus propios hijos, los que antes le

5 Partió Jacob de Beerseba, y los hijos de Israel hicieron subir a su padre Jacob, a sus niños y a sus mujeres en las carretas que el faraón había enviado para llevarlo. **6** Tomaron también sus ganados y sus posesiones que habían adquirido en la tierra de Canaán. Fueron a Egipto Jacob y toda su descendencia con él. **7** Llevó consigo a Egipto a toda su descendencia: a sus hijos y a los hijos de sus hijos, a sus hijas y a las hijas de sus hijos.

---

habían traído la "prueba" de la muerte de José, le anuncian que José vive. *Aquel varón* tan inquisitivo acerca de su familia, que demandaba ver a Benjamín a toda costa y que había preguntado por el *anciano de vuestro padre,* era nada menos que José. Jacob sin saberlo estuvo tratando de "comprar" la buena voluntad de su propio hijo. Segundo, Jacob reacciona en forma ambigua al principio. Se emociona y rehúsa creer por su sospecha natural hacia sus hijos, y por la casi imposibilidad de un José vivo y nada menos que gobernador de Egipto. Pero los hijos, con paciencia, le transmiten todo el mensaje de José que en esencia era un llamado a su padre de ir a él a Egipto para recibir sustento. Al ver las carretas, evidencias de que José estaba vivo, tenía una posición elevada en Egipto, Jacob se convence y decide ir a ver a su hijo. Esta es una decisión de un padre emocionado que después de años de dolor ve finalmente el consuelo deseado.

Tercero, Israel inicia su viaje hacia Egipto. No se menciona el lugar de residencia, pero con toda seguridad era Hebrón. Es interesante notar el cambio de nombre en 46:1. Aquí ya no se trata de una familia (Jacob) sino de una nación (Israel) con propósito redentor. Antes de una decisión de migración definitiva, Israel acude a Beerseba, el santuario patriarcal y donde anteriormente Isaac recibió el mensaje de Dios de no descender a Egipto. El hombre de fe ofrece sus sacrificios al Dios patriarcal y consulta sobre esta decisión tan importante. Dios no se deja desear por mucho. En visiones le revela su voluntad, que coincide con la interpretación de José de su propósito de haber sido enviado a Egipto antes. En primer lugar, Dios se le identifica como su Dios personal y patriarcal. Esto es importante, porque por el pacto ambas partes estaban comprometidas mutuamente. Luego Dios le "autoriza" a emigrar a Egipto prometiéndole cumplir con las promesas del pacto: su presencia; hacer de su descendencia una nación en Egipto y hacer regresar a esa nación de Egipto a la tierra prometida que ahora estaban dejando. Además, Dios le promete a Jacob que verá a José y éste le cuidará hasta su muerte. Esta es una concesión personal de Dios como demostración de su misericordia y un acto compensatorio por los muchos años de privación de su hijo favorito. Es interesante notar que esta responsabilidad específica tocaba al hijo pri-

Desde no creer hasta creer

Cuando los hermanos de José llegaron a Jacob y le dieron la noticia: *¡José vive aún!,* se quedó pasmado, *porque no les podía creer* (v. 26). Aquí tenemos a alguien que en el NT es mencionado como un hombre de fe, pero que de momento no podía creer que Dios estaba cumpliendo fielmente su promesa. Muchas veces suponemos que la respuesta natural del ser humano a las obras maravillosas de Dios es "con fe"; total "creer". Jacob no lo hizo así, pero no lo culpemos, pues su corazón se había ido resecando al paso del tiempo, literalmente su espíritu se estaba muriendo.

El relato de *todas las cosas que José les había dicho* y al ver todo lo que José había enviado hizo que *el espíritu de Jacob... revivió* (v. 27). Este paso, desde el no creer hasta el creer de Jacob, es el que da sentido y unidad a todo el relato y mensaje del Pentateuco. Los hombres a quienes Dios usa son aquellos que dan el salto de la "no-fe" a la "fe" en un Dios que obra maravillas.

Cuando podemos creer se produce el milagro de un espíritu renovado dentro de nosotros. Esta es la perspectiva de los profetas del AT cuando anunciaban su mensaje y proclamaban que creer y un "nuevo corazón" son sinónimos (ver Jer. 31:33, 34; Eze. 36:26).

Lista de los que entraron en Egipto

8 Estos son los nombres de los hijos de Israel que entraron en Egipto: Jacob y sus hijos:*

Rubén, el primogénito de Jacob; **9** y los hijos de Rubén: Hanoc, Falú, Hesrón y Carmi. **10** Los hijos de Simeón: Jemuel, Jamín, Ohad, Jaquín, Zojar y Saúl, hijo de la cananea. **11** Los hijos de Leví: Gersón, Coat y Merari. **12** Los hijos de Judá: Er, Onán, Sela, Fares y Zéraj. (Er y Onán habían muerto en la tierra de Canaán.) Los hi-jos de Fares fueron Hesrón y Hamul. **13** Los hijos de Isacar: Tola, Fúa, Jasub* y Simrón. **14** Los hijos de Zabulón: Sered, Elón y Yajleel. **15** Estos fueron los hijos de Lea, que dio a luz a Jacob en Padan-aram, y su hija Dina. El total de las personas de sus hijos y de sus hijas era treinta y tres.

16 Los hijos de Gad: Zifión, Hagui, Suni, Ezbón, Eri, Arodi y Areli. **17** Los hijos de Aser: Imna, Isva, Isvi, Bería y su hermana Sera. Los hijos de Bería fueron Heber y Malquiel. **18** Estos fueron los hijos de Zilpa, sierva que Labán dio a su hija Lea, y que dio a luz estos hijos a Jacob: dieciséis personas.

19 Los hijos de Raquel, mujer de Jacob, fueron José y Benjamín. **20** A José le nacieron, en la tierra de Egipto, Manasés y Efraín, que le dio a luz Asenat, hija de Potifera, sacerdote de On.* **21** Los hijos de Benjamín fueron: Bela, Bequer, Asbel, Gera, Naamán, Eji, Ros, Mupim, Hupim y Ard. **22** Estos fueron los hijos de Raquel que le nacieron a Jacob: catorce personas en total.

23 Los hijos de Dan: Husim. **24** Los hijos de Neftalí: Yajzeel, Guni, Jezer y Silem. **25** Estos fueron los hijos de Bilha, la que Labán dio a su hija Raquel, y dio a luz estos hijos a Jacob: siete personas en total.

26 Todas las personas que fueron con Jacob a Egipto, sus descendientes directos,* sin contar las mujeres de los hijos de Jacob, todas las personas fueron sesenta y seis. **27** Los hijos de José que le nacieron en Egipto, fueron dos; así todos los miembros de la familia de Jacob que entraron en Egipto fueron setenta.

*46:8 Comp. 29:31--30:24; 35:16-26
*46:13 Según Pent. Sam. y LXX; heb., *Job (Iob);* comp Núm. 26:24; 1 Crón. 7:1
*46:20 O sea, Heliópolis
*46:26 Lit., *que salieron de su muslo*

mogénito. Aquí parece que Dios concede a José "de jure" o por derecho el lugar del primogénito, posición que Jacob "de facto" o de hecho diera ya a José desde un principio. Y en Egipto, José tomó la responsabilidad del primogénito.

Es hasta ahora que Jacob/Israel está listo para su emigración a Egipto. Parten de Beerseba, sur de Canaán, hacia Gosén, nordeste de Egipto, unos 300 km. de distancia. Se resalta que el traslado es total y definitivo. Jacob lleva toda la familia: hombres, mujeres, niños; todo el ganado y todas las posesiones.

(3) La lista de los que entraron en Egipto, 46:8-27. Aquí se provee cuidadosamente la lista genealógica de toda la descendencia de Jacob que se instaló en Egipto desde el principio. Los nombres de las personas están agrupados de acuerdo a sus respectivas madres. No se incluyen los nombres de las esposas de los hijos de Jacob y muy escasamente nombres de mujeres, pero sí se incluyen algunos nacidos ya en Egipto (José y su familia y la familia de

Por extraño que parezca

Así partió Israel con todo lo que tenía y llegó a Beerseba, donde ofreció sacrificios al Dios de su padre Isaac (46:1).

A primera vista, uno podría pensar que fue un error para los hebreos dejar la tierra prometida para ir a Egipto ya que José muy bien podía enviarles cada cierto tiempo los alimentos que fueran necesarios desde Egipto hasta Canaán. Sin embargo, la promesa de Dios a Israel: *No temas descender a Egipto* (v. 3) muestra que Dios aprobó aquella reunión de los miembros de toda la familia en Egipto.

Cuando nuestra vida está sujeta a la autoridad de Dios, el cuándo, dónde y cómo son decisiones de él. Dios frecuentemente utiliza medios que nos sorprenden para llevar a cabo su voluntad. En este caso, fácilmente nos damos cuenta que Dios quería preservar y hacer crecer al pueblo hebreo, pues nos dice: *Porque allí yo haré de ti una gran nación* (v. 3).

Reencuentro de José con su padre

28 Entonces Jacob envió a Judá delante de él
a llamar a José para que viniese a encontrarle
en Gosén. Mientras tanto, ellos llegaron a la
tierra de Gosén. 29 José hizo preparar su carro y fue a Gosén para recibir a Israel su padre.
El se dio a conocer, y echándose sobre su cuello lloró mucho tiempo sobre su cuello. 30 Entonces Israel dijo a José:

—¡Ahora ya puedo morir, puesto que he visto tu cara, y que vives todavía!

Benjamín por ejemplo). Tampoco se incluye a las personas fallecidas en Canaán.

Esta lista es completa en las cabezas o representantes de familia, pero también es completa en simbolismo de su total. El número 70 es indicio seguro de una nación en formación, y es el número de miembros establecido para formar el cuerpo de ancianos que en todas las épocas, inclusive en la del NT, se convierte en la máxima autoridad representativa del pueblo: los 70 ancianos (Exo 24:1; Núm. 11:16). En Deuteronomio 10:22 se resalta que sólo 70 personas entraron a Egipto, pero que Dios les multiplicó como las estrellas. En la versión griega (Septuaginta) de Génesis aparece 75 personas, que se repite en Hechos 7:14. La diferencia está en la inclusión de más nombres en la lista mayor.

(4) José y su padre se reencuentran, 46:28-30. Por pedido expreso de Jacob, el encuentro con José tiene lugar al pisar Jacob tierra de Egipto en Gosén. José viaja allí desde la capital del imperio en su identidad política, pero ante su padre se da a conocer como hijo. El encuentro es muy conmovedor y padre e hijo dan expresión libre y plena a sus fuertes emociones. El verse después de haber estado separados por más de 22 años más la incertidumbre de ambos en saber si el otro vivía o no en todo este tiempo, debía ser muy emotivo. Jacob siente una satisfacción tan plena al ver a José que expresa que ahora está listo para morir. Esta expresión no es sólo la de un padre, sino la de un patriarca que ve que la continuación de su descendencia queda asegurada por el hijo en quien él sabe ha apropiado la promesa patriarcal (requisito espiritual) y por la seguridad de sustento (requisito físico). En el NT, otro anciano, Simeón, también expresa la satisfacción plena de su vida y queda presto para la muerte al ver al niño Jesús y reco-

Semillero homilético

Visiones en la noche

46.1-7

Introducción: Israel fue a Beerseba para ofrecer sacrificios a Dios. Sin duda una pregunta que daba vueltas en su cabeza estaba relacionada con el hecho de trasladarse permanentemente a Egipto o solamente ir para visitar a su hijo. Dios le da a Jacob un mensaje de consuelo por medio de unas visiones en la noche.

I. La fuente de la visión y del mensaje de consuelo era Dios mismo (v. 2).
   1. Necesitamos apartarnos de los quehaceres diarios para escuchar la voz de Dios.
   2. Necesitamos poder interpretar las visiones y reconocer cuándo vienen de Dios y cuándo son de otras fuentes.

II. El contenido del mensaje era la respuesta que Jacob necesita a su pregunta acerca de abandonar la tierra que Dios le había prometido (vv. 3, 4).
   El mensaje contenía dos promesas:
   1. *Haré de ti una gran nación* (v. 3).
   2. Les traeré de nuevo: *Yo también te haré subir de allí* (v. 4).

III. La consecuencia de la visión es que Jacob obedece al mensaje que había recibido en las visiones aquella noche y Dios cumplió su palabra (vv. 5-7).

Conclusión: Cuando estamos frente a una decisión importante, necesitamos apartarnos a los lugares donde solemos escuchar la voz de Dios, y esperar que nos dé su visión.

31 Después José dijo a sus hermanos y a la familia de su padre:
—Subiré y lo haré saber al faraón. Le diré: "Mis hermanos y la familia de mi padre que estaban en la tierra de Canaán han venido a mí.
32 Los hombres son pastores de ovejas, porque poseen ganados. Han traído sus ovejas y sus vacas y todo lo que tienen."
33 Cuando el faraón os llame y os diga: "¿Cuál es vuestro oficio?",
34 entonces le diréis: "Tus siervos hemos sido hombres de ganadería desde nuestra juventud hasta ahora, lo mismo nosotros que nuestros padres." Esto diréis para que habitéis en la tierra de Gosén, porque los egipcios abominan a todo pastor de ovejas.

---

nocerle como el Salvador prometido (Luc. 2:25-35).

(5) El faraón asigna el territorio de Gosén para Jacob y su familia, 46:31—47:12. Después del emotivo reencuentro y de familiarizarse con toda la familia, José procede a preparar el asentamiento oficial de Israel en Egipto. Cuidadosamente él sigue varios pasos para asegurar un asentamiento legal y propicio tanto para Egipto como para Israel. Por lo general, los asentamientos causan múltiples problemas y conflictos en lo político, social, económico y emocional. Las migraciones de individuos o grupos de gente hacia países industriales o de tercer a primer mundo, los campos de refugiados, los asilados políticos, los cinturones pobres de las ciudades, son manejados generalmente con intereses conflictivos, conveniencias políticas discriminatorias y ausencia de planeamientos y recursos. En contraste, los principios que José usa en este asentamiento son muy justos y apropiados, reflejando la gran sabiduría política de José. Con esta actuación, se reafirma que el cargo de José era una vocación al servicio de Dios y en perfecta unidad con la voluntad divina. Las decisiones y acciones de una persona así consagrada, nunca han de perjudicar a nadie. Es urgente la vigencia de estos principios en nuestros días cuando la situación en campos de refugiados por razones políticas, guerras o hambre, o la situación de migrantes en busca de trabajo, se vuelve problemática y conflictiva en todo el mundo.

Todos los procedimientos se realizan en un marco de completo respeto a la autoridad superior, a las leyes, a las costumbres de ambos pueblos y buscando el máximo beneficio mutuo.

Primero, José decide informar oficialmente al faraón y lo hace personalmente. En su informe él comunica datos precisos y útiles para que el faraón tome las decisiones correctas. Estos datos tienen que ver con la capacidad laboral, los recursos humanos y materiales y las características y necesidades propias de la población a ser recibida.

Segundo, José prepara a su pueblo y específicamente a líderes escogidos que han de representarlo ante el faraón. Esta preparación tiene que ver con datos importantes en el campo laboral: el interés en trabajar y en usar los recursos traídos. Se resalta que la masa humana trabajadora no hará peligrar el mercado local de trabajo ni causará desempleo alguno. José añade además datos de costumbres que pueden ser chocantes o conflictivas en el encuentro de dos culturas. En su identifica-

Encuentros que hicieron una diferencia
46:1 a 47:12

En este pasaje encontramos tres encuentros que tuvieron un gran significado e hicieron una notable diferencia en la vida de los participantes:

1. Jacob va a Beerseba para encontrarse con Dios (46:1-7) y como resultado recibe la confirmación del Señor de ir a Egipto con toda su familia.

2. Jacob y José se encuentran en Gosén (46:28-31) y como resultado se cura la tristeza de Jacob y José disfruta el gozo de encontrarse de nuevo con su padre.

3. Jacob se encuentra con el faraón en Egipto (47:7-12) y como resultado el faraón recibió la bendición de Jacob. El faraón dio lo que tenía, bendiciones materiales; Jacob dio lo que tenía, bendiciones espirituales.

Jacob en presencia del faraón

47 José fue y lo hizo saber al faraón
diciendo:
— Mi padre y mis hermanos, con sus ovejas y
sus vacas y todo lo que tienen, han venido de
la tierra de Canaán, y he aquí que están en la
tierra de Gosén.
2 Luego tomó a cinco de entre sus hermanos
y los presentó ante el faraón. **3** Y el faraón
preguntó a sus hermanos:
—¿Cuál es vuestro oficio?
Ellos respondieron al faraón:
—Tus siervos somos pastores de ovejas, lo
mismo nosotros que nuestros padres. **4**—Dijeron, además, al faraón—: Hemos venido para
residir en esta tierra, porque no hay pasto para
las ovejas de tus siervos y el hambre en la tierra de Canaán es grave. Por eso, permite que
tus siervos habiten en la tierra de Gosén.
5 Entonces el faraón habló a José diciendo:
— Tu padre y tus hermanos han venido a ti;
6 la tierra de Egipto está delante de ti. En lo
mejor de la tierra haz habitar a tu padre y a
tus hermanos; habiten en la tierra de Gosén. Y
si juzgas que hay entre ellos hombres aptos,
ponlos como mayorales* de mi ganado.
7 Después José trajo a su padre Jacob y se lo
presentó al faraón. Jacob bendijo al faraón.
8 Y el faraón preguntó a Jacob:
—¿Cuántos años tienes?

*47:6 Otra trad., *pastores principales*

---

ción, los líderes deberán declarar expresamente su sumisión a la autoridad imperial.

Tercero, José presenta a cinco de sus hermanos como líderes representantes, para dar oportunidad al mismo faraón de obtener directamente todos los datos necesarios y tomar las decisiones pertinentes.

Cuarto, José deja que sus mismos hermanos hagan la petición oficial al faraón (por supuesto, bien preparados por José). Esta petición incluye los siguientes elementos: Primero, piden la oportunidad de trabajo. El oficio u ocupación de ellos no hará competencia a los nativos, factor muy importante y conflictivo en todo asentamiento. Segundo, piden una residencia permanente. Esto significa una posición legal, un territorio definido y apto (Gosén) y una libertad organizativa mínima (ser los mayorales de sus propios ganados). Tercero, declaran su sumisión política a la autoridad del faraón (*tus siervos,* v. 3), aceptando así respetar el orden político y las leyes vigentes en el imperio. Este asentamiento es pacífico, no una invasión. Cuarto, basan todas sus peticiones en la gravedad del hambre en Canaán lo cual pone al faraón en única y total responsabilidad de la sobrevivencia de este pueblo. De la decisión del faraón depende la vida o la muerte de muchos hombres, mujeres y niños.

La petición está hecha. La palabra final (y fatal) está en los labios del faraón de Egipto. El problema aparente sigue siendo la sobrevivencia de un pueblo. Pero el problema real es la continuación del plan

Jacob con José en Egipto

9 Y Jacob respondió al faraón:
—Los años de mi peregrinación son 130
años. Pocos y malos son los años de mi vida, y
no alcanzan al número de los años de la vida
de mis padres en su peregrinación.
10 Jacob bendijo al faraón; después salió de
su presencia. **11** Así José hizo habitar a su padre y a sus hermanos, y les dio posesión en la
tierra de Egipto, en lo mejor de la tierra, en la
tierra de Ramesés, como mandó el faraón.
12 Y José proveía de alimentos a su padre, a
sus hermanos y a toda la casa de su padre,
según el número de los niños pequeños.

---

redentor de Dios a través de la sobrevivencia de un pueblo escogido. Hay una paradoja interesante de notar: la continuación del plan redentor de Dios depende de la decisión de un hombre en un cargo político trascendental. Tal es la identificación que el Dios soberano hace con la humanidad y tal es el riesgo que varias veces se toma en la historia de la salvación (Nabucodonosor, Ciro, Herodes, Augusto Cesar, etc.). Con razón el apóstol Pablo decía que el tesoro está contenido en vasos de barro, para que la excelencia del poder sea de Dios y no de nosotros (2 Cor. 4:7).

En línea con la revelación de Dios a José y a Jacob, el faraón acepta el asentamiento y encarga al mismo José que se encargue de su ejecución. Les concede el territorio de Gosén, que más tarde se identifica políticamente como la tierra de Ramesés en tiempos del éxodo. Le abre aún la posibilidad de integrar a algunos de sus hermanos, si tuvieran idoneidad, a cargos en la estructura politico-económica del imperio. José también provee el sustento para toda su familia con el mismo sistema de racionamiento implantado en todo el imperio. Este racionamiento estaba basado en el número de las personas, mencionándose en especial a los niños para resaltar la seguridad de la posteridad. Este no es un plan de sobrevivencia para una generación solamente sino de preservación de vida de la descendencia.

Egipto en nada se perjudica con este asentamiento. Al contrario, recibe varias ventajas importantes. Primero, se deja poblar un territorio no usado, por razones económicas y estrategia militar. En este sentido, los egipcios no tienen que acomodar a los israelitas entre ellos. Segundo, el imperio tiene ahora una población "almohada" en una zona vulnerable de invasión bélica. Cualquier ataque al imperio de procedencia mesopotámica o cananea, primero tendría que chocar con los israelitas, ahora vasallos del imperio. Tercero, se abre la posibilidad de un aumento productivo y aporte económico adicionales para el imperio. Cuarto, la posibilidad de integra-

Cuando el opresor era bueno
47:5, 6, 11

Muchas veces se ha interpretado el cap. 47 de Génesis para ilustrar la manera cómo los opresores se aprovechan de la necesidad, la pobreza y el hambre del pueblo para despojarlos de sus propiedades. Esa manera de ver las cosas ha creado una imagen negativa de Egipto. Es cierto que Egipto más tarde oprimió al pueblo de Dios; sin embargo en esta instancia, Dios usó al faraón para la sobrevivencia y formación en nación de su pueblo escogido. El faraón permitió el traslado de Jacob y su familia; les concedió el uso de una buena tierra, sustento y fuentes de trabajo a los hermanos de José. Debemos reconocer que Dios es soberano en usar a cualquier persona para su propósito.

Es nuestra responsabilidad
47:11, 12

José asumió un especial cuidado de todas las necesidades de su familia, que de momento se encontraba en circunstancias de desventaja. Nosotros, como cristianos, necesitamos demostrar nuestro interés hacia nuestros padres, especialmente cuando ya están ancianos e incapacitados, y por nuestra familia durante aquellas épocas cuando las cosas no marchan bien. Dios puede habernos colocado en una situación desde la cual podemos ser instrumentos para el bienestar de aquellos que son parte de nosotros por los vínculos de la sangre.

Política administrativa de José

13 Ya no había alimentos en toda la tierra; y el hambre se había agravado, por lo que desfallecía de hambre tanto la tierra de Egipto como la tierra de Canaán. 14 Entonces José recaudó todo el dinero que se hallaba en la tierra de Egipto y en la tierra de Canaán, a cambio de los alimentos que le compraban, y trajo José el dinero al palacio del faraón. 15 Y cuando se acabó el dinero en la tierra de Egipto y en la tierra de Canaán, todo Egipto vino a José diciendo:

—Danos de comer. ¿Por qué hemos de morir en tu presencia por habérsenos terminado el dinero?

16 José les dijo:

—Dad vuestros ganados. Si se os ha terminado el dinero, yo os daré alimentos a cambio de vuestros ganados.

ción de recursos humanos con sus aportes y contribuciones propias para beneficio del faraón. Y finalmente una ventaja política adicional. Ahora José, el hombre fuerte y tal vez el único que podría "competir" con el faraón, no tendrá ya ninguna razón de abandonar Egipto o formar su propio pueblo en competencia con el imperio.

José presenta también a su padre al faraón. Aparentemente el único dato interesante para el faraón es la edad avanzada del patriarca. Jacob aprovecha la ocasión para señalar su vida como una peregrinación en la tierra. En contraste con el pensamiento del faraón/Egipto —que la tierra es el lugar seguro y permanente donde hay que construir pirámides para "eternizarse"— Jacob/Israel afirma aquí que una mejor promesa, una patria celestial preparada por Dios, es el destino final de los patriarcas (Heb. 11:13-16). Además, Jacob pronuncia su bendición sobre el faraón al inicio y al final de la entrevista. Este hecho es significativo por dos razones. Primera, el faraón era considerado como una divinidad. Sin embargo, Jacob le ubica bajo la bendición de Dios, dándole así testimonio del Dios verdadero y de la condición de todo hombre ante él. Además, en contraste con su abuelo Abraham quien fue de maldición al faraón de su tiempo, Jacob es instrumento de bendición para este faraón y su pueblo. El concurso de José hasta ahora y la venida de esta familia de ahora en más, serán un canal de bendición para Egipto. Así se cumple uno de los compromisos patriarcales: el de ser de bendición a todas las familias de la tierra. El faraón era el propietario y dispensador de sustento material. Jacob era el instrumento y dispensador de la bendición divina. Ambos se benefician y se complementan mutuamente.

10. Política administrativa de José, 47:13-26

La sabia política administrativa de José obtuvo los siguientes logros: Primero, a cambio del sustento que era provisto de los alimentos almacenados, José transfiere todas las propiedades de los egipcios al faraón. Paulatinamente los egipcios impedidos por la sequía, tuvieron que ceder "al gobierno" todo su dinero, ganado y por último sus propiedades. Segundo, a cambio de permanecer cada uno en sus respectivas "ex propiedades", José los hace siervos sumisos del faraón. El faraón era literalmente el "dueño y señor" de Egipto y de los egipcios, gracias a la política administrativa de un extranjero. Se hace la salvedad que los sacerdotes no perdieron sus propiedades porque ellos recibían de la misma ración del faraón para su sustento.

Tercero, a cambio del privilegio de sembrar la tierra del faraón, los egipcios se obligan a pagar un impuesto sobre los productos de la tierra. La ley sancionada por José establece que la quinta parte del producto pertenece al faraón. Las cuatro partes restantes pertenecen al productor. Esta ley asegura el sustento del faraón y su corte y el sustento del pueblo. Un impuesto del 25% resulta bastante benigno en comparación con los impuestos o imposiciones de otros gobiernos imperiales (pasados y presentes). En resumen, la política de José establece poder y control

17 Ellos llevaron sus ganados a José. Y José
les dio alimentos a cambio de los caballos, el
ganado ovejuno, el ganado vacuno y los asnos.
Aquel año les proveyó alimento a cambio de
todos sus ganados. **18** Cuando se acabó aquel
año, fueron a él el segundo año y le dijeron:
—No necesitamos encubrir a nuestro señor
que se ha acabado el dinero y que el ganado ya
es de nuestro señor. Nada ha quedado delante
de nuestro señor, excepto nuestros cuerpos y
nuestras tierras. **19** ¿Por qué hemos de pere-
cer en tu presencia, tanto nosotros como nuestras tierras? Cómpranos a nosotros y nuestras
tierras a cambio de alimentos, y nosotros y
nuestras tierras seremos siervos del faraón. Sólo danos semillas para que sobrevivamos y no
muramos, y que la tierra no quede desolada.
20 Así compró José toda la tierra de Egipto
para el faraón, porque los egipcios vendieron
cada uno su tierra, ya que el hambre se había
agravado sobre ellos. Así la tierra vino a ser del
faraón. **21** Y él redujo al pueblo a servidum-
bre,* desde un extremo a otro del territorio de
Egipto. **22** Solamente no compró la tierra de
los sacerdotes, porque los sacerdotes tenían
ración de parte del faraón. Como ellos comían
de la ración que les daba el faraón, por eso no
tuvieron que vender sus tierras.
23 Entonces José dijo al pueblo:
—He aquí, hoy os he comprado, para el faraón, a vosotros y vuestras tierras. Aquí tenéis
semilla; sembrad la tierra. **24** Y sucederá que
de los productos daréis la quinta parte al faraón. Las cuatro partes serán vuestras para
sembrar las tierras, para vuestro sustento, para los que están en vuestras casas y para que
coman vuestros niños.
25 Ellos respondieron:
—¡Nos has dado la vida! Hallemos gracia ante
los ojos de nuestro señor y seremos siervos del
faraón.
26 Entonces José instituyó como ley en la
tierra de Egipto, hasta el día de hoy, que la
quinta parte pertenece al faraón. Solamente la
tierra de los sacerdotes no llegó a ser del
faraón.

*47:21 Según Pent. Sam., LXX y Vulgata; TM tiene *y transportó al pueblo a las ciudades.*

político y económico centralizado en el faraón, pero al mismo tiempo, permite la supervivencia y actividad productiva libre del pueblo. En la teoría, todo pertenecía al gobierno faraónico. En la práctica, cada uno queda en su propiedad y con su ganado con la obligación de pagar su impuesto correspondiente al gobierno. El pueblo acepta la nueva política escogiendo tener sustento para vivir y renunciando a una ciudadanía libre con derecho de propiedad privada: *¡Nos has dado la vida!... seremos siervos del faraón...* La ley de José en su intención original fue para asegurar sustento en un territorio de producción impredecible y para mantener un orden y una estabilidad sociopolítica que garantizara el bienestar del pueblo. A esta política estatal o nacionalista comúnmente se la llama faraónica, aunque más bien este nombre corresponde al abuso y a la corrupción de esta política. Muchas políticas de producción y distribución hoy día de algunas naciones poderosas tienen un efecto de control y servilismo paralizante en naciones menos privilegiadas. La manipulación artificial de precios de productos (los productos industrializados aumentan de precio, mientras que los de materia prima disminuyen), cambios caprichosos en la bolsa de de divisas y monedas, bloqueamientos y tasaciones comerciales discriminativas, son efectos de un abuso de poder y codicia desmedida que lejos de crear bienestar, produce zozobras y miseria.

Oportunidad y responsabilidad

Dios colocó a José en una posición de liderazgo y decisión única (47:20); además le concedió habilidades administrativas singulares. El propósito no fue solamente para beneficiar a José y a su familia, sino para bendecir a todo el pueblo egipcio y otras naciones. Juntamente con la oportunidad, Dios nos da la responsabilidad. Algunos de nosotros hemos sido colocados por Dios como dirigentes de un grupo pequeño o grande en la comunidad, la escuela, el trabajo o la iglesia y debemos recordar que esa es una posición de servicio a favor de otros más que una posición de privilegio solamente.

Jacob pide ser sepultado en Canaán

27 Habitó, pues, Israel en la tierra de Egipto,
en la tierra de Gosén, y se establecieron en
ella. Allí fueron fecundos y se multiplicaron
mucho. 28 Jacob vivió en la tierra de Egipto
17 años; y los días de Jacob, los años de su vida, fueron 147 años. 29 Cuando se acercó el
día de la muerte de Israel, éste llamó a su hijo
José y le dijo:
—Si he hallado gracia ante tus ojos, por favor, pon tu mano debajo de mi muslo y mués-
trame misericordia y verdad; te ruego que no
me sepultes en Egipto, 30 sino que cuando
repose con mis padres, me llevarás de Egipto y
me sepultarás en el sepulcro de ellos.
José* respondió:
—Yo haré como tú dices.
31 Y él dijo:
—¡Júramelo!
El se lo juró. Entonces Israel se postró sobre
la cabecera de la cama.

*47:30 Lit., *él*

Es muy interesante que hallazgos arqueológicos en Perú, en estudios inconclusos aún, indican que en el imperio inca se practicaba almacenamiento y control centralizado de alimentos, presumiblemente con el propósito de controlar a la población.

11. La continuación del pacto, 47:27—50:26

En esta última sección se resaltan los preparativos y el desarrollo de todo lo necesario para la continuación del pacto. Se describen el crecimiento poblacional del pueblo de Israel, la conservación de su identidad étnica y religiosa y la conservación de la visión patriarcal a través de la transmisión o bendición patriarcal. Los temas de muerte, bendición patriarcal, asignación de herencia y vida familiar dan color y fuerza a esta narrativa. Con la muerte de Jacob, surge la posibilidad de venganza de José. Con la prosperidad y asimilación a la vida de Egipto, Israel tal vez no quiera volver a la tierra prometida. Pero todos estos peligros no sólo son anticipados, sino que en actos dramáticos y revelatorios son resueltos. Jacob procede a dar en herencia la tierra en Canaán que había ya adquirido y demanda ser sepultado en Canaán, en segura espera de su descendencia. José, con más riesgo y fe, pide que sus huesos sean llevados a Canaán, simbólicamente acompañando ya al éxodo. Nuevamente se realizan actos familiares y comunes pero desde la perspectiva de la fe en las promesas de Dios y en los compromisos patriarcales. No se especifican la duración entre los acontecimientos que ocurren en esta sección pero todas ellas siguen este propósito: el pacto debe continuar.

(1) Jacob pide ser sepultado en Canaán, 47:27-31. No es tan propio en nuestra cultura pensar en la muerte. Pero la Biblia nos da el testimonio de que la certeza de la muerte, lejos de paralizarle a uno, debe impulsarlo a estar preparado para ella.

Antes de expresar su decisión de "sepultura", Jacob, en los 17 años que vive en Egipto, ve el crecimiento de su descendencia, camino a ser una nación fuerte. El informe bíblico es que los israelitas que se establecieron en Egipto fueron fecundos y se multiplicaron mucho. Este crecimiento no fue tan sólo numérico. Estaba acompañado de las condiciones esenciales para

El peregrinaje providencial

Aunque Egipto no era la tierra que Dios había prometido a Abraham, a Isaac y a Jacob (15:13, 46:3), sin embargo esta etapa en la vida de Israel (47:27) era parte del plan amoroso de Dios para formar a los hebreos en una nación y les dio el tiempo y las condiciones necesarias para que adquirieran su identidad racial, cultural, religiosa y política. De la misma manera, Dios esta actuando hoy a favor de su pueblo y nosotros tenemos el privilegio de unirnos a él en el cumplimiento de su propósito para todas las naciones. ¡Unámonos con Dios para hacer su tarea!

Jacob bendice a los hijos de José

48 Sucedió que después de estas cosas se le informó a José: "He aquí, tu padre está enfermo." Entonces él tomó consigo a sus dos hijos, Manasés y Efraín. **2** Y se lo comunicaron a Jacob diciendo:
—He aquí que tu hijo José ha venido a ti.
Entonces Israel se esforzó y se sentó sobre la cama. **3** Y Jacob dijo a José:

llegar a ser un pueblo completo y distinto en el concierto de las naciones. Normalmente, como creyentes, cuando pensamos en el faraón o Egipto nos viene a la mente opresión y miseria. Un canto muy popular en América Latina: "En Egipto esclavo fui del vil faraón", justamente enfatiza este sentimiento. Pero podemos notar lo que significó Egipto para el desarrollo del pueblo de Israel. Primero, le proveyó de un territorio seguro, sin disputa territorial ni peligro de guerras, pues estaban protegidos por el imperio. En Canaán siempre estaban en disputa de territorios y peligros de guerra. Segundo, le proveyó del sustento necesario y continuo, permitiendo la explotación del territorio asignado con ganado y productos propios a la cultura israelita. Tercero, le permite conservar su identidad étnica (racial y cultural) y evitar ser asimilados, peligro que enfrentaban constantemente en Canaán. Cuarto, le permite mantener una organización política independiente con autoridades propias y en acuerdo con su relación con Dios y su destino histórico. Aún en los días duros de la esclavitud previos al éxodo, los ancianos son los que gobiernan al pueblo israelita (Exo. 3:16, 18). Quinto, le permite mantener su identidad religiosa, conservando las tradiciones patriarcales y la fe en Dios y transmitiéndola fielmente a cada generación. Tal es así que la generación del éxodo en mucha opresión gime al Dios del Pacto, quien reconoce a Israel en su identidad única y distintiva (Exo. 2:23-25). Y finalmente, aun en lo negativo, por causa de la opresión que causa a Israel, obliga al pueblo a poner su esperanza en Dios y su mira en la tierra prometida. En otras palabras, les convence que Egipto no es el territorio para Israel.

Poniendo la mira en el plan de Dios para el pueblo, Jacob solemnemente pide y responsabiliza a José que sea enterrado en Canaán, en el sepulcro familiar de Hebrón. Este pedido tiene varios significados. Primero, está modelado en línea con la relación correcta entre Dios y los hombres. Esta relación incluye la gracia, la verdad o fidelidad y la misericordia. Segundo, indica que Jacob mira a la muerte no como el final de la vida, sino como un tránsito de reunión con sus padres. De ahí la necesidad de estar en el sepulcro familiar. Tercero, Egipto no es la residencia final para Israel. Hay un destino, un propósito mejor que en su tiempo Dios ha de permitir que se cumpla. Jacob se adelanta a esperar a su pueblo. Las palabras de promesas de Dios para los patriarcas, por fe, eran ya realidades en las cuales debían actuar (Heb. 11:1). También Jesucristo afirmó claramente que el que cree en el Hijo "ya" tiene la vida eterna (Juan 6:47).

(2) Jacob adopta y bendice a los hijos de José, 48:1-22. Esta narración está llena de escenas familiares que abarcan tres generaciones. Se rememoran eventos pa-

¿Capricho o convicción?

Cuando Jacob se ve al borde del final de su vida pide a José que lo lleve de Egipto y lo sepulte en el sepulcro de sus padres. Este no era un capricho de "viejo moribundo" sino una expresión de su convicción en la firme promesa de Dios dada a Abraham, a Isaac y a Jacob (24:2). Esta fue la misma petición que más adelante hará José mismo (cap. 50).

Es indudable que la últimas palabras que decimos antes de morir pueden hacer un impacto profundo en la mente de quienes nos rodean. Esas palabras expresan nuestros valores y aquello por lo cual hemos vivido. Que nosotros podamos expresar nuestra convicciones en las promesas de Dios y que ellas puedan impactar a nuestros hijos para que vivan y mueran por ellas.

—El Dios Todopoderoso* se me apareció en Luz, en la tierra de Canaán y me bendijo 4 diciéndome: "He aquí, yo te haré fecundo y te multiplicaré, y haré que llegues a ser una multitud de naciones. Yo daré esta tierra como posesión perpetua a tu descendencia después de ti."* 5 Y ahora, tus dos hijos, Efraín y Manasés, que te nacieron en la tierra de Egipto antes de que yo viniese a ti en la tierra de Egipto, serán míos; como Rubén y Simeón serán míos. 6 Pero tus descendientes que engendres después de ellos serán tuyos, y en sus heredades serán llamados según el nombre de sus hermanos. 7 Porque cuando yo venía de Padan-aram, se me murió Raquel en la tierra de Canaán, en el camino, a corta distancia de Efrata; y allí la sepulté en el camino de Efrata, es decir, de Belén.

8 Entonces Israel vio a los hijos de José y preguntó:

—¿Quiénes son éstos?

9 José respondió a su padre:

—Son mis hijos, que Dios me ha dado aquí.

Y él dijo:

—Por favor, acércamelos para que los bendiga.

10 Los ojos de Israel estaban tan debilitados por la vejez que no podía ver. Hizo, pues, que ellos se acercaran a él; y él los besó y los abrazó. **11** Y dijo Israel a José:

—Yo no esperaba ver tu cara, ¡y he aquí que Dios me ha hecho ver también a tus hijos!

*48:3 Heb., *El Shadai*
*48:4 Ver 28:13-15; 35:11, 12

sados, se ejecutan acciones presentes y se provee para acciones futuras. La ocasión es el hecho de una enfermedad de Jacob, que se tomó como de peligro de muerte. El interés del testimonio bíblico es asegurar que se toman todas las decisiones y se realizan todas las acciones necesarias para la transición de una generación a la otra. Una de esas acciones tiene que ver directamente con José, tratado como el primogénito. Jacob rememora acontecimientos significativos en su peregrinación patriarcal. Entre ellos recuerda su experiencia personal con el Dios Todopoderoso (*El Shadai*), la promesa patriarcal hecha por Dios personalmente a él, y la muerte de Raquel, su esposa favorita y madre de José. En relación a Manasés y Efraín, Jacob decide adoptarlos como hijos propios y por lo tanto con derecho a identidad tribal y adjudicación territorial en Canaán. Los actos de adopción y bendición son paralelos a escenas pasadas de la vida de Jacob. Este, a causa de su vista debilitada y recordando su propio engaño a su padre, se asegura bien que los muchachos son realmente los hijos de José. Con manifestaciones de ternura y amor, como hacia sus propios hijos, Jacob realiza el acto legal de adopción expresando su gran satisfacción en poder ver nuevamente a José y a sus nietos.

Jacob concede la bendición patriarcal a Manasés y a Efraín, otorgándoles así los derechos patriarcales. En esta bendición se

Cuestión de interpretación:
¿Cabecera o bastón?

Génesis 47:31 dice en su parte final: *Entonces Israel se postró sobre la cabecera de la cama.* Mientras que en Hebreos 11:21 dice: *...y adoró sobre la cabeza de su bastón.* Para comprender la discrepancia en los relatos tenemos que recordar que el autor de la carta a los Hebreos estaba citando la traducción griega (la Septuaginta) y no el texto hebreo. Aparentemente hubo una confusión en la traducción de la palabra *mittah* que se traduce como "lecho" o "cama" y la palabra *matteh* que quiere decir "bastón" o "vara para apoyarse".

Aquí nos encontramos con un buen punto para apoyar la necesidad de leer y estudiar varias versiones de la Biblia a fin de comprender mejor el significado de lo que los autores bíblicos estaban diciendo, pues muchas veces un traductor capta cierta percepción o significado en una palabra y otro otra, al fin y al cabo ambos comunican el mensaje esencial, pero la manera de decirlo puede enriquecer nuestra comprensión del texto sagrado y hacernos más reconocidos de la dinámica del lenguaje en la comunicación del mensaje de Dios.

12 Entonces José los apartó de entre sus rodillas, y se postró con su rostro a tierra.
13 Luego tomó José a ambos: a Efraín a su derecha (a la izquierda de Israel), y a Manasés a su izquierda (a la derecha de Israel); y los acercó a él.
14 Luego Israel extendió su mano derecha y la puso sobre la cabeza de Efraín, que era el menor, y su izquierda la puso sobre la cabeza de Manasés, cruzando sus manos a propósito, a pesar de que el primogénito era Manasés.
15 Y bendijo a José diciendo:

—El Dios en cuya presencia
anduvieron mis padres Abraham e Isaac,
el Dios que me pastorea
desde que nací hasta el día de hoy,
16 el Angel que me redime de todo mal,
bendiga a estos jóvenes.
Sean ellos llamados por mi nombre
y por los nombres de mis padres
Abraham e Isaac,
y multiplíquense abundantemente en
medio de la tierra.

17 Al ver José que su padre ponía su mano derecha sobre la cabeza de Efraín, le pareció mal, y tomó la mano de su padre para pasarla de la cabeza de Efraín a la cabeza de Manasés.
18 José dijo a su padre:

—Así no, padre mío, porque éste es el primogénito. Pon tu diestra sobre su cabeza.

19 Pero su padre rehusó y dijo:

—Lo sé, hijo mío, lo sé. También él llegará a ser un pueblo y también será engrandecido. Pero su hermano menor será más grande que él, y sus descendientes llegarán a ser una multitud de naciones.

20 Y los bendijo aquel día diciendo:

—Israel* bendecirá en vuestro* nombre diciendo: "Dios te haga como a Efraín y como a Manasés."

Así nombró a Efraín antes que a Manasés.
21 Luego Israel dijo a José:

—He aquí yo estoy a punto de morir, pero Dios estará con vosotros y os hará volver a la tierra de vuestros padres.
22 Yo te doy a ti una parte* más que a tus hermanos, la cual yo tomé de mano del amorreo con mi espada y con mi arco.

*48:20a Es decir, el pueblo de Israel
*48:20b Según LXX y Targum; TM, *tu*
*48:22 Heb., *sequem*; posiblemente *Siquem*; comp. Jos. 24:32; aquí significa la porción doble de la primogenitura.

pueden notar las siguientes peculiaridades. Primera, se invierte el orden establecido en el sistema patriarcal. La mano derecha de Jacob, la que transmite la "doble porción de la herencia", reposa sobre la cabeza del menor, Efraín, y éste es nombrado primero. A pesar de que José intenta corregir el "error" de su padre y le informa que Manasés es el primogénito, Jacob no cambia su procedimiento. Así, lo que aconteció en el caso de Jacob, se repite también en los hijos de José. En el desarrollo posterior de las tribus, Efraín llegó a ser la tribu más prominente de tal manera que el Reino del Norte o Israel, se llamó histórica y proféticamente Efraín (Isa. 7:2; Ose. 6:4). Segunda, las palabras de bendición son iguales para ambos hijos que son considerados en unidad por su descendencia de José. Tercera, la bendición es de carácter nacional y no tanto individual. Dios ha de otorgar prosperidad y prominencia a Efraín y Manasés y ellos serán el modelo de bendición que las otras tribus querrán tener. Y con el tiempo, estas dos tribus llegaron a ser muy prominentes en Israel. Cuarta, como parte de la bendición y reconociendo la cercanía de su muerte, Jacob concede a José el territorio de Siquem en Canaán como herencia. Esta concesión como acto legal confirma que José es elegido como primogénito y por lo tanto obtiene una herencia superior a sus hermanos. Además, como acto de fe, afirma la realidad de que Dios hará volver a su descendencia a Canaán. En realidad, la herencia

Joya bíblica

Luego Israel dijo a José: "He aquí yo estoy a punto de morir, pero Dios estará con vosotros y os hará volver a la tierra de vuestros padres" (48:21).

Jacob bendice a sus hijos

49 Entonces Jacob llamó a sus hijos y les dijo:
"Reuníos, y os declararé
lo que os ha de acontecer en los días postreros.
2 Reuníos y escuchad, hijos de Jacob;
escuchad a vuestro padre Israel:
3 "Rubén, mi primogénito:
Tú eres mi fortaleza y el principio de mi vigor;
principal en dignidad y principal en poder.

territorial es ya una adjudicación para las tribus de Efraín y Manasés.

(3) Jacob bendice a sus hijos, 49:1-28. La bendición patriarcal a la generación siguiente era muy importante. Por ello Jacob, antes de morir, reúne a sus doce hijos y los bendice. La bendición consiste en pronunciamientos con referencia a eventos del pasado, situaciones del presente y visión del futuro como historia desde la perspectiva de Dios y sus promesas. Tiene un significado peculiar porque las obligaciones y privilegios del pacto son transmitidos así a la siguiente generación. Se pueden notar varias características en la bendición de Jacob. Primera, su propósito es dar a cada hijo como originador de tribu, la dirección y orientación necesaria para el futuro desde la perspectiva del propósito de Dios. En este sentido, la bendición es una profecía y su cumplimiento es certero e inalterable. Segunda, se hacen referencias a experiencias y eventos pasados en la vida de algunos de los patriarcas, porque dichos eventos han de afectar la historia de la tribu originada por ellos. Aquí se nota la importancia que tienen las decisiones y acciones de personas con una importante responsabilidad histórica. Tercera, se vislumbra el papel político y religioso que ha de tocar a cada tribu y aún la asignación territorial que han de recibir. Esta visión siempre está orientada desde la perspectiva del propósito divino. Cuarta, la bendición es a cada uno y a todos los hijos y no solamente al primogénito como en los

Semillero homilético

El Dios de nuestros padres

48:15, 16

Introducción: La naturaleza del Dios que adora una persona tendrá gran peso sobre esa persona, sus valores, su comportamiento y su visión mundial. Jacob había tenido muchas experiencias con Dios durante sus largos años. En su vejez piensa en estas grandes bendiciones. La bendición de Jacob contiene los temas principales de todo el libro de Génesis. Veamos:

I. Dios es identificado como *el Dios en cuya presencia anduvieron mis padres.* Se presenta a un Dios que se relaciona y comunica con su pueblo; además se subraya que aquellos patriarcas fueron lo que fueron por causa de su dedicación a "andar delante de Dios". Por supuesto, Dios es el eslabón que une a cada uno de los patriarcas de los que surgirá el pueblo del pacto.

II. Tenemos un sumario de fe, una declaración de la teología básica que conecta e identifica la verdadera fe a través de muchas generaciones. Dios es descrito como *el Dios que me pastorea y el ángel que me redime de todo mal.* Aunque muy pocas veces en la Biblia se identifica a Dios como un ángel, pues él es quien envía a los ángeles, sin embargo debemos recordar que hasta ahora Jacob era el único de los patriarcas que había sido visitado por un ángel (22:11). Dios es quien nos salva, cuida y guarda de todo mal.

III. El acto de bendecir a los dos hijos de José levanta el tema de la tierra prometida a Abraham. Ellos también serán llamados por el "nombre" de Jacob y el nombre de Isaac y Abraham. Tal como Dios lo había prometido a Abraham: *Yo haré de ti una gran nación... engrandeceré tu nombre* (12:2)

Conclusión: Jacob pudo reflexionar sobre su vida y las muchas experiencias con Dios, y reconocer que Dios lo había acompañado, de acuerdo con la declaración en Génesis 28:20. ¿Podemos hacer lo mismo?

4 Porque fuiste inestable como el agua,
no serás el principal.
Porque subiste a la cama de tu padre,
y al subir a mi lecho lo profanaste.*
5 "Simeón y Leví son hermanos;
sus armas son instrumentos de violencia.*
6 No participe mi alma en su consejo,
ni mi honor se adhiera a su asamblea.
Porque en su furor mataron hombres,*
y en su desenfreno lisiaron bueyes.
7 Maldito sea su furor, porque fue fiero,
y su ira, porque fue cruel.
Yo los dispersaré en Jacob,
y los esparciré en Israel.
8 "Judá, tus hermanos te alabarán.
Tu mano estará sobre el cuello de tus enemigos,
y los hijos de tu padre se postrarán ante ti.

*49:4 Ver 35:22
*49:5 Otra trad., *Consumaron la violencia con sus intrigas*; comp. Pent. Sam. y LXX
*49:6 Ver 34:25-31

patriarcas anteriores. Este hecho se debe a que estos doce hijos de Jacob, son los antepasados que dan origen a las doce tribus de Israel. Manasés y Efraín ya quedaron incluidos en la bendición anterior suplantando ambos a su padre José. En el desarrollo de la nación de Israel, hubo doce tribus con asignación territorial y una (Leví) sin asignación territorial. Los dos hijos de José, Manasés y Efraín completan las doce tribus territoriales, pero cuando se habla de las doce tribus, se los unen y ambos representan a José.

Se pueden notar algunos hechos

Aclaración: ¿Fueron setenta?

En Génesis 46:8-27 el relato dice claramente que el total de los miembros de la familia de Jacob que entraron en Egipto fueron setenta. Sin embargo, dentro de este pasaje se alcanza esta cifra de dos maneras diferentes. Primero hay una lista general de la familia de Jacob con el subtotal de *treinta y tres* (v. 15), *dieciséis* (v. 18), *catorce* (v. 22) y *siete* (v. 25), lo cual suma setenta. En esta lista se incluye a Jacob mismo (observe la inclusión de *Jacob y sus hijos* a *los nombres de los hijos de Israel que entraron a Egipto*, v. 8. En nuestra RVA se diluye la adición por medio de colocar los dos puntos y no el punto y seguido o punto y coma que la lectura del hebreo sugiere); también se incluye a José (v. 19) y a sus dos hijos nacidos en Egipto (v. 20), pero no se mencionan a Er y a Onán (v. 12) quienes murieron en Canaan antes del viaje a Egipto. El subtotal en la lista también incluye a Dina (v. 15). La dificultad en la lista radica en la adición: *El total de las personas de sus hijos y de sus hijas*, la cual parece excluir a Jacob, pero el v. 8 ya trató el problema.

Por otra parte, el subtotal dado en los vv. 26 y 27: *Todas las personas fueron sesenta y seis.* Esto es lógico, pues excluye a las esposas de los hijos de Jacob que no eran sus descendientes directos. Cuando se añade a Dina, Sera, Efraín y Manasés, el total es setenta.

El número setenta es consistente con Exodo 1:5 y Deuteronomio 10:22, en donde claramente se dice que fueron setenta los hijos de Israel que fueron a Egipto.

Es interesante que en la Septuaginta se añaden cinco nombres más en el v. 20. Los nombres se tomaron de Números 26:29-36. Consecuentemente esa versión dice en Exodo 1:5 que fueron setenta y cinco quienes fueron a Egipto. Sin duda fue esta tradición la que citó Esteban en Hechos 7:14 (recordemos que la Septuaginta fue la Biblia de los hebreos del tiempo de Jesús). Una nota que ayuda es que tanto en la Septuaginta como en los textos de Qumran no se dice los descendientes de Jacob, sino "el número de los hijos de Dios".

El uso del número "setenta" no es caprichoso, pues encontramos en Génesis 10 que el número de las naciones fue setenta. Lo que encontramos en este relato es la demostración del tema de Deuteronomio 32:8 que fue Dios quien estableció los límites y la estructura del pueblo hebreo en medio de todas las naciones de la tierra. Con una nación tan pequeña entre un número tan grande de otras naciones Dios cumplirá su propósito y llevará a cabo sus planes.

9 Eres un cachorro de león, oh Judá;
vuelves de cazar, hijo mío.
Se agacha y se recuesta cual león;
y como leona, ¿quién lo despertará?
10 El cetro no será quitado de Judá,
ni la vara de autoridad de entre sus pies,
hasta que venga Siloh;*
y le obedecerán los pueblos.
11 Atando a la vid su borriquillo
y a la cepa la cría de su asna,
lava en vino su vestidura
y en sangre de uvas su manto.
12 Sus ojos están brillantes por el vino,
y sus dientes blancos por la leche.

13 "Zabulón habitará las costas de los mares.
Será puerto de navíos,
y su extremo llegará hasta Sidón.

14 "Isacar es un asno de fuertes huesos,
echado entre dos alforjas.*
15 Vio que el lugar de descanso era bueno
y que la tierra era placentera,
e inclinó sus hombros para cargar
y se sometió al tributo laboral.

16 "Dan juzgará a su pueblo
como una de las tribus de Israel.
17 Dan será como serpiente junto al camino,
como víbora junto al sendero,
que muerde los cascos del caballo
de modo que su jinete caiga hacia atrás.

18 "¡Espero tu salvación, oh Jehovah!

19 "Gad: Un batallón lo atacará;
pero él les atacará por su espalda.*

20 "Aser: Sus alimentos son suculentos;
él producirá manjares dignos de un rey.

21 "Neftalí es una venada suelta
que tendrá hermosos venaditos.*

22 "José es un retoño fructífero,
retoño fructífero junto a un manantial;
sus ramas trepan sobre el muro.*
23 Los arqueros le causaron amargura;
le fueron hostiles los flecheros.
24 Pero su arco permaneció firme,
y sus brazos se hicieron ágiles,
por las manos del Fuerte de Jacob;
por el nombre del Pastor, la Roca de Israel;
25 por el Dios de tu padre, el cual te ayudará;
y por el Todopoderoso,* quien te bendecirá:
con bendiciones del cielo arriba,
con bendiciones del océano que se extiende abajo;
con bendiciones de los senos y de la matriz.
26 Las bendiciones de tu padre
sobrepasan a las de las montañas eternas,*
y a los deleites de las colinas antiguas.
Sean sobre la cabeza de José,
sobre la coronilla del príncipe* de sus hermanos.

27 "Benjamín es un lobo rapaz:
Por la mañana come la presa,
y al atardecer reparte el botín."

28 Todos éstos llegaron a ser las doce tribus de Israel, y esto fue lo que su padre les dijo al bendecirlos; a cada uno lo bendijo con su respectiva bendición.

*49:10 Según varios mss. y LXX; otra trad., *aquel a quien le pertenece*
*49:14 Otra trad., *corrales*, heb., de significado oscuro
*49:19 Lit., *por los talones*
*49:21 Otra trad., *Neftalí es una encina frondosa, que arroja ramas hermosas.*
*49:22 Otra trad., *José es un asno montés, asno montés junto al manantial; asnas que desfilan sobre Shur*, comp. Deut. 33:17; heb., de significado oscuro
*49:25 Heb., *Shadai*
*49:26a Según LXX; otra trad., *progenitores*; heb., de significado oscuro
*49:26b Otra trad., *nazareo*

resaltantes en relación a algunos de los hijos en estos pronunciamientos. Rubén, por su comportamiento vil y usurpador, pierde el derecho a la primogenitura. Judá, como tribu, recibe una atención especial. Se resalta su prominencia política en el sentido de que tendrá permanentemente un gobernador propio y será líder a las demás tribus de las que ha de recibir alabanzas. El cumplimiento histórico del sueño de José se proyecta para la tribu de Judá. Los demás pueblos también estarán en sujeción a Judá. El v. 10 se considera un pasaje mesiánico que se refiere al reina-

Jacob es sepultado en Macpela

29 Luego les mandó diciendo: "Yo voy a ser reunido con mi pueblo. Sepultadme con mis padres en la cueva que está en el campo de Efrón el heteo; 30 en la cueva que está en el campo de Macpela, frente a Mamre, en la tierra de Canaán, la cual compró Abraham a Efrón el heteo, junto con el campo, para posesión de sepultura. 31 Allí sepultaron a Abraham* y a Sara* su mujer, allí sepultaron a Isaac* y a Rebeca su mujer, y allí sepulté yo a Lea. 32 El campo y la cueva que está en él fueron adquiridos de los hijos de Het."*

33 Cuando acabó de dar instrucciones a sus hijos, recogió sus pies en la cama y expiró. Y fue reunido con sus padres.

*49:31a Ver 25:9
*49:31b Ver 23:19
*49:31c Ver 35:29
*49:32 Es decir, los heteos (hititas)

do universal del Mesías. La bendición a José indica que él es considerado como primogénito y responsable de la continuación del pacto. Primero se desea la fecundidad y prosperidad de esta tribu. Luego se lo conecta íntimamente con el Dios de la tradición patriarcal descripto con diferentes nombres. Y finalmente, se pronuncian bendiciones sobre esta tribu en todos los aspectos de su vida.

(4) Muerte y sepultura de Jacob, 49:29—50:13. La narración de la muerte y sepultura de Jacob es bastante extensa y detallada. Por ello nos sirve para encontrar orientaciones sabias al enfrentar esta experiencia común a los seres humanos. Una vez terminada la bendición, último acto significante de un patriarca, Jacob reconoce que el final de su peregrinación terrenal ha llegado. Y como ser humano y como hombre de fe hace todas las preparaciones necesarias para enfrentar la última experiencia humana terrenal. El primer acto de preparación tiene que ver con su sepultura, y reitera ser sepultado en Canaán. Ello refleja el cumplimiento de una tradición familiar. Hay una sepultura familiar y la muerte se mira como una reunión con los antepasados. Es interesante notar que Jacob da una lista de todos los antepasados sepultados allí y se empeña en describir correctamente el lugar del sepulcro y el derecho de propiedad familiar adquirido legítimamente. Esta reiteración refleja además la fe en las promesas de Dios: Canaán será la tierra de Israel. El segundo acto de preparación tiene que ver con la

Rubén: Inestable como el agua

Rubén el hijo primogénito de Jacob (49:3, 4), recibe una bendición limitada y casi hasta un castigo por haber cometido el pecado de incesto. Aunque la tribu adquiere un mediano tamaño nunca llega a tener verdadera importancia. Para los días de Moisés apenas cuenta con unos pocos hombres competentes para la guerra.

Estos hechos nos demuestran que la falta de fidelidad a los principios de la palabra del Señor producen un carácter inestable como el agua. Es decir que siempre tiende a buscar el nivel más bajo y no retiene sus estados (líquido, gaseoso, sólido) por ella misma, sino depende de las circunstancia que la rodean.

Debilidad transformada en fuerza

Simeón y Levi se caracterizaron por un carácter violento y la historia del ataque alevoso contra los hombres de Siquem lo confirma (34:1-31). Muchos años más tarde, sin embargo, cuando Dios pide que los que estén de su parte den un paso al frente, los levitas lo hicieron y se mantuvieron firmes en la defensa de la causa del Señor (Exo. 32:25-29). Como resultado, Dios los escogió para que fueran los sacerdotes de Israel. Dios puede transformar las debilidades de nuestro carácter en fuerza, eso fue lo que hizo con los descendientes de Levi. Cualquiera que sea la debilidad de nuestro carácter llevémosla con confianza delante del Señor y pidamos que lo cambie y lo use de modo que sea para honra de su nombre.

50 Entonces José se echó sobre la cara de
su padre, lloró sobre él y lo besó. **2** José mandó a sus servidores, los médicos, que
embalsamaran a su padre, y los médicos embalsamaron a Israel. **3** Cumplieron con él cuarenta días, tiempo que duraba el proceso de
embalsamamiento, y los egipcios guardaron
luto por él setenta días. **4** Y pasados los días
de su duelo, José habló a los de la casa del faraón diciendo:
—Si he hallado gracia ante vuestros ojos, por
favor, haced llegar a oídos del faraón lo siguiente: **5** "Mi padre me hizo jurar diciendo:
"He aquí, que yo voy a morir; en el sepulcro
que cavé para mí en la tierra de Canaán, allí
me sepultarás.' Permite, pues, que suba yo
ahora, sepulte a mi padre y regrese."
6 El faraón le respondió:
—Sube y sepulta a tu padre, como él te hizo
jurar.

---

transmisión de la visión o promesa patriarcal. Se asegura que el propósito divino continúe en su descendencia. Por ello, termina de dar todas las instrucciones necesarias a sus hijos. El tercer acto de preparación tiene que ver con el aspecto físico de la muerte. La narración resalta que Jacob enfrenta la muerte espiritual y físicamente con dignidad. Cuando se dio cuenta que "su hora había llegado" usó su última energía para volver a acostarse en la cama y recibir a la muerte sin resistencia, remordimientos o temor. Para aquel que había aceptado y cumplido el llamamiento de Dios, y quien había vivido en la fe en Dios, la muerte no era aterradora. Era el "acabar una carrera" con el gozo puesto en el premio por excelencia. Cuánta necesidad hay hoy día de permitir que la gente enfrente la muerte con dignidad. Por causa de la falta de aceptación completa de esta limitación humana, y por causa de los efectos del pecado, nuestra sociedad resiste a la muerte y usa recursos y técnicas costosos para prolongar, no la vida, sino la agonía de la muerte. La muerte jamás será vencida en el laboratorio científico, sino en la fe en el poder de Dios quien resucitó a Jesucristo de entre los muertos (1 Cor. 15:54-57).

Aún así, la muerte significa una separación y causa dolor y tristeza en los seres queridos. La manera propia de enfrentar estos sentimientos es expresarlos y pasar necesariamente por el proceso de duelo que incluyen actos emotivos y rituales. José, y toda la familia, expresa su dolor con llanto, recurso natural dado por Dios para descargas emotivas (catarsis). Los ri-

Y usted, ¿quién es?
49:1-28

En cierto sentido más que bendiciones las palabras de Jacob a sus hijos fueron oráculos o profecías, es decir ciertas predicciones de lo que les iba a *acontecer en los días postreros* (v. 1). Jacob conocía bastante bien a cada uno de sus hijos y resume sus cualidades y debilidades para formular lo que de acuerdo con su manera de ser podría ocurrirles en la vida. Tratando de crear un paralelismo entre los hijos de Jacob y nosotros nos vendría bien la pregunta: ¿A quien de ellos me parezco yo?

1. Inestable como Rubén (v. 3).

Rubén era *principal en dignidad y principal en poder.* Con muchos recursos personales y materiales. Lleno de posibilidades. Su debilidad era tener un carácter inestable como las aguas. Se dejaba controlar por las circunstancias del momento sin importarle mucho su destino. Esa inestabilidad lo condujo a cometer un pecado que su padre nunca pudo olvidar y que al fin le costó el derecho de ser el hijo primogénito (1 Crón. 5:1). Rubén nunca fue a su padre ni a Dios para pedir perdón. Su orgullo pudo más que su humildad.

2. Violento como Simón o Leví (v. 5).

Sus armas eran *instrumentos de violencia* y en su desenfreno *lisiaron bueyes.* Su furor fue fiero, y su ira cruel. El carácter iracundo, grosero, agresivo siempre conduce a actuar más allá de lo que podría juzgarse como justa venganza. El daño hecho a su hermana Dina debía ser señalado, pero sin duda ellos obraron con exceso.El resultado de su violencia produjo que tuvieran que vivir separados de sus hermanos y esparcidos entre las tribus de Israel. El carácter iracundo siempre conduce al aislamiento y a tener que vivir separado pues irrita al que lo posee y daña a quienes lo rodean.

7 Entonces José subió a sepultar a su padre. Y con él subieron todos los servidores del faraón, los dignatarios de su corte y todos los dignatarios de la tierra de Egipto, 8 toda la familia de José, sus hermanos y la familia de su padre. Solamente dejaron en la tierra de Gosén a sus niños, sus ovejas y sus vacas. 9 Subieron también con él carros y gente de a caballo, formando un numeroso cortejo.

10 Llegaron hasta la era de Atad, que estaba al otro lado* del Jordán, y allí tuvieron una lamentación grande y muy fuerte. José hizo duelo por su padre durante siete días.

*50:10 Es decir, el lado oriental

tuales canalizan cultural y religiosamente las expresiones y acciones que ayudan a la aceptación final y reajuste necesario ante la pérdida. Primeramente se realiza en Jacob el ritual egipcio. Se lo embalsama, actividad destacada de los egipcios por el cual el cadáver queda conservado en lo que conocemos como momia. Este acto estaba reservado sólo a faraones, príncipes o personas egipcias muy importantes. Jacob es considerado alguien digno de tal privilegio. Luego, se cumplen con él los días de luto

3. Alabado por su valentía como Judá (v. 8).

Los hermanos de Judá lo alaban porque con dignidad y valor ha sabido someter a sus enemigos. Un ejemplo de esa valentía esta ilustrada en Números 10:14. De su simiente saldrán los reyes de Israel y Jesucristo el Rey de reyes y Señor de señores. Su control durará *hasta que venga Siloh.* Según esta expresión podría traducirse: "Hasta que venga aquel a quien pertenece el cetro"; además, la palabra "Siloh" también quiere decir "descanso y paz". Eso nos permite otra posibilidad de traducción: "Hasta que venga aquel a que trae descanso y paz." Sin duda, lo mejor es juntar ambas traducciones para decir: "Hasta que venga aquel a quien pertenece el cetro, pues él trae descanso y paz."

4. Próspero como Zabulón (v. 13).

Puerto de navíos es una rica figura del lugar donde el comercio fluye y se intercambia entre naciones. Al ser el punto de encuentro marítimo, la región de Zabulón, gozaría de los beneficios económicos. *Hasta Sidón:* Sidón era un punto en la geografía, pero en los equivalentes morales un lugar de inmoralidad. El peligro de la prosperidad económica es que facilita el desorden moral. Si podemos usar nuestra prosperidad económica para ser de ayuda a quienes se encuentran zozobrando en un mar de ansiedades entonces seremos un consolador y seguro *puerto de navíos* como Zabulón.

5. Tímido y conformista como Isacar (v. 14).

Vio que el lugar de descanso era bueno... Una persona fuerte como un asno, pero inclinada a buscar siempre lo que no exige mucho esfuerzo y las cosas fáciles. *Y se sometió al tributo laboral:* Isacar no estaba dispuesto a cambiar la comodidad aunque ello le costara un poco más. Muchas personas hoy prefieren dejar que las cosas se resuelvan por sí mismas en lugar de enfrentarlas con valor, aunque eso signifique perder un poco de comodidad.

6. Astuto como Dan (v. 16).

Como víbora junto al sendero: Una persona que sabe aprovechar el momento de la oportunidad y sacar la mayor ventaja a su favor. Saben cuál es la mejor manera de derrotar a sus enemigos y emitir el juicio adecuado en medio de las divergencias. Los que son como Dan saben relacionarse con las personas de tal manera que las pueden llegar a controlar. Esta capacidad, bien usada, puede ser muy útil en el liderazgo cristiano.

7. Afortunados como Gad (v. 19).

El nombre Gad significa "buena fortuna" o "afortunado", aquel hombre que a pesar de ser atacado por un batallón tiene la dicha de revertir el orden para ser él quien llega a controlar la pelea y vencer. La persona que frente a los problemas no se acobarda ni corre, sino busca la manera de atacarlos por atrás y finalmente sale victorioso.

11 Al ver los habitantes de la tierra, los cananeos, el duelo en la era de Atad, dijeron: "¡Grande es este duelo de los egipcios!" Por eso fue llamado Abel-mizraim* el nombre de ese lugar, que está al otro lado* del Jordán.
12 Hicieron, pues, sus hijos con él, según les había mandado Jacob.
13 Sus hijos lo llevaron a la tierra de Canaán y lo sepultaron en la cueva del campo de Macpela, frente a Mamre, la cual, junto con el campo, Abraham había comprado a Efrón el heteo, como una propiedad para sepultura.*

*50:11a Significa *duelo de Egipto*.
*50:11b Es decir, el lado oriental
*50:13 Es decir, como cementerio

propio de los egipcios: 70 días.

Por más llamativo y cuidadoso que haya sido el privilegio egipcio, quedaba lo más importante: la sepultura hebrea en Canaán. Y José toma la iniciativa en dar cumplimiento a este acto. El primer paso necesario es obtener el permiso oficial de traslado. Aquí podemos notar también algunas características sobresalientes de José como un líder. Por más privilegios que él haya tenido, y por más necesario y comprensible sean que él sepulte a su padre, solicita el permiso correspondiente de su autoridad superior. Aun en un acto familiar, vestido de dolor y digno de compasión, José se hace sujeto a la autoridad y no da lugar a desconfianzas. Dos cosas son resaltantes en el pedido de permiso. Primero, él no lo pide directamente al faraón. Ruega a sus "colegas", a los de la corte, que lo hagan por él. Puede ser que la situación era muy emotiva y que tal vez él no tuviera la energía emocional para ello. Pero más bien refleja un comportamiento correcto y prudente que explica cómo José se mantuvo en el pináculo de poder, en un

8. Satisfecho como Aser (v. 20).
Aser es símbolo de esos bienaventurados que tiene cubiertas todas sus necesidades personales, pero que a la vez tienen la capacidad de compartir lo que poseen con otras personas. En cierto modo todos los cristianos debiéramos sentirnos y ser como Aser. Satisfechos por la obra amorosa del Señor para con nosotros y dispuestos a compartir a Jesucristo con otras personas.

9. Libre y feliz como Neftalí (v. 21).
Libre como *una venada suelta*. Otras traducciones dicen: "Como una encina frondosa que arroja ramas hermosas." Expresa la libertad de quien ha estado en cautiverio pero ahora disfruta con todo su ser su nueva oportunidad de vivir. Feliz como la que tiene *hermosos venaditos*. Otra traducción hace hablar a la venada diciendo que "pronunciará dichos hermosos". La felicidad es tal que un animal llega a hablar y proclamar su gozo. Neftalí es el símbolo de aquellos que disfrutan su nueva vida en Cristo y reflejan con todo su ser el gozo de la presencia del Espíritu de Dios.

10. Fructífero como José (v. 22).
La razón de su prosperidad no radica en sí mismo sino en que el Dios de su padre le ayudará (v. 25). Este es el deseo de Jesús, que cada uno de sus discípulos sea fructífero. El secreto es mantenernos bien vinculados al Señor.

11. Agresivo como Benjamín (v. 27).
En el sentido negativo la agresividad puede ser hiriente y traer lágrimas y dolor a otras personas. Este fue el caso de Benjamín. En el sentido positivo la agresividad puede ser ese impulso hacia la lucha por lo noble, lo bueno, lo que merece tomar los riesgos para ofrecer a otros algo nuevo y digno. Que Dios nos ayude a evitar ser como Benjamín y a canalizar nuestra agresividad para el bien.

Este resumen de los hijos de Jacob resalta las cualidades que cada uno manifestaba. Representa un desafío para nosotros para buscar imitar lo bueno y evitar lo malo en cada uno. Seguramente Jacob pudo reflexionar sobre las influencias que habían dejado sus huellas en cada uno de los hijos.

ambiente político donde abundan las intrigas y detracciones. José aparentemente servía sin competencia ni abusos. Lo hacía en "colaboración" y respeto con los otros funcionarios del faraón. Este era un momento que él necesitaba la ayuda de sus colaboradores y en sumisión se hace reconocedor que él aún con toda la autoridad que tenía, "necesita" del concurso de los demás. La humildad y la prudencia no son generalmente las armas que se usan en retener cargos políticos, sino la competencia, la intriga, la eliminación y el abuso de poder. En José, como en Daniel, no se podía "hallar ningún pretexto, ni corrupción ni negligencia" porque era fiel en todo (Dan. 6:4). Segundo, José declara que el permiso que pide se debe a un juramento hecho a su padre y es temporal. El se compromete a regresar a Egipto y seguir sirviendo al imperio. En la cultura egipcia, los antepasados eran considerados en muy alta estima y el faraón comprendería muy bien este pedido de José. El regreso era una garantía al faraón que José seguía reconociéndose como súbdito. El faraón concede el permiso, provee todo lo necesario para un cortejo digno y ordena que las más altas autoridades, representativas de todas las esferas gubernativas de Egipto, escoltas y sirvientes acompañen a José en esta sepultura. Así como José reconoció la investidura del faraón, éste reconoce la alta investidura de José y lo trata con toda dignidad.

A pesar de toda la esplendidez imperial, Israel debe recibir el ritual y sepultura propios de su pueblo. En cumplimiento, toda la familia se traslada con José a Canaán, excepto los niños y el ganado que garantizan un regreso seguro (Exo. 10:8-11). La ruta que sigue el cortejo es muy significante, ya que no es la directa, sino la ruta a Canaán por el este, lo cual significó el cruce de la península de Sinaí. Esta es la ruta que tomarán los hijos de Israel para conquistar Canaán. En un sentido, Jacob ya estaba anticipando esa conquista. Al llegar al Jordán y antes de cruzarlo, se cumple el ritual hebreo de lamentación y siete días de duelo. La única referencia de ubicación de este lugar es que queda al lado oriental del río Jordán. Aparentemente los cananeos se impresionan por la lamentación intensa e identificando a la caravana como egipcia, ponen al lugar un nombre recordatorio del evento: Abel-mizraim.

Y por último se realiza la sepultura hebrea. Son los hijos —no los médicos egipcios— quienes finalmente sepultan a Ja-

---

Semillero homilético

Lecciones para la vida

49:1-28

Introducción: Por medio de las experiencias de Jacob podemos concluir que él aprendió mucho acerca de la vida. Seguramente tendría mucho que enseñar a otros. Hay cuando menos cuatro lecciones que aprendemos de las bendiciones que Jacob dijo sobre sus hijos:

I. Que Dios es Señor y árbitro sobre el destino de la humanidad. El la dirige y guía de acuerdo con sus grandes propósitos. El es Señor de la historia en general y de la vida de cada persona en particular.

II. Que el carácter de cada persona y de cada nación es el que lo coloca en la posición de influencia y contribución que puede hacer. De allí la importancia de modelar nuestro carácter de tal manera que pueda hacer un mayor aporte a la vida de otras personas.

III. Que cada hombre y cada nación determinan lo que desean hacer con su vida. El éxito o el fracaso es responsabilidad de usted. Las circunstancias pueden o no facilitar las cosas, pero en última instancia, cada persona decide su futuro.

IV. Que en asuntos de la gracia y la providencia del Señor, con mucha frecuencia ocurre que, los primeros serán postreros, y los postreros primeros. Efraín y Manasés eran los últimos a ser incluidos en el grupo patriarcal, pero llegaron a ser tribus muy importantes en Israel.

Conclusión: Aunque Dios es Señor del destino de cada hombre, el éxito o fracaso en la vida dependen de cada uno. Jacob pudo ir al sepulcro con una tranquilidad y una satisfacción que había vivido una vida larga y llena de experiencias espirituales.

José consuela a sus hermanos

14 Después que había sepultado a su padre,
José volvió a Egipto junto con sus hermanos y
todos los que fueron con él para sepultar a su
padre. 15 Y viendo los hermanos de José que
su padre había muerto, dijeron:
—Quizás José nos tenga rencor y nos devuelva todo el mal que le ocasionamos.
16 Y enviaron a decir a José:
—Tu padre nos mandó antes de su muerte
que te dijéramos: 17 "Así diréis a José: ' Por favor, perdona la maldad de tus hermanos y su
pecado, porque te trataron mal.' " Por eso, te
rogamos que perdones la maldad de los siervos
del Dios de tu padre.
José lloró mientras le hablaban. 18 Entonces
lloraron* también sus hermanos, y postrándose delante de él le dijeron:

*50:18 Según prop. Stutt., heb. *vinieron*

cob. Y la sepultura es en el sepulcro patriarcal de Macpela, Hebrón, no las monumentales sepulturas de Egipto.

Joya bíblica

Entonces José subió a sepultar a su padre. Y con él subieron todos los servidores del faraón, los dignatarios de su corte y todos los dignatarios de la tierra de Egipto, toda la familia de José, sus hermanos y la familia de su padre (50:7, 8a).

(5) José asegura la sobrevivencia de la familia de Jacob en Egipto, 50:14-21. Una vez muerto Jacob, la vida de la familia no termina. Todos regresan a Egipto y reinician sus actividades. José, por haber sido designado en lugar del primogénito, queda como el patriarca de la familia. Además, por su posición política, él tenía autoridad y poder sobre todos, incluyendo su propia familia hebrea. Esta situación alarma a sus hermanos, quienes temen un acto de venganza por parte de José. La tradición familiar de los patriarcas estaba llena de conflictos que muchas veces quedaban "apaciguados" por respeto al patriarca. Los hermanos de José toman la iniciativa y esta vez, son ellos los que enfrentan a José y procuran una solución final y definitiva. Hasta ahora en la narración no hubo un acto específico de expresión de arrepentimiento o pedido de perdón por parte de los hermanos a José. Fue siempre éste el que había tomado la iniciativa en la reanudación del relacionamiento. Movidos por el temor causado por un sentimiento de culpa que hasta ahora no pudieron resolver, se unen y acuerdan un "plan" para con José. Pero este plan no es de destruir a José, sino el de pedir perdón y buscar una reconciliación completa. Tal vez la intención original fue simplemente el conseguir un "perdón o favor político" que les permitiera sobrevivir en una sociedad donde no podrían tener autoridad o representación. Es interesante que los hermanos atribuyen a José dos posibles actitudes que fueron las que les hicieron maquinar en contra de él: rencor y deseos de venganza. Así se presentan ante José y manifiestan dos propuestas de solución. La primera es un pedido de perdón que póstumamente lo ponen en los mismos labios de Jacob su padre. Así el pedido tiene más autoridad, más fuerza. Ellos no se sienten todavía capaces de peticionar directamente a José, sino que necesitan un intermediario o "padrino". Mucho de esto hay todavía en nuestro pueblo latino. No hemos llegado a la madurez de enfrentar las situaciones directamente y con dignidad. El pedido de perdón es por la maldad —dimensión social— o el mal que el pecado ocasiona, y por el pecado —dimensión religiosa— contrario a Dios. Aquí hay pesar no sólo por la consecuencia del pecado, común en muchos pedidos de perdón de líderes religiosos y políticos hoy día que han caído en faltas: "Pido perdón por el mal que mi acción ha causado." Esto no es arrepentimiento de pecado, sino pesar por

—Aquí nos tienes como siervos tuyos.
19 Pero José les respondió:
—No temáis. ¿Estoy yo acaso en el lugar de
Dios? 20 Vosotros pensasteis hacerme mal, pero Dios lo encaminó para bien, para hacer lo que vemos hoy: mantener con vida a un pueblo
numeroso. 21 Ahora pues, no tengáis miedo. Yo os sustentaré a vosotros y a vuestros hijos.

Así les confortó y les habló al corazón.

---

la consecuencia del pecado. Pero hay también expresión de un arrepentimiento por el pecado, por la acción misma que está fuera de la voluntad de Dios, no importa si causa o no consecuencia en otros. La segunda propuesta es un ofrecimiento de sumisión: se postran y se declaran siervos de José. Aquí hay una imitación perfecta de lo que Jacob hizo con Esaú y que José y los hermanos vieron con sus propios ojos cuando niños (33:1-8).

La primera reacción de reconciliación es la expresión de fuertes emociones por parte de José y de sus hermanos. En todo conflicto personal se acumulan fuertes sentimientos que impiden muchas veces la actuación racional y la resolución. Estos sentimientos deben ser ventilados apropiada y previamente al intento de una comunicación razonada. La otra reacción es la que corresponde únicamente a José. Con entereza él resuelve la situación de la siguiente manera. Primero, les conforta en lo que es más urgente: *no temáis* (v.19). Este es uno de los sentimientos más fuertes y paralizantes del hombre que está en desobediencia a Dios. Segundo, les informa cuál es el lugar o llamado que él ha tenido en la vida: él no está en el lugar de Dios, sino que fue escogido como instrumento para mantener vida. El seguirá actuando consecuentemente con ese llamado. Afirma su liderazgo patriarcal y su cargo imperial, pero les asegura que esos cargos los tiene para responsabilizarse del sustento a ellos y de la generación que les

Semillero homilético

Aprendamos a perdonar

50:16-21

Introducción: Uno de los procesos más difíciles de aprender en la vida es el de perdonar a quienes nos han hecho daño. La experiencia de José con sus hermanos nos ilustra una manera de aprender a perdonar.

I. Adoptando la actitud adecuada (vv. 16-18).
   1. José estuvo listo a recibir y escuchar a sus hermanos cuando ellos vinieron delante de él.
   2. José rehusó tomar el lugar de Dios y juzgarles por su actuación.

II. Reconociendo el propósito de Dios (v. 20).
   1. José no desconoce que la intención de sus hermanos era para el mal.
   2. José reconoce que Dios usó las circunstancias para un propósito bueno.

III. Decidiendo hacer el bien (v. 21).
   1. Desechó la oportunidad que tenía para vengarse de sus hermanos.
   2. Decidió proveerles el sustento presente y futuro para todas las familias de sus hermanos.

Conclusión: A veces cuesta aceptar el perdón. Cuando Jacob murió, los hermanos de José tenían miedo que él pudiera tomar venganza por lo que le habían hecho sufrir en el pasado. Ellos pensaban que José había estado esperando este momento, la muerte de su padre, para cobrarse la deuda. Aunque José les había afirmado en repetidas ocasiones su perdón y había actuado a favor de ellos, simplemente les costaba aceptar que fuera posible haber sido perdonados de tal manera. Esa dificultad de aceptar el perdón les mantenía llenos de temores y esperando ser castigados. Dios nos ha [perd]onado en Cristo de todos nuestros pecados y nos ha aceptado como hijos suyos; nos toca [ace]ptar ese perdón y disfrutar con gozo las nuevas dimensiones de la relación con el Padre celes-

José muere en Egipto

22 José se quedó en Egipto con la familia de
su padre. José vivió 110 años, **23** y vio José a
los hijos de Efraín hasta la tercera generación.
También cuando nacieron los hijos de Maquir
hijo de Manasés fueron puestos sobre las rodillas de José.
24 Luego José dijo a sus hermanos:
—Yo voy a morir, pero Dios ciertamente os
visitará con su favor y os hará subir de esta
tierra a la tierra que juró dar a Abraham, a
Isaac y a Jacob.*
25 Entonces José hizo jurar a los hijos de
Israel, diciendo:
—Ciertamente Dios vendrá en vuestra ayuda;
vosotros haréis llevar de aquí mis restos.*
26 José murió a la edad de 110 años, y lo
embalsamaron y lo pusieron en un ataúd* en
Egipto.

*50:24 Ver 15:18; 26:3; 28:13
*50:25 Lit., *huesos*
*50:26 O: *sarcófago*

---

sigue. Tercero, ubica a los hermanos en el lugar que les corresponde. En verdad, ellos pensaron hacer mal y lo que hicieron fue una maldad. Sólo Dios pudo cambiar la consecuencia de esa maldad. Es Dios quien tiene el control último de todas las circunstancias y hace cumplir su propósito a pesar del pecado humano. Aquí José reafirma su "filosofía de la historia". Por eso, ya no tiene en cuenta la consecuencia de esa maldad, pero no puede resolver el sentimiento de culpabilidad de sus hermanos. Cada uno tendrá que enfrentarse con Dios por sus pecados, porque sólo Dios puede perdonar los pecados. Todo lo que él puede hacer por sus hermanos es fortalecerles espiritualmente, ser proveedor de todo lo necesario para el diario vivir, y reafirmarles su amor y cuidado que hará que no sufran consecuencias en el presente o en el futuro inmediato por causa del pasado.

(6) José confirma el cumplimiento del Pacto y pide que sus restos sean llevados a Canaán, 50:22-26. Esta última sección se concentra en José y describe tres aspectos muy importantes en el desarrollo del cumplimiento del Pacto. Primero, se menciona a los hijos, nietos y bisnietos indicando que la familia de José —y de los otros hermanos— seguían multiplicándose en Egipto. Indica también la satisfacción que un gran hombre tuvo en su vida familiar. A pesar de toda la fama y ocupación política, no descuida la importancia de la familia. Para José, no es el honor o la memoria política lo que finalmente cuenta sino la continuación de su descendencia. ¡Cuántos hombres grandes en la historia, que han dejado riquezas y fama, han visto a su familia desintegrarse aún durante sus propias vidas! La fe bíblica en todos sus testimonios dan suprema importancia a la familia.

Segundo, hace la conexión correcta con los antepasados. Hay una promesa de Dios que pertenece a esta descendencia. Esa promesa fue hecha a los patriarcas y su cumplimiento es inalterable, porque Dios es fiel. Es resaltante que ese cumplimiento no tiene una agenda política. Políticamente él pudo haber conseguido el apoyo imperial de Egipto, invadir Canaán y establecer a su pueblo allí. Las circunstancias históricas eran favorables y el pueblo había crecido mucho. Pero él afirma enfáticamente

Una filosofía de vida

José tuvo dos criterios para normar su vida y sin duda fueron su filosofía (50:19, 20):

1. Se vio a sí mismo como un siervo de Dios y no pretendió ocupar el lugar que no le correspondía. Toda la prominencia política y el poder que podía ejercer no lo hicieron perder la perspectiva de la posición que ocupaba con respecto a Dios.

2. Se vio a sí mismo como instrumento para facilitar el plan de Dios para el bien de su pueblo. José se sintió honrado de poder hacer una contribución significativa al pueblo de Dios.

qué es la intervención directa de Dios en tres actos propios de él —visitación, favor y ayuda— la que hará posible que el pueblo sea liberado de Egipto y establecido en la tierra prometida. Para José, un gran político y un famoso estadista, el cumplimiento de las promesas de Dios para su pueblo, llámese Israel o la iglesia, no depende de acontecimientos históricos favorables. Tampoco se asegura con la sobrevivencia holgada de un pueblo, ni se garantiza con una supremacía política. Ese cumplimiento depende sóla y exclusivamente de la fidelidad de Dios quien se dignó en hacer un Pacto con Abraham, Isaac y Jacob y un Nuevo Pacto en Jesucristo. José no juega a ser el libertador ni se apresura al éxodo. Su llamado fue el de "preservar la vida". Por más que se haya apropiado de la visión del éxodo, decide esperar completamente en Dios y en el tiempo que Dios ha elegido para esa liberación.

Tercero, José reconoce que está llegando al final de su vida y transmite la visión o promesa patriarcal a la descendencia, los hijos de Israel. Ahora ya el primogénito perdió su importancia primera porque la descendencia escogida es ya un pueblo numeroso. A través de un juramento solemne José compromete a los hijos de Israel a dos cosas: que mantengan su fe y esperanza en el Dios de los patriarcas que ha declarado su propósito para este pueblo. Y pide también que cuando llegue el día de la liberación, sus restos sean llevados a Canaán. El no pide un "permiso oficial" ni firma "un decreto oficial" para que se lo sepulte en Canaán. El prefiere esperar y participar con el pueblo en el éxodo. Por un lado, esta es una decisión de fe, basada en la seguridad de la fidelidad de Dios; por la otra, es un acto de compromiso para las generaciones siguientes: ellos deben salir de Egipto.

La sección termina con el relato de que José muere y es sepultado en Egipto. Se cumplen en él los rituales propios a su cargo y dignidad egipcia. Así termina el libro de Génesis con un ataúd en Egipto, esperando el siguiente capítulo en la historia de la salvación: el éxodo. Y pasarán muchos años y mucha aflicción antes que se cumpla la promesa de Dios. Pero ese cumplimiento llega. Dios visita a su pueblo y los restos de José son llevados a su sepulcro final en Canaán (Exo. 13:19; Jos. 24:32).

PLAN GENERAL DEL COMENTARIO BIBLICO MUNDO HISPANO

Tomo	Libros que incluye	Artículo general
1	Génesis	Principios de interpretación de la Biblia
2	Exodo	Autoridad e inspiración de la Biblia
3	Levítico, Números y Deuteronomio	La ley
4	Josué, Jueces y Rut	La arqueología y la Biblia
5	1 y 2 Samuel, 1 Crónicas	La geografía de la Biblia
6	1 y 2 Reyes, 2 Crónicas	El texto de la Biblia
7	Esdras, Nehemías, Ester y Job	Los idiomas de la Biblia
8	Salmos	La adoración en la Biblia
9	Proverbios, Eclesiastés y Cantares	Géneros literarios del Antiguo Testamento
10	Isaías	Teología del Antiguo Testamento
11	Jeremías y Lamentaciones	Instituciones del Antiguo Testamento
12	Ezequiel y Daniel	Historia de Israel
13	Oseas, Joel, Amós, Abdías, Jonás, Miqueas, Nahúm, Habacuc, Sofonías, Hageo, Zacarías y Malaquías	El mensaje del Antiguo Testamento para la iglesia

El *Comentario Bíblico Mundo Hispano* es un proyecto en el que participan unos 150 líderes evangélicos del mundo hispano. Usted puede encontrar más información en cuanto a la diagramación y contenido de los diferentes tomos leyendo el Prefacio (pp. 5-8).

Tomo	**Libros que incluye**	**Artículo general**
14	Mateo	El período intertestamentario
15	Marcos	El mundo grecorromano del primer siglo
16	Lucas	La vida y las enseñanzas de Jesús
17	Juan	Teología del Nuevo Testamento
18	Hechos	La iglesia en el Nuevo Testamento
19	Romanos	La vida y las enseñanzas de Pablo
20	1 y 2 Corintios	El desarrollo de la ética en la Biblia
21	Gálatas, Efesios, Filipenses, Colosenses y Filemón	La literatura del Nuevo Testamento
22	1 y 2 Tesalonicenses, 1 y 2 Timoteo y Tito	El ministerio en el Nuevo Testamento
23	Hebreos, Santiago, 1 y 2 Pedro y Judas	El cumplimiento del Antiguo Testamento en el Nuevo Testamento
	1, 2 y 3 Juan, Apocalipsis e Indices	La literatura apocalíptica